ULRICH WICKERT

UND GOTT SCHUF PARIS

WILHELM HEYNE VERLAG
MÜNCHEN

HEYNE GROSSDRUCK
Nr. 21/43

Umwelthinweis:
Dieses Buch wurde auf
chlor- und säurefreiem Papier gedruckt.

Dieser Titel ist auch in kleinerer
Schrift in der Sachbuch Reihe Nr. 19/336
erschienen.

Ungekürzte Taschenbuchausgabe
im Wilhelm Heyne Verlag GmbH & Co. KG, München
Copyright © 1993 by Hoffmann und Campe Verlag, Hamburg
Printed in Denmark 1997
Umschlagillustrationen: Dieter Schönauer,
Tüßling + dpa, Frankfurt
Umschlaggestaltung: Atelier Ingrid Schütz, München
Satz: (2832) IBV Satz- und Datentechnik GmbH, Berlin
Druck und Verarbeitung: Nørhaven, Viborg

ISBN 3-453-13043-X

Für Sylvie

Inhalt

FRANKREICH – Suche nach Identität:
Maßnehmen an Deutschland   347

L e malaise« heißt die Krankheit, an der die Franzosen in der letzten Hälfte des 20. Jahrhunderts leiden. »Le malaise« ist ein Zustand des Unwohlseins, dessen Herkunft sie nicht zu beschreiben wissen, und er befällt die Franzosen so, wie Angst die Deutschen übermannt, und auch sie wissen nicht, was ihnen eigentlich angst macht. »Le malaise« geht so weit, daß Raymond Soubie im Titel seines Buchs über das französische Unwohlsein die Frage stellt: »Dieu est-il toujours francais? – Ist Gott noch Franzose?«* Und er schreibt, das Unwohlsein sei ausgelöst worden, weil Frankreich mit seinem Jahrhundert endlich eins geworden sei und sich getrennt habe von der Idee der »französischen Außergewöhnlichkeit«. Die Franzosen haben längst von der Vorstellung der »Grande Nation« Abschied genommen. Und spätestens seitdem die winzige französische Truppe sich im Golfkrieg dem übermächtigen amerikanischen Kommando unterordnen mußte, sind sie bescheidener geworden. Aber auch wenn es seine Sonderrolle nicht mehr aufrechterhalten kann, so ändert das nichts am Anspruch Frankreichs. Es sucht sich Partner, um als »primus inter pares« seiner insgeheim doch noch als besonders erachteten Stellung Bedeutung zu verleihen.

Engster Partner Frankreichs ist Deutschland, ein Land, an dem es sich schon immer gerieben hat, das ihm aber seit langem als Spieglein für die Frage dient, welches denn das

---

* Paris 1991

schönere Land sei. »La France va-t-elle s'effacer? – Wird Frankreich sich auflösen?«* war bereits 1910 die beängstigende Frage eines französischen Aufsatzes, der mit dem Zitat eines Deutschen eingeleitet wurde: »Der Augenblick ist nicht mehr weit, wo fünf Söhne der armen Teutonen ohne Müh mit dem reichen Abkömmling der gallischen Familie fertig werden.« Deutschland werde sich innerhalb von hundert Jahren um sechzig Prozent vermehren, während die Franzosen nur um zehn Prozent zunähmen, klagte Torquet in seinem Artikel.

Frankreich vergleicht sich heute in politischen und wirtschaftlichen Belangen immer mehr mit Deutschland und sucht im Maßnehmen seine Identität. Nur in einer Hinsicht fühlt es sich unvergleichlich – wenn es um die Kultur geht. Allein deshalb, weil Deutschland über keine Metropole wie Paris verfügt, von der aus der französische Einfluß auf die Zivilisation immer noch in die ganze Welt getragen wird.

»Paris ist eine Göttin«, schrieb Walter Benjamin, und man fragt sich, weshalb das Göttliche immer wieder herhalten muß, um das Leben in Frankreich oder die Fassaden von Paris zu deuten. Es hat wohl damit zu tun, daß sich hinter den von den Franzosen – im Leben wie in der Stadt – errichteten Fassaden für den Fremden verborgene Dinge abspielen. Diese Geheimnisse lassen sich nur schwer entschlüsseln, und solange sie verborgen bleiben, lassen sie in seiner Vorstellung eine Traumwelt entstehen. Die Fassaden mögen Wunschträume vorgaukeln, doch dahinter verstecken sich auch Alpträume, denn da geht es häufig so brutal zu – zum Beispiel bei den Initiationsriten in französischen Eliteschulen, während des Bizutage –, wie es

* Charles Torquet, in: Je sais tout, Nr.60, 15. 1. 1910, S. 785

10

den auf ihre Zivilisation so stolzen Franzosen.* niemand zutrauen würde.

Kein Politiker hat Frankreich in diesem Jahrhundert so geprägt wie Charles de Gaulle, der das Land vor einem politischen Chaos rettete, in das es nach dem Zweiten Weltkrieg und den verlorenen Kolonialkämpfen in Indochina und Algerien zu versinken drohte. Er hat den Grundstein für das Frankreich des 21. Jahrhunderts gelegt, indem er der Republik eine Präsidialverfassung gab und damit die Suche nach einer passenden politischen Ordnung beendete, auf der sich Frankreich seit Napoleon III. befand. Allerdings fördert die Ideologie der Fünften Republik das nationalstaatliche Denken – und das in einer Zeit, die ein europäisches Jahrhundert einläutet.

Nachdem Frankreich sich nun gefestigt zeigt, ist es Ziel der Staatsherren, ihr Land für das nächste Jahrhundert vorzubereiten. Und auch da stellt sich jeder Franzose eine Frage, die kaum einem Deutschen in den Sinn käme, nämlich die nach der kulturellen Identität. Denn nur wenn die gefunden ist, kann Frankreich wieder an sich arbeiten, um der Welt ein Modell der geistigen Aufklärung zu sein. Tatsächlich wird Kultur längst von Regierungen geplant; wir leben nun einmal in einer absurden Zeit, in der Dichter und Denker von Politikern aus den Salons verdrängt worden sind. Weshalb Eugène Ionesco kurzerhand für sich fordert, zum König von Frankreich ernannt zu werden. Doch der Geist läßt sich nicht herbeirufen – wie mit Aladins Wunderlampe. Daher kann ein Kulturminister, und sei er auch noch so mächtig und mit einem noch so reichen Budget ausgestattet wie der einstige »Minister für Intelligenz«, Jack Lang, nur das Äußere beeinflussen, Fassaden

---

* Vgl. dazu auch: Ulrich Wickert: Frankreich. Die wunderbare Illusion, Hamburg 1989

putzen oder neue errichten lassen. Und wie selbstverständlich beanspruchen französische Politiker königliche
Privilegien für eine ihrer eigenen Bedeutung angemes-
sene Fassade. Aber davon läßt sich das Volk sein Leben
nicht verdrießen. Diese neidlose Gelassenheit rührt wohl
daher, daß Gott Paris erschuf.

Mai 1993   *Ulrich Wickert*

PARIS

**Fassade für verinnerlichte
Selbstdarstellung**

Paris stellt die französische Geschichte dar, vereint in sich europäische Literatur und prägt den Stil des Abendlandes. So ist Paris Maßstab für das Denken und Darstellen, für verinnerlichte Kultur und veräußerlichte Ästhetik geworden. Dies alles lebt in dieser Stadt und zeugt, sich ergänzend, Menschen, die ihr Streben darauf richten, des Maßes höchste Marke zu erreichen. Selten, aber immer wieder, gelingt dies – in Glücksmomenten – außergewöhnlichen Repräsentanten ihres Faches. So zum Beispiel dem im März 1993 neu ernannten Premierminister.

Monsieur Édouard Balladur rief seine Sekretärin, schloß die Tür hinter ihr ab, lehnte sich zurück, dachte nach und fing nach einer kurzen Pause an zu reden, einfach zu reden, Satz für Satz; und erst nach Stunden ließ er die Mitarbeiterin wieder frei nachdem er ihr seine Regierungserklärung in den Block diktiert hatte: aus dem Kopf, Seite um Seite. Keine Referentenentwürfe, keine Notizen lagen ihm vor, auf keine Hilfsmittel konzentrierte er sich; nein, er verließ sich nur auf seine Gedanken. So erhielt er, als er am 8. April 1993 seine Regierungserklärung vor der Nationalversammlung abgab, breiten Beifall, und das nicht nur im Halbrund des Palais Bourbon, sondern auch draußen in der Öffentlichkeit. Solch grandiose Darstellung – solcher Stil! – beeindruckt jeden bis hin zum einfachen Volk, das seinerzeit auch begeistert war, als Valéry Giscard d'Estaing als Finanzminister vor die Abgeordneten getreten war und ohne Manuskript eine Haushaltsrede mit

Hunderten von verschiedenen Zahlen gehalten hatte – und alle Zahlen stimmten! Nur einmal die Symbiose von verinnerlichter Kultur mit veräußerlichter Ästhetik zum höchsten Stil entwickelt zu haben belohnt diese Persönlichkeiten mit einem echten Glücksgefühl, und so lassen sie sich gelegentlich zu Handlungen verleiten, die sie zur Karikatur verformen.

Hatte Édouard Balladur in seiner Antrittsrede den zerrütteten Zustand der Staatsfinanzen beklagt, so wollte er mit gutem Beispiel vorangehen und beschloß, sich zu einer Fraktionssitzung in der Nationalversammlung zu Fuß zu begeben. Sein Amtssitz, das Hôtel de Matignon, liegt in der Rue de Varenne, zehn Fußminuten vom Place du Palais Bourbon entfernt. So machte er sich »auf die Socken«, wie die französische Presse hämisch bemerkte, denn seine Socken läßt er sich für 120 Franc von der Gemahlin des französischen Botschafters beim Heiligen Stuhl in Rom bei Gammarelli kaufen, wo die Kardinäle sich einkleiden. Die Socken des Herrn Balladur sind handgemacht und haben die samtene Farbe, wie sie Prälaten zusteht. Zwölf Minuten marschierte Balladur die Rue de Varenne hinunter, bog in die Rue de Bourbon ein und betrat schließlich den Hof der Nationalversammlung. Doch von wegen sparen! Ihm folgten in ihren Wagen die Sicherheitsbeamten, die Mitarbeiter, und auch sein eigener Dienstwagen rollte im Schrittempo neben dem Premierminister her. »Der Wagen ist sein Büro«, erklärte ein Mitarbeiter, »kaum ist er hundert Meter gelaufen, muß er telephonieren.«

Gespart wurde dennoch weiterhin: Den Mitarbeitern im Amtssitz des Premiers wurde der kostenlose Kaffee-Service gestrichen, der fortan nur noch Kabinettsmitgliedern zusteht. Die Kabinettsmitglieder aber, die Balladur bei der ersten gemeinsamen Sitzung zum Mahl einlud, erhielten nur einen Hauptgang samt Dessert. Zwar entspricht solche Sparsamkeit seinem Wesen sonst nicht, aber im Moment war sie dem Image zuträglich. Im allgemeinen packt den Premierminister keineswegs die Wut über einen vergeudeten Groschen, wenn es darum geht, die Darstellung seiner Würde mit äußerlicher Ästhetik erkennbar zu machen. Die Fassade soll so prunkvoll sein, wie es der Bedeutung des als Denker anerkannten Politikers entspricht.

Als Balladur von 1986 bis 1988 Finanzminister war, bewirtete er am 8. Juli 1987 einige Journalisten so, als säßen sie am Hofe Ludwigs XIV. in Versailles zu Tische: Auf eine Languste folgte Knochenschinken, dann ein Turbot (Butt) soufflé, ein Chaudfroid de volaille, ein Baron d'agneau, Kalbszunge, ein Filet de bœuf, verschiedene Salate und eine Auswahl von Nachtischen. Gereicht wurden dazu ein Sancerre 1985 und ein Cháteau Trimoulet 1979. So gut werden die Vertreter der schreibenden Zunft nie mehr gegessen haben.

Aber seiner Küche hatte Edouard Balladur ja schon bei Amtsantritt eine besondere Aufmerksamkeit gewidmet, denn er ließ sich dort nicht nur die offiziellen Gastmahle zubereiten, sondern auch das private Sonntagsessen mit der Familie. Im Februar 1987 versetzte er den Koch, den er bei der Amtsübernahme ein Jahr zuvor vorgefunden hatte, in die Küche des ihm unterstellten Ministers für Außenhandel, Michel Noir. Auf Anraten der Wirtschaftskapitäne Jimmy Goldsmith und Ambroise Roux heuerte er sich dann einen vorzüglichen Maître de cuisine aus der Privatwirtschaft an, und damit dieser in Ruhe arbeiten konnte, auch noch einen für den Haushalt zuständigen Intendanten. Porzellan wurde bestellt, kostbares natürlich, und mit den Initialen EB versehen. Da der Koch mit dem Zustand der Küche unzufrieden war, wurde das alte Gerät herausgerissen und durch teuerstes neues ersetzt, obwohl allen bewußt war, daß ein Jahr später der Umzug in ein neues Ministerium stattfinden würde.

Eigentlich hätte Édouard Balladur schon zu seinem Amtsantritt in das neue Gebäude im östlichen Stadtteil von Paris, in Bercy, einziehen sollen, doch die abweisende, moderne Fassade widersprach seinem Stilgefühl. Er wollte in den Mauern residieren, die Napoleon III. hatte errichten lassen, im Nordflügel des Louvre, wo Generationen von Finanzministern ein und aus gegangen sind. Kurz bevor Balladur 1986 ernannt wurde, waren die Räume des Finanzministers im Louvre auf Anordnung von François Mitterrand geräumt und zum Umbau freigegeben worden, denn auf seinen Wunsch hin sollte der Louvre das größte Museum der Welt werden, und dazu benötigte man diese Säle.

Zehn Millionen Mark hatte der Abriß dieses Trakts gekostet, aber der Finanzminister wich nicht und ließ die Salons wieder herrichten – für zwanzig Millionen Mark. Kaum zwei Jahre hielt er sich im Amt, und dann begann der Umbau des Museums wirklich. Dreißig Millionen Mark hatte der Wunsch des Ministers also gekostet, hinter der ihm angemessenen Fassade zu residieren!* Die Rangfolge wird in Frankreich äußerst wichtig genommen. Bei jeder Regierungsbildung legt daher der Präsident oder der Premierminister den protokollarischen Platz eines jeden Regierungsmitglieds fest. 1986 ernannte Premierminister Jacques Chirac seinen engen Berater Édouard Balladur zum Ministre d'Etat im Rang eines ersten Ministers nach dem Regierungschef. Diese Position veranlaßte Balladur, eine entsprechende Karosse für sich zu fordern. Im Oktober 1986 beantragte er bei der staatlichen Automobilfirma Renault eine Sonderanfertigung des Modells

---

* Claire Chazal: Balladur, Paris 1993, S.104

R25, eine Langfassung, die damals aber nicht mehr gebaut wurde. Auf Druck des Politikers fand sich schließlich im Ausland ein solcher Wagen, der nach Paris gebracht wurde und ihn von nun an aus der Masse der einfachen Minister hervorhob. Seinen Chauffeur tauschte Balladur allerdings bald aus, weil er, statt Tag und Nacht für Dienst- und Privatfahrten im Einsatz zu sein, an die Arbeitszeitordnung erinnert hatte. Den Rest dürfte ihm aber gegeben haben, daß er einem der halbwüchsigen Söhne von Balladur nicht die Wagentür aufgerissen hatte, als er ihn zu einem Privatvergnügen fahren sollte. Auch der neu eingestellte Koch und der Intendant suchten bald das Weite, weil der Herr ihnen keinen freien Tag zugestehen wollte.

Aber das sind natürlich Petitessen, wenn es darum geht, ein bestimmtes Erscheinungsbild zu vermitteln. Die Fassade ist wichtig! In Frankreich blendet sie das Volk so, daß es vor lauter Bewunderung seiner Elite Privilegien gönnt, die zu einem adäquaten Lebensstil gehören. Von 1968 bis 1980 war Édouard Balladur Präsident der Montblanc-Tunnelgesellschaft, die sich zu vierundfünfzig Prozent im Staatsbesitz befindet. Acht Jahre nachdem er das Unternehmen verlassen hatte und zwei Jahre nachdem er zum Finanzminister und damit Kontrollorgan über die Gesellschaft ernannt worden war, enthüllte die satirische Zeitschrift »Le canard enchaîné« im Winter 1988, daß Balladur auf Kosten dieses Unternehmens in Chamonix über eine zweihundert Quadratmeter große Ferienwohnung verfügte, über eine zweite Wohnung für die Kinder und eine dritte für die Domestiken. Alle Spesen bis hin zur Radio- und Fernsehgebühr sowie den von Balladur erbetenen Renovierungen trug die Tunnelgesellschaft.

Die Zeitungsveröffentlichung hatte für den Minister keinerlei Folgen, doch einige Monate später gab er die Wohnungen auf.

Sparen war ihm weniger wichtig, wenn es um die Darstellung seiner Position ging. Ihm, dem ersten unter den Ministern, waren nicht weniger als vier Staatsminister zugeordnet. Um die Würde des großen Denkers zu unterstreichen, mußten im Finanzministerium zusätzliche Hausdiener abgestellt werden, die ausschließlich dazu da waren, nicht nur in der Woche, sondern auch an Wochenenden, in vollem Ornat mit goldener Kette um Hals und Brust, vor dem Minister einherzuschreiten, ihm die Tür zu öffnen – und hinter ihm wieder zu schließen.

Auch bei der Arbeit zeigte sich Balladur als penibler Vorgesetzter. Als Alain Juppé, zuständig für Haushaltsfragen, dem Ministre d'Etat Balladur Photokopien von Berichten seiner Beamten schickte, tobte der Chef und verlangte die Originale. Juppé ließ daraufhin die Berichte seiner Beamten in zweifacher Originalform herstellen. Doch als Balladur dahinterkam, tobte er wieder. Nur er dürfe das Original erhalten, Juppé müsse sich mit einer Photokopie bescheiden.

Die einzige Bestrafung dieser Art Sinn für Fassade sind Spitznamen für Balladur. »Der kleine Ludwig XIV.«, »Sa Suffisance – Seine Selbstgefälligkeit« und »der Vizekönig« heißt er im Volksmund schon lange. Aber der Phantasie sind da keine Grenzen gesetzt. Daß sein Name auf -dur endet, was hart bedeutet, obwohl er im Gesicht doch eher schwabbelig wirkt, hat die Pariser dazu veranlaßt, ihm statt dessen die Endung -mou, weich, zu verpassen: Ballamou. Und weil es an Sultane erinnert, wird er auch Ballamouchi I. genannt. Nach seinem Amtsantritt als Premierminister im März 1993 avancierte er für »Le canard enchaîné« gar zu »SCS – Sa Courtoise Suffisance Ballamouchi I. – Seine Höfliche Selbstgefälligkeit Ballamouchi 1.«. Und Ballamouchi 1. wird an ihm schon wegen seiner Herkunft haftenbleiben.

In dem levantinischen Ort Smyrna, den die Türken heute Izmir nennen, kam Édouard Balladur 1929 zur Welt, doch nur deswegen als französischer Staatsbürger, weil der Familienälteste, Ernest Charles Balladur, drei Jahre zuvor für seinen ganzen Clan die Naturalisierung beim französischen Konsul in Smyrna beantragt hatte. Nach Smyrna waren die Balladurs 1737 gekommen. Unter der Führung von dominikanischen Patres waren sie in einer Gruppe von religiös verfolgten Christen aus der Gegend von Nachitschewan (damals persisches Gebiet, heute eine aserische Enklave zwischen Armenien, dem Iran und der Türkei) geflohen. 1789 erhielten die Balladurs durch einen Erlaß von Sultan Selim III. die Erlaubnis, Handel zu treiben, ohne Steuern zu zahlen, da sie »französische Subjekte« seien. Zwar widersprach ihre Herkunft dieser Zuordnung, doch in jenen Zeiten war nicht das Land, aus dem die Balladurs stammten, entscheidend für die nationale Identität, sondern die Religionszugehörigkeit. So mischten sich die Balladurs unter die levantinischen Familien provenzalischer Herkunft, und es verwunderte niemanden, als Édouards Vater, Direktor der Osmanischen Bank in Izmir, 1935 mit seiner Familie nach Frankreich übersiedelte, denn mit dem Ende des Osmanischen Reiches verfiel der kosmopolitische Lebensstil von Smyrna, weshalb viele großbürgerliche Familien nach Europa auswanderten.[*] Édouards Entwicklung zu »SCS Ballamouchi I.« entspricht dem Klischee der Biographie eines Mitglieds der französischen Elite. Zu Hause siezt er seine Eltern und lernt, sich nie zu beklagen oder über sich selbst zu sprechen; und die von den streng katholischen Eltern übernommenen Lebensprinzipien wird er auch an seine Kinder weiterreichen. »Im Familienkreis sprechen wir nie

---

[*] Le Monde, 14.4.1993

über uns«, berichtet sein Sohn Henri ohne irgendwelches Bedauern.

Édouard jedenfalls absolviert die ENA, die er als Fünft-bester seines Jahrgangs verläßt, und tritt in den Staatsrat ein. Mit fünfunddreißig wird er in das Büro des Premier-ministers Georges Pompidou geholt, der sich zu seinem Ziehvater entwickelt und ihn später zum Generalsekre-tär des Élysée ernennt – eine der wichtigsten Positionen des Landes. Mit der gleichen Hingabe, mit der Balladur für Pompidou arbeitet, wendet er sich nach Pompidous Tod Jacques Chirac zu, der ihn zu seinem engsten Be-rater macht und bewußt in der Politik an die Stelle des Premierministers plaziert, weil der loyale Balladur ihm – Jacques Chirac – kein Konkurrent im Kampf um die Präsi-dentschaft sein wird, aber als gute Fassade im politischen Leben dient, denn Balladur verfügt über äußeren Stil und innere Kraft.

Zwar entspricht der äußere Stil nicht immer dem, was sich hinter der Fassade verbirgt; dennoch legt das Paris des aus-gehenden 20. Jahrhunderts besonderen Wert auf eine glän-zende Vorderfront. War hundert Jahre zuvor die Passage in Paris Ausdruck ihres Zeitalters als heimlicher Tempel der Ware und als Wohnung des Kollektivs, weshalb Wal-ter Benjamin sich an sein Passagenwerk setzte, so ist die Fassade Sinnbild der jetzigen Epoche als Inbegriff der In-dividualisierung, der Kommerzialisierung des Lebens, ja, eine Darstellung der Ästhetik des kommerzialisierten Le-bens. In den sechziger Jahren noch war Paris eine schwarze Stadt. Der weiche Kalksandstein der Fassaden schluckte je-den Schmutz, den Heizungen, Kamine, Autos und Indu-strie in die Luft beförderten, und nahm dessen Tönung an. Dann drückte Kulturminister André Malraux durch, daß die staatlichen Regelungen, wonach Fassaden in regelmäßigen Abständen zu reinigen seien, in die Tat umgesetzt wurden. Je weiter das 20. Jahrhundert voranschritt, desto mehr wurde geputzt und desto moderner wurden die Reinigungsmethoden. Als in den achtziger Jahren die Sozialisten regierten, nahm die Bedeutung der erneuerten Fassade zu, so daß auch staatliche Gebäude wie die Nationalversammlung, die Madeleine, das Hôtel de Matignon etc. plötzlich hell erschienen. Wobei die Pariser begannen, der Fassade solch eine Bedeutung zu geben, daß sie die Arbeiten an einer Fassade hinter einer künstlichen zweiten Fassade versteckten. Nichtssagende, architektonisch langweilige Wände wurden mit einem Trompe-l'œil, einer Augentäuschung, bemalt. Als das Palais de Justice auf der Île de la Cité ästhetisch verjüngt wurde, stand auf einer großen Stoffwand »lex«, und eine falsche Urkunde zierte für ein Weilchen ein Gerüst vor der Außenwand des Obersten Gerichtshofs von Paris, so als verdecke ein optisches Pflaster die Steinarbeiten.

Die barocke Kunst des Trompe-l'œil wurde wiedergeboren. Sowohl das Portal der Nationalversammlung als auch das der Madeleine wurden während des Steinputzes mit einer Leinwand abgedeckt, auf der die ursprüngliche Ansicht vorgetäuscht wurde. Irreale Fenster, vor denen echte Tauben schnäbeln, schmücken im Alltagsgrau leere Betonfassaden der Stadt. Früher waren es große Werbeflächen, die sich auf Häuserwänden in den Bestand der Stadt hineinmogelten, doch vor einigen Jahren hat Jacques Chirac als Bürgermeister von Paris das Motto angestimmt, die Wände erklingen zu lassen. Und seitdem zahlt das Rathaus Kunstmalern ein gutes Zubrot, damit sie stumpfe Ecken verwirrend schön abrunden. Fast achtzig große Gemälde haben sie für das lebende Stadtbild inzwischen fertiggestellt. Ein Spaziergang durch die Stadt wird so zum Museumsbesuch, dem Bücher über diese

Trompe-l'œils als Katalog dienen. Manch eine Szene wirkt für das flüchtige Auge so täuschend echt, daß man sie kaum wahrnimmt. Andere Bilder sollen Aufmerksamkeit wecken, doch weil Frankreich das Geburtsland der Bürokratie ist, zieht es sich ewig hin, bis solch ein Gemälde an die Wand kommt. Selbst wenn die Finanzierung gesichert ist, ist der Weg durch die Amtsstuben der verschiedenen Rathäuser zum Verzweifeln lang und beschwerlich.

Nadine Le Prince hat auf diesem Weg nicht aufgegeben. Das Rathaus der Stadt Paris erteilte ihr die Genehmigung für ihren Entwurf, der Bürgermeister des 6. Arrondissements hat dagegen erst einmal protestiert. Nadine Le Prince wollte auf eine zehn Meter hohe Fassade Fenster malen, hinter denen scheinbar bewohnte Appartements liegen, wobei ein Fensterflügel in den oberen Etagen offensteht und ein Klettermax sich anschickt, dort einzusteigen. Der Protest des Bürgermeisters wandte sich gegen diesen Kletterer, der wie ein Dieb aussehen könnte. Den Einspruch mußte die Malerin ernst nehmen, weshalb sie einen Mädchenschatten ins Fenster malte. So wirkt der Mann eben nur wie einer, der fensterlt, was ja auch dem Klischee von Paris, wo die Liebe angeblich Tür und Tor öffnet, mehr entspricht.

Nadine Le Prince entstammt einer alten Malerfamilie aus Lothringen und malt ihre Trompe-l'œils am liebsten auf Leinwand. Die Kunst der Augentäuschung, die darin besteht, eine Perspektive vorzugeben, die eine vermeintliche Wirklichkeit darstellt, hat sie sehr bewußt für die Moderne adaptiert. »Ich sehe darin einen Weg, die bildliche Darstellung wieder zur Avantgarde zu machen«, meint Nadine Le Prince. »Das Trompe-l'œil erlaubt eine Malerei, die anders ist als der Realismus des 19. Jahrhunderts: mehr Möglichkeiten, mehr Magisches eröffnet. Denn es betrügt, gibt durch ein besonderes Spiel von Licht und

Schatten ein Relief vor. Es besitzt außerdem eine lustige, verspielte Seite; dagegen ist die Malerei im 20. Jahrhundert sehr intellektuell, nimmt sich manchmal zu ernst, ist selbst ein wenig düster. Mit einem Trompe-l'œil kann man sich für eine Sache begeistern, nachdenklich sein und trotzdem den Humor bewahren.«

Das Leinwandbild mit der Fassade der Nationalversammlung ist nur die Darstellung einer Vorstellung, das Trompe-l'œil aber kann die Darstellung des Nicht-Vorstellbaren sein.* So entwickelt sich die Fassade zum Blendwerk, die den Eindruck erweckt, als wolle die Wirklichkeit eine Oper werden.

Selbst die Sprühdosen-Malerei, die Kunst auf der Fassade, hat in Paris ihren urwüchsigen Charakter der Ästhetik geopfert. BLEK** war der erste, der mit vorgefertigten Schablonen die aus New York gekommene Graffiti-Kunst in Paris weiterentwickelte. Seine großen schwarzen Figuren sprühte BLEK gerade dort an Wände, wo sie sich, wie etwa seine schwarze Madonna, im Einklang mit der Kultur der Bewohner des Viertels befanden.

Denn – so BLEKs Interpretation seiner Kunst – die Schablonengraffiti sollen die Stadt widerspiegeln und ergänzen. Im Französischen nennt man die Serigraffiti, die ein populärer Ausdruck von Stadtkultur sind, *pochoirs*. Sie sind eine Weiterentwicklung der amerikanischen Graffiti.

»Die Pochoirs sind das Erbe der Graffiti«, erklärt BLEK. »Ein Pochoir basiert auf einer sehr sauberen Technik. Und zwar entsteht das Bild schnell mit der Sprühdose, und die Schablone hinterläßt einen klaren Umriß. Denn ich möchte, daß die Darstellung im Stadtbild ästhetisch wirkt.

---

* A. Beetschen, in: L'effet trompe-l'œil dans l'art et la psychoanalyse, Paris 1988, S. 24 ff.
** Künstlername, der von dem englischen Wort *black* herrührt.

Anfangs habe auch ich versucht, direkt mit der Sprühdose zu malen, wie man das in New York auf der U-Bahn sieht, aber ich habe dies als Irrtum erkannt. Schließlich sind wir in Paris, deshalb suchte ich nach einer französischen Technik. Pochoirs stellt man zu Hause her. Erst dann wird das Bild auf die Mauern gesprüht. Es findet also ein Nachdenken vor dem Sprühen statt, eine Arbeit als Zeichner, als Maler. Spontanes Sprühen auf die Fassaden der Stadt kann sehr häßliche Bilder hinterlassen.«

Fast alle Pochoirs stellen unpolitische Themen dar und beschäftigen sich mit dem Alltagsgeschehen, worüber es auch Bildgeschichten gibt: etwa »Leben und Tod eines Scheißhaufens«, wie der Künstler eine Serie von Pochoirs nennt, wo ein Hund auf die Straße macht, sein Werk aber vom Schuh eines Passanten zermatscht wird. Und tatsächlich ist das Problem des Hundehaufens jedem bekannt, der in Paris lebt, wo über eine Million dieser Vierbeiner die Trottoirs beschmutzen und deshalb eigene Reinigungseinheiten eingesetzt werden müssen.

Die Arbeit des Sprühens ist mit Gefahr behaftet, denn verständlicherweise ist es verboten, fremde Fassaden zu beklecksen. Doch die Reaktion mancher Hausbesitzer, insbesondere in abgelegenen Vierteln, ist erstaunlich positiv. Der eine oder andere erkennt in dem Pochoir eine künstlerische Verzierung. Allerdings gab es auch Festnahmen, wenn Pochoirs-Künstler ihre Spuren an denkmalgeschützten Gebäuden hinterlassen. Auch BLEK mußte 1992 vor Gericht, wurde jedoch als Künstler anerkannt und nicht bestraft; es wurde ihm nur auferlegt, die von ihm besprühte Fassade wieder zu säubern.

Doch den Pochoirs folgte OLGA. OLGA ist die von der Stadtverwaltung eingerichtete Organisation zum Kampf gegen die Pochoirs. Mit einem eigens dafür entworfenen Wagen und besonderen Chemikalien rückt diese Sondereinheit den Pochoirs zu Leibe. Diese Ausstattung läßt sich übrigens gut verkaufen: Andere Städte wie Barcelona haben den OLGA-Wagen schon bestellt, aber auch die Künstler sehen in OLGA etwas für ihr Werk sehr Hilfreiches.

»Wir brauchen OLGA«, sagt Künstler BLEK, »da die PochoirKunst vergänglich ist. OLGA löscht aus. Sie ist der Radiergummi des Zeichners, denn ich kann mir nicht vorstellen, daß unsere Kunst in zwanzig Jahren noch einen Sinn hat. Und je mehr wir uns ausbreiten, desto mehr breitet OLGA sich aus.«

Doch alles Schöpferische, auch das angeblich Vergängliche, wird heutzutage festgehalten. So wurden Pochoirs (für diesen Zweck auf Tragbares gesprüht) bei Drouot, dem berühmtesten Versteigerungshaus von Paris, im gleichen Atemzug mit Jean Arp und Max Ernst versteigert, da Schablonensprüher ernst zu nehmende Künstler sind; denn auch bei ihnen hat sich eingebürgert, die Bilder auf den Fassaden zu signieren.

Während Fassaden eine vermeintliche innere Ästhetik nach außen spiegeln, die vorstellbare Wünsche darstellt, sollen sie in Paris noch zusätzlich die Örtlichkeit geschichtlicher und kultureller Abläufe gegenwärtig machen. Wo immer man durch die Straßen und über die Plätze der Stadt flaniert, begegnet man an den Fassaden leicht übersehbaren Spuren. Da steht auf kleinen marmornen Plaketten: Hier kaufte der Romancier Honoré de Balzac vor 130 Jahren Kerzen und Kaffee, dort trank der Fabeldichter La Fontaine frische Landmilch. Da wurde der arme Ritter de La Barre im Alter von neunzehn Jahren am 1. Juli 1766 zu Tode gefoltert, weil er eine Prozession nicht gegrüßt hat. In Paris lebten Lenin, Ho Chi Minh, Tschou En-lai, Sigmund Freud und die Exilanten Joseph Roth und Heinrich (Henri!) Heine und die Fassaden verkünden es heute noch. Eine Plakette erinnert an den la-

teinamerikanischen Revolutionär Simón Bolívar, andere
an Frédéric Chopin oder Maria Callas, die in Paris starb.
Da wurde Heinrich IV. ermordet, hier wohnte Benjamin
Franklin. Ein gewisser Herr darf natürlich nicht fehlen:
Casanova, der noch heute fasziniert, weil er wie kein anderer die Damenwelt verzückte. Irgendwann wird in der
Avenue Montaigne an einer Hauswand stehen: Hier lebte
Marlene Dietrich bis zu ihrem Tod. An manchen Mauern
erinnern gleich mehrere Plaketten daran, daß die Fassaden unentwegt das gleiche Äußere vorweisen, während
heute kaum noch vorstellbar ist, was in ihnen geschah: Im
selben Haus, in dem Honoré de Balzac die Handlung seines Romans »Das ungekannte Meisterwerk« spielen läßt,
wohnte fast ein Jahrhundert später Pablo Picasso zwanzig
Jahre lang und malte eines seiner berühmtesten Gemälde:
»Guernica«.

Das gesäuberte Paris ist in seiner Essenz eine Stadt des
Vordergrunds und des Hintergrunds, aber kaum der Ge-
gensätze, selbst wenn Balladur gegen Mouna und Marabus steht. So trägt die Fassade von Paris nicht nur eine
sichtbare Ästhetik zur Schau, sondern setzt für den wirklichen Genuß voraus, daß der Beobachter jenen immensen
Teil von Geschichte und Kultur des Abendlandes kennt,
der sich hinter ihr vollzogen hat.

Paris, Metropole – gelobt als Augenweide des 19. Jahrhunderts –, bietet sich nun auf ewig müßigen Flaneuren,
Dandys, Bummlern zum Besichtigen an. »La ville lumière«
wird die französische Hauptstadt gern genannt, wegen
des milden Lichts, wegen der rosa Wolken vor dem hell-
blauen Himmel, Farben, die an Babywäsche erinnern, weshalb sich in dem Menschenkind, das vor dahinfließender
Freude sein Da-Sein in Paris selig beseufzt, die kindlich-
naivsten Gedanken von einer unberührt heilen Welt ver-

breiten. Oder das Halogengefunkele nachts. Thomas Edison hätte seine Freude an dem Geglitzer, an den angestrahlten Fassaden, beleuchteten Monumenten, an den schwimmenden Lichtorgeln auf den Bateaux-Mouches; Quai-Anrainer hängen sich vorsorglich dicke, lichtdämpfende Vorhänge an die Fenster. Und dann Weihnachten erst die Lichterketten in den Bäumen von Champs-Élysées und Avenue Montaigne!

Aber geht's nur ums Licht? Fühlt sich Paris nicht immer noch verantwortlich für den Rest der Welt als nie versiegender Quell der »lumière«, wie die Aufklärung heißt? Dem Geist wird Licht gebracht... Nein, so scheint's, in Paris erfrischt der Flaneur des 20. Jahrhunderts schauend sein Herz, nicht hörend das Hirn; Atlantis des vergangenen, des bürgerlichen Jahrhunderts, ein letztes menschliches Stadium der Millionenstadt vor dem Massenmoloch.

Paris! Ein Name, der stets an Aphrodite erinnert. Verlieh sie nicht Schönheit als höchstes Gut dem danach geifernden Paris?

Métromanie

Paris, »ville lumière«; bestaunt, ja, begehrt zu werden, daran labt sich wohlgefällig nur die *Polis*. In deren *Métro* aber, in die lebendige Unterwelt, führt manch verborgener, dunkler Schlund.

Nudelstil nennen Pariser die geschwungenen Linien der alten Métro-Eingänge und fanden sie natürlich gräßlich – damals, als sie nach den Plänen von Hector Guimard gebaut wurden. Aber dem Wahn, daß gut sei, was neu ist, sind die Franzosen ja nur selten verfallen – und haben sich stets daran gewöhnt, das einst Häßliche zu bewundern. Zudem: Erwartet man vom Herrn der Unterwelt nicht, daß er wenigstens den Einlaß dorthin geschmackvoll gestaltet? Wenn der schon unauffällig ist ... Und mit den häßlichen, auffallend störenden Betoneingängen, mit denen deutsche Provinzstädte anzeigen wollen, daß auch sie Metropolis spielen möchten, muß er ja nicht unbedingt etwas gemein haben.

Nur Wissende können sündigen. Nur Sehende finden sie, diese wenigen Stufen, zu denen hin einige auf dem Teerboden der Trottoirs verstreute länglich-gelbe Rechtecke, ein braunes Magnetband quer über dem Rücken, wie heimliche Schnitzelzeichen führen. Für Wissende ist jenes braune Magnetband auf gelbem Rechteck ein täglich millionenfach verkauftes, zum Kultobjekt überhöhtes Firmensymbol: *Métro*.

Métro: Schuhe jeder Art in Bewegung, Gänge entlang, Treppen hinauf oder hinunter; Sneakers, Hochhackiges,

Wildleder oder deftiges Schwein, Geschnürtes, Sandalen, mal Stiefel, eher Gummi- oder Kreppsohle statt Leder, Wollstrümpfe oder nackt, selten seidene, aber doch ab und zu, dann aber Métro Palais Royal oder Victor Hugo. Schuhe, die auf Laufbändern fahren oder auf den eisernen Stufen von Rolltreppen stehen; Füße, die sich treten, verlaufen oder warten, auf dem Quai, nach der zischenden Einfahrt, dem Klappern der aufspringenden Türen über die den Fuß mit Gumminoppen warnende Kante in den Wagen steigen, sich plazieren, an der Stange, vor dem Sitz. Von morgens bis abends: Füße von oben hinab, von unten hinauf. Allein vom Darandenken bekommt man müde, geschwollene Füße! Obwohl sie doch von der Métro gefahren werden in ihrem jeweiligen Schuhwerk.

Zischen. Türen auf. Füße drängen raus, andere stehen störrisch und störend davor, wollen rein. Türen wieder halb zu. Der dumpfe Warnton. Rennen noch Schuhe heran? Quetschen sich Ellbogen durch die Tür? Klappern der zufallenden Chromhaken in der Mitte der alten Türen. Elektrisches Summen des anfahrenden Zuges, vielleicht ein zu laut gestellter Walkman oder – selten – ein Gespräch zum Mithören.

Eine Minute zwischen jeder Station, rechnet man. Morgens Gelegenheit, eine Zeitung zu lesen oder ein Buch, Hausaufgaben nachzuholen, in Eile, oft angetrieben vom schlechten Gewissen. Eine Frau schminkt sich ungeniert.

Eine Minute zwischen jeder Station. Da muß der Auftritt auf die Sekunde ausgerechnet sein. Nicht in der Mitte, sondern an einem Ende eintreten. Der Mann wirkt gepflegt, von der Hände Arbeit hat er sicher gelebt, fünfundfünfzig mag er sein. Beim Anfahren erhebt er etwas zu laut, aber ohne zu zögern die Stimme: »Entschuldigen Sie, meine Damen und Herren. Ich bin seit einem Jahr arbeitslos und kann die Miete nicht mehr bezahlen, habe kein

Geld zum Essen. Wenn Sie einen Franc abgeben könnten (er beherrscht den Konjunktiv), würden Sie mir sehr helfen. Ich danke Ihnen.« Und dann geht er geschwind, aber nicht zu schnell durch den Wagen, eine Mütze in der Hand, damit man ihn nicht körperlich berühren muß, wenn man ihm eine Münze zusteckt. In dieser einen Minute ist es nicht leicht, zu entweichen; bevor der Zug hält, hat er den Wagen bis zum anderen Ende durchlaufen. »Je vous remercie.« Und zwanzig, dreißig Franc wird er wohl einstecken, zehn allein von mir. Lautlos verschwindet das schlechte Gewissen, als sei es nie dagewesen.

Dann treten die Füße heraus, und die Ohren melden: Unterwelt zwar, doch nicht Hölle. Ein klassisches Gitarrenkonzert in den Gängen der Station Auber, wo täglich eine Viertelmillion Menschen von einer Linie zur andern wechseln, hetzen und dann einen Moment verweilen; verschlossene Gesichter entspannen sich, vielleicht ein kleiner Traum für eine Seelensekunde, aus dem braunen Magnetstreifen auf dem gelben rechteckigen Papier erklingt einen Augenblick lang Musik.

Aus drei Abschnitten bestehe der Tag, heißt ein Motto in Paris: *Métroboulot-dodo*. Morgens (und abends) Métro fahren, arbeiten/malochen, und dann ist man so kaputt, daß man nur noch erschöpft auf die Matratze fällt, um zu pofen. *Métro-boulot-dodo*: Métro-Maloche-Pofe. Unbeschädigt überlebt keine Seele diese Tretmühle.

Métro – molto allegro bieten statt dessen die Herren dieser Unterwelt als Verführung an. Nur: Kultobjekt wird ein gelbes rechteckiges Papier nicht von ungefähr. Drei Millionen Franc blättert die Métro-Verwaltung jährlich für ihre freien Konzerte hin, ob Blasorchester, Streicher oder Zupfhansel; und die Musiker freuen sich, mit leicht gestaltetem Programm ein Publikum zu erreichen, das normalerweise solche Musik wahrscheinlich nie anhören würde. Und in den Gängen – oder in der einen Minute zwischen zwei Stationen – gibt es ungeplante, aber geduldete Konkurrenz: Mit Flöte, Geige, Ziehharmonika lockt, wer sich getraut, den Hut vor sich hinzulegen, den Vorbeieilenden manch einen Zehner aus der Tasche, und Kenner melden guten Tagesverdienst, tausend Franc vielleicht – steuerfrei.

Der Blick fällt auf die lachende Kuh auf einem riesigen Werbeplakat, das so schön und ordentlich in den Keramikrahmen der Stationswand eingepaßt ist. Oder ein lächelndes Mädchen wirbt für Reizwäsche – welch ebenmäßiger Körper. Ein Moment, um in sich hineinzuversinken, zu sinnen, vielleicht auch, um zu begehren. Je nach Jahreszeit werden die Augen erinnert an *rentrée* und neue Schulkleidung, an billige Möbel oder einen neuen Reißer im Kino. Wo Höhlenwände den Blick abstumpfen, müssen Visionen erwachen: Gelb eingefaßt verspricht der braune Magnetstreifen Kultträume. Sehnsüchte sind die erste Stufe zur Sünde, der zweite Schritt liegt im Verlangen, und um Verlangen nach einer Sekunde leichten Lebens zu wecken, überließ man eine ausgediente Station Künstlern statt Werbekrämern. Métro La Croix-Rouge. Auf den Plakatwänden spiegelt blaues Papier den Himmel wider, den dazu passenden Sandstrand liefert gelber Karton, davor ein lebensgroßer Sonnenschirm, auf dem Quai eine Frau, ein Mann, ein dem Ball nachlaufendes Kind, ein Hund – als Pappsilhouetten.

Die Werber kommen nicht zu kurz. Doch nicht alles gelingt. Mit Fernsehen wollten sie auch noch das letzte Gespräch in der Métro ersetzen, denn dort, wo man eh wenig redet, lenkt der Blick auf die Mattscheibe ab, verkürzt ein Spot die Reisezeit, falls man darüber nicht auszusteigen vergißt. Die Wagen der Linie Pont de Neuilly – Bois de Vincennes wurden mit Monitoren versehen, doch die Augen erfuhren nur, welche Fahrplanänderungen notwendig waren, auf welcher Strecke gebaut wurde, wo Störungen zu erwarten waren. Zwischendrin erklärten kleine Filme, wie man Fahrräder repariert, und anderes mehr. »Indiana Jones sollte es geben statt ›Bildschmiertext‹(sic!)«, klagte ein junges Augenpaar. Das Experiment wurde eingestellt, vielleicht vergaßen zu viele auszusteigen. Auf die Quais hat man dann die Monitoren gestellt, weil beim Warten der Blick auf bewegte Bilder anreizen könnte. Auch das eine Pleite. Jetzt sieht man nur noch die Löcher im Boden, wo die Podeste verankert waren. Wer in der Métro wartet, hängt seinen eigenen Gedanken nach.

O ja, diese Unterwelt ist gesittet. Oben, im so häufig gerühmten Licht der Polis, steht der Louvre. Nach dem Umbau wird er ausgedehnter als Sankt Petersburgs Eremitage und dann der Welt größtes Museum sein. Da verzichtet die Métro auch unten auf lohnende Werbeflächen, opfert Mammon den Musen, weil kulturelles Ansehen den Wert eines mäßigen Schecks übertreffe. Statt Werbung ägyptische oder gotische Figuren, steif – hinter Glas. Métro Varenne: Rodins Denker und Balzac als ewige Passagiere auf dem Quai.

Auch jene Frau, die als lebende Versuchung gilt, läßt sich in die Dichte dieses Unterstadtverkehrs herabziehen, wenn nur die Verlockung groß genug ist. Métro Bastille – aux armes citoyens! Oben auf den Boulevards der Polis fährt Catherine Deneuve Rolls-Royce, aber die Ausstellung von Marianne-Büsten, gestaltet nach ihren Gesichtszügen, läßt sie sich nicht entgehen. Dann aber am späten Vormittag, wenn's leerer ist; trotzdem drängeln die Photographen fürchterlich. Ein Blick auf diese Helena des heutigen Paris löst einen Adrenalinstoß auch bei dem aus, der auf dem Weg zur Maloche zufällig vorbeieilt und von ihr, der Blonden in Chanel, einen Blick erhascht. Mensch, du wirst nicht ahnen, wen ich heute gesehen habe.

Da hält der Wagen, öffnet sich die Tür, zuerst verharrt der Schritt. Man schaut zu, vielleicht denkt man nach, sagt sich, ach – das wär' auch was für meine Kinder. Tanzen, Ballett... Von oben ist eine Ballettschule auf die Quais eingeladen worden. Leben und Denken der durch die Tunnel Eilenden will die Métro-Verwaltung anregen: Ausstellungen (über Kartoffeln in der Station Parmentier), Handwerksanweisungen, sogar eine Métro-Bibliothek bietet die Unterwelt-Organisation an.

Alles am Métrofahren ist praktisch. Wer seinen Weg sucht, der drückt auf einen Knopf, und schon zeigt die Leuchttafel die kürzeste Strecke – mit Umsteigen in verschiedenen Farben. Kaum ein Tunnelgewirr ist so übersichtlich und einfach zu durchfahren wie das von Paris. Was allein das Nützliche zum Maßstab hat, sei meist häßlich, heißt es. Ein Métroplan scheint für Pariser aber übersinnlich zu wirken, denn mit einem Wandgemälde aus Kacheln in Weiß, Rot, Schwarz, Gelb wurde die große Rückwand eines sechsstöckigen Schlafsilos geschmückt, auf dem Wegzeichen, Eingänge und Kreuzungen der unteren Welt als Plan von Paris entstehen – als wolle oder solle (?) man nach *métro-boulot-dodo* noch davon träumen.

Aber auch in Paris ist die Métro weniger schön als die Polis. Dort, wo der Blick nicht durch schöne Fassaden getäuscht wird, spielen sich Leid, Qual, Einsamkeit vor aller Füßen ab. Da sitzt jemand schweigend, vielleicht vor einem Pappschild oder einem Hut, da hält ein Alter mit gesenktem Blick seine Handfläche nach oben; niemand kann dem entweichen, nur schlechten Gewissens wegschauen, aber dann bleibt immer noch Betroffenheit. Solidarität zeigt diese Menge nicht; der einzelne eilt vorbei, weil Eile ein Teil der Sühne in dieser Unterwelt ist. Ein Musiker hat deshalb ein Klavierstück über die Métro komponiert, er nannte es: »Nachgeahmter Galopp für Piano«.

Um ein Uhr nachts wird die Métro geschlossen. Der letzte Diensthabende zerrt vor die Eingangsschlünde große Scherengitter, windet Ketten herum und sperrt sie mit Schlössern zu. Nur in Wintermonaten, wenn draußen kalte Ostwinde es unmenschlich erscheinen lassen, die dort tagsüber auf den Bänken Wohnenden aus dem warmen Mief, der seinen besonderen Geruch hat, zu vertreiben, richtet man Obdachlosen in einem Métroschacht auf Feldbetten das Nachtquartier ein.

Man glaubt zwar, die Kriminalität sei unter der Erde größer als in den Straßen, doch dieser Glaube entspringt nur der ewigen Angst, die man vor dem Dunkel hat, vor Höhlen, vor Tunneln. Nimmt die Gesetzlosigkeit in der Gesellschaft zu, dann steigt sie auch in der Métro. Polizeikontrollen beruhigen die Kunden mehr, als daß sie Diebe abschrecken. Jeder kennt einen, der in der Métro bestohlen worden ist. Jetzt sieht man sie immer mehr, die schwarzgekleideten Kerle mit den gefährlichen Hunden.

Mit versteckter Kamera und vier Schauspielern wurde ein Experiment gedreht: Hauptverkehrszeit. Drei als Raudis verkleidete Männer rauben in einem Gang, in dem viele Menschen dahinhasten, einem Mann die Aktentasche. Einer rempelt ihn an, er fällt gegen die Wand, der zweite entreißt ihm die Tasche. Niemand reagiert. Zweiter Versuch. Da greift ein kräftiger Mann ein, allerdings hilft er nicht dem Angegriffenen, sondern packt den, der die Aktentasche entrissen hat. Doch ehe die erhobene Faust niedersaust, wird der Mann über den Versuch aufgeklärt.

»Da habt ihr aber Glück gehabt, daß ich nicht gleich zugeschlagen habe«, meint er.

»Weshalb haben Sie denn nach der Tasche gegriffen und nicht dem Überfallenen geholfen?«

»Wenn mir so was passiert, möchte ich doch auch als erstes meinen Besitz wiedererlangen!«

Auf jedes Jahr kommt ein Mord in der Métro. Ist das viel bei einer Milliarde Passagiere in zwölf Monaten? Selbstmorde, Leute, die sich vor einen Zug werfen, auch das gibt es. Sie führen zu zwei Opfern, heißt es abschreckend in einer Negativwerbung: dem Selbstmörder und dem geschockten Zugführer. »Zazie dans le métro«, Romanschriftsteller, Filmemacher nutzen die Kulisse gern, besonders für Krimis. Die Wirklichkeit ist banaler. Taschendiebe und Kleinhändler in Sachen Drogen werden durch Türschlitze oder mit versteckten Kameras beobachtet und blitzschnell gegriffen. Oder auch nicht.

Der Überfall in der Métro wird dann durch Rollentausch zum Witz in der Werbung. So sieht der Spot aus: Ein junger, unrasierter Kerl, flott, mit modischer Sonnenbrille und in genoppter Lederkleidung, steht vor einem Automaten auf dem Quai und macht sich mit dem neuen Batterie-Rasierer (für den geworben wird) schön. Da nähern sich drei vornehme Männer, sie wirken mit ihren Zweireihern und Aktenköfferchen wie Bankiers. Drohend gehen sie auf den Lederkerl zu. Schnitt. In Unterhosen kommt der aus der Métro, seine Freunde stehen oben bei ihren Motorrädern und lachen ihn aus. Schnitt. Unten in der Métro ziehen die Bankiers die Lederkleidung an, einer rasiert sich mit dem neuen Produkt. Vorhang. Lachen.

Traurig und abgewrackt fand Franz Kafka die Reisenden, als er Anfang des Jahrhunderts in Paris weilte. Andererseits, meinte er, gebe die Métro die beste Gelegenheit, sich einzubilden, man habe schnell die Essenz von Paris verstanden. Ein paar Jahre später fügte der französische Schriftsteller und Kritiker Jean Paulhan hinzu: Für den Métrofahrer bestehe die Gefahr darin, sich an diese Welt so zu gewöhnen, daß er sie, durch die täglich genossene Dosis, schließlich nicht mehr entbehren könne. Das nenne man dann die »Métromanie«.

Nichts macht heute süchtiger, als was modern ist. Mal Sex, mal Kokain, mal das, was manche Kultur nennen. Und mit der Droge Métro spekuliert die Unternehmensleitung, so, als mache Métrofahren schön und glücklich. Ein Werbespot der Métro endet mit einem Pärchen, das auf einer Bank schmust, verliebt ist und plötzlich in Hochzeitskleidung dasitzt. Eine weiße Taube fliegt herbei und setzt sich auf ihren Schleier. Dann schließt sich der gelbe Vorhang mit dem braunen Querstreifen.

»Ticket chic, ticket choc«, spricht sich gut; »ticket chic, ticket choc, klingt nach alter Eisenbahn; auch Rock zuckt im Rhythmus mit. Der Sinn dieses Spruchs? Das Eintrittsticket in die Métro sei so schick, daß es einen Schock versetze. Und dieser Gedanke wird vermarktet, in der Métro natürlich. In einem der vielen kleinen Läden in den Métrostationen sind metrogelbe T-Shirts mit magnetbraunem Streifen zu kaufen, dazu Handtücher, Radiergummis, Bleistifte, Mützen, Schals, was immer an Überflüssigem Geld bringt. Das »ticket chic, ticket choc« wird kulturell überhöht, und damit alles, was mit Métro verbunden ist. Die Métro, so ein Slogan, sei der Zweitwagen jeder Pariser Familie, für die meisten ist dies wohl der Wagen mit Chauffeur. Und weil es gelungen ist, das »ticket chic et choc« zum gesellschaftlichen Symbol hochzustilisieren, läßt es sich auch von Bastlern verarbeiten. Um dies in der Métro zu tun, brauchen sie nur eine Genehmigung für acht Mark, und so sitzt tagaus, tagein derselbe Bastler in der Station Palais Royal und falzt die Papierrechtecke geschickt zu Eiffeltürmen, Aschenbechern, Ohrringen und verhökert sie. Nicht teuer, aber sicherlich äußerst gewinnbringend, denn das Rohmaterial braucht er nur auf dem Boden aufzusammeln.

Die Métro, sagt Philosoph André Glucksmann, sei das wahre Kulturzentrum Frankreichs, da träfen sich alle Völker, Kulturen, Ausdrucksformen. Sicher nicht auf allen Linien. In Richtung Clignancourt stimmt das vielleicht, da fahren die Araber und Afrikaner in ihr Viertel. Aber gewiß nicht auf dem Weg zum Pont de Neuilly. Und nicht jeder steigt herab. Schließlich fährt oben der Bus, wenn auch die meisten dieser Gefährte ihre hintere Plattform verloren haben. Doch wer das Licht vorzieht oder die Menge scheut, der weiß bestens Bescheid über das komplizierte Geflecht von 62 oder 93, über Busstationen und wo man von Linie zu Linie umsteigt oder wo man durchfahren kann. Direkt geht's eigentlich nie.

Irgendwann aber wird man doch von Maloche und Pofe eingeholt. Um sechs Uhr abends läßt man schon mal einen Zug weiterfahren, hoffend, daß der nächste weniger überfüllt ist. Wenn man dann im Wagen sitzt oder eingequetscht steht und doch allein ist, der Blick nicht mehr abgelenkt wird, versinkt man in sich selbst, der Geist löst sich, tritt einen Augenblick neben den Körper, erstarrt für Sekunden unter der Erde. Begräbnis der Träume in der Métro. Was bleibt nach der Maloche? Métro und Pofe.

Elysische Gefilde

Die Raffgier führt vielleicht nicht zum Untergang des Abendlandes, doch zu dem jener Pracht-Avenue, die in ihrem Namen den Mythos des Paradieses trägt. Sogar die »International Herald Tribune«, deren Redaktion in der nach Westen verlängerten Achse der Champs-Élysées liegt, bezeichnete sie letztens als »paradise lost«, als verlorenes Paradies. Denn »Kaufen, kaufen, kaufen!« lautet das Motto derjenigen, die das Kultobjekt Champs-Élysées betreten – oder betreiben. Kaufen, wie im Rausch ständig wiederholt... Massenware bringt nun einmal mehr als ein einzelnes, noch so teures Edelprodukt. Denn trotz Mengenrabatt sind die Endpreise so überhöht, daß ein echter Pariser dort keinen Laden betritt. Nur Leute aus der Provinz oder Touristen»from all over the world« glauben, Pariser Schick verbinde sich mit dem Wort Élysée. Die großen Namen aber haben diese Gefilde längst verlassen. Die schönste Avenue der Welt, das Symbol des Goldenen Zeitalters, der Mode und des Films, so sahen die Franzosen die Champs-Élysées noch in den sechziger, vielleicht sogar in den siebziger Jahren, aber sicher nicht mehr in den Achtzigern, da merkte selbst der letzte schwärmende Blinde, daß hinter den inzwischen durch Sand- oder Wasserstrahl geweißten Kalkfassaden das Gold dem Glitter gewichen ist. Mit drei Worten bewarf die französische Presse die Champs-Élysées, so als seien es Schlammbollen: »Banalisation, Banlieusardisation, Boulevardisation«. Schlimmer konnt' es nimmer kommen. Banalisation kann nichts anderes bedeuten als den Verlust von Mythen; aus der Banlieue drängen statt der Stars nur noch deren Autogrammjäger ins Zentrum, das stil-, also kulturlose Massenpublikum, das diese Avenue zum alltäglichen Boulevard verkommen läßt, wo Lust dem Lüsternen weicht.

So sind auch die Beine der Lustobjekte länger geworden – im Lido, wo vor sechzig Jahren, als der Nachtclub gegründet worden war, nur Französinnen tanzten, sind die heute in der internationalen Tanzgruppe rares Futter. Als für die französische Aufführung des Musicals »Cats« in Paris Tänzerinnen ausgesucht wurden, klagte der Regisseur über die kurzen Beine der sich bewerbenden Französinnen. Wenn auch die Show im Lido immer noch perfekt ist, der Champagner ist gerade gut genug für den banalen Boulevardbesucher aus der Banlieue oder von weiter her, Euskirchen oder Osaka, eben für den, der sich von Lichtern täuschen läßt: Nächtliches Geglitzer macht sie schön für Touristen, die sich wie Motten von den Champs-Élysées anziehen lassen, weil sie, die Avenue, überall in der Welt ein Pariser Klischee ist wie der Eiffelturm.

Noch spät am Abend bilden sich Schlangen auf den Trottoirs, aber die Wartenden verharren nicht auf der Suche nach Mangelware, sondern um sich für zwölf Mark auf der Leinwand etwas vorflimmern zu lassen. Trotz des Ansturms der Banlieue haben manche Kinos geschlossen. Andere haben ihre großen Säle in unbequeme kleine Kästen gesplittet und mußten wahrscheinlich gerade deshalb dichtmachen. Ein paar kluge Geschäftsleute haben ihre Cinéma-Säle mit äußerst bequemen Sesseln versehen; man sitzt dort wie im Salon und genießt: Das zieht die kinogeile Masse natürlich an – auch wieder aus der Banlieue, die weiß, daß hier mindestens ein Kino den Sex- oder Actionfilm spielt, den man sehen möchte, nicht aber die Wiederholung eines Klassikers.

Und über Ladenschlußzeiten lacht, wer kurz vor Mitternacht im Kaufhaus Prisunic oder bei Virgins, Europas größtem Plattengeschäft, sein Konto per Kreditkarte belasten will. Apropos Geschäftszeiten: Sonntags müßte Virgins, ginge es mit rechten Dingen zu, schließen, aber da ist halt der Zustrom der jungen Leute so groß, da macht das Geschäft solch einen Bilanzsprung nach oben, daß trotz Verbots die Kassen süßer nie klingeln. Da spielt es auch keine Rolle, daß die Präfektur jeden Montag einen Strafbefehl über mehrere zehntausend Franc schickt – das ist im Gewinn eingeschlossen.

Rummel zehrt und schafft Appetit. Weil die Champs-Élysées keine Pause kennen, schließen manche Lokale überhaupt nicht. Und hat er einen hinter die Binde gegossen, läßt ein Vorstadtprotzer im Verkehr auch mal die Sau raus, startet an der Ampel mit seinem Motorrad so gewagt, als befände sich der Cowboy beim Rodeo, das Vorderrad hoch über den Kopf gerissen, schräg eingestellt, mit der Arschbacke auf dem tief unten hängenden Sitz kurz über dem durchdrehenden Hinterrad, und laut röhrender Lärm zieht die Blicke an. Jetzt kommt es nur noch darauf an, ob er es schafft, bis zu nächsten Ampel auf dem Antriebsrad zu fahren. Nicht immer klappt's. Bis zum frühen Morgen wird man von Bremslichtern geblendet, und noch bevor der Kater einsetzt, beginnt der Berufsverkehr. Jeden Montag, wenn ich beim Rond Point die Avenue überquerte, um ins Büro zu gehen, lagen da die Glasscherben oder waren die Neonleuchtzeichen in der Straßenmitte umgesäbelt.

Unten am Obelisk, auf der Place de la Concorde, liegt die Wurzel der Champs-Élysées, deren wahrer Existenzgrund ist, Prachtstraße zu sein. Deshalb schmücken das Pflaster alle Arten von Zeichen, die nicht dem normalen Verkehr dienen: gelbe Kreise, grüne Punkte, Pfeile, die im Laufe des

Winters verblassen und jeden Sommer nachgemalt werden. Damit sie, die Statisten von Militärspektakeln, ihre Rolle an der rechten Stelle der Bühne spielen, folgen sie mit ihren Stiefeln, Pferden, Panzern oder Lafetten den gelben und grünen Markierungen. Als sie vor zweihundertfünfzig Jahren geplant wurden, führten die Champs-Élysées durch sumpfiges Gebiet. Doch bald schon machte Napoleon sie zur Paradestraße Frankreichs, und voller Hochachtung nannte man sie eine Avenue, nicht einen ordinaren Boulevard. Und jeden Juli, genauer – wer wüßt' es nicht – am 14., gedenkt man mit einer Parade der Revolution.

Und Paraden sind es, die die Champs-Élysées mit Frankreichs Geschichte verbinden. 1944 haben die Alliierten die Deutschen aus Frankreich vertrieben, doch Paris zurückzuerobern, das überließen sie den französischen Truppen, so daß General de Gaulle die befreiten Champs-Élysées hinuntermarschieren und den Franzosen vorgaukeln konnte, ihr Land sei eine der Siegermächte. Nun gut – moralisch war das ja auch ein bißchen so!

Doch kurz zuvor noch hatten die Herren mit dem Stechschritt Paris einen Blitzbesuch abgestattet und an der Place de la Concorde einen Wegweiser aufgestellt, der die Kilometer nicht nur nach Berlin, sondern auch nach Murmansk und Kiew angab.

Weniger martialisch hatten die Franzosen das Ende des Ersten Weltkriegs gefeiert. Damals gab man noch zu, daß der Krieg tötete und verletzte. Da schleppten sich Veteranen auf Krücken, nicht-uniformierte Heldenbrüste auf dürren Beinen, das Pflaster hoch. Übrigens liegt sie nicht flach, die Avenue, nein, jeder, der in die Pedale tritt, weiß, sie steigt nicht unbedeutend zum Triumphbogen an, so daß sich die Avenue nach unten hin ganz Paris eröffnet, nach oben aber, am Ende der elysischen Gefilde, der freie Himmel den Träumen Platz läßt.

Parademarsch schwebte Napoleon wohl vor, als er 1806 die Schlacht bei Austerlitz gewonnen hatte und den Triumphbogen in Auftrag gab. Und weil dort heute das Grab des Unbekannten Soldaten – aus der Schlacht von Verdun – liegt und die ewige Flamme brennt, wird sie, die Avenue, zum Ärger der Pariser, die mit dem Auto zur Arbeit fahren, häufig morgens von halb zehn bis zehn gesperrt. Dann nämlich, wenn Staatspräsidenten, Könige oder Kalifen kommen und das Ritual der Kranzniederlegung zelebrieren, werden alle Zufahrten gesperrt. Leer liegen die Champs-Élysées dann da, niemand schaut hin, nur eine Karawane schwarzer Limousinen rollt bedächtig nach oben. Und links und rechts gibt's einen Stau, der sich in die ganze Stadt fortpflanzt und bis in den Abend hinein zu verspüren ist.

Bevor aber der hehre Kaiser Napoleon kam, tummelten sich die niederen Gelüste hinter den Büschen, denn im 18. Jahrhundert war die spätere Avenue eher ein sumpfiger Pfad. Nur die unten an die Tuilerien anschließenden Gärten wurden besucht, denn sie grenzten an die Parks der großen Palais, die an der Nordseite entstanden waren – darunter das heute noch berühmteste, in dem einst Madame de Pompadour lebte: das Palais de l'Élysée. Weil es dort aber häufig nicht mit rechten Dingen zuging, wurde ein Wachposten mit Schweizer Garden eingerichtet. Allerdings ließen die Soldaten sich gern mit den leichten Mädchen ein, betranken sich und begannen allerlei Händel mit den Spaziergängern oder anderen Soldaten.

Doch nicht nur die Wache sorgte für Aufregung, im Protokoll vom November 1788 vermerkt ein Wachmann: »Verhaftet, gegen acht Uhr am Abend, einen Geistlichen mit einer Negerin, der vorgab, ihr Beichtvater zu sein und sie zu unterrichten. Freigelassen, mit dem ausdrücklichen Befehl an Monsieur, den Geistlichen, nicht noch einmal unter den Bäumen die Beichte abzunehmen, besonders nächtens nicht.«

Mit der Revolution sieht die Avenue am 5. Oktober 1789 die von Théroigne de Méricourt und Reine Audu angeführten Frauen nach Versailles ziehen und die königliche Familie nach Paris holen; Chateaubriand beschreibt den vorbeiströmenden Tumult. Und als der geflüchtete Louis XVI. mit seiner Familie in Varennes festgenommen wird, führt man ihn über die Champs-Élysées zurück nach Paris, vorbei an den Wachen, die ihre Gewehre mit dem Kolben nach oben präsentieren. Plakate weisen das Volk zum Stillschweigen an: »Wer dem König Beifall spendet, wird geprügelt, wer ihn beleidigt, wird gehängt.«

Nach der Terreur kommen die lebensfrohen Sitten zurück. Heute noch unvergessen ist der Auftritt von Madame Hamelin, die dort nur mit einer durchsichtigen Gaze-Tunika bekleidet spazierenging. Was hat sich seitdem geändert, außer daß wir prüder geworden sind? Die leichten Mädchen stehen jetzt nicht mehr am unteren, sondern am oberen Teil der Avenue, dort, wo die Leute aus der Banlieue mit dem Auto oder der RER, der Vorortbahn, eintrudeln. Und sie sind leider wärmer angezogen – nicht nur in Gaze.

Wenn die Sonne scheint und es wieder warm wird in Paris, dann bevölkern sich auch heute noch die Bänke in der Mittagszeit oder nach Büroschluß mit Männlein und Weiblein, die überwältigt von ihren Sinnen sich umschlingen, als seien sie der Geistliche und seine Negerin, die die Welt um sich herum vergessen – samt den vielen Polizisten, die hier mit Maschinenpistolen unterm Arm herumlungern, um den Präsidenten im Palais de l'Élysée zu schützen. Aber die schreiben niemanden mehr auf, verbieten niemandem, seine Liebe zu beichten.

Nur das untere Drittel der Avenue nennt man den Garten, le Jardin des Champs-Élysées. Zwischen alten Bäumen verstreut stehen prächtige Pavillons, drei für pompöse Restaurants, drei für die Theatermuse Thespis. Und nicht zu vergessen die Palais, Le Petit et Le Grand, das kleine und das große – moderne Bauten, als man sie errichtete: Eisen- und Glaskuppeln. Und oben an den Dachkanten und über den Portalen – heute wegen des Kitsches zum ironischen Lächeln verleitende – Figuren, aus Stein gehauen, meist Damen oben ohne, die sich regen und räkeln. Sie schauen hinab auf Leute, die bei Hitze oder Kälte, bei Regen oder Schnee Schlange stehen. Manchmal dauert es zwei Stunden, bis es einem von ihnen gelingt, ein kleines rosa Papier zu ergattern: Für den Preis einer Kinokarte ersteht man das Privileg, eine Kunstausstellung zu betrachten, von Rembrandt bis Picassos Erbzahlung an den Staat, von den ekelhaften Dickleibern des späten Renoir bis zu den wilden Tieren Henri Rousseaus. Von überall aus Europa kommen die Kunstbeflissenen, so als handle es sich bei den bedeutenden Ausstellungen im Grand Palais um die Kaaba von Mekka: Kultur als Religionsersatz (die Werke im Petit Palais gelten als Zugabe).

Einer besonderen kulturellen Leidenschaft frönen jene, die sich dienstags und donnerstags an einer bestimmten Ecke treffen: Louis-Philippe, Frankreichs letzter König, hat den Briefmarkensammlern das Privileg eingerichtet, an diesem Ort ihre Wertobjekte zu tauschen oder gar zu verkaufen, wobei gute Schnäppchen nicht selten sind, denn manch ein Unwissender trägt das ererbte Album hierhin, ohne zu wissen, welche Schätze es birgt. Aber der Erbe geht gerade an diese Ecke, die vom Rond Point über das östliche Trottoir der Avenue Matignon und das südliche der Avenue Gabriel den Jardin de l'Élysée eingrenzt, weil Geschäfte hier per Handschlag und bar abgeschlossen werden. Auf diese Weise hofft der Verkäufer, die

Erbschaftssteuer zu sparen. Auf dem Gehweg der Avenue Matignon sitzen die Tauschhändler auf mitgebrachten Faltstühlen, auf den grüngestrichenen Parkbänken oder bleiben stehen, haben vielleicht zwei oder drei aufgeklappte Alben vor sich hingelegt, während in der Avenue Gabriel richtige Stände mit Eisenstangen und Zeltplane das Geschäft seriöser erscheinen lassen: In Kästen oder Plastiktaschen werden alte Postkarten angeboten, geordnet nach den Straßen von Paris oder den Gegenden Frankreichs. Die Händler sind fix, folgen den Zeitläuften – und haben hier als erste das neue Sammlerobjekt Telephonkarte entdeckt. Und schon kostet manch ausgefallener Plastikchip bis zu 10000 Franc. An diese Ecke der Avenue verirrt sich kein Banlieusard, kein Tourist, höchstens ein Filmteam, das die Szene anschließend im Studio mit Audrey Hepburn und Cary Grant nachdreht und damit ist Pariser Flair eingefangen.

Ein Denkmal seien sie, die Champs-Élysées; ein Denkmal für die Geschichte, Kultur, Zivilisation Frankreichs. Davon weichen die Pariser trotz aller Kritik nicht ab. Und so sieht es auch der Vorstadt-Beau, der sich John nennt, mit schwarzer Lederkleidung und Texas-Boots über die Avenue schlendert und auf der Lehne einer Bank Platz nimmt, die spitzen Lederstiefel auf die Sitzfläche stellt und mit dem Kamm über die ölige Elvis-Schmachtlocke fährt: »Für mich sind die Champs-Élysées ein Denkmal, selbst um vier Uhr nachts gibt's noch zu essen und zu trinken, und man trifft immer Leute.« Die Nouvelle Cuisine der Champs-Élysées stammt nicht mehr aus dem Lyonnais, sondern aus den Massenküchen, wo Fritten und Hamburger mit Ketchup auf Pappgeschirr in Sekundenschnelle hergerichtet und gleich hinter der Kasse verschlungen werden, wo man nicht den Rat des Kellners braucht und lange darüber grübelt, ob ein Sancerre besser dazu passe als ein Pouilly fumé. Da klagen sie wieder, die alten Pariser: »Avenue«, diesen Prestigenamen verliere sie nun wirklich, sie sei wahrhaftig nur noch ein Boulevard (und ganz Böse sprechen das Wort auf amerikanisch aus, um ihre Mißachtung über den Zerfall der Kultur kundzutun), ein Boulevard also, auf dem Massenbedürfnisse befriedigt würden. Wer kennt denn noch die Namen der verflossenen Restaurants, Hotels und Kinopaläste, wer denn?

Aber ein Trost bleibt, nicht nur die Fassaden sind geputzt worden, nein, auch der Massenmüll auf den Gehwegen wird ununterbrochen weggesaugt, von eigens hierfür entwickelten Autos, kleine, grün gesprühte Elektrowägelchen mit großer Plastikkanzel für den natürlich auch grün gekleideten Fahrer, der einen mehrere Meter langen, beweglichen grauen Schlauch von bestimmt fünfzehn Zentimeter Durchmesser vor sich herlenken kann, um aufzusaugen, was das Erscheinungsbild eines lebenden Denkmals stören könnte.

Aber nichts ist billig hier, trotz Massenproduktion der Fritten. Versteckten sich hinter den Fassaden einst prachtvolle Salons, so wurden sie zu muffigen Büros, denn für einen Quadratmeter erhält man, ohne zu feilschen, tausend Mark Miete pro Monat; nun kann man auch in Paris nicht ohne weiteres seine Wohnung in ein Büro verwandeln, doch manch ein Beamter zeigte für ein paar Franc mehr ein weiches Herz. Kein Wunder, daß gerade noch fünfundfünfzig wahlberechtigte Franzosen an der Prachtstraße wohnen, über deren Trottoirs täglich etwa 150000 Menschen trampeln, weshalb dies für bettelnde Zigeunerfrauen mit kleinen Kindern ein beliebter Arbeitsort ist. Man ist ganz froh, wenn man auf alte Leute trifft, die noch Werte haben.

Das Café de Paris, eines der ältesten an den Champs-

Élysées, wahrt seine Tradition, paßt nur die Preise an. Die Besitzer hatten schon längst lukrative Angebote, doch sie wollen der Fritten-Invasion nicht weichen. Schließlich hat das Café de Paris seine Geschichte: Söldner aus aller Welt trafen sich hier zum Rendezvous mit Umstürzlern, die über pralle Krokobrieftaschen verfügten. »Seitdem die Vorortbahn bis zu den Champs-Élysées führt«, klagt Monsieur Michel, seit fünfundzwanzig Jahren Kellner im Café de Paris, »kommen viele Leute aus der Banlieue. Das hat die Kundschaft unangenehm verändert, denn heute bleibt die bürgerliche, sehr vornehme Gesellschaft weg.«

Aber manch vornehmer Kunde wird noch mit Polizei-Eskorte im ältesten Lokal der Champs-Élysées abgesetzt, im Fouquet's, welches als wahrer Freßtempel von Paris gilt, nicht das Maxim's, wo sich nur noch amerikanische Millionäre sättigen, im guten Glauben, mitten in das Pariser Leben eingetaucht zu sein, was auch nicht ganz falsch ist, allerdings – es ist Jacques Offenbachs operettenhafte Inszenierung. Wenn Belmondo, Delon, Chabrol oder Lebouche einen Film planen, dann bereden sie ihn bei Fouquet's am Mittagstisch, wenn der Film Premiere hatte, dann ziehen sie zur Feier ins Fouquet's, und wenn schließlich der Abend mit der Verleihung der Césars, der französischen Filmtrophäe á la Oscar, bei viel Champagner ausklingen muß, dann natürlich bei Fouquet's. Wenn Politiker, Industrielle, Bankiers sich verabreden – zuerst einmal versucht man einen Tisch bei Fouquet's zu reservieren.

Oben, neben der Küche, kann man sich ins Chambre séparée verkriechen, und dort treffen sich regelmäßig ein paar reiche Leute, die geheimnisvoll wie Mafia-Bosse darüber beraten, wie man die Champs-Élysées retten könne. Natürlich geben sie nicht offen zu, daß sie gegen Fritten-Buden und Fummel-Boutiquen zu Felde ziehen, aber sie haben schon Angst, daß die Kinos bald in Sexshops und Peep-Shows verwandelt werden. »Die Champs-Élysées sind eine solch großartige Avenue, daß wir sie im jetzigen Zustand bewahren wollen«, sagt Maurice Cazeneuve, ehemaliger Fernsehintendant, der als Sprecher der Kaufleute, Medienzaren und Restaurantbesitzer, die sich versammelt haben, auftritt. Und dann meint er ganz rührend: »Wir wollen, daß für unsere Kinder die Champs-Élysées bleiben, was sie waren.« Seit fast hundert Jahren steht die Bar des Fouquet's, und Bilder berühmter Damen wie Sarah Bernhardt hängen an der Wand neben einem Schild, das unbegleiteten Frauen den Zutritt verbietet. Man möchte das ambulante Gewerbe fernhalten. Aber gleich neben der Bar gibt das Restaurant mit hier aufgenommenen Photos von Marilyn Monroe an. Viele Tische sind mit Namensschildern aus Messing versehen und geben so Auskunft über die Lieblingsplätze verstorbener, aber auch noch lebender Größen. Der unvergeßliche Charmeur Maurice Chevalier hatte seinen Stammplatz an einem Tisch neben dem von François Truffaut und Orson Welles. Und diejenigen, die heute noch regelmäßig kommen – und nach französischer Vorstellung weltberühmt sind –, haben einen eigenen silbernen Serviettenring.

Aber auch hier hält nichts ewig. »Die Macht des Geldes verändert die Avenue«, klagt auch Maurice Casanova, Besitzer von Fouquet's, und wie ein alternder Don Giovanni sieht er wirklich aus – mit seinem künstlich geschwärzten Haar und dem gepflegten Bärtchen. »Durchs Geld werden Läden von niederem Niveau angezogen. Früher gab es hier nur Luxusgeschäfte, aber was die Immobilienspekulation schafft, sehen Sie selber.« Und dann macht er sich wieder Mut: »Trotzdem bleiben die Champs-Élysées triumphal, so wie sie Ludwig XV. geplant und Napoleon gebaut hat.« Daß Monsieur Casanova nicht ganz dumm ist, hat er bewiesen: Als nämlich das Gebäude, in dem Fouquet's logiert, an arabische Scheichs verkauft wurde und er fürchten mußte, gegen eines dieser verachteten Massenfreßinstitute ausgetauscht zu werden, da hat er ganz gewieft beim Kultusministerium den Antrag auf Denkmalschutz gestellt, und die arabischen Käufer hatten beim Notar noch nicht den Füller ergriffen, da hatte der Kultusminister auch schon das Fouquet's als »monument historique« eingestuft und damit als unveränderbar geschützt. Da war mehr als eine Fassade gerettet.

Und der Zusammenschluß zu einem Verein, der die Avenue vor weiterer Boulevardisierung bewahren soll, hat dann auch etwas bezweckt: Bürgermeister Jacques Chirac hat die Rettung der Avenue persönlich in sein Programm geschrieben: wohl wissend, daß die erhaltenen Fassaden das zukünftige Kapital von Paris sind.

Nach dem Motto, das Mütter einst ihren Töchtern mitgaben: »Man muß leiden, um schön zu sein«, beschloß der Bürgermeister von Paris – nach langer Überzeugungsarbeit durch die Geschäftsleute –, nicht nur die Avenue, sondern gleich das ganze sichtbare Paris nicht nur zu verschönen, sondern auch leichter »nutzbar« zu machen. »Paris, Frankreichs prestigereiches Schaufenster Europas und in die ganze Welt, zahlt für sein zukünftiges Gesicht mit großen Baustellen, die alle Pariser leiden lassen«, schrieb daraufhin der »Figaro« im August 1992, als kaum ein Stadtviertel, in dem sich stets Hunderttausende von Touristen drängeln, von aufgerissenen Straßen, Plätzen und Höfen frei war. Die Place Vendôme wurde in den ursprünglichen Zustand versetzt, wie ihn Jules Harouin Mansard 1699 geplant hatte, allerdings ahnte Mansard nichts von diesen modernen Zeiten, die unter dem Platz eine Parkgarage mit 1550 Plätzen nötig machten. Um die Rue Saint-Denis herum entstand die größte Fußgängerzone Europas. Und für das Lifting der Champs-Élysées war kein Franc zu schade – denn hier wurden die Bauunternehmer auch noch aus einem ganz französischen Grund gezwungen, das auf den Tag festgelegte Baudatum einzuhalten. Da, wo in den Seitenalleen einst die elegantesten Wagen parkten, wurden Platanen in eine zweite Reihe gepflanzt und – wie einst schon einmal – wieder Gehsteige gepflastert, entsprechend dem Anspruch von Prestige aus drei Sorten grauen Granits: blaugrau aus der Bretagne, hellgrau aus dem Tarn, weißgrau aus Sardinien. Die Karossen werden nun unterirdisch in Parkkellern versteckt, deren oberste Decke schnellstens gegossen werden mußte, damit die Bäume gepflanzt, die Steine wie geplant auf die Gehsteige gelegt werden konnten. All dies mußte vor dem 10. Juli 1993 vollendet werden, eben aus einem sehr französischen Grund: Am 14. Juli sollte wie jedes Jahr die übliche Parade zum Nationalfeiertag auf der Avenue des Champs-Élysées stattfinden, und wenige Tage später würden die Rennfahrer der Tour de France ihre letzten Runden auf der Prachtstraße drehen und den Zielstrich überfahren.

Obwohl das Fouquet's auch der Filmwelt Treff ist, so hat man's gar nicht gern, wenn ein Photograph auftaucht. Dort läßt man sich nicht ablichten, denn der Bourgeois besteht auf Diskretion; beginnt für viele doch mit der Gaumenfreude das Vorspiel zu einer kleinen Liebelei am Nachmittag. Allerdings mit Umwegen, denn alle Hotels an der Avenue haben zugemacht; dafür sind in den Seitenstraßen viele neue, auch für Laufkundschaft, eröffnet worden, wo Zimmer vermietet werden, in denen es keine Schränke gibt – denn wer kommt für das Schäferstündchen schon mit einem Koffer.

Dreißig Jahre lang wurde am Triumphbogen gebaut, doch dann ließ man ihn langsam wieder verfallen, so daß

Mitte der achtziger Jahre ein großes Netz unter den Bogen gespannt werden mußte, damit herabfallende Steine keinen Touristen erschlugen. Als die geschäftstüchtigen Manager von American Express sich bereit erklärten, das Denkmal auf eigene Kosten zu renovieren, brach allerdings ein Schrei des Entsetzens in ganz Frankreich aus. Man stelle sich vor, die Kreditkarten-Haie hätten dann mit diesem Heiligtum geworben! Frankreichs ehemaliger Präsident Valéry Giscard d'Estaing gründete flugs einen Notverein, der die für eine Renovierung benötigten zehn Millionen Mark (allerdings nur mit Mühe) zusammenkratzte. Gerade rechtzeitig zur Zweihundertjahrfeier der Großen Französischen Revolution strahlte die Fassade triumphierend neu.

Leider ist der Architekt Ribart mit seinem Vorschlag bei Ludwig XV. nicht durchgekommen, einen triumphalen Elefanten an dieses Ende der Champs-Élysées zu bauen; es sollte ein Ausflugspavillon mit schönen Salons zur Ehre des Königs werden. Aber den Riesenelefanten hätte man nicht für flotte Wetten nutzen können, etwa ob es einem gelingt, mit seinem Motorflugzeug untendurch zu fliegen, wie es auch heute immer wieder einmal geschieht. Im Ersten Weltkrieg spielten Flugzeuge zum erstenmal eine militärische Rolle, aber – wie gemein – die Luftwaffe wurde zur Siegesparade auf den Champs-Élysées nicht zugelassen. Da protestierte der Kampfflieger Godefroy auf seine Weise und steuerte seinen Doppeldecker durch den Bogen des Denkmals. Er wurde dafür bestraft, während sein Fliegerkollege Védrine für eine Kunstlandung auf einem nahegelegenen Kaufhaus belohnt wurde. Dabei ging zwar die Maschine zu Bruch, aber der Werbeeffekt war umwerfend.

Museen – Denkmäler der Staatsherren

Als François Mitterrand Ende Juni 1989 vom Élysée-Palast kommend auf den Invalidendom zufuhr, muß ihn ein fürchterlicher Zorn gepackt haben. Alles muß ich selber machen, oder so ähnlich, wird er gesagt haben, und er, der französische Staatspräsident, ordnete an, daß stante pede, innerhalb von vierzehn Tagen, die vier großen Statuen auf den Säulen an beiden Seiten des Pont Alexandre III vergoldet würden. Nein, der Kulturminister Jack Lang hatte nicht gesehen, daß der Grünspan die Pferdeknechte und ihre aufbäumenden wilden Hengste überzog. Blickte man aber zwischen Grand und Petit Palais hindurch in Richtung Esplanade des Invalides, dann leuchtete der neu vergoldete Dom über dem Grab Napoleons zwischen diesen schmutzigen, verwitterten Säulen hervor. Welcher Fauxpas! Natürlich wurde er sofort beseitigt, ohne Ausschreibung oder gar Vertrag. Die Staatskasse zahlte, was von der Firma gefordert wurde, schließlich galt es, das zusammenhängende Bild von der sauberen Fassade der Hauptstadt zu wahren.

Niemand wundert es in Frankreich, daß François Mitterrand sich um solche Kleinigkeiten schert; denn daß Frankreichs Könige sich stets als große Bauherren gefielen und die Präsidenten dem heute nacheifern, das weiß inzwischen wirklich jeder. Die Glaspyramide des Architekten I. M. Pei im Hof des Louvre hat dafür als Beispiel immer wieder herhalten müssen; denn François Mitterrand gab sie ebenso in Auftrag wie die neue Oper an der

Bastille und L' Arche de la Défense. Und als die Glaspyramide 1989 eingeweiht wurde und dem Louvre-Museum einen neuen Eingang bot, da irrte, wer glaubte, nun sei es mit der Bauwut zu Ende. Hatten jetzt die Besucher einen besseren Zugang zu dem Museum, und mit der Pyramide auch noch eine zusätzliche Fassade zum Bestaunen, so änderte das nichts daran, daß die Kunstschätze drinnen häufig viel zu eng gehängt werden mußten oder gar in den Archiven versteckt blieben, weil es an Platz fehlte. Mehrere tausend Kunstobjekte im Besitz des Louvre lagerten in den Kellern und Speichern und wurden dem Publikum nur in Sonderausstellungen vorgeführt. Dabei war der Louvre schon das zweitgrößte Museum der Welt nach der Eremitage in Sankt Petersburg.

Hatte sich nicht auch Mitterrands Vorgänger Valéry Giscard d'Estaing ein Denkmal mit dem Musée d'Orsay, dem Museum des 19. Jahrhunderts, gesetzt? Und auch dessen Vorgänger, hatte der nicht seinen Namen mit dem Centre Georges Pompidou, dem Instrumentarium für moderne Kultur, auf ewig verbunden? In den letzten Jahrzehnten des 20. Jahrhunderts entdeckten die Präsidenten Frankreichs die Zukunft von Paris in der begehbaren Fassade, in Mauern, die außen wie innen zu besichtigen sind; von außen ein Teil des Gesichts der Stadt, von innen ein Teil der kulturellen Seele Frankreichs. Beides zu verquicken entspringt dem wohlüberlegten Gedanken, daß kommende Zeiten von Reisenden bestimmt sein werden, die aus wachsendem Wohlstand und zunehmender Freizeit immer großzügiger Geld in die schönen Städte dieser Erde tragen werden.

Also hat Staatspräsident François Mitterrand noch eine Milliarde Mark lockergemacht, um den Louvre zum größten Museum der Welt umzubauen, und so schuf er die gewaltigste Kulturbaustelle der Welt. Die vom Schmutz schwarzen Fassaden des ehemaligen Schlosses der französischen Könige wurden mit Planen verhängt, und hinter Tüchern und Verschalung arbeiteten Spezialisten an der Renovierung der alten Gemäuer, denn die Fassaden verfielen, die Bleidächer verkamen. In jahrelanger Arbeit wurde der Louvre wieder hergerichtet, damit er 1993 zu seinem 200. Geburtstag als Museum aussah, als sei er neu. Eine vierhundert Meter lange Gleisanlage wurde gebaut, um schwere Brocken zu den Steinmetzen zu transportieren, die zerfressene Skulpturen restaurierten oder ganz neu schlugen. Fünfzig kleine Steinmetzbetriebe waren auf der Baustelle tätig, mit mehr als fünfhundert Bildhauern aus ganz Europa, die etwa tausend Kubikmeter Stein bearbeiteten. Nicht nur Umweltschmutz, sondern auch einfach falsch ausgerichtete Regenrinnen hatten die Schäden an den Statuen verursacht; nach dem Prinzip »steter Tropfen höhlt den Stein« war manch ein Kopf im Lauf der Jahrhunderte halb weggewaschen worden. Manche Figuren waren nicht mehr zu retten, sie wurden nach alten Aufnahmen neu gestaltet, einige von ihnen gar vier bis fünf Meter hoch; doch wenn möglich, wurden nur Einzelteile, die Füße, die Hände, der Kopf, durch neuen Stein ersetzt und in der alten Form nachgebildet. Die quadratischen Steine kamen aus den Brüchen von Chantilly und hatten den Vorteil, weich und hell zu sein, so daß sie leicht zu bearbeiten waren – aber auch der Witterung nur wenig standhalten würden. Manche der Bildhauer waren alte, im Umgang mit dem Stein erfahrene Männer, andere kamen gerade von der Kunstakademie: »Wir lernen eine Menge«, sagt ein Mann. »Wir restaurieren nicht, sondern behauen die Steine. Wir formen nicht nur bestehende Teile nach, man braucht schon einen intellektuellen Zugang, wenn man die Figuren neu gestalten will.«

Auch große Teile der Bleidächer des Louvre mußten abgenommen und erneuert werden, weil sie den Regen nicht mehr abhielten. Zu den Restaurierungsarbeiten wurden kleine französische Handwerksbetriebe herangezogen und mit Aufträgen versehen, so daß sie für mehrere Jahre ohne Sorgen leben konnten. Von unten aus gesehen, von dort, wo sich das Volk gewöhnlich herumtreibt, wirken die Dächer grau und eintönig, doch steht der Betrachter einmal oben, dann erkennt er zwei Meter große Löwenköpfe mit grimmigem Maul, Figuren von unheimlichem Aussehen und enormer Größe. Ein Bleispezialist erklärt: »Wir sind jetzt seit sechseinhalb Monaten hier oben auf dem Dach und bleiben noch einen oder anderthalb, um ein paar Kleinigkeiten rechts und links zu reparieren. Wir haben etwa fünfundzwanzig bis siebenundzwanzig Tonnen Blei allein an diesem einen Dachteil verlötet.«

Nicht nur das Finanzministerium mußte aus dem ehemaligen Königsschloß ausziehen, auch die Verwaltung des Louvre wurde ausgelagert, um ausschließlich den Kunstobjekten Platz zu machen; denn für die jährlich fünf Millionen Besucher war der Raum viel zu eng geworden. Auch die beiden Innenhöfe im Nordflügel wurden neu gestaltet und nach den Vorstellungen des Architekten der Pyramide, Pei, mit einer besonders gestalteten Glaskuppel so geschlossen, daß die durch Prismen in den Innenraum gelenkten Lichtstrahlen für eine besondere Verteilung des Lichts sorgen. In diesen Höfen stehen seit der Einweihung die edelsten Erzeugnisse der französischen Bildhauerkunst aus den vergangenen Jahrhunderten.

»Wir stellen mehr aus, aber nicht sehr viel mehr«, erklärte Monsieur Lebrat, der Chef des Umbaus des Grand Louvre. »Wir verdoppeln die Ausstellungsfläche von dreißig- auf sechzigtausend Quadratmeter, werden aber nur zwanzig Prozent mehr Kunst zeigen. Denn wir geben den einzelnen Werken mehr Raum, um die Beziehung zwischen Zuschauer und Kunst zu verbessern. Und neben der reinen Kunstbetrachtung machen wir dem Besucher auch andere Angebote, damit er sich entspannen kann, denn der Museumsbesuch ist ein wahres Marathon, und da muß man sich lockern können.«

Der ganze Nordflügel des Schlosses, in dem jahrzehntelang das französische Finanzministerium untergebracht war und um dessen Auszug es solch großen Streit gegeben hatte, wurde hinter den wie Kulissenwände stehengelassenen Fassaden abgerissen und im Kern völlig neu errichtet. Die prächtige Treppe des von Napoleon III. gebauten Flügels an der Rue de Rivoli sollte den Neuerungen jedoch nicht zum Opfer fallen. Nur an verborgenen Stellen der neuen Museumsetagen wurden Rolltreppen und Aufzüge angebracht, die es dem Besucher erleichtern, den Marathonlauf durch die Kunst der Jahrhunderte zu überstehen, der schon im alten »kleinen« Louvre eine Strecke von zwei Kilometern ausmachte. Auch die Gemächer Napoleons III. wurden konserviert und in ihrer Plüschpracht dem staunenden Publikum vorgestellt – nicht etwa als Geschmacksverirrung; denn ob sich jemand traut, über den Geschmack des Kaisers kritische Worte zu verlieren, mag bezweifelt werden: nicht weil Kritik an Kaisern oder ähnlichen Größen der französischen Lebensart fremd wäre, sondern im Gegenteil, weil viele von ihnen heute wahrscheinlich noch gern in solchen Räumen leben würden.

Le Grand Louvre verdankt seine Existenz dem französischen Staatspräsidenten François Mitterrand, aber der machte nicht halt, sondern beschloß, auch den Garten des Louvre, die Tuilerien, neu zu gestalten, denn dieser Grund gehört dem Staat, nicht der Stadt, so daß ihm, dem Präsidenten, und nicht dem Bürgermeister Jacques Chirac das königliche Recht des Gartenbaus zufiel. Nicht Größenwahn oder Bauwut verbarg sich hinter diesen Plänen, sondern die Einsicht, die Fassaden von Paris durch gestaltete, offene Flächen zu verbinden, so daß ihre Betrachtung ein ganzes Bild ergebe: Vom restaurierten Palais Royal wandern die Augen durch den Louvre hindurch, dessen Pyramidenplatz plötzlich zu einem täglichen Volksfest animiert, über die Tuilerien zum Seine-Ufer und dann über die ebenfalls neu gestaltete Fußgängerbrücke zu dem Denkmal, das sich Mitterrands Vorgänger setzte, dem Musée d'Orsay.

Der ehemalige Schloßgarten des Louvre endet an der Place de la Concorde, wo rechts und links des mit wundervollen Gittern versehenen Eingangs der Tuilerien zwei im klassischen Stil gebaute Hallen stehen; daß die Könige einst viel bauten, hat heute auch sein Gutes: in beiden tempelartigen Gebäuden wird Kunst ausgestellt. In der Orangerie, nahe der Seine, eine Privatsammlung moderner Malerei dieses Jahrhunderts – und jene Seerosenbilder von Monet, die er dem französischen Staatspräsidenten Clemenceau als Dank für den Sieg über die Deutschen im Ersten Weltkrieg malte und schenkte. In dem Jeu de Paume, der Ballspielhalle des Château des Tuileries, auf der gegenüberliegenden Seite an der Rue de Rivoli gelegen, wurde vor dreißig Jahren ein Museum für die französischen Maler des Impressionismus eingerichtet. Es war jenes Museum, vor dem im Sommer Schlange stehen Pflicht war, wo man nur im Gedränge die große Anzahl von Werken jener bedeutenden Künstler sehen konnte, die im letzten Jahrhundert die Malerei revolutionierten.

Doch da bot sich, nur zweihundert Meter vom Louvre entfernt, auf der andern Seite der Seine, ein Ausweichquartier an. Am Flußufer vergammelte der knapp achtzig Jahre alte Bahnhof d'Orsay. Weil man früher die Endstationen für Dampfrösser mitten in die Stadt baute, wurde dieses Stein- und-Eisen-Monument in die Mitte von Paris gestellt. Vor zwanzig Jahren wollte man das alte Gebäude abreißen und eines jener modernen Hotels errichten, deren langweilige quadratische Fassaden heute alle Städte der Welt verschandeln. Doch damals herrschte in Frankreich Präsident Georges Pompidou, der den Bahnhof unter Denkmalschutz stellen ließ, was eine beliebte Spielart ist, um ein altes Gebäude vor Immobilienspekulanten, um eine Fassade zu retten. Doch dann verstarb Pompidou urplötzlich, und sein Nachfolger, der junge Valéry Giscard d'Estaing, der sich so gern als Nachfahr von Louis XV. ausgibt, was er nicht ist, beschloß, das Bahnhofsgebäude in ein Museum des 19. Jahrhunderts zu verwandeln. Damals war noch alles billiger, weshalb die zehn Jahre lange Arbeit nur eine halbe Milliarde Mark kostete, allerdings war Giscard d'Estaing nicht mehr Präsident, als das Musée d'Orsay eingeweiht werden konnte, doch François Mitterrand war sensibel genug, seinen Vorgänger zur offiziellen Eröffnung mitzunehmen.

Gewaltige gußeiserne Statuen auf dem Vorplatz des Museums zeigen, was Ausdruck dieses letzten Jahrhunderts war. Wer aber glaubt, nun bequem ins Museum gehen zu können, wird enttäuscht, denn kaum war es eröffnet, standen schon morgens vor Kassenöffnung Hunderte von Besuchern an. Das Plansoll von drei Millionen Besuchern pro Jahr – im Louvre gegenüber nur zwei Millionen mehr – wurde schon im zweiten Jahr erfüllt. Die ehemalige Ankunftshalle des Bahnhofs, einst im Stil des Zweiten Empire entsprechend dem Geschmack von Napoleon III. gebaut, wurde in ihrer ursprünglichen Form wiederhergestellt. Erst zur Weltausstellung 1900 war der Bahnhof in Betrieb genommen worden, doch nur dreißig Jahre lang fuhren Züge aus dem Südwesten Frankreichs, aus Orleans, aus Bordeaux auf seinen Gleisen ein, dann schon war er veraltet und wurde stillgelegt. Wenn das Musée d'Orsay auch als Museum des 19. Jahrhunderts bezeichnet wird, so umfaßt es nur die Zeit zwischen 1848 und dem Anfang des 20. Jahrhunderts, von der französischen Romantik bis zum Ende der Impressionisten, und das lag daran, daß es einen fürchterlichen Streit zwischen dem Louvre und dem Museum »im Bahnhof« gab, welche Bilder der Louvre bereit sei, aus seinem Bestand zu verleihen, wohlgemerkt: nicht für immer herzugeben. Nun, der Louvre gewann den Streit und behielt seine wichtigen Bilder aus dem 19. Jahrhundert.

Wenn es nach Zahlen ginge, wäre dieses Museum automatisch ein Erfolg: Mit mehr als 16000 Quadratmetern Ausstellungsfläche ist es immerhin halb so groß wie der ursprüngliche »kleine« Louvre, wo allerdings Kunst aus über drei Jahrtausenden steht. Das Musée d'Orsay gibt stolz bekannt, dafür 1500 Skulpturen zu präsentieren, den Großteil in der Ankunftshalle, aber nicht alles davon ist auch schön. Mit Wonne widmeten sich die Künstler und deren Kunden vor hundert Jahren, zu einer Zeit, als man noch keine nackten Damen auf Faltblättern gedruckt am Kiosk kaufen konnte, der bloßen Darstellung schöner weiblicher Körper, verbrämte die lustvollen Nackten meist damit, daß man von der Geburt der Venus sprach oder von Aphrodite. Da liegen wollüstig Alabasterleiber in eindeutigen Posen unter dem Titel: Frau von einer Schlange gebissen. Oder aber ein Held mit Lendenschurz ersticht mit einer Lanze kraftvoll ein Krokodil (oder irgendein anderes wildes Tier), das gerade eine Nackte verspeisen wollte. Von Auguste Rodin dagegen, Frankreichs wichtigstem Bildhauer des letzten Jahrhunderts, befinden sich hier nur zwei Werke – darunter Balzac aus Gips – in einer versteckten Ecke. Nun gut, er hat ja sein eigenes Museum, zehn Fußminuten entfernt, in der Rue de Varenne.

Wie ägyptische Grabtempel wirken die Bauten, die die italienische Innenarchitektin Gae Aulenti dorthin gestellt hat, wo früher die Bahngleise waren. Mit der Glas- und Eisenkonstruktion des auslaufenden 19. Jahrhunderts haben diese wuchtigen Protzbunker wenig zu tun und werden deshalb auch immer wieder kritisiert; denn einer unverständlichen Ästhetik zuliebe wurde die Übersichtlichkeit geopfert, der äußeren Fassade wurde nicht eine Innenansicht gegenübergestellt, sondern innen eine weitere Außenansicht gebaut. Zwar sind die Mauern innen in ihren Tönungen bewußt abgestimmt, doch sie wirken eher als eigenes Kunstwerk denn als Hängwände für Kunst, die Ausdruck der kulturellen Seele Frankreichs im 19. Jahrhundert sein sollte. Jenes Jahrhundert war ein Zeitalter, in dem viele Kunstrichtungen nebeneinander standen: Romantik neben Eklektizismus, Realismus neben Orientalismus, Symbolismus neben Impressionismus. Doch statt dies wohl zu ordnen, verliert der Besucher sich schnell in den einzelnen Grabkammern, weiß bald nicht mehr, wo er schon war, wo er noch hingehen muß, oder er erblickt durch eine Schießscharte das Bild eines Malers, zu dem er den Weg nicht findet. Manche Künstler, wie Honoré Daumier, erhalten einen ganzen Raum, um ihr Werk ins rechte Licht zu rücken, doch gehört Daumier, eher bekannt wegen seiner Karikaturen, sicher nicht zu den wichtigeren Malern seines Jahrhunderts, aber ihm ist mehr Platz gewidmet als Ingres oder Delacroix, die mit ihrem Werk im Louvre geblieben sind. Allerdings sieht Daumier die französische Nationalfigur Marianne wohl am präzisesten: schön, nackt und mit Eutern, die zu melken es Spaß macht.

Das 19. Jahrhundert ist auch die Zeit des Umbruchs zu

einer neuen Architektur, für die in Paris die von Garnier gebaute Oper steht. Kaiser Napoleon III., als Bauherr einer der Vorfahren von Mitterrand, Giscard d'Estaing und Pompidou, ließ sie ausschreiben, konnte sie jedoch nicht mehr einweihen; denn die Errichtung dauerte über den Deutsch-Französischen Krieg von 1870 hinaus. Garniers Opernhaus wird im Musée d'Orsay im Querschnitt als fein gearbeitetes Modell gezeigt und als Beispiel für Lebensart, Architektur und Stadtplanung des letzten Jahrhunderts vorgeführt. Weil das 19. Jahrhundert ein Zeitraum war, in dem nicht nur die Wiege der modernen Malerei stand, sondern die Industrialisierung zahlreiche Veränderungen mit sich brachte – wie die Motorisierung, aber auch die Photographie und den Film oder gar die industrielle Herstellung von Stilmöbeln, so sind diesen Kunstrichtungen eigene Abteilungen innerhalb des Museums gewidmet. Wo immer möglich, haben die mit der Renovierung des ehemaligen Bahnhofs beauftragten Architekten den Blick vom Inneren durch die Fassade hindurch nach außen auf die Stadt frei gelassen, so daß Paris stets gegenwärtig ist.

Abseits von der großen Bahnhofshalle, in der dritten Etage hängen sie schließlich, die Impressionisten aus dem Jeu de Paume, derentwegen die meisten Besucher hierherkommen. Das Licht fällt mild von oben ein, und hier steht man nun nicht mehr so gedrängt wie einst in den Tuilerien. Die Sammlung des Musée d'Orsay wurde in den letzten Jahren durch zahlreiche Ankäufe noch vergrößert, um auch über die Impressionisten hinaus international bekannte Künstler der Jahrhundertwende – wie Klimt, Böcklin oder Munch – auszustellen. Denn dem Menschen des 21. Jahrhunderts will Paris vermitteln, daß die Hauptstadt des 19. Jahrhunderts an diesem Platz stand, obwohl Giscards Vorgänger mit dem von ihm ausgeheckten Plan für ein Museum weit in das nächste Jahrtausend zielte.

Es war Nacht, der Mond schien nicht, schon gar nicht helle, die Stadt war leer, als ein geheimnisvoller Transport auf einer besonders ausgeklügelten Route sich dem Nabel von Paris näherte: Siebzig Meter lange, vierzig Tonnen schwere Eisenträger wurden auf motorisierten Ungetümen über die Boulevards zu einem großen Loch gefahren, man brauchte sie, um dort ein Röhrenhaus zu errichten. Schon vor Baubeginn hatten Frankreichs Architekten wegen dieser Horrorkonstruktion aufgeschrieen, denn sie war eine ausländische Erfindung. Der Italiener Renzo Piano und der Engländer Richard Rogers hatten die Ausschreibung zum Bau des größten Kulturzentrums der Welt gewonnen. Georges Pompidou, als Präsident der Republik gerade ein Jahr im Amt und Freund der modernen Künste, hatte 1970 den Bau eines Gebäudes beschlossen, in dem verschiedene Kunstdisziplinen nebeneinander wirken sollten. Die Röhrenkonstruktion des Engländers und des Italieners entsprach äußerlich der Vorstellung des Staatspräsidenten, der ein »wirkliches Monument« erbeten hatte. Der ungewöhnliche Entwurf sah vor, daß Treppen, Aufzüge, Belüftung, Wasserzufuhr, elektrische Leitungen, Heizungsröhren und Abflußrohre an der Außenwand des Gebäudes verlaufen, so daß die sechs Etagen des hundertsechzig Meter langen und fast sechzig Meter hohen Gebäudes für das eigentliche, das kulturelle Innenleben frei blieben. Und außen – fast jeder hat's inzwischen besucht – würden die Gedärme sichtbar sein.

Als der Bau am 31. Januar 1977 eingeweiht wurde, von seinen Gegnern als Raffinerie oder Fabrik verhöhnt, waren sieben aufregende Jahre vergangen. Georges Pompidou war gestorben, sein Nachfolger Giscard d'Estaing interessierte sich nicht für die neuen Künste, ein Gericht stoppte den Bau sogar für eine Weile, doch schließlich waren fünfhundert Millionen Mark für ein Zentrum verbaut, das nicht nur Frankreichs Museum der modernen Kunst, sondern auch Einrichtungen für moderne Musik, Theater, Film und Video und eine große Bibliothek aufnehmen sollte. Die Architektur des Monuments, so hatte sich Pompidou gesagt, sollte das Neue in der Welt darstellen – und die im Alten verharrenden Franzosen anregen. Das tat es, so wie schon damals der Eiffelturm, dessen Bau fast alle Intellektuellen Frankreichs mit großmundigen Protesten als das häßliche Übel der Moderne ablehnten. Der Kopf von Georges Pompidou, dargestellt von dem aus Ungarn stammenden und mit den Pompidous befreundeten Künstler Vasarely, beherrscht die gigantische Eingangshalle. Die Planer waren davon ausgegangen, daß zehntausend Menschen täglich das Centre Pompidou besuchen würden, da viele Bereiche kostenlos zu betreten sind. Der Erfolg war von Anfang an doppelt so groß. In den ersten zehn Jahren zählte man siebzig Millionen Besucher, so viele wie die Bevölkerung Frankreichs und der Benelux-Staaten zusammen. Der erste Punkt des Konzepts war richtig: Wer kommt, um in Büchern zu schmökern, geht vielleicht – wegen der örtlichen Nähe – in eine Ausstellung nebenan oder ein Stockwerk tiefer und läßt sich in eine Theateraufführung hineintreiben oder stöbert am Rande der Eingangshalle in der Buchhandlung nach Plakaten, Postkarten, Katalogen – und zur Not auch nach Büchern.

Von großem Reiz ist die sich an der Außenwand emporschlängelnde Rolltreppe, die von Etage zu Etage führt. Allerdings schafft sie auch Probleme, wenn – wie geschehen – die Putzkolonne ein Jahr lang streikt. Umweltgifte verschmutzen die durchsichtige Hülle so sehr, daß chemische Gegengifte benutzt werden mußten, um sie wieder zu reinigen. Allein das Gefühl, sich auf der Rolltreppe über die Häuserfassaden hinaustragen zu lassen und plötzlich den Blick über ganz Paris mit seinem – je nach Tageszeit verschiedenen – Lichterspiel zu erleben... Die Idee, verschiedene Kulturelemente zu mischen, wurde Motto der ersten großen Ausstellungen, Paris–New York, Paris–Berlin, Paris–Moskau, wo sich zwei jeweils fremde Kulturen gegenüberstanden, die zu einem Moment in Beziehung getreten waren. Doch nach einigen Jahren ging der Anfangselan verloren, die Kritik an der Verwaltung wurde immer lauter, das Außergewöhnliche der Architektur setzte sich in den Konzepten der Ausstellungen und Veranstaltungen immer weniger durch, was an dem in Zahlen ausgedrückten Erfolg nur wenig änderte. Der von Etage zu Etage streunende Kulturwanderer hat sich bald einen eigenen Pfad getrampelt. Die Bibliothek gilt – wieder nach Zahlen mit 14000 Benutzern täglich – als die größte Attraktion. Auch hier ist der Eintritt kostenlos, und geöffnet ist zwölf Stunden lang von zehn bis zehn. Wer aber einen Sitzplatz erhalten will, muß früh kommen, mitnehmen darf man die Bücher allerdings nicht. Über 5000000 Bände, Diapositive, Videos und zweitausend Zeitungen liegen aus: Jedes Buch in französischer Sprache kommt spätestens einen Monat nach Erscheinen in die Regale, in die jeder greifen darf. Leider gehen die Leser mit dem Gedruckten häufig barbarisch um und reißen, was sie mitnehmen wollen, einfach aus dem Gebundenen heraus.

Ist das moderne Kunst? fragt so manch ein konservativer Kritiker in Paris, wenn er das neue Arrangement des Museums für moderne Kunst im Centre Pompidou bespricht. Auf rund zehntausend Quadratmetern im dritten und vierten Stockwerk sieht man die wichtigste Sammlung moderner Kunst in Europa – unvergleichlich die Sammlung der Werke von Künstlern aus der ersten Hälfte des Jahrhunderts –, aber manch ein Franzose bemängelt, daß die Filzkunst eines Josef Beuys den explodierenden

Farbstrichen eines Georges Mathieu vorgezogen würde. Das Centre Pompidou sei vom Gedächtnisschwund getroffen, weil der Kurator lieber ein Orakel von Robert Rauschenberg ausstellt, bestehend aus einer Badewanne, einem Fensterrahmen und einer Autotür, statt französische Künstler der gleichen Epoche. Der Schweizer Tinguely ist ebenso vertreten wie Niki de Saint-Phalle, wenigstens eine Französin, die mit ihrer Hochzeitsfigur eine Puppe darstellt, die eher tot als lebendig ist. Ein Skandal ist aber, daß nur fünf Prozent der Bilder und Skulpturen, die dem Musée d'Art Moderne im Centre Pompidou gehören, in dessen Räumen Platz finden.

Nicht nur die Idee für das Monument aus Stahl, Eisen und Glas stammt von Präsident Georges Pompidou, sondern auch der Standort im Quartier Beaubourg, weshalb das Centre Pompidou heute häufig noch Centre Beaubourg genannt wird. Seit Eröffnung der »Raffinerie« sind die Mietpreise im Viertel Beaubourg um ein Vielfaches gestiegen, denn die Häuser in der Gegend wurden, wenn sie nicht gar abgerissen und neu aufgebaut worden waren, renoviert, und wer sich mit der Nähe zur Kunst wenigstens im Gesellschaftsleben schmücken wollte, zog dorthin. Einst, als Victor Hugo noch lebte, tummelte sich hier das Volk. Er beschrieb den Platz, auf dem das Centre heute steht, in seinem Roman »Der Glöckner von Notre-Dame«: »Es war ein weiter Platz, holprig und schlecht gepflastert wie damals alle Plätze von Paris. Die Grenzen zwischen Rassen und Arten schienen ausgelöscht, wie in einem Pandämonium. Männer, Frauen, Tiere, Alter, Geschlecht, Gesundheit, Krankheit, alles schien diesem Volk gemein, alles hing zusammen, vermischte, verwechselte, überdeckte sich.«

Dieses Pandämonium wurde wegsaniert, weil der französische Kulturbegriff dieses Jahrhunderts wesentlich von der Ästhetik geprägt wird. Da läßt man selbst eine Häuserwand nicht nackt, sondern verziert sie mit einer gemalten Fassade; wo Fenster, Vorhänge, Schlagläden, Tauben fehlen, werden sie mit Hilfe von Farben vorgetäuscht. Auf dem Platz vor dem Centre vergammelt nichts mehr wie vor zwanzig Jahren, als nur zweihundert Meter weiter die als Bauch von Paris bekannten Markthallen standen.

Vom Quartier Beaubourg sprach man damals nicht, denn es war des Bauches Darmausgang, und für manche Kulturkritiker ist das heute, wenn auch in anderem Sinne, noch so, denn Kitsch ist das erste Produkt, das überall dort angeboten wird, wo täglich Tausende vorbeidefilieren, Leute nicht nur aus Paris, sondern aus ganz Frankreich, aus allen Ländern Europas, ja der ganzen Welt. Und für die Standorte der Kitschläden werden inzwischen Mieten verlangt, die fast so hoch sind wie auf den eleganten Champs-Élysées. Der Kulturkitsch als Massenware zieht alles an, was anders sein will, so auch Leute wie den Friseur Jean-Philippe Pages, der seinen Kunden nur wenige Meter vom Centre entfernt jede gewünschte Form in die Haare schneidet oder färbt, etwa eine Glatze, auf der nur noch die Umrisse des Eiffelturms zu sehen sind, oder Stufen in rot, gelb und grün, ein warnendes Auge, ein Auto – ganz wie es beliebt.

An jeder Ecke des Platzes gibt es Treffpunkte verschiedener Gruppen Jugendlicher, manch einer kommt von der Schule direkt hierher, um seine Punk-Freunde, seine Rastas, seine Kiffbrüder zu sehen. Mouna (siehe S. 184 u. 191 ff.) ärgert sich allerdings, daß er nicht mehr allein der mahnende Clown ist, sondern andere Gaukler ihm Konkurrenz machen; zumal sie es um so einfacher haben, je weniger sie die Sprache als Kommunikationsmittel benutzen. Von Kunst sagt man ja häufig, sie sei brotlos, und dieser Begriff erhält hier eine neue Bedeutung.

Die Metzgerei am Centre Pompidou stand dreißig Jahre lang an der gleichen Stelle, hier erhielt man das beste Fleisch weit und breit. Metzger Hellot zerteilte dort siebenundzwanzig Jahre lang Tierhälften: »Weil der Bauch von Paris, die Markthallen, nebenan lag, wimmelte es hier von Clochards. Beaubourg war ein heruntergekommenes Viertel, es quoll über von Abfällen und Müll. Da sprangen die Ratten herum, und es gab Armut. Die Leute lebten bescheiden von den Überresten der Hallen. Aber das Centre hat dieses Viertel total verändert; es zogen Leute her, die Kultur suchten, Kunst, also eine ganz andere Welt.« Doch Monsieur André Hellot erhielt von der Verwaltung des Centre seine Kündigung; seine Metzgerei mußte einem Laden weichen, der Kulturobjekte verkauft, so als seien sie Nahrung für das Hirn.

An dieser neuen, künstlichen Welt übt der Philosoph Jean Baudrillard harte Kritik: »Die Massen stürzen ins Beaubourg, als stürzten sie an den Ort einer Katastrophe, mit dem gleichen unwiderstehlichen Drang. Besser noch: Sie sind die Katastrophe von Beaubourg. Ihr Stampfen, ihr Juckreiz, alles zu sehen und zu befummeln, ist der Tod des gesamten Unternehmens. Die Masse ist das Ende der Massenkultur; die Kulturraffinerie erstickt im schweren Öl.«[*]

Recht hat er für den, der Kultur elitär versteht, sie in Ruhe genießen will, und meist ist die Masse ein Horror für den, der einen Eindruck in aller Stille, ohne Ablenkung auf sich wirken lassen will. Aber Beaubourg ist die Masse, und des Philosophen Gemäkel stört das Treiben nicht, kleine Modeschöpfer sehen in der künstlerisch angehauchten Kundschaft des Beaubourg wohlhabende Klienten. Da gibt es immer noch Leute, die im »Quartier« viel Geld in-

---

[*] Jean Baudrillard: L'effet Beaubourg, Paris 1977, S. 24f.

vestieren. Über ein Jahr lang wurde mit größter Sorgfalt ein Literaten-Café gebaut, das dem »Deux-Magots« und dem »Café de Flore« am Boulevard Saint-Germain den Rang ablaufen sollte, denn der Restaurateur Coste meinte, das seit Jahrhunderten führende Intellektuellenviertel von Paris, das Quartier Latin, beginne langsam im Konservatismus zu ersticken. Nun, sein Café Beaubourg schaffte nicht, was es sich vorgenommen hatte. Eine intellektuelle Stimmung läßt sich nicht einfach herbeizaubern. Das mußten auch die Bauherren des Quartier de l'Horloge erfahren, die meinten, eine gute Immobilienanlage direkt neben dem Centre gefunden zu haben. Der Wohnblock heißt Quartier de l'Horloge, nach der blechernen großen Zeituhr, auf der jeden Mittag Schlag Zwölf ein Ritter ein Ungetüm bekämpft. Es ist ein Viertel, wie es in jedem Vorort stehen könnte, mit kleinen Geschäften, Supermärkten und Restaurants. Für Künstler viel zu teuer und für Kunstgenießer so ganz ohne Charme. Die Künstler, so sie je hier wohnten, sind inzwischen in den Osten von Paris weitergezogen, wo es billiger ist. Statt dessen haben sich eher Kunstkonsumenten eingemietet.

Als das Centre Pompidou geplant wurde, war eine der Überlegungen, hiermit die Kunst zu demokratisieren – eine Idee, die den anti-elitären Gedanken der Studenten Ende der sechziger Jahre entsprach, Kunst solle nicht nur dem Bürger zugänglich und verständlich sein, sondern auch dem Arbeiter. Dieses Ideal ließ sich nicht verwirklichen. Statt dessen benutzten die Kinder aus der Umgebung das Centre so sehr als Spielplatz, als wunderbare Spielhöhle, daß ihnen das Betreten ohne Eltern verboten wurde. Es bleibt trotzdem ein Zentrum junger Menschen. Viele kommen ohne bestimmtes Ziel, entweder haben sie sich verabredet oder wollen sich einfach anregen lassen; denn sie wissen: Neues gibt es immer zu sehen.

Zur gleichen Zeit, in der das Centre Pompidou entstand, siedelte aber aus dem Quartier Latin der eine oder andere junge Galerist über die Seine ins Viertel Beaubourg. Immer neue Kunstgalerien machten auf, um im Fahrwasser des Centre Pompidou zu schwimmen, allerdings, anders als in Soho, dem Kunstviertel von New York, sind die Maler und Bildhauer selbst nicht gefolgt. Für sie sind nicht nur die Mieten zu hoch, sondern auch die Räume zu klein, und auch anders als in New Yorks Soho liegen Galerien im Quartier Beaubourg nicht offen an der Straße, sondern häufig so versteckt in Hinterhöfen, daß der zufällige Passant gar nicht auf sie aufmerksam wird. Einer der erfolgreichsten modernen Galeristen in Sichtweite des Centre Pompidou ist Daniel Templon, der alles, was in der Kunstwelt Rang und Namen besitzt, in Paris ausstellt.

»Ich bin schon im März 1972 hierher gezogen«, sagt er, »und ich gebe offen zu, es war wegen des Baus des Centre Pompidou. Es war klar, daß hierhin die meisten Besucher kommen würden, und da war es klug für eine Galerie, sich in der Nähe des Centre niederzulassen.«

»Und wenn Sie zurückblicken«, frage ich, »war es dann eine gute Entscheidung?«

»Sicher. Bei manchen Ausstellungen haben wir mehr als dreihundert Besucher am Tag, die woanders längst nicht kämen.«

»Hat das Centre Auswirkungen auf die Kunst selbst?«

»Es hat Frankreich eine gute Stellung auf dem Gebiet der modernen Kunst zurückgegeben«, meint Daniel Templon. »Wie Sie wissen, ist Paris in der Welt der Kunst nicht mehr die bedeutendste Stadt, Paris ist nicht einmal mehr die europäische Hauptstadt der Kunst. Wenn es da so etwas wie eine Hauptstadt gäbe, dann Köln oder Düsseldorf. Denn in Deutschland tun sich die wichtigsten Dinge auf künstlerischem Gebiet. Aber das Centre Pompidou veränderte die

Lage für Frankreich wenigstens ein bißchen. Wir sind noch weit von dem außerordentlich Vielseitigen und Aufregenden in Deutschland entfernt, aber es gibt einen Kulturkrieg mit Amerika, genauso wie es einen Wirtschaftskrieg gibt, und um den zu gewinnen, darf man nicht naiv sein. Ein europäisches Bündnis – etwa zwischen Deutschland und Frankreich – ist da unerläßlich.

Das Centre Pompidou hat nicht wirklich anregen können. Es ist eine schwerfällige Maschine und muß sich mit allen möglichen Verwaltungsfragen herumschlagen. Vielleicht wird es auch nicht immer von hinreichend dynamischen Leuten geleitet, die die notwendigen Risiken eingehen, wenn es um moderne Kunst geht. Man sagt: ›Wo kein Risiko, da kein Profit.‹ Und wer auf künstlerischem Gebiet nicht Geschmack am Risiko hat, hat in der modernen Kunst nichts zu suchen, der soll sich mit klassischer Kunst beschäftigen. Moderne Kunst bedeutet Risiko.«

Angenehm für den Besucher ist am Centre Pompidou, daß er sich nie von der Außenwelt abgesondert fühlt, nicht verschreckt wie in den heiligen Hallen mancher Museen, sondern hier geht er Kunst genießend wie im Bummel durch die Straßen mit einem Blick in die Schaufenster. Die Fassade ist nach außen hin durchlässig, immer wieder sieht man draußen die Stadt Paris: hier ein Stück Notre-Dame, dort ein Fitzelchen Eiffelturm, dahinter das Sacré –Cœur, was auch einer der Gründe sein mag, weshalb mancher, der Museen fürchtet, dieses Röhrengebäude betritt.

Natürlich gehört zum Stab des Centre Pompidou auch ein Soziologe, der die Besucherströme analysiert. Und auf die Frage, ob das Centre Pompidou dem entspräche, was die Gründer sich vorstellten, antwortet Jean-François Barbier-Bouvet: »Nein. Aber welche Einrichtung entspricht genau den Absichten ihres Gründers? Man

72

erhoffte eigentlich zweierlei: Erstens, daß es die Demokratisierung der Kunst fördere, was kaum gelungen ist. Man kann das nicht drastisch ändern, weil es in Frankreich kulturelle Ungleichheiten gibt, und das ändert man nicht, indem man lange Öffnungszeiten festsetzt und hellere Räumlichkeiten schafft. Auf diesem Gebiet hat das Centre die Erwartungen nicht ganz erfüllt. Die zweite Erwartung lag in der Vielfalt des Angebots. Man mischt Kunstwerke, Schallplatten, Filme, und es passiert etwas! Hier hat wirklich eine Änderung des Verhaltens der Besucher stattgefunden. Ein Wandel, der niemals eingetreten wäre, hätte man das Centre nicht gebaut.«

Trotz mancher Kritik ist das Centre Pompidou ein einmaliger Erfolg, und die eine oder andere Stadt in Frankreich sehnt sich nach einer Miniaturausgabe, in Nîmes ist es schon kopiert worden. Kultur, so scheint es, wird zu einer immer beliebteren Freizeitbeschäftigung, womit ein ganzes Stadtviertel belebt werden kann.

Parnaß, Dorf der Musen

Loup de Mer liegt neben Rochen und Dorade auf dem Eis des Marktstandes; der Käseaffineur hält frische Crème im Bottich bereit; und die Gans, die Ente oder die Paupiette beim Metzger öffnen allein durch ihren Anblick verschiedene Drüsen im Gaumen. Dafür ist sie berühmt, die Rue Daguerre. Dort findet man es noch, das Klischee vom Quartier Montparnasse. Da trällert eine Dame mit Schleier am roten Hütchen für eine milde Gabe ein Liedchen zur Ziehharmonika. Wie auf einer Dorfstraße treibt das Leben geruhsam einher. Man grüßt sich, man kennt sich. Doch schaut man genau hin, dann stellt man fest, daß es hauptsächlich Alte sind, die hier auf dem Markt einkaufen.

Auch dieses Dorf mitten in der Stadt droht abzusterben. Montparnasse, dem man kaum mehr anmerkt, daß es ein Hügelchen war, heißt Berg Parnaß (oder für Hellenisten: Parnassos), genannt nach jener Erhebung in Griechenland, auf der sich Apollo mit den Musen verlustierte. Diesen Namen gaben einst die Studenten dem Viertel und weihten es damit den schönen Künsten. Und in der Tat sind hier zahlreiche der ganz großen Künstler der letzten hundert Jahre ihren Leidenschaften nachgegangen. Schriftsteller wie Hemingway, Lamartine, Balzac und George Sand, Maler und Bildhauer wie Picasso, Modigliani, Matisse und Giacometti oder Philosophen und Poeten wie Sartre, Rilke und Baudelaire – sie alle verbrachten Jahre ihres Lebens in Montparnasse, und manch einer wurde schließlich in die Erde des Friedhofs auf dem »Hügel von Parnaß« gebettet.

In einem Penthaus an der Rue Daguerre wohnt seit Jahrzehnten Gisèle Freund, die weltberühmte Photographin und Soziologin, die so viele große Künstler dieses Jahrhunderts porträtiert hat – James Joyce war besonders widerspenstig. Die Zimmer sind allzu geräumig, aber Platz ist vorhanden, denn mit dem Erfolg kam auch Geld, so daß sie die danebenliegende Wohnung hinzukaufen konnte. Eine kleine, aber dynamische Frau mit einem ausdrucksreichen Gesicht und vollem Haar, eine Person, die noch im Alter von über achtzig von Kraft und Energie strotzt, mit einer durchdringenden Stimme, die selten ruht, mit Humor und Witz, der in allen Momenten überwiegt. Als wir uns letztes Mal trafen, war sie im Flughafen eine Stufe hinabgestürzt, war ins Krankenhaus gebracht worden, hatte sich jedoch nichts gebrochen. Sie wurde bandagiert, hatte nachts Schmerzen; am nächsten Morgen besuchten wir sie im Krankenhaus, doch außer einer Schiene konnten die Ärzte nichts für sie tun. Die Heilung würde sechs Wochen dauern, hieß es.

Am nächsten Tag, wieder zu Hause, klang sie am Telephon wie immer. »Ich habe gerade in einem Wandschrank Krücken gefunden«, freute sie sich. »Ich hatte mir vor ein paar Jahren das andere Bein gebrochen. Daher sind die wohl noch da, hatte ich ganz vergessen!« Nur beschäftigte sie ein Problem. Zwei Wochen später wollte sie nach Amerika fliegen, wo sie zusammen mit einer älteren Freundin ein Haus auf Long Island für den Urlaub gemietet hatte. »Ob ich das jetzt kann? Das ist ja schrecklich, die Freundin ist fast blind, die kann doch ohne mich nichts tun, aber ich kann nicht mit Krücken den Haushalt führen.« Aber nein, Gisèle Freund verzagt nie; Kleinmut hätte ihrem Leben einen anderen Weg, einen gräßlichen, und vielleicht nur kurzen, gewiesen.

Gisèle ist die Tochter des Berliner Textilkaufmanns Julius Freund, einst Besitzer der Firma Wilhelm Dresel, der einen hochgezwirbelten Willem-Zwo-Bart trug und eher wie ein preußischer Offizier wirkte denn als sensibler Kunstsammler, der er war. Die Freunds wohnten in der Haberlander Straße, wo »der Mann mit dem großen Hut« – Albert Einstein – freundlich als Nachbar grüßte, wo Max Slevogt den Vater malte. Die junge Gisela ließ sich von der väterlichen Liebe zum Kulturellen anstecken, doch während er eine große Kunstsammlung zusammentrug, suchte sie die Nähe der Literatur – und der Literaten im Romanischen Café: »Mit Brecht hatten wir schnell Kontakt«, sagt sie, »aber Benjamin umgab sich und den Tisch, an dem er im Café immer schrieb, mit einer Aura, in die wir jungen Studenten nicht einzudringen wagten.«

Gisela schreibt sich an der Frankfurter Universität ein und studiert am Institut für Sozialforschung bei Karl Mannheim Soziologie. Bei Mannheim meldet sie ihre Dissertation über die Geschichte der Photographie und der Gesellschaft an; Norbert Elias soll sie betreuen. Vom Vater hat sie sich schon im Jahr zuvor das Beste vom Markt schenken lassen: eine Leica. Und die würde aus der deutschen Gisela bald eine französische Gisèle machen.

Am 1. Mai 1933 ziehen die Nazis durch Frankfurt. Gisela photographiert, während ihre Freunde protestieren. Gisela Freund gehört zu einer kleinen Gruppe von acht Studenten. »Die waren links, die waren, ich weiß nicht mehr, Kommunisten, Sozialdemokraten und Liberale – sie waren alle gegen Hitler. Und wir haben eine kleine Zeitschrift produziert. Wir waren nur zwei Mädchen in der Gruppe, und die andere, meine Freundin, hat sie verteilt und wurde verhaftet. Und wenige Tage später wurde ihr Sarg den Eltern zugeschickt mit dem Verbot, ihn aufzumachen. Sie hatte unsere Namen nicht angegeben. Da haben wir natürlich gewußt, wir mußten weg.«

Sie packt schnell einen kleinen Koffer, bindet sich den Film vom 1. Mai um den Körper und besteigt den Zug nach Paris. Noch vor seiner Abfahrt durchsucht die SS die Wagen.

»Wo fahren Sie hin?«

»Nach Paris.«

»Was wollen Sie da?«

»Ich bin Studentin. Ich habe ein französisches Thema.«

Und dann hat der SS-Mann angefangen, ihre Habseligkeiten zu durchsuchen. »Und da hat er die Leica entdeckt.«

»Machen Sie auf!«

Manchmal hilft eine Eingebung, und die hatte Gisela Freund kurz vor der Abfahrt. Sie hatte den Film aus der Leica herausgenommen und in die Toilette des Zugs geworfen. »Er hat die Leica aufgemacht, es war nichts drin. Und im Koffer war auch nichts. Es war ein ganz kleiner Koffer – der wog vielleicht zwei Kilo. Und so hat er mich gehen lassen.«

In Paris schreibt sie an ihrer Arbeit, doch um Geld zu verdienen, photographiert sie. Das Thema »Photographie und Gesellschaft« erlebt sie schnell in der Wirklichkeit.

»In dem Augenblick, in dem wir unsere Reportage verkaufen, sind wir nicht mehr deren Herr, und sie wird ausgebeutet, so wie es dem paßt, dem die Illustrierte gehört. Ich habe diese Erfahrung gleich zu Anfang meiner Laufbahn gemacht, nämlich mit der Pariser Börse. Ich saß also mehrere Jahre in der Nationalbibliothek wegen der Doktorarbeit, und mir gegenüber saß Walter Benjamin, der über Baudelaire arbeitete. Und da hörte ich immer wieder ein Geräusch, und das kam von der Börse. Da war ein großer Krach. Damals spielte sich das noch draußen im Freien ab. Da bin ich mit meinem Apparat hingegangen und habe einen Verkäufer mit einem großen Kasten photographiert und das einer Zeitung geschickt. Als ich diese

Aufnahmen zum erstenmal veröffentlicht sah, da stand darüber ›Hausse an der Pariser Börse – die Leute verdienen Millionen‹. Aber mein Erstaunen war noch viel größer, als einen Monat später in einem anderen Land dieselben Photos erschienen mit dem Titel ›Baisse an der Pariser Börse – die Leute verlieren Millionen‹. Da habe ich gesehen, daß man mit denselben Photos genau das Gegenteil behaupten kann. Und das ist es, worüber ich auch geschrieben habe.«*

Gisèle Freund hat große Reportagen für das »Life«-Magazin gemacht, sie gehörte zu den Gründern der Photoagentur Magnum, aber Sensationsaufnahmen lagen ihr nie. Berühmter als ihre Photos etwa von Evita Perón, derentwegen sie aus Argentinien fliehen mußte, sind die Porträts von Literaten, die meist so wie sie – in Montparnasse lebten. Der Gründer der »Nouvelle Revue française«, Jean Paulhan, der mit seiner Zeitschrift einen großen Einfluß auf die zeitgenössische Literatur hatte, nahm sich der jungen Gisèle an. »Er wurde zu meinem Patenonkel.« Auch die Buchhändlerin Adrienne Monnier, die La Maison des Amis des Livres leitete und die ganze literarische Welt kannte, half ihr mit Kontakten. Gisèle photographierte André Malraux, André Gide, Bert Brecht, Heinrich Mann und Jean-Richard Bloch, Louis Aragon und Jean Cocteau. Bei einem Abendessen bei Adrienne Monnier lernt sie Sylvia Beach kennen, die ihr den Kontakt zu dem äußerst scheuen James Joyce vermittelt; dessen »Ulysses« hatten Sylvia Beach auf englisch und Adrienne Monnier auf französisch veröffentlicht. Er war schon halb blind, hatte ein Dutzend Operationen hinter sich und ließ sich nur in Schwarzweiß photographieren, denn »Farbe kann ich nicht ertragen, dazu brauche

---

* Zitiert nach: Wortwechsel, Sendung vom 25.4.1986, SWF

ich Licht«. Gisèle Freunds Schwarzweißphoto erschien in »Life«, und alle Freunde lobten es gegenüber James Joyce. Ein Jahr später, 1939, erteilte »Time« der jungen Gisèle den Auftrag, Joyce in Farbe für ein Titelbild aufzunehmen, doch Joyce winkte ab, weil er – wie gesagt – nicht in Farbe aufgenommen werden wollte. Da gab Sylvia Beach der Photographin und Freundin einen wertvollen Tip.

»Er ist wahnsinnig abergläubisch. Schreiben Sie ihm unter dem Namen Ihres Mannes, dann wird er's sicherlich akzeptieren.«

Denn der Zufall wollte, daß der Nachname von Gisèles Mann genauso klang wie der, den die Hauptfigur in Joyce's »Ulysses« trägt – Bloom.

»Und das habe ich auch getan«, erinnert sich Gisèle Freund; vergessen konnte sie es nicht, denn es wurde ein dramatisches Treffen, nachdem Joyce tatsächlich aus Aberglauben sofort zusagte.

»Und ich bin zu ihm gegangen, und da war er sehr betrübt – das war '39 – und sagte, ach, kein Mensch wird mein Buch lesen, und es ist jetzt das letzte Buch. Und dann wollte ich ihn aufnehmen und bat ihn, sich doch auf einen Stuhl zu setzen. Und er war sehr kraus und sah nicht. Auf einmal ist er mit dem Kopf gegen eine Lampe gestoßen und hat sich hinfallen lassen mit den Worten, Sie wollen meinen Tod und so weiter...

Da habe ich nur daran gedacht, was meine Mutter tat, wenn ich mir den Kopf gestoßen hatte. Sie nahm eine Schere und drückte das kalte Eisen gegen die Beule. Das habe ich zu seiner Frau Nora gesagt. Ich sagte, ›Madame Joyce, geben Sie mir doch eine Schere...‹, und die habe ich ihm dann auf den Kopf gelegt. Er war sehr nett, denn er hatte nichts, noch nicht einmal eine kleine Beule, aber ich war damals ein junges Mädchen... Er hat dann dort mit der Lupe gesessen, und dieses Bild ist es geworden. Ich

bin eilig weggefahren, denn ›Time‹ wollte das Photo sofort haben, und hab' dem Taxichauffeur gesagt: ›Fahren
Sie schnell, schnell!‹, und er ist so schnell gefahren, daß
er mit einem anderen Auto zusammenstieß. Der Apparat ist auf den Boden gefallen, die Fensterscheiben haben
mein Gesicht zerschnitten, und ich kam zu Hause mit Trä-
nen an und habe ihn angerufen. ›Monsieur Joyce, Sie haben ein schlechtes Omen. Sie haben sich diesen Unfall für
mich ausgedacht, nachdem Sie glaubten, ich wollte Sie töten, weil Sie sich den Kopf angestoßen haben. Und was ist
daraus geworden? Jetzt habe ich überhaupt nichts, nicht
einmal die Photos.‹ Er war so erschüttert davon – so abergläubisch –, daß er mir sagte, kommen Sie morgen wieder.
Aber statt der roten Samtjacke hatte er jetzt eine schwarze
an und viele Ringe auf den Fingern, er hatte sehr schöne
Hände, und dann habe ich das auch entwickeln lassen,
und als beide Filme fertig waren, stellte ich fest, der erste war ganz unbeschädigt. ›Time‹ war begeistert. Dann
hat Joyce das Bild gesehen und sagte, wie schön, ich wollte
überhaupt nicht sitzen, jetzt hat sie mich sogar zweimal
photographiert. Sie ist stärker als die Iren.«

Gisèle Freund, inzwischen Französin, muß 1940 noch
einmal vor den Deutschen fliehen – diesmal aus Paris –,
was ihr mit knapper Not gelingt. Nach dem Krieg kommt
sie zurück.

Mit Jean-Paul Sartre und Simone de Beauvoir, auch
Bürger von Montparnasse, war sie eng befreundet. Ihre
heutige Wohnung konnte sie zur Hälfte mit einem einzigen Photo finanzieren, das sie von Simone de Beauvoir
machte, als diese 1954 den Prix Goncourt, die wichtigste literarische Auszeichnung Frankreichs, erhielt. »Als
verkündet wurde, daß Simone der Goncourt verliehen
werden sollte, wußte kein Mensch, wo sie war«, erzählte
Gisèle. »Ich aber hatte die Telephonnummer ihrer Mut-

ter, wo ich Simone, die sich vor dem Rummel versteckte, dann erwischte. Und weil ich den Hintereingang kannte, konnte ich dort unentdeckt hinein und sie als einzige aufnehmen.« Später, als Sartre sich für ein freies Algerien engagierte und ihm die Rechtsradikalen eine Bombe in die Wohnung legten, wollte Simone de Beauvoir ihren Jean-Paul bei Gisèle unterbringen; die jedoch winkte ab, ihre Wohnung sei zu klein. Aber mit jenem Schelm im Auge, der sie nie verläßt, fügte sie, als sie uns die Geschichte erzählte, hinzu: »Er hatte eine wunderschöne Stimme. Wenn er anfing zu sprechen, konnte man hinschmelzen.« Und da hat man den Eindruck, sie habe für einen Augenblick einen Schlitz geöffnet, durch den ihre Gefühle schimmern.

Ihr Ruhm ist so groß, daß ein anderer, als er Größe erreichte, sie bat, das offizielle Staatsphoto von ihm als Präsidenten der Französischen Republik aufzunehmen: François Mitterrand, der zur Literatur den gleichen Hang hat wie die Porträtistin der großen Autoren und Autorinnen. Gisèle Freund hatte ihn noch nie getroffen, und so befiel sie ein gewisser Bammel. »Mein Gott... solch ein Porträt hatte ich doch noch nie gemacht. Und da habe ich gesagt, sehr gerne, aber ich kenne Herrn Mitterrand nur durch das Fernsehen und aus ›Paris-Match‹. Schön, am nächsten Tag war ich im Élysée und ging mit Mitterrand im Park spazieren und habe dabei festgestellt, wie er ist. Er ist ein kleiner Mann. Und dann mußte ich einen Hintergrund finden, denn der Élysée-Palast, der gehörte der Madame de Pompadour, und das ist ein Stil, der mit den Sozialisten überhaupt nicht übereinstimmt. Und dann habe ich endlich gefunden, wo ich ihn photographieren wollte, nämlich in der Bibliothek. Und dann habe ich mir gedacht, ich werd' ihn sitzend photographieren. Im Hintergrund sieht man die Bücher – denn er hat auch schon einige veröffentlicht. Und dann hat er gesagt, nein, ich will stehen, noch nie hat ein Staatsmann gesessen, zumindest in Frankreich nicht. Ich sage, nein, Sie werden sitzen. Da sagt er, nein, ich will das nicht. Ich sage, wissen Sie, Sie sind der – wirklich wahr –, Sie sind der Präsident der Franzosen ... aber heute bin ich Ihr Photograph, und das müssen Sie mir überlassen. Ich meine, das hab' ich mir erlauben können meines Alters wegen. Und dann hat er das getan und so ernst dagesessen, und ich hab' gedacht, so kann man das doch nicht machen ... Muß man sieben Jahre lang einen Mann sehen, der so dasitzt? Er tat ganz würdig. Und dann hab' ich gesagt, wissen Sie, Monsieur le Président: erfreut! Sie sind gerade wieder Großvater geworden. Und da kam ein ganz kleines Lächeln auf seine Lippen, und in diesem Augenblick habe ich die Aufnahme gemacht.« Jetzt hängt das Photo in jeder Amtsstube Frankreichs.

Gisèle Freunds Fenster gewähren einen weiten Blick über die grauen Zinkdächer von Paris; die grauen Wolken jagen fast weiße vor sich her, hellblauer Himmel sendet gleißende Strahlen zwischen ihnen hinab. Fenster spielen in Montparnasse eine besondere Rolle. Überall sieht man große, eher hohe als breite Glasfronten in Häusern, die Anfang des Jahrhunderts gebaut worden sind, als solche riesigen Ausblicke noch nicht üblich waren. Doch die Maler brauchten Licht in ihren Ateliers. Die Fenster sind geblieben, Kunstschaffende gibt es kaum noch. Für sie ist das Viertel längst zu teuer geworden, und vieles, was einst alt und billig war, wird nicht mehr renoviert, sondern saniert, das heißt: abgerissen.

Die enge Rue Roger am Friedhof Montparnasse ist noch von Preßlufthämmern verschont geblieben. Hier versteckt sich der in Frankreich wohl berühmteste Bildhauer: César

Baldaccini. Doch man kennt ihn nur unter seinem Vornamen, vor allem da er die nach ihm benannte französische Filmtrophäe geschaffen hat – jene, die in Frankreich den Oscar nachahmt. César stammt aus Marseille, doch weil Künstler in der französischen Provinz nicht wahrgenommen werden, zog er vor über vierzig Jahren nach Paris. Eine Zeitlang wohnte er im selben Haus wie Giacometti. César hat sie alle gekannt, die Großen, und bescheiden ordnet er sich selbst ein: Weil er heute der älteste unter Frankreichs bekannten Bildhauern ist, sei auch sein Ruhm der größte. Er selbst bezeichnet sich als einen »traditionellen Modernisten«, und so sehen auch seine Kunstwerke aus.

Auf der Place de la Croix Rouge steht seine Hommage an Picasso, ein Pferd mit dem Gesicht Césars. Ein auffälliges Gesicht, allen bekannt als Ensemble von weißem Vollbart, einem kleinen, versteckten Mund, leicht traurigen Augen, die über halbrunde, meist ein wenig blinde Gläser schauen, die nach seinem Entwurf unten eingerahmt werden von je einem messingnen Halbkreis, auf dem die Spanne von null bis 180 Grad in kleinen Strichen eingetragen ist – und alle fünfzehn Grad auch Ziffern dazu. Berühmt ist seine Skulptur, die einen riesigen stehenden Daumen darstellt. Und im Park der Stiftung Cartier errichtete er eine Hommage an Gustave Eiffel, den Erbauer des Eiffelturms. Alle verwendeten Teile stammten tatsächlich vom Turm, sie waren in den achtziger Jahren bei Renovierungsarbeiten ersetzt worden. Eines Tages aber entstand das Problem, daß dieses Monument, als es fertig war, dreißig Tonnen wog und nicht mehr umgesetzt werden konnte!

César hat einmal versucht, aus Montparnasse auszubrechen, und sich im vornehmen 16. Arrondissement eine Wohnung gekauft, in die er nie eingezogen ist, weil ihm das Leben dort zu steril war. »Früher habe ich in meinem Atelier in Montparnasse alles gemacht«, erzählt er, »heute wohne ich hier nur noch. Wenn ich jetzt an Werken arbeite, dann mit Marmor in Carrara, mit Bronze in der Gießerei oder mit Eisen beim Eisenhändler.« Aber seine Wohnung sieht aus wie ein Atelier, in dem Arbeitsproben der letzten vierzig Jahre stehen.

Ein paar hundert Meter hinter dem Friedhof, der mitten in Montparnasse liegt, sind inzwischen ganze Häuserzüge demoliert worden. Wo gehämmert, geklopft, gebohrt und lärmend abgebrochen wird, da flieht der Künstler. Und natürlich haben städtische Bauplaner immer Zahlen zur Hand, um Abrisse zu begründen. Nur sechs Prozent der Wohnungen seien mit einem Badezimmer ausgestattet gewesen, 77 Prozent hätten nicht einmal eine eigene Toilette gehabt. Natürlich verdoppeln sich nach der Sanierung die Mieten. Dann zieht die Bevölkerung schon von selbst weg. Manchmal wartet man auch darauf, daß sie ausstirbt, und dann werden lukrative Bürotürme errichtet, die das Dorf ersticken.

Am Boulevard Montparnasse selbst, wo sich früher die Künstler in den Kneipen die Nächte um die Ohren schlugen, glaubt man sich häufig schon auf dem Rummelplatz. Um die Ecke, in der Rue Delambre, in der Nummer 5 hinten, da lag das Atelier des Japaners Foujita, in der 9 hauste die Tänzerin Isadora Duncan, gleich neben der noch existierenden – amerikanischen – Bar »Rosebud«. Auf der anderen Seite des Boulevards, Rue de la Grande-Chaumière, schrieb in der Nummer 12 Strindberg, in der 14 posierten die Nacktmodelle – vor ihren ernsthaften Malern. Ein alter Herr bietet sie immer noch an – für fünfzig Franc einen halben Tag. Im Hinterhof der 8 lebten Gauguin, Pascin, Mucha und Modigliani. Und an der Ecke zum Métro

Eingang Raspail, in dem mythischen Gebäude der »31 bis, rue Campagne-Première«, beleuchtet heute noch über dem Tor das Ochsenauge von Man Ray, der hier sein Atelier hatte, die Loggia; und in der 31 wohnten Aragon und Elsa Triolet; ein Stück weiter oben, 26, Rainer Maria Rilke. Aber ach! und hélas! – wie die gequälten Helden Racines und Corneilles ausrufen –, dem Mammon weicht alles.

Noch heute trauern die Alten dem Restaurant Richefeu nach, das seit 1802 am Anfang der Rue de la Gaité stand und heute einem Café de la Liberté gewichen ist. Das Richefeu bestand aus drei Etagen und – oben drauf – einer Terrasse, und je höher man stieg, desto schlechter wurden Menü und Bedienung. Während die Gäste im ersten Stock ordentlich zu essen bekamen – und eine Serviette dazu –, fehlte das Mundtuch schon im zweiten, die Speisen waren bescheidener, im dritten servierte man nur »Arlequins«, Allerlei aus Speiseresten, und auf der Terrasse – Pommes frites und Käse.

Das Leben der Kunstgemeinde von Montparnasse ist auch eine Geschichte der Lokale, der Bars, der Theater – die in der Rue de la Gaité Sexshops und Peep-Shows gewichen sind, obwohl Alteingesessene behaupten, die hätten nur die alten Bordelle ersetzt. Wenn dem so ist, dann mußte das Diskrete zugunsten des Lauten verschwinden.

Die Menge macht's auch hier. Und wie anderswo zieht der Bahnhof die Banlieue an. Die Touristen eilen herbei, weil sie glauben, daß man hier ja bei den Künstlern sei. Ein Hot-dog-Stand nach dem anderen, Billigrestaurants, Kinoplätze, die gleichzeitig bis zu zwölf Programme anbieten, locken Zehntausende von Kunden an, die aus den toten Vororten, süchtig nach Erlebnissen, einfallen. Hier suchen sie Vergnügungen, wo angeblich auch die Bohème zu feiern weiß. Doch diese flieht, so gut sie kann. Die übriggebliebenen Lokale mit ihren berühmten Namen geben der Kundschaft das Gefühl, dieselbe Luft zu atmen wie die Künstler.

La Coupole zum Beispiel, das weltberühmte Restaurant, steht noch am selben Fleck, doch ihr Gründer, Monsieur René Lafon, hat sie verkauft und damit sein Vermögen noch einmal um reichlich ein paar Millionen vergrößert. Ein Bauunternehmen stapelte über das zuvor unter Denkmalschutz gestellte Restaurant ein paar tausend Quadratmeter betonierte Bürofläche.

»Ich habe einen Teil meiner Jugend in der Coupole verbracht«, berichtet César. »Nie ging ich schlafen, ohne vorher noch mal hereingeschaut zu haben. Hier traf man die Freunde, um noch einen zu trinken, und wenn man mit jemandem was zu bekakeln hatte, dann war die Coupole der Treffpunkt. Heute gehe ich da kaum noch hin.«

1927 hatte René Lafon La Coupole eröffnet. Als er sie verkaufte, war er neunundachtzig Jahre alt und arbeitete immer noch zehn Stunden am Tag. Während sein ältester Sohn sich schon hatte pensionieren lassen, ging er durch die Reihen, begrüßte die Stammgäste, war streng und doch ein geachteter Patron. Er hatte alle bedient – Hemingway, Sartre, Ionesco, Picasso, Dalí. »Als ich La Coupole eröffnete, zog das Leben so langsam vom Quartier Latin nach Montparnasse«, sagt René Lafon. »Die Künstler mieteten sich in den umliegenden kleinen Häusern ein, Cabarets und Nachtlokale machten auf. Montparnasse war in Mode, und mit La Coupole ging es unaufhaltsam bergauf.« In den ersten zwanzig Jahren ihres Bestehens schloß La Coupole keine Minute, rund um die Uhr wurde bedient.

Eine Qualität des großen Lokals, wo man zwischen den Säulen hindurch alle, die kamen, sehen konnte, wo der Fremde lange in der Bar auf seinen Tisch warten mußte, war die eingefahrene Mannschaft. Wer ging, verkaufte

86

seine Stelle! Aber man blieb, denn der Verdienst war gut, und die Stammkunden, denen der Maître d'hôtel, Monsieur Charles, immer schnell einen Tisch zuschob, ließen in der Hand stets ein Scheinchen zurück. Und deshalb war er, Charles, für Eingefleischte die wichtigste Person. Fast dreißig Jahre, bis zum Verkauf, sortierte er die Berühmtheiten in La Coupole und wurde so selbst eine, denn er kannte nicht nur die Kundschaft, sondern auch ihre Grillen. Dalí hat ihm zwei Bilder gewidmet, Picasso einen Teller bemalt.

Monsieur Charles war allerdings kein gebürtiger Franzose, sondern ein Berliner. Ein bißchen Mist hatte er als junger deutscher Soldat in Paris gemacht, war in Kriegsgefangenschaft geraten, und da man die Entlassung anbot, wenn er sich zur Fremdenlegion meldete, hat er beherzt zugegriffen. In Indochina und Algerien kämpfte er noch als Hans Laue. Später arbeitete er als Butler auf dem Schloß des Grafen de Marenches, der Frankreichs Geheimdienstchef wurde und zu dem Hans Laue den Kontakt nie verlor. Als er in La Coupole anfing, gab es schon drei Jean, so daß Monsieur Lafon ihn kurzerhand Charles taufte. Auch Monsieur Charles ist inzwischen in Rente.

Der Alte und das Absurde:
Eugène Ionesco

Nur zwei Häuser neben La Coupole, gegenüber dem Bistro Select, und nur wenige Meter von den Restaurants Dome und Rotonde, wohnt in der sechsten Etage die Familie Ionesco: der Vater des absurden Theaters, inzwischen weit über achtzig, Eugène Ionesco mit Frau Rodica und Tochter Marie-France. Auch Eugène hat sein Fäßchen, und vielleicht auch ein bißchen von dem Rodicas, in La Coupole geleert. Dort ist es ihnen zu laut geworden, seitdem die neuen Besitzer das Geld mit dem Massentourismus machen, seitdem die alte Mannschaft nach Hause geschickt worden ist und junge, alerte Restaurantmanager den Betrieb führen. Na ja, die Touristen oder die Leute aus der Banlieue wissen ja nicht, wie es mal war.

Zwar wohnt unten, wo früher die Kutschen vorfuhren, noch eine Concierge, aber die wacht auch nicht mehr wie früher über Diebe und Moral; nein, sie ist durch die Technik vom Leben des Hausbewohners ein wenig entfernt worden. Besucht man Eugène, Rodica oder Marie-France, dann öffnet sich in der rechten Hälfte des riesigen grünen Holztors eine Pforte, wenn – wie bei fast allen Pariser Häusern, die vor der Automobilzeit gebaut wurden –, mit dem Druck auf ein kleines messingnes Klingelknöpfchen der Summer ausgelöst wird. Man muß die Füße schon heben, um über die hohe Schwelle zu treten, und wären wir in China, dann würden dadurch die bösen Geister abgehalten. Der erste böse Geist sitzt aber schon drinnen; rechts hinter dem Vorhang schaut die Concierge heraus, um den Eindringling zu kontrollieren, aber sie rührt sich nicht. Links dagegen führt die Treppe zu den Wohnungen, doch die dünne Glastür ist verriegelt, so daß man klingeln muß. Aber auch hier – wie fast überall in Paris – pflegt man die Diskretion, weshalb keine Namen angegeben sind. Wer kommt, muß den Code kennen, unter dem eine Wohnung zu erreichen ist. Und diesen Code füttert man ein in jenes kleine Kästchen neben der Tür, in der Höhe der Klingel, wo anstelle von Namensschildern Zahlen und Buchstaben wie auf einem Taschenrechner im Viereck angeordnet sind.

»T'as le code?« ist eine der häufigsten Fragen, wenn man jemanden einlädt, denn wie sollen die Gäste abends ins Haus kommen, wenn sie ohne Code die Hauspforte nicht öffnen können, die Concierge sich aber schon hinter ihren Vorhängen verbarrikadiert hat und nur durch heftiges Klopfen herauszuzitieren wäre, wenn überhaupt! Und dann hören Sie sich dann mal ihr lautes Gemeckere an! »T'as le code? – Hast du den Code?« fragt man also immer wieder, da er an manchen Häusern nach einiger Zeit gewechselt wird, weil man vermutet, nun habe er schon eine zu große Runde gemacht. Meist besteht der Code aus einer Kombination von Zahlen und Buchstaben: 9631 war der von unserer Einfahrt.

DAC98 oder so ähnlich heißt einer bei Eugène Ionesco. Denn die Ionescos haben zwei Codes: einen für Freunde, einen anderen für den Rest der Welt. So können sie, wenn es schellt, je nach Klingelton entscheiden, ob sie da sind oder auch nicht. Auf dem Läufer tritt man zwei Marmorstufen hoch und hat dann die Wahl, ob man sportlich sein will und die sechs Etagen zu Fuß erklimmt oder ob man seine Klaustrophobie überwindet und sich durch die beiden schmalen Türklappen in den engen Käfig drängt und nach oben zuckelt, wobei es nicht selten ist, daß das Teufelsgefährt steckenbleibt oder eine Handbreit unter dem Ausstieg anhält.

Solange Z noch lebte, löste die Klingel im Inneren der Wohnung lautes Gekläffe aus, doch Z, der Spaniel, ist Ende der achtziger Jahre gestorben. Z hieß er, ganz einfach, weil Z der letzte Buchstabe des Alphabets ist. Und – natürlich französisch ausgesprochen – klingt es: »Sääähht«.

Rodica öffnet die Tür, und sie lacht jedesmal, wenn ich komme und mich für die »Bise« sehr tief bücke, denn sie, eine feingliedrige und auch noch schöne Frau, ist so klein, daß sie mir gerade bis zur Hüfte reicht.

In dem kurzen Gang – eine Tür trennt die dahinterliegenden Privaträume von Salon und Eßzimmer ab – häufen sich Bücher, nicht nur die immer neuen Ausgaben von Ionescos Werk in allen Sprachen der Welt – seit der Perestroika sogar in russisch –, sondern all das, was man ihm so schickt. Und Bücher kann er nicht wegwerfen. Selbst Manuskripte, die ihm kluge oder verrückte, junge, noch nicht entdeckte oder alte, zu Recht verkannte Genies zusenden, wagt er nicht zu »entsorgen«, so daß der Keller fast überquillt. Aus Rumänien erhielt er ein dickes Konvolut, das der Autor ihn bat, ins Französische zu übersetzen und für die dann sicher bald fließenden Honorare ein Konto einzurichten. Nein, damit will er sich eigentlich nicht abgeben, hat aber doch ein schlechtes Gewissen, weil er weiß, was es bedeutet, sich als Autor durchzusetzen. Erst mit knapp über vierzig gelang ihm der Durchbruch mit den beiden Einaktern »Die kahle Sängerin« und »Die Schulstunde«, und da sagte sein Freund, der Kritiker Jacques Lemarchand: »Für einen Autor der Avantgarde bist du zu alt.« Und so machte sich Ionesco in den Biographien um drei Jahre jünger. Und dabei hat er wahrscheinlich schelmisch gelacht, denn er ist ein Mann, der stets zwischen Witz und Angst schwankt.

Links liegt das Eßzimmer, rechts, zur Straße hin, mit einem kleinen Balkon versehen, der Salon von bescheidener Größe, und genau das entspricht ihm. An der langen Wand quillt ein Glasschrank mit seinen Büchern über, darauf liegt ein alter, messingner Helm, den ihm die Pariser Feuerwehr in Erinnerung an die »Kahle Sängerin« überreichte. So ist das in Paris – auch die Feuerwehr hat Sinn für Literatur. Übrigens nicht nur die: Als wir eines Tages Eugène und Rodica mit dem Wagen abholten, parkte auf der Busspur direkt vor ihrem Haus ein Kleinbus der Polizei. Obwohl es verboten war, stellten wir unseren Wagen davor ab und baten die Polizistin am Steuer ihres Gefährts, doch ein wenig zur Seite zu fahren, weil wir einen alten Herrn abholten, Monsieur Ionesco. »Ah! L'académicien«, meinte sie, gab damit ihr Wissen kund, daß der große Autor Mitglied der Académie française sei, ließ den Motor an und machte Platz für jenen, der die Macht des Geistes repräsentiert.

Eugène sitzt immer auf dem kleinen Sessel neben der Tür. Ein Sofa steht an der Wand, ein paar weitere Sessel sind im Rund drapiert. Einen blauen Anzug trägt er zu seinem Rollkragenpullover, und er redet viel mit den ausdrucksvoll verknorpelten Händen. Der runde Kopf mit der hohen Glatze wird von den großen braunen Augen und ihren enormen Lidern und Tränensäcken beherrscht, darunter wirkt der Mund mit schmaler Ober- und breiter Unterlippe fast klein. An den Wänden des Salons hängen Bilder berühmter Maler, doch alle haben sie mit seinem Werk zu tun. Saul Steinberg hat »Die Schulstunde« karikiert, Max Ernst in gelb und grünem Öl das Rhinozeros, von Joan Miró stammen zwei große Aquarelle, und wenn er sich nicht selbst die Hommage darunter geschrieben hätte, wüßte man nicht, daß Miró mit seinen Strichen und Punkten Monsieur und Madame Ionesco porträtiert hat. »Das Porträt meiner Frau finde ich schöner«, meint Monsieur Ionesco, und wie bei Buster Keaton zuckt nach solchen Bemerkungen nicht der kleinste Gesichtsmuskel. Wir haben hier viel Tee getrunken und lange Gespräche geführt. Nebenan liegt sein kleines Arbeitszimmer, aber Eugène Ionesco meint, gearbeitet habe er nie in seinem Leben, er sei nur seinen Träumen nachgegangen, habe Stücke erfunden, und Stücke zu erfinden, das sei eigentlich das einfachste auf der Welt. Morgens, wenn man aufwache, brauche man nur die Augen geschlossen zu halten, und schon beginne die Handlung, fließe der Dialog, entwickle sich das Spiel. Erst das Aufschreiben sei dann die Qual. Sobald er es sich leisten konnte, hat Ionesco sich diese Qual erleichtert – und die Texte einer Sekretärin diktiert, während er im Sessel daneben saß. Gisèle Freund hat Eugène Ionesco in seiner Traumhaltung photographiert – liegend auf dem Sofa. Von Eugène ist Rodica nicht zu trennen, ohne sie wäre er wahrscheinlich nicht *er* geworden. Lange Zeit arbeitete sie als Juristin und trug so zum Lebensunterhalt bei, später war sie es, die das gemeinsame Leben verwaltete und ihm die Freiheit gab, nur zu denken, zu träumen, zu schreiben.

»Ich bin unfähig, die Steuererklärung zu bearbeiten«, sagt Eugène Ionesco. »Ich bin unfähig, zu organisieren, Rechnungen auszustellen. Rodica rechnet für mich. Ich bin ein sehr schlechter Mathematiker, ein sehr schlechter Arithmetiker. Sie kümmert sich um alles. Jedes Jahr vergeudet sie eine ganze Woche mit diesen Dingen. Eine Woche lang von frühmorgens bis abends. Aber auch ich tue etwas während dieser Zeit – ich rege mich auf.«

»Hatten Sie denn nie Sinn für Geld?«

Da antwortet Rodica an seiner Statt: »Nein, so recht nicht.«

Und er fügt hinzu: »Ich habe viel Geld, sogar sehr viel –

zuviel Geld. Aber es hat Augenblicke gegeben, wo ich überhaupt keines besessen habe. Es gab auch Zeiten, wo ich das Geld auf der Erde gefunden habe. Es stimmt, vor weit über dreißig Jahren brauchte ich dringend Geld. Ich ging auf den Markt einkaufen, aber ohne Geld. Ich schaue auf den Boden und entdecke drei Tausend-Franc-Scheine. Das war 1947/48 und damals ein enormer Betrag. Ein anderes Mal wollte ich Medikamente für meine Tochter kaufen und hatte nur hundert alte Franc. Der Apotheker gab mir aber auf tausend Franc heraus. Aber ich muß dazu anmerken, die dreitausend Franc – die habe ich irgendwie zurückgegeben; denn einmal stand ich vor einem Kiosk, wollte mir eine Zeitung kaufen, und plötzlich bemerkte ich, daß in meinem Portemonnaie dreitausend Franc fehlten. Vermutlich waren sie herausgefallen, und ich habe sie nicht wiedergefunden. Gott hat mir also das Geld gegeben, hat es mir auf Ehrenwort geliehen, es war ein Darlehen.«

Häufig haben wir über seine vielen Reisen gesprochen. Auch als ihm das Gehen immer schwerer fiel, wollte er am liebsten verreisen, denn Einladungen erhielt er aus der ganzen Welt; überall dort, wo Regisseure eines seiner Stücke aufführten, war er gefragt. Nach Polen sollte er im Herbst 1989, aber der Paß war abgelaufen. So fuhren wir zum Rathaus von Montparnasse, und ich übernahm es, die Formulare auszufüllen, während er wartete. Auf die Papiere muß man eine Gebührenmarke kleben, die wiederum erhält man nicht im Rathaus, sondern in der nächsten Kneipe – denn das ist das Privileg eines »Tabac«. Also renne ich raus, hole die Marke, klebe sie auf, irgendwann werden wir aufgerufen, ich gehe zum Schalter, und die farbige Büroangestellte aus Martinique bittet darum, Ionesco an den Schalter zu holen, denn er müsse vor ihr den Paß unterschreiben. Auch sie weiß, wer er ist, behandelt ihn wie ein rohes Ei, und nach knapp einer halben Stunde hält er einen neuen Paß in der Hand. Allerdings steht dort, er habe graue Augen, obwohl sie doch braun sind, aber das war mein Fehler beim Ausfüllen des Formulars. Darüber hat er ein Weilchen gegrübelt. Nach Polen ist er dann aber doch nicht gefahren – die Gesundheit erlaubte es nicht, aber wichtig war ihm, wochenlang von der bevorstehenden Reise zu träumen. »Ich reise ab, ich reise gern ab«, sagte er.

»Gibt es einen psychologischen Grund, weshalb Sie so gern abreisen, einfach weggehen?«

»Ja, das ist eine psychologische Angelegenheit. Ich habe einfach Lust, anderswo hinzugehen, zu fliehen – ich weiß nicht so recht. Wenn ich an Ort und Stelle bleibe, habe ich den Eindruck, daß mir größere Gefahren drohen, als wenn ich herumreise. Ich liebe das Aufbrechen. Ein französischer Dichter sagte einmal, Abschied nehmen hieße ein wenig sterben. Ich glaube das Gegenteil: Fortgehen heißt ein wenig leben. Also reise ich ab.«

»Sind Sie immer gern abgereist?«

»Ich bin schon immer gern abgereist, aber früher tat ich es sehr selten, denn das Reisen war teuer, und ich selber hatte nicht viel Geld. Heutzutage habe ich Geld, und obendrein bezahlt man mir auch noch meine Reisen. Früher, als ich kein Geld hatte, zahlte man sie mir nicht, die Reisen.«

»So ist das immer. Ist es Ihnen egal, wohin Sie reisen, ist es nur wichtig, daß Sie reisen?«

»Ja, einfach abzureisen, neue Orte kennenzulernen. Es macht mir Freude, Menschen zu treffen. Ich unternehme gern Verschiedenes, schaue mir Ausstellungen an, schreibe auch in einem Hotel in Sankt Gallen, lerne Menschen, Neues kennen. Ich habe den Eindruck, wenn ich auf Reisen bin, daß die Welt sich erneuert, daß sie ganz frisch, jungfräulich wird. Ich bin immer auf der Suche nach der neuen Welt, eine Art Christoph Kolumbus, der die neue Welt sucht, zum Beispiel in der Schweiz.« (Schmunzeln) »Er sucht, wo er nur kann. Ärgerlich ist aber, daß man nichts Neues mehr entdeckt. Wenn Sie nach Deutschland reisen, nach Amerika oder in die Schweiz, wird immer und überall von Reagan und von Gorbatschow gesprochen. Dann gibt's Eisschränke, Autos. Es ist heutzutage sehr schwierig, zu reisen und wirklich interessante Ortschaften zu entdecken; man muß Umwege machen; denn das Interessante ist versteckt, die schöne, neu zu entdeckende Welt verbirgt sich. Sonst bewegen wir uns immer auf der Autobahn, in Flugzeugen, was uns daran hindert, etwas zu sehen, außer, wenn wir über den Pol fliegen, dann sehen wir Felsen und Eis. Nur ganz selten entdecken wir Neues in der Landschaft und in den Städten, die allmählich sich alle ungeheuer gleichen. Ihr herrliches Land Deutschland besaß früher so schöne Städte, zum Glück sind einige noch übriggeblieben, aber die meisten sind kleine New Yorks geworden, Abklatsch von New York. Wenn Sie in der Wüste spazierengehen, dann entdecken Sie etwas. Die Wüste ist etwas Neues. Als ich einmal in Israel war, fragte mich der Landwirtschaftsminister, der gegen die Wüste ankämpfte, um etwas Boden zu gewinnen: ‹Was hat Ihnen hier in Israel am meisten gefallen?› Ich habe dem Minister ganz dumm geantwortet: ›Die Wüste.‹ Ich würde gern eine Wüste finden. Die Wüste findet man in den Großstädten; aber es ist eine andere Wüste, die Einsamkeit. ›Le solitaire‹.«

»Warum suchen Sie die Einsamkeit?«

»Weil ich in der Einsamkeit dem Menschen begegne. In den Massen kann ich ihn nicht mehr finden. Es gibt Einzelgänger, die wirklich isoliert sind, aber es gibt auch Pseudo-Einsame. Die wirklichen Einzelgänger sind im Grunde in

ständigem Kontakt mit dem Universum, in einem mysti-
schen oder realen Kontakt.«

»Wo stehen Sie? Welche Art von Einzelgänger sind Sie?«

»Ich versuche, echter Einzelgänger zu sein, aber zwangs-
läufig bin ich es nicht. Ich stehe im Kontakt zu allen Arten von Welten, zu den Zeitungen, den Massenmedien. Ich
weiß nicht einmal, ob ich etwas bewahre von dem, was
mein Ich ist und was von mir übrigbleibt. Das heißt gerade das, was die anderen auch ausmacht, ihre eigentliche
Tiefe. Denn das Ich, wie ich Ihnen gerade sagte, ist letztlich
nicht von den anderen getrennt. Es begegnet den anderen
in sich selbst.«

Und auf die Frage: »Was würden Sie gern im eigenen Ich
entdecken?« gibt Eugène Ionesco eine kurze Antwort, die
zeigt, womit er sich zeit seines Lebens beschäftigte: »Gott.«

»Existiert er?«

»Er existiert nicht. Er ist. Dennoch existiert er, aber wir
haben nur einen Zugang zu ihm durch die Existenz Jesu
Christi. Er ist in unserer Reichweite, weil er ein Mensch
geworden ist. Ansonsten ist er eine Einheit, er hat keinen
Namen, er ist endlich – und unendlich. Unbeschreibbar.
Konkret existiert er nur in seinem Sohn, der Fleisch geworden ist.«

»Sie sagen, Sie würden gern in Ihrem Ich Gott begegnen.
Was ganz konkret glauben Sie darin zu finden?«

»Das ist schwer zu sagen. Ein Licht, eine Gegenwart.
Meine Tochter sieht Gott, wenn sie die byzantinischen
Ikonen anschaut, in Jesu Augen. Plötzlich glaubt sie eine
Gegenwart zu spüren, und genau das ist Gott: eine Gegenwart. Diese Erfahrung habe ich selber gemacht, als
ich achtzehn Jahre alt war. Ich befand mich in einer kleinen Provinzstadt, frühmorgens im Juni. Plötzlich wurde
das Licht blendend weiß, viel strahlender als die Sonne
und die Wäsche, die zum Trocknen im Hinterhof hing,

und die arme Bettwäsche sah plötzlich übernatürlich und schön und alles mögliche aus. Alles schien mir unsagbar schön. Und vor allem spürte ich diese Gegenwart, die mich denken und sagen läßt: Nie wieder, nie wieder werde ich Angst vor dem Tod haben. Wenn ich alt sein werde, werde ich mich an diesen Augenblick erinnern und keine Angst haben. Aber das ist jetzt nur noch die Erinnerung einer Erinnerung einer Erinnerung einer Erinnerung. Den Augenblick selbst gibt es nicht mehr. Diese Gegenwart ist gewichen. Dieses mystische Phänomen, das nur einige Augenblicke gedauert hat, löste sich auf, und danach schien mir die Sonne düster. Solche Erfahrungen sind sehr, sehr selten. Voller Licht und Intensität. Genau das bewahrt einen vor dem Sterben, läßt einen trotz der Schrecklichkeit der Welt hoffen. Manchmal sieht man auch im Traum einen Tunnel zum Beispiel, und am Ende des Tunnels das Licht. Man geht auf das Licht zu. Diesen Traum habe ich Freunden erzählt, anscheinend ist es ein archetypischer Traum, was ich nicht wußte. In den Augenblicken tiefster Verzweiflung taucht dieser Traum auf.«

Und diese Momente der Verzweiflung überkamen ihn immer wieder. Verzweiflung und »le cafard«, düstere Gedanken und Vorahnungen. Einmal fragte er mich, ob ich an Gott glaubte, und schwieg, als ich es verneinte. Ob er daran glaubte? Er nahm tief Luft und sagte: »Ich bin einer von denen, die morgens im Bett liegen und beten: Lieber Gott, mach, daß ich an Dich glaube!« Aber er hat sich über die Maßen gefreut, als Papst Johannes Paul ihm einen Brief schrieb (»Ich bete für Sie«) und zu seiner Kolbe-Oper gratulierte.

Mehrmals erzählte er von dem Brief, als er eingetroffen war. Ein paar Jahre später, als wir über Ionescos Lektüre sprachen, meinte er, er läse gerade in der Bibel, aber da komme ihm doch einiges sehr sozialistisch vor, und manches sei ja auch ganz frivol – und machte wieder diese Pause mit dem Buster-Keaton-Gesicht, so daß man ahnen konnte, wie wenig ernst er meinte, was er da gesagt hatte. Er suchte wahrscheinlich die Erlösung von seinem »cafard«, die er wohl nicht im Glauben fand. Er erzählte von seinen Alpträumen.

»Beim Aufwachen habe ich den Eindruck, mich noch immer im Alptraum zu befinden. Noch vor kurzer Zeit hatte ich einen. Wenn es so ist, dann stehe ich auf, ziehe mich an und begebe mich ins Badezimmer, damit der Alptraum sich auflöst oder verschwindet. Und schließlich löst er sich wirklich auf. Dann falle ich in einen anderen Alptraum, in den Alptraum des Tages. Ich habe das Gefühl, daß unser Leben ganz und gar unerträglich ist und daß wir eine Hölle durchmachen, besonders in den letzten zwei Jahrhunderten. Die Menschen machen Revolutionen, die nacheinander übel ausgehen. Ich habe wirklich das Gefühl, daß die Welt entsetzlich ist.«

Was Politik und Revolutionen betrifft, war er schon früh von allen Ideologien geheilt, sein Vater war in Bukarest als Polizeichef ein Tyrann; der Sohn haßte den Vater, der Eugènes französische Mutter verlassen hatte. Selbst zur Französischen Revolution hatte er ein kritisches Verhältnis, weil er darin nur die Fakten, nicht die Illusionen anerkannte: Man hat die Französische Revolution für Freiheit, Gleichheit, Brüderlichkeit angezettelt. Aber wie viele Morde wurden begangen! Freiheit, Gleichheit, Brüderlichkeit – na schön, aber was kam danach? Wie hat es Marx so richtig gesagt: Die Ausbeutung des Menschen durch den Menschen. Also mußte man was ändern. Das war nicht möglich. Geister, die ich edel nennen würde, haben gemeint, man müsse eine bessere Welt schaffen. Was hat man gemacht? In Sowjetrußland, in China? Die Freiheit und die Gleichheit sind Privilegien. Heute weiß man, daß es in Rußland Läden für die Reichen und Läden für die Armen gab... Auch ich wußte es die ganze Zeit über, weil ich von dort Besuche bekam, aber in Frankreich, da wußte man das natürlich nicht. In Wahrheit sind die Franzosen das dümmste Volk. Na, ich verbessere dümmstes Volk in naivstes Volk.«

Seine Alpträume finden nicht nur nachts statt: »Ich erlebe sie fast! Denn ganz in der Nähe, fünfzig Meter von hier entfernt, geschah in einem Kaufhaus eine entsetzliche Katastrophe.« Arabische Terroristen hatten eine Bombe in die Menge geworfen, ein Dutzend Menschen wurden zerfetzt, viele schwer verletzt, das Blutbad flimmerte noch am selben Abend über alle Mattscheiben der Welt.

Ionesco dazu: »Ich weiß nicht mehr, ob ich im Wirklichen oder im Unwirklichen bin. Ich halte dann das Wahre für das Unwirkliche und umgekehrt. Nein: Es geht um das Wirkliche, nicht um das Wahre. Das Wahre ist das Heilige. Ich verwechsle das Wirkliche und das Unwirkliche. Beide sind gleich grausam. Und in meinen Träumen sehe ich terroristische Taten, begehe selbst gräßliche... Manchmal glaube ich in mir selbst ein Verbrechen zu tragen, weil die Menschheit im Verbrechen lebt.«

»Viele Ihrer Stücke enden mit dem Tod. Fürchten Sie ihn?«

»Mit dem Tod oder der Katastrophe. Mit dem Tod in ›Mörder ohne Bezahlung‹, in einem meiner Theaterstücke. Es gibt dort eine Person, die den Mörder fragt, warum er morde, und versucht ihn zu überreden, keine Leute mehr umzubringen. Selbstverständlich versteht man diese Parabel sehr gut. Es sind der Mensch und der Tod. Das sind radikal entgegengesetzte Weisen zu leben: im Bösen leben, im Tode leben oder im Leben leben. Im Leben leben heißt einen ewigen Frühling wiederfinden, der manchmal in uns selber liegt. Das endet in der Katastrophe, ebenso in meinem Stück ›Die Nashörner‹ wie in den fröhlichen Stücken wie ›Die kahle Sängerin‹. Da geht es wiederum um eine Katastrophe, die Katastrophe der Sprache. Es treten Leute auf, Menschen, die ganz ernst dasitzen und unsinniges Zeug reden, ununterbrochen, wie man es auch sonst immer tut. Und plötzlich geraten die Worte aus den Fugen, sie verzerren, verrenken sich, es geht hier um eine Verrenkung der Sprache, also um eine Art Verrenkung der Welt. Aber dieses Aus-den-Fugen-Geraten der Sprache habe ich lustig beschrieben.«

»Da sind Sie fröhlich. Sie zeigen zwar die Zerstörung der Kommunikation, der Sprache, aber Sie tun es mit Spaß.«

»Ja, leichtsinnig, unbekümmert, als wäre es ganz normal. Damals war ich ja auch noch ganz jung.«

»Waren Sie je fröhlich?«

»Nein, fröhlich bin ich nie gewesen.«

Und da glaube ich zuerst einen Widerspruch in ihm zu entdecken, denn fröhlich haben wir ihn häufig erlebt, lustig, witzig und ironisch. Und die, die ihn von früher kennen, erzählen von seinen Eskapaden, seinen Lebensexzessen. Aber das äußerliche Erscheinen meint er nicht, sondern wie er sich innerlich sieht, eben nicht fröhlich.

»Das Schreiben machte mich glücklich. Den ersten Film, den ich machen wollte, als ich zehn Jahre alt war, für den habe ich das Drehbuch selbst geschrieben. Ein Freund, der elf Jahre alt war, sagte mir, er hätte einen Onkel, der ihm eine Kamera geben wollte. Ich erinnere mich an dieses erste Drehbuch: Kinder kommen zu anderen Kindern zu Besuch, begegnen dort den Eltern, werfen die Eltern aus dem Fenster, die Möbel aus dem Fenster und so fort. Damals schon hatte ich Sinn für den Skandal und die Katastrophe. Also, schon im ersten Stück ging es um ein fröhliches Aus-den-Fugen-Geraten, als ob ich die Leere hätte beschwören wollen, damit es keine Welt mehr gebe. Damit man sich in einem anderen Raum außerhalb unserer Welt befindet, außerhalb unserer Welt in einer anderen Welt. Ich habe immer wieder an der Verspottung der Sprache gearbeitet, auch nachdem ich einige ideologische Stücke geschrieben hatte.«

Und damit meint er die Bekämpfung der Ideologie – wie in »Die Nashörner«.

»In dem letzten Stück ›Reise zu den Toten‹ gibt es einen Schlußmonolog, wo die Sprache ganz und gar aus den Fugen gerät. Der Monolog besteht aus Assonanzen – unverständlichen, erfundenen Wörtern. Und das alles wird in einem sehr tragischen Ton vorgetragen, von Leid erdrückt. Hier geht es nicht mehr um die Zerstörung durch die Freude, das ist die Zerstörung durch Verzweiflung.«

Eugène Ionesco balanciert sein Leben lang zwischen Witz und Verzweiflung, und selbst im hohen Alter hat das Leiden an der Welt seinen kindlichen Humor nicht abtöten können. Er amüsiert sich köstlich darüber, daß Rumäniens ehemaliger König Michael ihn um eine »Audienz« bittet, kaum ist Ceauçescu gestürzt und erschossen worden. Der ehemalige, unbedeutende Monarch möchte sich der Unterstützung Ionescos versichern, weil er doch gern wieder die Krone trüge, es nach außen hin aber nicht laut zu verkünden vermag. Wenn aber das Volk, und die Rumänen im Exil, ihn als Retter der Nation riefen, dann würde er sich opfern. Von dem Besuch erzählend, amüsiert sich Ionesco königlich und erinnert an den Brief, den er aus Deutschland erhielt, wo ihm eine Frau in perfektem Französisch schrieb, sie bewundere ihn so, daß sie ihn zum Alleinerben einsetzen wolle, er solle auch ihr Schloß erhalten. Rodica reagierte sofort ablehnend, doch Eugène träumte, da könne er später der geliebten Tochter Marie-France ein Schloß vermachen – überhaupt, er als Schloßbesitzer, das fand er schon sehr witzig. Aber schließlich hat Ionesco, der uns um Rat angegangen war, auf den Brief doch nicht geantwortet, einiges deutete auf einen Scherz hin, und tatsächlich las man ein Jahr später in den Gazetten, welch berühmte Menschen voller Eitelkeit auf einen Scherzbold hereingefallen waren und sich gierig den Schmeicheleien in der Epistel hingegeben hatten.

Aber zurück zum rumänischen König: Ob er den denn unterstützen wolle? Ach, meinte Ionesco, weshalb eigentlich nicht; Könige seien inzwischen integrierte Elemente von Nationen, auch Frankreich hätte es sehr viel besser mit einem König.

»Frankreich«, sagte ich, »hat es jetzt doch noch viel besser, es wird von ›Dieu‹, von Gott selbst, regiert.«

Denn »Dieu« war, nach seiner triumphalen Wiederwahl 1988 der Spitzname François Mitterrands geworden.

»Ein deutscher Schriftsteller – hieß er Siegfried? – hat die Frage gestellt: ›Ist Gott Franzose?‹«

»Aber, Gott ist staatenlos«, antwortete Ionesco.

»In Deutschland könnte man einen Politiker nicht ›Gott‹ nennen.«

»Aber hier ist es ja ironisch gemeint, wenn auch ein Quentchen Wahrheit daran sein könnte . . . «

»Wie unterscheidet sich König von Gott?«

»Der König war gläubig, ein König wurde ernannt durch den Willen des Volkes, aber hauptsächlich natürlich durch die Gnade Gottes. So ist er Gott untergeordnet. Das war selbst Louis Quatorze. Mitterrand ist dagegen mehr, so will es das Volk.«

»Wen sollen wir denn dann zum König von Frankreich ernennen?«

»Mich!« meinte Eugène mit seinem unbewegten Gesicht, als reize er hoch im Poker, läßt seine großen Augenlider ein wenig mehr über die Pupillen fallen und schiebt die Unterlippe vor. Aber gleich wiegelt er wieder ab: »Ich fliehe vor der Politik, weil ich sie nicht mag.«

Den König von Rumänien empfing er, aber wichtiger sind ihm die Verleger, die Schriftsteller, die Regisseure und Filmemacher seines Geburtslandes, die in ihm eine intellektuelle Hoffnung sehen, um die Demokratie durchzusetzen. Marie-France, die fließend Rumänisch spricht, aber nicht, weil es von den Eltern gelernt hätte, sondern es sich an der Universität aneignete, übernimmt für ihn den Kontakt, reist nach Bukarest und kommt schrecklich enttäuscht zurück.

Ionesco schimpft: Die Rumänen seien selbst schuld, sie wählten immer die Diktatur! Er, der in Rumänien geboren wurde, fühlt sich ganz als Franzose. Schließlich zog seine französische Mutter mit ihm und seiner Schwester nach Frankreich, als sie kleine Kinder waren; dort ging er in die Schule und kehrte erst als Gymnasiast in das Haus seines bürgerlichen Vaters nach Bukarest zurück. Der Vater, ein autoritärer Mann, der Dienstboten prügelte und als Polizeichef von Bukarest mit harter Knute herrschte, erzog den Sohn mit Strenge. Wegen Unbotmäßigkeit sperrte er Eugène ein ganzes Jahr lang ein – Hausarrest! Später, als Jean-Louis Barrault mit einer Ionesco-Inszenierung nach Bukarest eingeladen wurde, reiste Rodica mit, Eugène blieb zu Hause. Rodicas Vater war, im Gegensatz zu Eugènes, ein liberaler Geist gewesen, ein Journalist, der unter dem autoritären Regime in Rumänien zu leiden hatte und – so heißt es heute – wegen seiner kritischen Artikel vergiftet wurde. Als Rodica mit der Theatertruppe in Bukarest weilte, wollte sie die Wohnung ihrer Eltern wiedersehen, aber – wie es so ist – die neuen Besitzer schlugen ihr die Tür vor der Nase zu.

»Im rumänischen literarischen Milieu habe ich meine

ersten Seiten geschrieben, die eine Revolte sein sollten«, erzählt Ionesco. »Eine Revolte gegen die rumänische Kultur, die ich nicht mochte. Ich mochte die literarische Welt in Rumänien nicht; denn sie ähnelte allen literarischen Milieus dieser Welt. Das heißt, es gab einige Begabungen, Talente, Genies, aber zugleich viel, sehr viel Eitelkeit. Ich verabscheute diese Welt, weil ich die Literatur überhaupt verabscheute«, und dann schaut er mich an und sagt in monotoner Stimmlage: »Darum habe auch ich dann welche gemacht. Mein Zugang zur Literatur begann mit einem Kampf gegen die Literatur; er hat seinen Niederschlag gefunden in einem Buch, das den Titel ›Nu‹ trägt, das heißt ›Nein‹. Als Student war ich meinen Professoren gegenüber sehr aggressiv. Ich las andere Bücher, als die Professoren sie geschrieben hatten. Ich war Anhänger von Benedetto Croce gegen meinen Professor, der sich zu Friedrich Hegel bekannte. An der Universität las mein Französischprofessor Brunetière, Taine, Lanson, während ich eher zu Mallarmé, zu Thibaudet, der gerade veröffentlicht wurde, neigte. Proust liebte ich sehr; auch er wurde gerade gedruckt, und man hielt ihn für den letzten der Idioten. Er wurde nicht verstanden.«

»Besaßen Sie denn auch außerhalb der Universität einen Widerspruchsgeist?«

»Ja, ich glaube, daß ich den immer auf eine gewisse Weise hatte. Das sieht man ja auch in meinen Theaterstücken. Die Hauptperson von ›Jacques oder die Unterwerfung‹ ist jemand, der gegen die Welt revoltiert. Danach habe ich eine Novelle geschrieben, aus der ich ein Theaterstück und sogar einen Film machte, in dem ich selber spielte. Er heißt ›Schlamm‹, und darin löst sich die Hauptgestalt auf. Sie löst sich moralisch, geistig und sogar physisch auf, so sehr, daß sie ihre Beine verliert, ihre Arme verliert und ihr schließlich nur noch ein Auge bleibt, um den Himmel zu betrachten, und der Mund, um zu sagen: ›Ich werde wieder anfangen. Ich liebe diese Welt nicht.‹ Sie bittet Gott um eine neue Offenbarung, um einen neuen Kosmos.«

»Es gibt etwas in Ihrem Werk, das sich nicht vermengt: die Logik und das, was diese Logik durchbricht.«

»Ganz genau. Was ich tue, was ich schreibe, ist – da ich ein zunächst vernünftiger Mensch bin – selbstverständlich logisch.

Dann aber bekomme ich Anfälle von Irrationalität, die in mir hochsteigen und die Logik zerstören. Das hat bewirkt, daß mein Theater zu dem geworden ist, was man ›absurdes‹ Theater nennt.

Jene, die absurdes Theater nach mir gemacht haben, machten es weniger gut; viele Leute sind mir gefolgt, weil sie nachahmten, was ich geschrieben habe. Sie bemühten sich, Absurdes zu machen, während bei mir das Absurde der Konfrontation des Rationalen mit dem Irrationalen entspringt. Das Irrationale, das das Rationale einholte.«

»Akzeptieren Sie die Bezeichnung ›absurdes Theater‹?«

»Selbstverständlich. Ich finde, daß die Welt als Ganzes eigentlich absurd ist oder doch wieder nicht. Es ist sehr schwierig zu sagen, ein Ding sei absurd, da wir nicht das Vorbild dessen haben, was nicht absurd ist. Aber die Welt entspricht mir nicht, sie ist unsinnig, sinnlos. In dem Ausmaß, wie ich die Strukturen des Geistes widerspiegele, habe ich das Recht, die Welt absurd zu finden. Übrigens ist das absurde Theater schon vor langer Zeit erfunden worden. Sophokles machte absurdes Theater, und Shakespeare hat das absurde Theater definiert. Er legt Macbeth in den Mund: Die Welt ist eine Geschichte, die ein Idiot erzählt, voller Lärm und Sinnlosigkeit. Und sie bedeutet nichts. Ich habe das genaue Zitat nicht im Kopf, aber das ist der Sinn des Unsinns, wie ihn Shakespeare definiert.«

Aus dem Shakespeareschen Macbeth wird dann Macbett, so spricht man in Frankreich den Namen dieses schottischen Mörder-Königs aus. Macbett ist Ionescos Drama über den Mechanismus der Macht, nur ist dort das Morden noch konsequenter vollzogen als bei Shakespeare.

In den vierziger Jahren, als die Deutschen Paris besetzt hielten, flohen die Ionescos nach Marseille, wo Eugène als Lehrer unterkam. Und als Strafe für ihre Untaten beschloß er, die Sprache der Deutschen nicht mehr zu benutzen, obwohl er sie so gut beherrschte, daß er sogar Übersetzungen machte. Und tatsächlich, er hat Deutsch ganz vergessen. In den vierziger Jahren sah er sich aus Ablehnung des Faschismus als Linker, aber er verfiel nicht in den Fehler vieler französischer Intellektueller, nun im Kommunismus sein Heil zu suchen, sondern als das Mode wurde, lehnte er Stalin genauso ab wie Hitler, was ihn unter der französischen Elite zu einem Rechten stempelte und zur Folge hatte, daß er mit seinen Stücken aus ideologischen Gründen in Frankreich weniger erfolgreich war als etwa in England und besonders in Deutschland, wo Karl-Heinz Stroux am Düsseldorfer Theater einige Welturaufführungen von Ionescos Dramen inszenierte.

Die politische Spaltung unter den französischen Geistern bestimmte auch seinen Umgang. Versöhnt haben sich die Linken nie mit Ionesco, obwohl sie hätten sehen können, was er auch in seinem Werk bewies, etwa mit »Die Nashörner«, daß er kein Rechter war. Aber, so war's halt in Paris: Wer sich nicht zu den Kommunisten verirrt hatte (und reuig zurückkehrte), hatte einen Makel in der Biographie. Als in den achtziger Jahren der sozialistische Kulturminister Jack Lang die Kulturmafia von Frankreich beherrschte und Günstlinge um sich sammelte, wurde Ionesco stets gemieden.

Allerdings kam eines Tages, im Jahr 1991, der Präsident der ČSFR zum Staatsbesuch nach Paris, und da Václav Havel nun einmal ein berühmter Schriftsteller ist, lud Jack Lang alle, die Rang und Namen hatten und bei ihm geduldet waren, zu einem Empfang. Eugène Ionesco, der letzte noch Lebende unter den großen Klassikern, gehörte nicht dazu. Aber Václav Havel persönlich wollte Ionesco sehen und bat, man möge auch ihn kommen lassen. Da wurde, um die Peinlichkeit zu überspielen, Madame Monique Lang ans Telephon geschickt, sie umsäuselte Ionesco, man holte ihn mit einer Limousine zum Empfang ab. Dort bedankte sich Havel bei Eugène Ionesco, dessen Werk habe ihn nämlich überhaupt erst zum Schreiben inspiriert.

In den fünfziger Jahren waren intellektuelle Beziehungen in Paris häufig ideologisch bestimmt. Mit Albert Camus entwickelte sich gerade eine Freundschaft, als der mit dem Wagen verunglückte, doch Jean-Paul Sartre, dessen Schwenk zum Kommunismus er verachtete, lehnte Ionesco radikal ab.

»Weshalb haben Sie Sartre nicht gemocht?«

»Aus mehreren Gründen. Auch, weil er ständig seine politische Farbe wechselte.«

»War Sartre schwierig, wenn man ihm begegnete?«

»Nein. Aber ich habe ihn selten gesehen. Man hat mir aber erzählt, er sei der höflichste, freundlichste Mensch der Welt gewesen. Er hatte sogar eine Schwäche für mich. Aber wegen seiner Meinungsschwankungen, seiner ständigen Widersprüche mochte ich ihn nicht. Dennoch war ich der einzige Schriftsteller, mit dem zusammen er seine eigenen Stücke aufführen ließ. Also hatte er wohl eine Sympathie für mich. Kurz vor seinem Tode habe ich von ihm geträumt. Wir waren in einem Theater. Ich habe zu ihm gesagt: ›Aber hier ist ja niemand, der meinetwegen gekommen ist.‹ Und Sartre sagte: ›Aber doch, schauen Sie

107

da oben auf dem Olymp, da sind ganz viele Menschen.‹ Ich habe in meinem Traum zu Sartre gesagt: ›Wie gern hätte ich Sie kennengelernt.‹ Und er hat mir geantwortet: ›Zu spät – zu spät!‹« Eugènes Stimme ist bei diesen Worten in ein dramatisches Flüstern übergegangen.

»Nachdem er ›Der Ekel‹ geschrieben hatte, mochte man ihn sehr, aber nicht mehr nach ›Sein und Nichts‹, wo es keine Freundschaft zwischen den Menschen gibt, nur Machtverhältnisse. Danach hat er andere Bücher geschrieben. Ich hätte ihn wirklich gern näher kennengelernt. Er fehlt mir. Er fehlt mir für meine Galerie von Pariser Schriftstellern und Künstlern.«

Trotz der intellektuellen Feindschaften wurde Ionesco 1970 als »Unsterblicher« in den Olymp des französischen Geisteslebens aufgenommen und zu einem der vierzig Mitglieder der Académie française gewählt, was allerdings zu einem Problem führte: Ionesco trägt seit eh und je nur Rollkragenpullover, da er Krawatten als modisch ablehnt. Wahrscheinlich liegt darin wieder ein Teil seines Widerspruchs gegen die, die sich modisch gleich verhalten. Nun bat ihn die Académie, zumindest am Tag seiner Aufnahme, einen Schlips umzubinden. Er aber ließ sich nicht erweichen. Am Leben der Académie hat er dann nie teilgenommen, und die Anwärter, die nach altem Brauch bei allen vierzig Mitgliedern vorbeifahren und ihre Karte abgeben, hat er nie empfangen – außer einem, für den er sich interessierte: den Umweltforscher Commandant Jacques Cousteau.

Die Mitgliedschaft an der Académie war ihm nicht so wichtig wie die Veröffentlichung seines Gesamtwerks in der »Bibliothéque de la Pléiade«, jener kostbaren Dünndruckausgabe, in die nur die Klassiker der Welt Eingang finden – und deshalb nur längst verblichene Autoren aufgenommen werden: Ionesco war der erste, der das Erscheinen seines Bandes in der »Pléiade« noch miterlebte. Immer wieder kommen wir in unseren Gesprächen auf die Wirklichkeit zu sprechen, die, so sagt er, und ich verstehe es, absurd sei. Denn: »Kein Autor, der sich Realist nennt, wagt die Wirklichkeit so darzustellen, wie sie ist. Er schöpft statt dessen eine neue Welt, von der er glaubt, sie sei logisch, also wirklich. Tatsächlich aber wird die Logik stets von Wellen des Irrationalen überschwemmt. Ob die Welt nun absurd ist oder nicht, ist schwer zu sagen, da man kaum unsere Umgebung als absurd bezeichnen kann, aber soweit ich die Denkstrukturen der Menschen widerspiegele, nehme ich mir das Recht, sie absurd zu finden.«

»Und von welcher Wirklichkeit träumen Frankreichs Dichter heute?«.*

»Von der Langeweile. In Paris entsteht seit Jahren nichts Neues mehr.«

»Sind die Leute zu satt, oder haben sie nichts mehr zu sagen?«

»Sie hätten genug zu erzählen, wenn sie in sich hineinhorchten. Aber da sie oberflächlich sind, außerhalb von allem, neben sich selbst stehen, können sie nichts Wichtiges entdecken und ausdrücken. Die gegenwärtigen Romane bestehen aus Wortspielen, stets die gleiche Geschichte... der eine liebt die andere, oder die andere liebt den einen, immer die gleiche Geschichte. Und in der Malerei ist alles gesagt mit dem Abstrakten seit Kandinski. In Paris hat noch keiner einen neuen Ausdruck gefunden. Hier sucht niemand etwas, noch nicht. Dabei brauchen wir nur um uns zu schauen, um lauter absurde Geschichten zu entdecken: das Ozonloch und die Umweltverschmutzung, die Atombomben, der Hunger auf der Welt neben dem Überfluß, die steigende Zahl an

---

* Dieser Teil des Gesprächs fand im Dezember 1989 statt.

Selbstmorden und der tonnenweise Verzehr von Beruhigungsmitteln ... «

Der Vorteil einer Metropole wie Paris ist, daß dort wohnt, durchreist, eine Zeitlang verweilt, wer etwas zu sagen hat – auch in der Kultur. Und viele gingen bei Ionescos ein und aus. Man kommt, da drückt einem Wajda gerade die Türklinke in die Hand, Buñuel war ein ständiger Gast. Um die Ecke wohnten Beckett, Matisse und Brancusi. Der Bildhauer Brancusi, auch er Rumäne, war offenbar ein griesgrämiger Mensch. Eines Tages besuchen ihn Eugène und Rodica mit der noch kleinen Marie-France. Da beugt Brancusi sich zu dem Kind, sagt: »Was bist du hübsch – im Gegensatz zu deinen Eltern!« Auch das Ausklingen der Salons haben sie miterlebt, Eugène sicher feuchtfröhlich.

»In die Salons gingen wir, weil wir unsere Freunde und andere Schriftsteller trafen. In den fünfziger Jahren gab es noch viele Salons, Suzanne Tesnase, die Boulez unterhielt, die Vicomtesse de Nouailles, die selber nichts darstellte, aber trotzdem unter ihren Flügeln Barrault und andere versammelte. Und plötzlich murmelte man: ›Voilá, die Kommunisten kommen‹, und Aragon im Smoking und Elsa Triolet traten ein. Da waren auch Leute wie Jean Genet eingeladen, der im Gefängnis gesessen hatte, wegen Diebstahls, glaube ich, und nur durch sein Genie gerettet wurde. Angeblich klaute er in den Salons silberne Löffel, und am nächsten Tag telephonierten die Damen der Salons untereinander und fragten: ›Was hat er denn bei dir geklaut?‹«

»War es für die wichtig, daß er klaute?«

»Ja, je wertvoller das von ihm entwendete Stück war, desto höher in der Gunst stand die Gastgeberin.

Die literarischen Salons sind ja nun in Paris ausgestorben, seitdem man den Sinn für Kultur nicht mehr hat. Es liegt nicht am Geld. Sicher ist es teuer, jede Woche oder jeden Monat eine große Gesellschaft gefräßiger und durstiger Dichter zu empfangen; doch es gibt immer Reiche, reiche Frauen, denn es waren immer Frauen, die die Salons unterhielten. Nicht die Kultur beherrscht heute Paris, sondern die Politik, und davon halte ich mich fern.«

»Das politische Leben hat das kulturelle und gesellschaftliche aus dem Vordergrund verdrängt, auch, weil die Politik und ihre Handlanger sich der Medien bemächtigt haben. Worin liegt denn für Sie das Wesen der heutigen Politik?«

»Politiker sind Leute, die nach Beherrschung dürsten, Leute, die nicht sehr interessant sind. Sie scheinen alle machthungrig, das sind die gleichen Leute, die Konflikte schaffen, um die Gelegenheit zu haben, sich zu schlagen und für oder gegen etwas zu diskutieren. Sie leben vom Durst nach Macht.«

»Ist das nicht absurd?«

»Ich verstehe das nicht. Ich habe diesen Durst nach Macht nicht. Nun gut, ich schreibe, damit drücke auch ich eine Art Willen zur Macht aus, aber ich wirke nicht direkt auf die Menschen ein, habe nicht die Intention, es zu tun, habe sie nie gehabt, und es bleibt mir keine Zeit mehr, im Alter von über achtzig Jahren noch zu konvertieren und es zu tun.«

Und nach einer Weile:

»Es ist schockierend, daß die Politik das tägliche Leben immer mehr bestimmt. Ich habe immer die Vorstellung gehabt, man müßte solche Menschen, die eine Regierung führen sollen, nach einer Art Begabtentest aussuchen. Die, die nicht begabt sind für das politische Geschäft, werden dazu eingesetzt. So würden Politik, Ministerien und Behörden von diesen Leuten geleitet, die andere Vorlieben als ›Machthunger‹ haben, und sie würden aus der Politik einen öffentlichen Dienst machen. Man würde sie übrigens austauschen, damit sie nicht lange Zeit haben, zu verfaulen oder Geschmack an der Politik zu finden. Man müßte sie mit Psychologen testen... Für die Politik würde man die am wenigsten Geeigneten aussuchen, dann wären die Geeigneten frei, sich der Kultur zu widmen.«

»Liegt die Misere darin, daß die Politik über das Geld und die Medien verfügt?«

»Ja, ja! Ich bin entsetzt, wenn man nur noch von Politikern spricht, die Politiker uns ansprechen und alles nur noch von der Politik redet. Ob Mitterrand, Giscard, Le Pen, alle sind gleich. Man redet nur von ihnen statt von der Kultur, statt von den unglaublichen Ereignissen, die geschehen. In allem gibt es Politik. Vielleicht werden die Wechsel im Osten was Gutes bewirken. Vielleicht. Ich habe Vertrauen in die Tschechoslowakei (das Gespräch fand 1992 statt), wo ein Poet, ein Schriftsteller Präsident geworden ist.«

»In Paris hat zu Zeiten de Gaulles der Dichter André Malraux als Kulturminister eine große Rolle gespielt, zur Regierungszeit Mitterrands beherrscht der Jurist Jack Lang mit seinem Kulturministerium die Szene. An ihm ist nicht vorbeizukommen, will ein Künstler Erfolg haben. Schauen die Leute aus dem Kulturleben in Paris deshalb zu sehr auf die Politik?«

»Ja, viel zu sehr, wegen des Geldes und des schnellen Ruhms. Der Künstler sollte aber ausdrücken, was aus dem Inneren kommt. Statt dessen ist Kunst die moderne Form, um den Leuten die Religion zu ersetzen. Kunst ist Schöpfung, und darin ahmen Künstler die Gottheit nach, aber die Politik frißt die Kunst auf und wird über Ideologien zu Religion.«

»Das Sowjetreich ist aber doch gerade zusammengebrochen und mit ihm – fürs erste – der Versuch, den Kommunismus als Staatsform durchzusetzen. Zwar gibt's den Kapitalismus noch, der aber definiert sich durch eine gewisse Form von Freiheit, in der ein Teil Darwinismus liegen mag, aber mit stark sozialen Elementen. Erleben wir also wirklich den Tod der Ideologien?«

»Gut, auf daß sie noch schneller verrecken, die Ideologien! Aber es ist nicht der Sieg der Vernunft, sondern der von Müdigkeit, Ekel. Vernunft spielt nur eine geringe Rolle. In nichts gibt's Vernunft! Hier lebt man von geistigen Moden.«

»Nun wird ja inzwischen alles zur Kunst erklärt, das Kochen, die Mode, so, als habe Beuys alles, was im Leben einen Lustgewinn erzeugt, zur Kunst erklärt. In Paris ist es aber wieder der Politiker Jack Lang, der den Kunstbegriff ausweitet. Ist aber Mode überhaupt Kunst?«

»Natürlich nicht. Mode ist keine Kunst. Ich bedauere, daß es Moden gibt. Überall in der Welt setzt sich etwa die Mode des Eisschranks durch. In Brasilien gab es jedoch eine Methode, Dinge zu kühlen durch Winde, die durch Türen bliesen und so die gleiche Frische herstellen wie ein Eisschrank. Das ist aber dahin. Jeder braucht jetzt einen Eisschrank. Weil es Mode ist, tragen heute alle Krawatten – nur ich nicht. Alles wird viel einförmiger, auch im Denken, rechts wie links.

Aber manche erkennen dies. Eines meiner Stücke, ›Die Nashörner‹, wurde ursprünglich als ein Anti-Nazi-Drama aufgeführt, dann als ein antistalinistisches. In Argentinien nach dem Sturz Peróns sah man es als antiperonistisches Stück, und jetzt, als es vor westdeutschen Jugendlichen gespielt wurde, habe ich zu ihnen gesagt: ›Ihr habt weder die Dreyfus-Affäre erlebt noch die Diktatur der Nazis oder der Kommunisten. Was seht ihr in dem Stück?‹ Und da haben sie geantwortet: ›Die Diktatur der Mode.‹ So hat das Stück einen neuen Sinn gefunden.«

Vor die Tür geht er kaum noch. »Früher herrschte hier

eine ganz andere Atmosphäre«, erzählt Ionesco. »In der Coupole fühlte man sich wohl. Die großen Künstler und Denker haben sie verlassen, denn man hat die Ateliers zerstört, um Hochhäuser zu bauen. Da sind die Künstler und Intellektuellen aufs Land gezogen oder ins billigere 17. und 18. Arrondissement. Heute wird die Coupole von der Plebs überlaufen, von Leuten, die entsetzlichen Lärm machen. Die Coupole ist einer der unangenehmsten Orte von Paris. – Es gibt ja begnadete Städte auf der Welt. Paris war eine begnadete Stadt. Florenz war, aber ist keine begnadete Stadt mehr. Venedig verliert dieses Begnadete, im Sommer kann man sich dort kaum noch bewegen. Das einst begnadete Rom wird von einem Gürtel hoher Gebäude erdrückt. Und es ist merkwürdig, daß New York schön geblieben ist, während alle amerikanischen Städte der ganzen Welt – alle Städte der Welt sind amerikanisch – häßlich und einförmig wirken. Trotzdem kommen immer noch Deutsche nach Paris, so als sei Paris noch Paris. Und so wie sie sich vorstellen, daß Paris noch Paris sei, so ist auch Paris noch Paris. Aber in Wirklichkeit ist Paris nicht mehr Paris; Paris ist nicht mehr in Paris, so wie Rom nicht mehr in Rom ist.«

Und tatsächlich könnte man ganz absurd meinen, Rom sei jetzt in Paris zu finden, wenn man die hinter dem Bahnhof Montparnasse errichteten Neubauten des Architekten Riccardo Bofill sieht, eines Mannes, der in Mode ist. Da sind die Städtebauer offensichtlich dem Wahn verfallen, daß man sich, weil der Ort Montparnasse heißt, beim Bau von Sozialwohnungen an griechisch-römischen Tempeln zu orientieren habe. Ist die Kulturnation Frankreich nicht die logische Erbin Athens und Roms? Doch was sich auf Postkarten so gut macht, ist ohne Wärme und Menschlichkeit. Es fehlt eben das, was in der Rue Daguerre so liebenswürdig wie ein klassisches Klischee wirkt.

Davon hat er immer geträumt, Minister für Intelligenz zu werden, deshalb hielten sie ihn für größenwahnsinnig. Als Utopisten verlachten sie ihn, da er als Ziel verkündete, ein Prozent des Staatshaushalts für Kultur auszugeben, wie es François Mitterrand in der Präsidentschaftswahl 1981 versprochen hatte. Zwar dauerte es lange, doch 1992 hatte Jack Lang beides erreicht. Sein Ministerium umfaßte nicht nur die Kultur, sondern inzwischen waren das Ministerium für Erziehung und Bildung und das für Kommunikation hinzugekommen. Und als im Herbst 1992 der Haushaltsentwurf für das folgende Jahr ausgearbeitet wurde, da lag der Kulturetat tatsächlich nur noch so unwesentlich unter dem einst gesteckten Ziel, daß man sagen konnte, Frankreich gäbe ein Prozent seines Staatshaushalts für die Kultur aus, was kein anderes Land der Welt von sich behaupten kann.

Wo immer Jack Lang auftritt, dort wird inszeniert – und sei es auch nur der Auftritt selbst. Weil er, von Haus aus Jura-Professor, die Gabe hat, Frankreichs Sinn für das Äußerliche, für Fassaden, Symbole, Pracht und Prestige am besten zu beherrschen, hatte François Mitterrand Jack Lang 1981 mit der Inszenierung seines Amtsantritts im Pantheon beauftragt: Ein politischer Vorgang wurde, und das ist einmalig, als Hollywood-Spektakel per Fernsehauge in die ganze Welt übertragen – mit Live-Orchesterbegleitung. Ging es nur um den Abschluß der vierzigjährigen Renovierung des Münsters von Straßburg, dann reichten Feuer und Rauch, Lärm und Gejohle, traten Spieler und Gaukler auf, inmitten deren Getümmel sich Monsieur le ministre heimisch fühlte. Beides entspricht seiner Vorstellung von Kultur: die Wahrung des althergebrachten Erbes und der Ausbruch von Freude in der Straßenkunst. Beides habe seine eigene Ästhetik, und diese großzügige Auslegung machte Lang zu dem beliebtesten Minister der sozialistischen Regierung. Mit ihm schmückten sich die Premierminister gern bei Wahlversammlungen.

»Der Geist der Zeit ist aufgewacht«, verkündete Lang sein Programm, »landauf, landab blubbert's, brodelt's, kocht's, lebt Frankreich kulturell auf. Hätte man vor wenigen Jahren geglaubt, zu einer Zeit, als allein das Wort Kultur noch Stirnrunzeln hervorrief, daß Kultur einmal eine Hauptrolle in unserer Politik spielen würde?« Und dann schleppte Lang den steifen Premierminister mitsamt dessen Frau in eine Disco. Denn unter Kultur versteht er auch den Ausdruck von Rockmusik, Comic strips, Jazz, Photographie und Mode, Gastronomie und Zirkusartistik. Kultur, so Lang, sei ein Ausdruck des Wohlbefindens in einer Gesellschaft, sei die Grundlage für Lebensqualität und gehöre nicht nur in den elitären Bereich von Intellektuellen. Das machte Lang zu dem bei Jugendlichen beliebtesten Politiker.

Die klassischen Künste wie Oper und Tanz förderte Lang weiter. Im Palais Garnier, der Pariser Oper, tauchte er bei Rudolf Nurejew, dem Meister des Pariser Balletts, auf, nur um die neuen Proberäume zu inspizieren. Für die Oper war das neue Gebäude an der Bastille gebaut worden, das alte Palais Garnier sollte ausschließlich dem Tanz gewidmet werden. Paris, so wollte es Lang, sollte Weltzentrum des klassischen und des modernen Balletts werden, und dazu bedurfte es eines würdigen, natürlich auch eines geeigneten Ortes. Das Ziel, Weltzentrum für eine kulturelle Sparte werden, mochte noch so hoch gesteckt sein, noch so viel kosten, in Politik und Bevölkerung weckt das Wort »Weltbedeutung«, verbunden mit Paris, und das ist gleichlautend mit Frankreich, stets Verständnis.

Kritiker erinnern Jack Lang gern an seinen Auftritt bei der UNESCO-Weltkonferenz für Kulturpolitik im August 1982 in Mexiko, wo er zum erstenmal internationales Aufsehen erregte, weil er in jener klaren und deutlichen Rede den Export amerikanischer Massenkultur heftig anfeindete und die restlichen Länder dieser Welt aufrief, ihre eigenen Kulturen zu wahren und der amerikanischen Kommerzunterhaltung eigenständige Werke entgegenzustellen. Die Vielfalt der Kulturen gelte es zu retten. »Dieses Bombardement mit amerikanischen Bildern ist einseitig«, so Lang in Mexiko. »Ist es denn unser Schicksal, Vasallen dieses riesigen Reiches des Profits zu werden?« Doch Lang erfuhr selber rasch, daß die Allmacht des Reiches des Profits sich nicht so leicht brechen läßt – siehe die Notwendigkeit, beim Festival von Cannes mit amerikanischen Profit-Produktionen aufzutrumpfen, damit die Veranstaltung noch Weltgeltung behält und nicht in eine europäische Regionalshow degeneriert.

Noch größer war der Schlag gegen Lang, als 1986 in Frankreich das Privatfernsehen eingeführt wurde und amerikanische Fernsehserien von niedrigstem Niveau über die Hälfte der Sendezeit füllten. »Die amerikanischen Filme erdrücken uns, weil es an europäischen Produkten fehlt«, sagte mir Lang in einem Gespräch. »Der Kern des Problems ist: Was unternehmen die Europäer, was tun ihre Regierungen, ihre verantwortlichen Organisationen, damit der Film, eine immerhin in Europa geborene Kunst und Industrie, nicht stirbt? Die heutige Lage ist ausgesprochen beunruhigend.«

In den ersten Jahren von Langs Amtszeit konnte sich

der französische Film behaupten, denn zahlreiche Maßnahmen waren getroffen worden, um ihm wieder auf die Beine zu helfen. Die öffentlichen Kredite wurden verzehnfacht, Steuerpräferenzen geschaffen, um Gelder in Filmproduktionen zu locken. Um den Filmvertrieb zu unterstützen, wurde eine automatische Subventionierung für kleine Kinos eingeführt. In dem zentralisierten Frankreich ist gerade solch eine Aktion von wesentlicher Bedeutung, da ein großer Teil der Kinos auf dem Lande besonders unter dem vom Fernsehen verursachten Besucherschwund leidet. Ohne staatliche Hilfe wäre auch der französische Film am Ende. »Das französische Kino wurde das erste Mal zu Zeiten des Kulturministers André Malraux stark gefördert«, sagte Filmregisseur Costa Gavras. »Jack Lang hat diese Tradition wiederaufgegriffen, Gesetze und Bedingungen geschaffen, damit das französische Kino weiterhin bestehen und sich entwickeln kann. Seine Gesetze haben, wie das bei Regelungen so üblich ist, auch einige Schattenseiten; denn es konnten sich manche Gruppen stärker konzentrieren als andere, und so haben die kleineren Produzenten und Verleiher ein wenig gelitten. Aber in Anbetracht der allgemeinen Krise, des Abfalls der Zuschauerzahlen, hat die Politik von Jack Lang der Kinoindustrie sehr geholfen.«

»Wie haben sich die direkten Subventionen ausgewirkt?«

»Sehr positiv. Besonders der Produktionsvorschuß, der auf das spätere Einspielergebnis angerechnet wird, hat vor allem jungen Regisseuren geholfen. Das ist eine einmalige Einrichtung in der Welt, in Frankreich machen so zehn bis fünfzehn Jungregisseure jedes Jahr ihren ersten Film. Das erneuert und ist für die Produktion lebensnotwendig.«

So werden in Frankreich jährlich über hundert Filme produziert, der Export nahm nach Langs Maßnahmen um zwanzig Prozent zu. Mit dem Produktions-Vorschuß, der vom Einspielergebnis zurückgezahlt werden muß, können jährlich vierzig Filme gedreht werden, die ohne staatliche Hilfe auf dem Markt keine Chance hätten.

Jack Lang versuchte vergeblich, europäische Nachbarländer zu ähnlicher Hilfe für ihre nationalen Filmindustrien zu bewegen. »Nur eine Anstrengung der Gemeinschaft kann helfen, um der europäischen Filmproduktion ein neues Leben einzuhauchen«, meint Lang. Er hält eine Rettung für möglich, aber dann müßten die Regierungen und Verantwortlichen wirksame Entscheidungen treffen. »Doch leider kümmern sich zu viele Regierungen einen Dreck darum. Ihnen ist nicht klar, daß sie Länder regieren, in denen der Film stirbt, das ist traurig. Ständig führt man das Wort ›Europa‹ im Munde. Der Film war ursprünglich eine europäische Kunst, und nun läßt man die sterben. Es ist ungeheuerlich. Wenn es so weitergeht, gibt es in zehn Jahren keine europäische Filmproduktion mehr.«

Damit es in Frankreich nicht so weiterging, dafür sorgte Jack Lang auf allen Gebieten. Seit Mitte der achtziger Jahre schrieb sein Ministerium einen Wettbewerb aus, um Jugendliche zum Entwickeln von Drehbüchern zu interessieren. Sechstausend Skripte wurden eingereicht, und die Drehbücher der ersten vier Preise sind meist so gut, daß sie verfilmt werden. Jack Lang wollte damit ein Interesse bei der Jugend schaffen, aktiv in der Filmindustrie mitzuarbeiten. Und wie es sich für eine sterbende Industrie gehört, wurde auch eine Filmuniversität geschaffen, wo man zumindest die Geschichte des europäischen Films erforschen könnte.

»Wir stehen vor einer grundsätzlichen Frage unserer Zivilisation«, meint Lang. »Sollte die Geschichte Europas einmal geschrieben werden, dann werden die Historiker sich fragen: Was haben die Leute an der Spitze ihrer

Länder getan, um die Künste, um besonders den Film zu retten?«

Lang verlieh mit all seinem Wirbel dem Begriff Kultur einen modernen, neuen, jungen Glanz, so daß konservative Politiker aus Wahltaktik, wollten sie die junge Generation ansprechen, sich auch dann zu kulturellen Ereignissen bekannten, wenn sie dieselben jahrelang verhindert hatten, wie etwa das Projekt von Christo, der den Pont-Neuf verpacken wollte, aber von der konservativen Pariser Stadtregierung keine Genehmigung erhielt, bis Jack Lang das Klima verändert hatte.

Der zweite Sturm auf die Bastille

Von der Bastille stehen zwar noch viele Steine, nur nicht mehr dort, wo sie einst gemeinsam, übereinandergemauert, zur bedrohlichen Festung emporwuchsen. Heute stützen die klobigen Kalksteinquader aus früheren Zeiten die Wände von Gebäuden, die kurz nach der Revolution, nachdem die Bastille geschleift worden war, errichtet wurden. Und jeder Bewohner eines Hauses, in dessen Mauern sich solch grobbehauene Brocken ausmachen lassen, ist stolz darauf, sie vorzeigen und sagen zu können: »Dies ist ein Stein aus der Bastille. Hätten Sie das je gedacht?« Quartier de la Bastille wird das Viertel genannt, in dem die Auvergnaten den Ton angeben und wo seit jeher die Schreiner, die Möbeltischler, die feinen Ebenisten ihre Werkstätten betreiben.

Wenn man nun der These zustimmt, die Französische Revolution sei der Umsturz gewesen, mit dem die Bourgeoisie, das Bürgertum, den Adel vom Thron und die Geistlichkeit von ihrem hohen Stand stürzte, dann kann man mit Fug und Recht bemerken, die Bourgeoisie habe die Bastille nun zum zweitenmal gestürmt, freilich ganz in dem Sinn, daß die Geschichte sich immer nur als Farce wiederholt: 1789 stürmt sie der Bourgeois, der – dem Adel nacheifernd – Wert auf strenge Manieren legt* zweihundert Jahre später ist es der »bourgeois parvenu«, der Emporkömmling, mit schnell verdientem Geld, aber ohne

---

* Wickert, Frankreich ... (wie S. 11), S. 63 ff.

Manieren, der sich – so schrieb Maupassant für die damalige Zeit nur von den Abfällen des Adels ernährt.

Damals, als es darum ging, dem König die Macht zu nehmen, wurde die Bastille zum erstenmal verwüstet: an jenem 14. Juli, heute der Republik höchster, weil nationaler Feiertag; es war eine Revolution der Bourgeoisie, obwohl diejenigen, die sich den Kugeln der Verteidiger entgegenwarfen, die durch das Tor drangen und den letzten Gefangenen befreiten, nicht die Bürger waren, sondern die Sansculottes – eben die Schreiner aus der Gegend, wie jener junge Möbeltischler Xavier Hindermeyer, der noch am 13. Juli den Kommandanten der Bastille besucht und ihm geraten hatte, die Verliese zu öffnen. Der aber wollte nicht auf Volkes Stimme hören, und so stürmten Hindermeyer, seine vier Gesellen und viele andere die alte Festung aus dem 14. Jahrhundert, in der politische Gefangene wie Voltaire und der Marquis de Sade einst eingesperrt worden waren. Wegen dieses Sturms auf die Bastille zeigte nur Xavier hinterher Gewissensbisse*, von denen die heutigen Stürmer frei sind, denn sie wissen nicht, was sie tun. Gesellschaftliche Umstürze regelt heute der freie Markt, dessen beste Waffe nicht die bleierne runde Kugel, sondern die silberne flache Münze ist, mit der der Parvenü die angestammte Bevölkerung aus den Häusern des Quartiers, das aus den Steinen der Bastille gebaut worden ist, drängt. So stürmt man heute eine Festung mit anderer Gewalt – nicht mehr mit Pulver, sondern mit der Penunse. Das einzige sichtbare Zeichen, das heute noch von der alten Bastille zeugt, sind dunkle Pflastersteine, die in den Platz der Bastille eingelassen wurden, um die ehemaligen Umrisse der einst bedrohlichen Zwingburg zu markieren.

Wenn in Paris große Demonstrationen zum Thema

---

* Ebenda, S. 363

»Freiheit« stattfinden, dann beginnen sie in den meisten Fällen an der Place de la Bastille, in deren Mitte Napoleon einst einen 24 Meter hohen Elefanten aus Gips stellen ließ, der von Ratten zerfressen wurde und in dem Victor Hugo seinen Gavroche hausen läßt. Irgendwann ist dieses Statussymbol der Macht zerfallen und wurde, auf Beschluß des Abgeordnetenhauses vom 9. März 1833, von einer fünfzig Meter hohen Säule ersetzt, um an die Gefallenen der Juli-Revolution zu erinnern, die unter dem Sockel beigesetzt sind und zu denen später auch noch die Toten der Revolution von 1848 gelegt wurden. Oben auf der Säule schwebt – einem vergoldeten Engel gleich – »le Genie de la Liberté«, der Geist der Freiheit, zum Westen hin schaut ein Löwe vom Sockel der Säule und erinnert an den Juli-Aufstand. Der Schaft der bronzenen Säule ist in fünf Trommeln aufgeteilt, in deren äußere Hülle mit goldenen Lettern die Namen der Opfer eingraviert sind.

Es ist also ein Platz, der mit dem lang währenden Kampf um politische Freiheit eng verbunden ist, mit Volksfesten und Massenaufläufen, mit Werten, die in der kollektiven Psychologie der Franzosen verankert sind. So verwundert es nicht, daß der 1981 gewählte sozialistische Staatspräsident François Mitterrand im Frühjahr 1982 beschloß, dort die neue Oper von Paris, und das heißt: von Frankreich, bauen zu lassen, weil das alte, zwar sehr schöne Haus von Garnier schon lange zu klein und technisch unzulänglich war. Eine »Opéra populaire«, eine Volksoper, sollte das neue Gebäude werden, im Gegensatz zu dem prunkvollen Tempel der schönen Töne mitten in der Stadt. Um nun die Auflagen einer »Volksoper«, die ja billige Plätze voraussetzt, zu erfüllen, wurde eine Ausschreibung mit drakonischen Bedingungen vorgenommen, so als wolle man »wie ein Nashorn in eine Sitzbadewanne« eine große Oper in das enge Dreieck zwischen Rue de Charenton und Rue de Lyon quetschen.* Und weil er sich am strengsten an die Vorgaben hielt, wurde der Bau dem Architekten Carlos Ott zugeschlagen.

Haben vor hundert Jahren noch die Dichter und Denker, die Maler und Bildhauer, die Poeten und Philosophen darüber gestritten, ob der Eiffelturm nun ein kulturelles Ungeheuer oder ein zu bewunderndes Zeichen der modernen Zeit sei, so hat sich die Gesellschaft auch in Frankreich dahin gewandelt, daß kulturelle Auseinandersetzungen nicht ausschließlich nach Maßstäben, wie sie die Musen einst setzten, bewertet werden, sondern nach denen der Politik. Wer links war, fand den Entwurf der Oper schön, wer rechts war, fand ihn häßlich. Und war einer links und fand er die Oper häßlich, dann sagte er es nicht öffentlich, sondern nur hinter vorgehaltener Hand, um den Rechten kein Argument zu liefern.

Der Bahnhof de la Bastille, an dessen Stelle die Volksoper gebaut werden sollte, wurde also abgerissen, der Aushub für das Milliarden teure Projekt hatte schon längst begonnen, da gewannen die Konservativen im Frühjahr 1986 die Parlamentswahlen, und schon hieß es, die Arbeiten müßten nun eingestellt werden. Doch wieder einmal zeigte sich, daß leider auch in Frankreich die Politik den Streit um Geschmack nicht des kulturellen Inhalts wegen führt, sondern nur aus Sucht nach Macht; da wird getreu nach dem Motto verfahren, wer den modernen Bau von Ott nicht schön findet, der wählt die Partei, die den Bau verhindern will. Also erklärt man den Bau für häßlich, unnütz und so fort... Aber als die Konservativen einmal an der Macht waren, wurden die Arbeiten natürlich nicht eingestellt, sondern es wurde – der Optik wegen – nur die Werkstatt für die Kulissen gestrichen. Das Datum für die

---

* Guide bleu, Paris 1988, S. 156

Einweihung war allerdings schon vor dem ersten Spaten-
stich festgelegt worden, nicht vom Architekten, nicht vom
Bauunternehmer, nein, vom Bauherrn natürlich; denn
François Mitterrand wollte die Volksoper an dem Tag
einweihen, an dem sich der Sturm auf die Bastille zum
zweihundertstenmal jährte: am 14. Juli 1989. Und dieses
Datum wurde eingehalten: wegen der Festlichkeiten am
Tag des 14. Juli 1989 selbst lud der Staatspräsident schon
für den Abend des 13. Juli ein, an dem traditionsgemäß
die Volksbälle in Paris stattfinden. Ein kleines Handicap
der Galavorstellung war nur, daß die Bühnentechnik noch
nicht funktionierte, doch für das geplante Programm – ein
Potpourri, gesungen von den berühmtesten Kehlen der
Welt – reichte es.

Nun kann es nicht ausbleiben, daß ein Viertel, in dessen
Mitte eine neue Oper gebaut wird, vermehrt Aufmerksamkeit auf sich zieht. Doch voller Verwunderung stellte
manch einer, der das Quartier de la Bastille mit seinen
niedrigen Häusern und engen Gassen bisher als Handwerkerviertel abgetan hatte, fest, daß hier schon seit Jahren
ein Wandel im Gang war, wie man ihn in anderen Welt-
städten zuvor erleben konnte. Dort, wo große umbaute
Flächen frei wurden, siedelten sich in New Yorks Soho
die Künstler an, weil die ehemaligen Textilfabriken sich
als weitläufige Studios und Lofts anboten. Den Künstlern
folgten die modernen Galerien, denen die Kundschaft, die
ja auch etwas essen will, weshalb Restaurants aufmach-
ten...

Im Quartier de la Bastille hatten sich Ende der siebziger
Jahre die ersten Künstler niedergelassen, allen voran als
Pionier der inzwischen auch in Deutschland bekannte Maler Michel Faublée, der auf der Suche nach einem geeigneten Platz mit dem Motorrad, seine Frau Elisabeth auf dem

Rücksitz, durch die Gassen gefahren war und gleich in der Mitte des traditionsreichsten Viertels gefunden hatte, was er suchte: ein Haus, in dem er vorn eine Galerie einrichten konnte, hinten zerfallenes Gemäuer, das – einmal hergerichtet – Platz ließ für Atelier, Lagerräume, eine Küche, darüber für eine kleine Wohnung; und all das in der Rue de Lappe, die schon in einem alten Pariser Volkslied besungen wird, einer engen Straße, gerade so breit, daß ein Auto dazwischen paßt, gerade so lang, daß man jemanden von einem Ende zum andern rufen hört. Fast jedes Haus hat hier noch eine große hölzerne Pforte, in die früher Pferdewagen einfuhren. Als Michel Faublée noch einmal nachts um zwei Uhr durch die Rue de Lappe bummelte, um die Umgebung seines zukünftigen Ateliers auf sich wirken zu lassen, wurde er plötzlich angehalten, und ein Unbekannter mit Mikrophon wollte wissen, was er hier mache. Er habe ein Atelier gemietet. Hier? fragte der Mann zurück, der sich als Koch entpuppte und in den Nächten der Leute Antworten aufzeichnete. Hier? Hier fliegen doch Kugeln durch die Luft, warnte er und verschwand. Michel Faublée baute sein Atelier trotzdem aus und hatte den Eindruck, eher in einem kleinen Dorf zu wohnen denn in der hektischen Großstadt.

Zuerst hatte die alteingesessene Bevölkerung von Handwerkern, alles Leute aus der Auvergne, Zuwachs von arabischen und schwarzafrikanischen Arbeitern bekommen, nun erschienen die Künstler auf der Suche nach billiger Bleibe, während immer mehr Auvergnaten die Häuser verließen, ohne sie allerdings als Eigentum abzugeben, was – so wird sich zeigen – zum Untergang des Viertels beitragen sollte. Während in einigen Hinterhöfen in dieser Zeit noch Gänse frei herumliefen – mitten in Paris! – oder Kaninchen in Drahtverhauen gehalten wurden, baute auch manch ein junger Architekt sein Büro in

einem Hinterhof aus. Wer immer Ende der siebziger, Anfang der achtziger Jahre hierherkam, noch bestimmten die
im französischen Volksmund als Holzköpfe verschrienen
Auvergnaten das Leben auf der Straße. Nicht die feinen
Genüsse, sondern deftige Würste und Schinken ziehen die
Menschen aus der Auvergne vor, weshalb der verstaubt
wirkende Lebensmittelladen, in dem die Verkäuferin Josette Barrio seit Menschengedenken bedient, Kundschaft
aus der ganzen Stadt anzieht.

»Um 1900 kamen viele Leute aus der Auvergne nach Paris«, erklärt Josette den Grund, weshalb das Quartier de la
Bastille von den Auvergnaten geprägt ist; und weil die als
geizig gelten, gehörte ihnen bald ein Großteil des Viertels:
»Sie stiegen am Bahnhof Austerlitz aus und blieben in dieser Gegend, so wie die Bretonen sich am Bahnhof Montparnasse niedergelassen haben.

Sie blieben, wo sie ankamen. Allerdings sind viele, die
Geld gemacht haben, inzwischen in andere Viertel gezogen.«

»Welche Berufe übten die Auvergnaten hier aus?«

»Zuerst einmal waren sie Kohlen- und Holzhändler. Es
gibt noch welche in der Rue de Lavalle, aber nicht mehr
viele.«

»Weshalb gerade Holzhändler?«

»Die Auvergne ist ein armes Land, wo die Leute nichts
gelernt haben, und da ist der Handel das einfachste.«

Bei Josette kauft auch Michel Faublée, der von der einheimischen Bevölkerung sofort adoptiert wurde, als er in
der Nummer 20 der Rue de Lappe Fuß gefaßt hatte. Mehrere Jahre lang wohnte er dort, bevor ein wahrer Umbruch
einsetzte. Mitte der achtziger Jahre verging kaum ein Monat, in dem nicht eine neue Galerie in der Rue de Lappe
und den umliegenden Straßen eröffnete. Wann immer in
den Hinterhöfen ein Handwerker sein Geschäft schloß, ein

Möbelschreiner aufgab, weil er der Konkurrenz von Fabriken nicht mehr standhielt, stand schon ein Maler bereit, um dort ein Atelier einzurichten. Die Mieten waren niedrig, und der Sog war groß, da die Künstler die Gegend um das moderne Museum Centre Pompidou räumten, das zunehmend von Touristen überlaufen war.

Als Michel Faublée 1978 im Alter von bald vierzig Jahren das fast verfallene Gebäude in einem Hinterhof entdeckte und sich dort niederzulassen beschloß, war der heute erfolgreiche Maler noch unbekannt. Er hatte schon beinahe alles in seinem Leben gemacht, nur eines nicht – eine Kunstschule hat er nie besucht. Ski- und Eisläufer war der heute noch drahtige, disziplinierte Mann gewesen; als Architekt hatte er in Afrika Bauten seines Vaters – auch er Architekt – beaufsichtigt; als Seemann hatte er die Häfen der Welt und die Sehnsucht nach Sankt Pauli kennengelernt. Dann hatte er, um dem oft mörderischen Wettbewerbsdruck im Kunsthandel zu entfliehen, mit Elisabeth seine eigene Galerie eröffnet, die – wie hätte es anders sein können – den Namen Bastille erhielt. Und plötzlich riß man sich um seine Bilder, an denen Michel Faublée häufig wochenlang malt, bevor er zufrieden ist; meist legt er die unbemalte Fläche auf zwei Böcke in dem hohen Atelierraum, in dem außer seinen Pinseln und Farben nur zwei ausrangierte, bequeme Friseurstühle stehen.

Sieben Jahre hatte der Maler Michel in der Rue de Lappe gearbeitet und seine Frau Elisabeth die Galerie geführt, da begannen die größten Kunsthändler ihm die Tür einzurennen, er möge doch wenigstens die Ausstellungsfläche abgeben, denn der Raum in der engen Rue de Lappe wurde immer knapper.

»Als ich hierherzog«, sagte Michel Faublée Mitte der achtziger Jahre, »da gefiel mir an dieser Straße das Ungestüme, das Rebellische. Da gab es ein echtes Völkergemisch, was mir als Künstler wichtig ist. Neben den Auvergnaten lebten da die Araber, die Schwarzen und als Wilde dazwischen einige Künstler.

Ich brauche die Straße, denn ich nähre mich aus ihr, die Leute regen mich an. Und dann ist es auch ein Dorf, es ist eine der letzten Straßen von Paris, die noch wirklich ein Dorf darstellen.«

»Nehmen die eigentlich sehr einfachen Leute des Viertels die Künstler an?«

»Wissen Sie, auch in mir ist etwas von einem Bauern; ich bin ein Mann aus Savoyen, ein Bergbewohner. Und ich kam nicht als Eroberer hierher, sondern habe gearbeitet. Die Leute sahen mich als Maurer, dann haben sie erlebt, wie ich meine Fassade selbst gestrichen habe, wie ich putzte, und nach und nach haben sie mich aufgenommen.«

Die Leute aus der Gegend akzeptierten die Künstler, doch nicht die Galerien, die kamen. Anders als früher in Saint-Germain oder später im Beaubourg-Viertel konzentrierten sich die neuen Kunsthändler nicht darauf, Maler aus dem Bastille-Viertel vorzustellen; nein, die wurden ja auch von der Kunstkritik nicht wahrgenommen, weil sie keinen einheitlichen und neuen Stil malten und damit nicht mit einer Modemarke zu versehen waren. Keine fünfzig Meter Luftlinie von Michel Faublées Atelier steht die ehemalige Kaserne der Musketiere des Königs, große Gebäude mit mehreren hintereinanderliegenden Höfen. Alle Etagen waren von Schreinermeistern besetzt, die ihre Möbel mit großen Aufzügen in den Hof hinunterfuhren. Doch eine Etage nach der anderen wurde von Malern übernommen, zumal in der ganzen Welt Leinwände wie Gold gehandelt wurden und es für manchen Käufer schon reichte, wenn ein Bild von großem Format und »wild« gemalt war. Doch je mehr Künstler kamen, fünfzig, hundert neue jedes Jahr, desto mehr veränderte sich das Viertel.

Zunächst, weil viele der Maler jung, unbekannt und unbedeutend waren. So gründeten sie einen Verein, den sie auf den traditionsreichen Namen »Genie de la Bastille« tauften, und einmal im Jahr – im Herbst – öffnen sie seitdem ein Wochenende lang ihre Studios dem gemeinen Volk, stellen ihre Arbeiten aus und hoffen, entdeckt zu werden, falls sie es nicht schon sind, doch die erfolgreichen Maler machten bald nicht mehr mit.

Tagsüber herrschte zunächst noch das alte, von den Auvergnaten und den Handwerkern geprägte Leben. Nachts aber eilte eine andere Welt herbei, denn in der Rue de Lappe steht seit über einem halben Jahrhundert einer der traditionsreichsten Pariser Tanzpaläste, das berühmte Balajo (ursprünglich Bal á Jo). Das Café wurde fünf Jahrzehnte lang nachmittags von Hausmädchen und Kellnern aufgesucht; man tanzte zur Musik des Akkordeons Walzer und Tango – die scheuen Mädchen herausgeputzt, die jungen Männer, die Haare mit Wasser gebändigt, im Sonntagswams... Die vom Lande Hergezogenen sahen sich hier nach einem Lebenspartner um.

Mitte der achtziger Jahre faszinierte noch das Gemisch in der Bevölkerung, zwischen den verschiedenen Rassen, zwischen dem Erdverbundenen und dem Künstlichen, das sich in dem Nachtlokal widerspiegelte. Und nur wenige Türen weiter machte die Chapelle des Lombards auf, die einst ein berühmtes Jazzlokal in dem Viertel war, das vom Centre Pompidou verändert wurde und in der Rue de Lappe dann als schärfste Disco von Paris galt. Wer »in« war, der wußte, daß dort der steilste Rhythmus von afrikanischen Gruppen gespielt wurde. Und dann begann der Niedergang. Im Balajo verdrängten die, die in den Pariser Diskotheken rausflogen, die braven Tangotänzer, in der Chapelle des Lombards wurden die afrikanischen Kapellen eingespart – Platten reichten für die neuen Zahler.

Im Frühjahr 1993 hat Michel Faublée endgültig die Pinsel eingepackt, die Galerie de la Bastille geschlossen und ist fortgezogen; freiwillig sicher nicht, aber mit dem Quartier de la Bastille war er nicht mehr eins. Und er ging auch erst, als er darin einen persönlichen Sieg im allgemeinen Untergang sah. »Die Parvenüs haben die Bastille zerstört«, sagte er mir bei einem Besuch, kurz bevor er auszog.

Da waren den Künstlern die Galerien gefolgt, denen jene in der ganzen Welt gleichen Restaurants, die den traditionellen Kneipen mit dem Verkauf von »de la bouffe« – mit Fraß – einen unlauteren Wettbewerb liefern. Den Galerien, den Freßlokalen folgten die modischen Friseure, die billigen Modegeschäfte; denn alle meinten, mit der neuen Oper sei man hier, im Künstlerviertel, »in«. Und klammheimlich hatten die Immobilienspekulanten ihre Tentakel ausgestreckt. Zuerst wurden Lofts gehandelt, dann Luxusappartements und Büros neu gebaut und unsinnig teuer zum Verkauf angeboten. Die Preise überschlugen sich, so daß ein Quadratmeter im Handwerkerviertel de la Bastille schließlich genausoviel kostete wie im 7. Arrondissement, wo Hochadel und alte Bourgeoisie leben und Wohnungen unerschwinglich sind.

Wie ein Hilfeschrei wirkte das handgeschriebene Schild: »Nichts zu verkaufen, nichts zu vermieten!«, das am Tor ein paar Häuser neben Faublées Atelier hing. Doch zwei Jahre später war der Karton verschwunden, hatte der Eigentümer gewechselt, wurde die Fassade gestrichen...

Das eben ist die Crux der Kunst: Weil Kunst Mode ist, zieht sie Reiche an, die modisch wirken möchten. Zwar war es den Bürgern des Viertels vor einigen Jahren gelungen, die Fassaden ihres Dörfchens vom zuständigen Amt als »unveränderlich« schützen zu lassen, doch das stört niemanden, der Geld hat. Manch ein städtischer Beamter hält da einfach die Hand auf.

Neugierige pilgern nun hierher, Stadttouristen und auch Fremde, die in der Ferne schon von diesem neuen Künstlerviertel in Paris gehört haben. Mit Plänen ausgestattet, bewundern sie das scheinbar ruhige Dörfchen in der Weltstadt.

Im Hof, der zum Atelier von Maler Michel Faublée führt, ist kaum noch Ruhe. Als Künstler hat er inzwischen Ruhm über die Grenzen Frankreichs erlangt, doch das Leben hat ihm hart mitgespielt. Der einzige Sohn lebt nicht mehr, Elisabeth ist ausgezogen, und der Ärger mit dem Finanzamt hat auch noch nicht nachgelassen.* Asketisch widmet er sich der Kunst – und dem Erhalt des Viertels, so wie er es noch kennengelernt hat.

Damals, als er den verfallenen, romantisch gepflasterten Hinterhof aufmöbelte, da hat sich Faublée klugerweise von Madame Ramaton, der auvergnatischen Besitzerin, ein Vorkaufsrecht einräumen lassen. Doch das hat die geizige Frau, die ihr Leben lang in der Rue de Lappe wohnte, übersehen und das Haus an einen anderen Auvergnaten, ihren Cousin Rallatoux, verkauft, der an dieser Stelle ein großes Immobilienprojekt verwirklichen will.

Gegenüber dem Maler entschuldigte sich Madame, »le patrimoine«, der Besitz dürfe die Familie doch nicht verlassen, und der Cousin war auch noch in der Rue de Lappe geboren! Zwar war der Cousin vor fünfzehn Jahren weggezogen, doch jetzt roch er das große Geschäft und kehrte zurück, wie so manch ein auvergnatischer Hausbesitzer, der die Araber, die Schwarzen, die Bescheidenen vertrieb, um ein Geschäft in der nunmehr modernen Gegend zu machen.

Der neue Eigentümer hatte für Haus und Hof – samt Galerie Bastille und Atelier – einen schönen Plan mit Tiefga-

---

* Wickert, Frankreich … (wie S. 11), S.68 ff.

rage und Edelwohnungen. Doch Michel Faublée weigerte sich zunächst hartnäckig zu weichen. Aber selbst in seinem Hof schwand die Ruhe.

»Künstler«, so Faublée, »sind Leute, die sich durch ihr Werk dem Publikum stellen, aber diese Touristen wollen das Werk erst in zweiter Linie verstehen, sie finden die Exotik in einem gepflegten, alten Hinterhof.« Und manchmal treten sie sogar in seine Küche, als gehöre er, der Maler, mit zur Besichtigungstour.

Nein, jetzt ist Schluß, der Frieden ist beendet, und zwischen den Leuten im Dorf ist Streit ausgebrochen. Man beginnt, die Tore voreinander zu verschließen. Der eine wird angesichts von Geldbündeln schwach und verkauft, der andere klagt über den Verlust der Seele von Paris, flucht und zürnt. Josette hält mit ihren auvergnatischen Würsten aus, und auch der immer mürrische Wirt von der Galoche d'Auriac, wo man schwere, aber köstliche Speisen nach Rezepten aus der Auvergne essen kann, wo aber nicht jeder einen Platz erhält; denn der Wirt sucht sich sich seine Gäste noch aus, und wer motzt, der fliegt.

Ganz anders ein paar Meter weiter in der Rue de Lappe, in dem Lokal, das Cactus bleu hieß, den Namen und Besitzer mehrmals wechselte, als US-66 Ketchup mit etwas drauf verkauft, und wo letzthin zwei Blinde als Gäste abgewiesen und dann auf der Straße verprügelt wurden. In der Presse hat es darob großen Wirbel gegeben, aber dem Geschäft hat es nicht geschadet. Denn die Parvenüs lesen weder Zeitung, noch haben sie Sinn für Werte.

Wo Michel Faublée in diesen Tagen des Wandels auftauchte, wurde er aufgefordert, standzuhalten, denn der Immobilienhändler drängte und drängte, denn auch er hatte schon die notwendigen Genehmigungen. »Ich habe den Eindruck, die Amtsleute von Paris sind sich nicht bewußt, daß eine Stadt aus einer Vielfalt verschiedener

Bevölkerungsschichten besteht, aus Bescheidenen und Wohlhabenden, aus Einwanderern, aus Leuten, die sich notwendigerweise berühren müssen«, klagte der Maler im Jahr 1990, als er immer noch ausharrte. »Man kann die ärmere Bevölkerung nicht einfach ausschließen und in die Vororte sperren, man darf den Armen doch nicht das Vergnügen nehmen, wenigstens mit den Augen zu genießen. Es ist wie in der Ökologie, eine Stadt besteht aus allen Elementen, besonders aus Vierteln, in denen das Volk lebt. Dieses Viertel stirbt nun. Und die Oper, die schon von der Architektur her häßlich ist, ist schuld daran, daß die Immobilienhändler jetzt diese Gegend bedrohen. Paris hatte ja ein neues Künstlerviertel nötig, denn Saint-Germain und Montparnasse sind dies nicht mehr, und im Quartier de la Bastille bahnte es sich an. Doch aus Gründen des Profits läßt man diese Möglichkeit nun vorübergehen. Das Bastille Viertel wird verschandelt, und in zehn Jahren wird man sagen: Wie schade, wir haben da eine einmalige Chance verpaßt. Und ich habe die ernste Befürchtung, daß es in Paris kein volkstümliches Viertel mehr geben wird.«

Und schließlich, wie gesagt, hat auch Michel Faublée eingepackt, aber nicht ohne wirklich alles herausgeholt zu haben. Der Maler verfügte über einen wasserdichten, langjährigen Pachtvertrag und eine gute Anwältin, Monsieur Rallatoux nur über letzteres. Die Verhandlungen zwischen den Rechtsexperten waren hart und unerbittlich. Weitere Experten wurden hinzugezogen, um festzustellen, was eine vorzeitige Ablösung der Pacht kosten würde... Aber dann brach doch das Menschliche durch: Der *auvergnatische* Bauer Rallatoux ging zu dem *savoyardischen* Bauern Faublée und machte am Küchentisch ein Angebot, das mit Rechtstiteln nichts zu tun hatte, sondern mit Kuhhandel.

»Wir saßen da wie zwei ›maquignons‹, zwei hinterhältige Viehhändler, die sich gegenseitig beäugten, wo keiner dem andern traute und doch wußte: nur so kommen wir weiter. Sein Angebot lag so nah an dem, was ich wollte, daß wir wirklich zu einem Ergebnis kamen – ohne die Anwälte«, erzählte Faublée, als im Januar 1993 alles geregelt worden war.

Tagsüber schien die alte Fassade in der Rue de Lappe noch lange zu halten, doch dann wurden im Winter 1992/93 die ersten kleinen alten Häuser abgerissen, nun bieten große Plakate teure Appartements an, die hier entstehen werden. Und wenn's dann Abend wird in den engen Sträßchen, dann sind Restaurants und Tanzschuppen ganz auf die Gehälter der jungen, flotten Großverdiener aus den Vororten eingestellt. Der laute, betäubende Trommelrhythmus hat den Musette-Walzer in der letzten heilen Ecke von Paris übertönt und damit Frieden und Gemütlichkeit vertrieben.

Ja, und am Abend kommen auch die Freunde jener kunstvollen Geräusche, die entstehen, wenn Luft aus der Lunge durch die Kehle gepreßt wird und wegen einer besonderen Mundhaltung als Wohlklang ertönt. Volkstempel sollte die Opéra de la Bastille werden, mit billigen Eintrittskarten für jedermann. Doppelt so groß wie die Met in New York ist sie geworden, doch das Publikum, das zur Premiere von »Otello« schreitet, wirkt nicht wie jedermann. Nun gut, die Karten sind eben doch so teuer wie gewohnt: bei einer bedeutenden Erstaufführung bis zu sechshundert Mark das Stück! Und ein Wunderwerk der Technik ist sie auch nicht, die neue Oper. Die Akustik läßt zu wünschen übrig, klagen die Kritiker, das Orchester sei kaum zu hören; aber wichtig sind ja die Stimmen, und man kann Placido Domingo zuschauen, während bei Otello und Desdemona das Schicksal waltet. Tragisch endet's allemal. – Nach dem Liebesmord auf dem Doppelbett gibt es dann Champagner.

Und wenn sich ihr Blick versehentlich nach draußen verirrt, dann sehen die Besucher in Smoking und Abendkleid auf der Säule der Place de la Bastille den vergoldeten »Genie de la Liberté«, den Geist der Freiheit.

In Deutschland hat die Regierung nach dem Zweiten Weltkrieg, als sie sich wieder eine Wehr einrichten durfte, die Uniformen der Soldaten, der Offiziere und Generäle, ja selbst die der Ehrenkompanie, bewußt schmucklos und schlicht gehalten, damit sich niemand mehr von dem Wahn hinreißen ließe, seine Bestätigung in einer prunkvollen Kleidung zu suchen. Niemand hat aber auch den Mut gehabt, fein zu unterscheiden zwischen denen, die nur gehorchten – den Kaisern, den Führern, wem auch immer –, und jenen anderen, die – in welchem Land auch immer – für eine Idee kämpften. Ganz gleich unter welcher Flagge: Blau-Weiß-Rot erwählte sich die republikanische Garde der Franzosen in ihren Farben, Schwarz-Rot-Gold die deutsche »Schwarze Schar«, Lützows Freikorps, das in der Völkerschlacht bei Leipzig am 17. Juni 1813 fast völlig aufgerieben wurde und zu dem Joseph von Eichendorff, Friedrich Ludwig (Turnvater) Jahn und Theodor Körner (»Lützows wilde, verwegene Jagd«), der bei Gadebusch am 26. August 1813 gefallen ist, gehörten. Sie kämpften für die Freiheit in einem Tuch, dessen Farben – Schwarz-Rot-Gold – zum deutschen Symbol wurden: Sie standen für nichts Geringeres als die deutsche Einheit. Und dieses Schwarz-Rot-Gold von Lützows Wams trugen dann die Demokraten des 19. Jahrhunderts vor sich her, weshalb auch nach dem Zweiten Weltkrieg die Deutschen hüben wie drüben daran festhielten; nur schmückte die DDR sie mit Hammer, Zirkel und Ähren. Doch bis

137

heute fürchten sich die Deutschen beiderseits der Elbe so vor Symbolen, daß sie selbst positive Zeugnisse aus ihrer eigenen Geschichte nicht kennen, geschweige denn wagen, sich zu ihnen zu bekennen. Da fühlen die Franzosen ganz anders: Ihnen gelingt es, Symbole wie die Garde républicaine selbst dann zu erhalten, wenn in deren Geschichte Brüche entstanden sind, die so groß sind wie Widersprüche.

Zu der Zeit, als die Boulevards in Paris angelegt wurden und ihr Bau die engen alten Viertel zerschnitt und den neuen, großzügigen mit ihren einheitlichen Fassaden im klassizistischen Stil ein weltstädtisches Ansehen gab, wurden auch im 12. Arrondissement die alten Gärten des Zölestiner-Klosters, das hier seit Jahrhunderten stand, durch die Wegziehung eines nur siebenhundert Meter langen, aber dreißig Meter breiten Boulevards, der vom Quai de Bethune zur Place de la Bastille führt, zerstört. Einheitlich wuchsen neue Fassaden hoch, größer waren die Fenster, mehr Etagen hatten die Wohnhäuser, doch dunkel und dräuend wirkt jene Fassade, die sich von der Rue du Petit-Musc einen ganzen Straßenblock entlangzieht. Da steht, man sieht es sofort, kein Wohngebäude, sondern hier verbirgt sich Macht. Und zwar die des Staates, eine langweilige, weltliche Macht, der eine der prunkvollsten Klosteranlagen von Paris weichen mußte. Wo einst Zölestiner-Mönche zwischen Kirche, Refektorium und Schlafsaal umherwandelten, erhebt sich jetzt die Kaserne der Garde républicaine. Das Kloster mit seinen fünfzig korinthischen Säulen besaß ein eigenes Krankenhaus und erhielt eine zweite, wunderschöne Kapelle, als der Herzog Louis d'Orléans nach dem unglücklichen Abend des Bal des Ardents Reue zeigte und die Chapelle d'Orléans stiftete.

Der Bal des Ardents ist eine von jenen unzähligen Ge-

schichten hinter den Fassaden von Paris, die sich im Lauf der jahrhundertealten Biographie dieser Stadt abspielten und in Vergessenheit gerieten, weil Wichtigeres zu behalten war. Am 28. Januar 1393, es war ein Dienstag, lud Königin Isabeau, geboren als Elisabeth von Bayern, zum Ball für eine ihrer deutschen Ehrendamen, Catherine de Hainserville, ein, und der Brauch gebot es, weil die Braut bereits zweimal verwitwet war, daß die Gäste sich bis zur Unkenntlichkeit verkleideten. König Charles VI kam auf die, wie sich herausstellen sollte, unglückliche Idee, sich und fünf seiner Edelleute als zusammengekettete wilde Waldbewohner zu vermummen, wozu die sechs sich Gewänder auf den Leib nähen ließen, die mit Pech überzogen und mit Hanf und Federn beklebt waren.*
Um festzustellen, welcher der Wilden Charles VI sei, eilte des Königs Bruder, der Herzog Louis d'Orléans, mit einer brennenden Fackel herbei und steckte aus Versehen einen der sechs aneinandergeketteten Wilden an. Federn, Flaum und Pech der Verkleidung loderten blitzschnell auf, und das Feuer sprang sofort von einem zum andern über. Vier von ihnen, darunter der Comte de Joigny und Aymard de Poitiers, verbrannten bei lebendigem Leibe; der König wurde durch die Geistesgegenwart seiner jungen Tante, der Duchesse de Berry, gerettet, die den Brennenden in ihren großen Mantel einwickelte und so das Feuer erstickte; nur der fünfte von Charles' Edelleuten, Sire de Nantouillet, rettete sich selbst, indem er in ein Wasserbecken sprang, nachdem es ihm gelungen war, sich aus den Ketten zu befreien. Zur Sühne wurde das Palais, in dem der Ball stattgefunden hatte, abgerissen, und Louis d'Orléans ließ beim Zölestiner-Kloster eine zweite Kapelle

---

* Siehe Barbara Tuchmann: Der ferne Spiegel, 10. Aufl., München 1991, S. 455

errichten, die so schön war, daß Piganiol de La France siebzig Seiten benötigte, um ihre Vollendung und ihren Kunstreichtum gerecht zu beschreiben. Vor der Revolution gab es in Frankreich außer der Abtei von Saint-Denis keine Kirche, in der eine größere Zahl berühmter Persönlichkeiten begraben lag. Hier ruhten: Leon de Lusignan, König von Armenien, gestorben 1393; der im Alter von dreiundneunzig Jahren 1405 verschiedene Kanzler Philippe de Maizières; auch jener unglückliche Herzog Louis d'Orléans, der 1407 – vierzehn Jahre nach dem Ball – ermordet wurde; Anne de Bourgogne, Tochter von Jean sans Peur (Johann ohne Furcht, Herzog von Burgund) und Gemahlin des Herzogs von Bedford, der für den König von England als Regent Frankreichs eingesetzt worden war (die Engländer wollten den Leichnam der Herzogin nicht aufnehmen); in diesem Kloster wurden die Herzen von Jean le Bon (1364), Jacques Coeur (1483), Henri II (1559), François II (1560), Charles IX (1574), der fürchterlichen Catherine de Médicis (1589) und manch anderer aufbewahrt. Mit den Wirren der Revolution drohten auch dem Kloster, besonders aber der Chapelle d'Orleans, was vielen Kirchen und geistlichen Einrichtungen widerfuhr: Plünderung und Zerstörung; 1790 fielen die Sansculottes über diese heilige Stätte her, 1849 wurden die Reste abgerissen. Was an Kunstschätzen und Gräbern zu retten war, fand im Louvre, in Saint-Denis und Versailles einen Platz.

Seitdem machen sich jeden Tag hinter den 1871 errichteten Fassaden einer Kaserne mitten in Paris Herren zum Ausritt bereit. Sie legen alte Uniformen an, deren Kragen so schwer zu schließen sind, daß sie sich meist gegenseitig helfen. Ihren Gäulen haben sie mit Bürsten und einem Messingblatt, das an ein Schachbrett erinnert, ein Feld frei, ein Feld bedeckt, Vierecke in die Flanken gestriegelt. Diese Dienstpferde gehören zu den schönsten ganz Frankreichs, denn die Reiter der Garde républicaine sind – bei Staatsbesuchen – die Ehrengarde von Königen und Präsidenten. Am Nationalfeiertag, dem 14.Juli, begleiten sie das französische Staatsoberhaupt dann die Champs-Élysées hinunter, um die Parade abzunehmen – wie schon seit über einhundertzehn Jahren. Die Garden tragen Uniformen aus dem Jahr 1874, weshalb sie wie Statisten in einem historischen Film wirken: prächtig anzuschauen, aber bedeutungslos. Eindrucksvoll kontrastieren die roten Jacken samt weißen Epauletten zu den weißen Hosen und schwarzen Lackstiefeln. Die Hände stecken in weißen Handschuhen aus Leder; wenn er nicht mit der Faust vor das Gesicht gehalten wird, prangt an der Hüfte der Säbel; und auf dem Kopf blinkt der gewienerte Messinghelm mit langem rotem oder schwarzem Schweif. Vielleicht ist es doch ungerecht, sie bedeutungslos zu nennen – obwohl sie das, spricht man von Sicherheit der Republik, natürlich sind.

Trotzdem täuscht das äußere Bild. In der Garde lebt Vergangenheit weiter, bleibt Geschichte im Bewußtsein, hier gibt es eben – trotz historischer Widersprüche – keinen Bruch. Als letzte berittene Einheit Frankreichs ist die Garde républicaine stolz darauf, Nachfahre der königlichen Musketiere und kaiserlichen Wachen zu sein. Und darin liegt schon der erste Widerspruch, ist doch die Republik eine Folge der Revolution, deren Anführer den König köpfen ließen, um seine Souveränität dem Volk zu übertragen. Doch die Tradition der Garde wird nicht nur in Uniform, Gehabe und Musik bewahrt, sondern selbst im Handwerk. Wie anno dazumal geht es heute noch in der Kasernenschmiede zu. Aus dem rohen Kanteisen wird jedes Hufeisen einzeln geformt und noch 520 Pferde der Kavallerie neu beschlagen, und selbst für einen eventuellen – Feldzug hat der Schmied in dieser post-atomaren Zeit vorgesorgt: Für jedes Pferd der Garde républicaine liegen vorgefertigte Beschläge doppelter Dicke bereit. Man weiß ja nie, wie lange sich solch ein Ausflug hinziehen würde.

Mehr als sechzigmal änderte die Garde ihren Namen im Lauf der Jahrhunderte, doch deren Aufgaben blieben stets gleich: Schutz der Regierenden, Empfang und Sicherheit hoher Gäste und vor allem, der Nation Glanz zu verleihen. Schon die merowingischen Könige glaubten, eine persönliche Ehrenwache schmücke sie, und riefen die Garde d'honneurs ins Leben. Im 12. Jahrhundert beschlossen die Kapetinger, diese Garde auch für den Schutz der königlichen Gemächer und Schlösser einzusetzen, weshalb sie die Einheit in Infanterie und Kavallerie aufteilten. Im Mittelalter verfügte König Philipp der Kühne, daß ein Angehöriger der Garde nach dreijährigem Dienst geadelt und auf Lebenszeit von Steuerpflichten befreit würde, vor allem aber, daß er jederzeit in Stiefeln vor seinen König treten dürfe.

Die hauseigene Sattlerei, heute am Platz der Republik gelegen, stellt alle Lederwaren für die Garde her – oder repariert sie. Was zu retten ist, wird mit Hingabe von Handwerksmeistern – altgedienten Gardemitgliedern – erneuert; so sitzen viele Reiter noch auf Sätteln, die schon vor hundert Jahren angefertigt wurden. Aus jener Zeit stammt auch die mit Kohlen beheizte Sattelpresse, die letzte in Frankreich, mit der immer noch gearbeitet wird. Das vorgeschnittene, nasse Oberleder wird unter tonnenschwerem Druck in Form gebracht, und der neue Sattel kann gewiß wieder ein paar dutzend Präsidenten überdauern. Kein Privatunternehmen, auch nicht Edelproduzenten wie Hermès, könnte sich den vom Staat getragenen Luxus solcher Handarbeit leisten. Selbst über eine hauseigene Waffenschmiede befiehlt die Garde républicaine, doch stellt sie kein Kriegswerkzeug mehr her, da wird nur repariert: Über tausend Stück werden pro Jahr eingereicht, von der Klinge bis zum Maschinengewehr.

Oft hält Magazinchef Gagé bei seiner Arbeit eine Antiquität in Händen. Ein Reiter, der in voller Montur vom Pferd fiel, hat Säbel und Scheide verbogen. Monsieur Gagé schlägt die in der Mitte eingeknickte Messingscheide auf einen gepolsterten Bock und erklärt: »Bei diesem Säbel handelt es sich um ein Originalmodell von 1822, das in der Waffenmanufaktur von Châtellerault hergestellt wurde.«

Für die Paradehelme der Garde ist Chef Morlon zuständig, und bei ihm fallen jährlich dreißig bis vierzig Reparaturen an, wie auch zehn Neuanfertigungen des Modells vom Jahrgang 1876. Allein die vierundneunzig Einzelteile zusammenzuschrauben und die Roßhaarmähne einzuflechten dauert pro Helm mindestens eine Woche. Mit Stolz und Würde trägt ein Gardemitglied seine verchromte Messingschale, wenn er sich der Pariser Öffentlichkeit zeigt: rote Mähnen für die Musik, schwarzes Haar für die Krieger. Alle Beteiligten sind sich einig darüber, was der Stallmeister während des Ausmistens sagt. »Es stimmt schon, unsere Aufgabe ist heute eher dekorativ, aber wir könnten auch militärisch eingesetzt werden.«

»Ist denn ein Einsatz zu Pferd wirklich noch denkbar?«

»Na, zu Pferd vielleicht nicht gerade.« Und er schüttelt den Kopf.

Der abgekarrte Pferdemist geht übrigens sinnvollerweise nicht verloren: Er wird an die Champignonkeller der Stadt Paris geliefert. Und so trägt die Garde républicaine indirekt zum Gaumengenuß bei, denn manch eines dieser kleinen Gewächse ziert die Teller eines Edelrestaurants.

Nicht sichtbar von außen liegt im weiten Innenhof der Kaserne eine Reitbahn, wo morgendlich ein kleines Lauftraining zur gewohnten Arbeitseinstimmung zwischen Bastille und Seine gehört. Die Manege mit einem edel gewölbten Holzdach dient normalerweise zum Exerzieren. Die Garde reitet ausschließlich rotbraune Füchse, nur die Paukenschläger sitzen auf Grauschimmeln als Hinweis an den Feind: Achtung, hier reitet Musik, bitte nicht schießen! Denn musikalische Begleitung hat immer schon das Kriegshandwerk verschönt. Das erste Fanfarenkorps der Garde wurde unter Napoleon gegründet, wenige Jahre später kamen sogar Symphonie-Orchester und Chor hinzu, weshalb die Manege auch zum Konzertsaal umgebaut werden kann. Ein Holzboden wird eingezogen, Sesselreihen werden aufgestellt, und selbst wenn die Luft immer noch vom Pferdeduft geschwängert sein dürfte, dirigiert Colonel Boutry schon einmal Werke von Wagner, Ravel und Verdi – so friedlich ist man geworden.

Wenn der Präsident der Assemblée nationale den langen Gang vom Hôtel de Lassay, seinem Amtssitz, hinüber in das angrenzende Palais Bourbon, in dem der Plenarsaal der Nationalversammlung liegt, ganz offiziell nimmt, um die Sitzung zu eröffnen, dann stehen alle paar Meter Gardes républicains in ihren Prunkuniformen, den Säbel gezückt, aber mit auf den Boden weisender Spitze, und repräsentieren so die Würde der Nation. Wenn es Ausländern auch albern scheint, wie wichtig sich hier der Chef einer Volksversammlung nimmt – es gibt ja kein Publikum! –, so wirkt die cinemascopereife Szene auf die meisten Franzosen natürlich und gottgegeben. Um ins Palais Bourbon zu kommen, um Staatsgäste durch die Stadt zu geleiten, um an der Spitze der Parade den Präsidenten zu begleiten, reiten sie in Formation durch den dicksten Verkehr der Stadt, und von Zeit zu Zeit lassen die Fanfaren, die Pauke, die Trommel eine musikalische Begleitung ertönen.

Nicht immer reiten so viele aus wie am 14. Juli, wenn dreihundert Reiter morgens die Kaserne am Boulevard Henri IV verlassen und über die inneren Boulevards zum Arc de Triomphe traben, wo der Präsident sich zu ihnen gesellt – der Herr natürlich nicht hoch zu Roß: Er fährt mit der Limousine vor, klettert in einen offenen Pritschenwagen, um dann den Weg inmitten der Kavallerie fortzusetzen. Von weitem sieht das Bild aus, als habe es ein Meister großer Hollywood-Spektakel inszeniert, denn nur Oberkörper und Kopf des Präsidenten schauen aus dem im leichten Trab wogenden Meer von beschweiften Helmen und rotberockten Reitern auf edlen Pferden hervor.

Schon die Wachen des Sonnenkönigs Louis Quatorze mußten ihren Souverän überallhin begleiten, sei es auf Jagdausflüge, sei es auf Reisen. Und auch heute noch gehört es zu den Pflichten der Reiter der Garde, die staatlichen Forste – etwa an der Loire bei Schloß Chambord – zu sichern. Da Paris Ludwig XIV. zu eng war, beorderte er seine Garde auf das Schloß nach Versailles – als Palastpolizei. Der Umzug brachte der Garde wieder einen neuen Namen ein: La Maison du Roy, das Haus des Königs. Und ihnen kam die fragwürdige Ehre zu, die ersten Verkehrsprotokolle in Paris zu verteilen. Das Falschparken eines Ochsenkarrens kostete dreißig französische Pfund, zwanzig gingen davon an die Kasse der Garde, zehn wurden wohltätigen Zwecken zugeführt – wie die Sitten sich geändert haben!

Mit La Maison du Roy verbindet die Garde républicaine traditionelle Paradeformationen aus dem 17. Jahrhundert, die sie nicht vergessen hat. Alljährlich findet im Sommer hinter der Fassade des Boulevard Henri IV der Tag der offenen Tür statt, dann strömen bis zu siebzigtausend Pariser in die Kaserne, um in ihrer, der französischen, Geschichte zu baden. Die Garde spielt ihre eigene Geschichte in alten Uniformen nach, führt nicht nur La Maison du Roy vor, sondern schießt auch aus Vorderladern, so daß die Pferde unruhig werden. Und alle, die kommen, sind begeistert, denn, so ein junger Gardist in Uniform: »Es ist wichtig, Vorfahren zu haben. Ohne sie gibt es keine Geschichte – also kein Leben.« Und eine aufgetakelte Frau mittleren Alters, der man mehr Begeisterung für die Reiter ansieht als für die Pferde, strahlt unter ihrem keck aufgesetzten Hütchen hervor: »Tradition ist das Gedächtnis eines Landes, und ein Volk ohne Gedächtnis existiert für mich nicht. Deshalb komme ich jedes Jahr hierher. Ich finde die Garde einfach toll!«

Die französischen Revolutionäre waren anfangs ganz anderer Meinung und lösten die Garde des Königs auf. Aber auch die neuen Herrscher um Danton und Robespierre wollten sich geschützt wissen und schufen eine Einheit, die sie zunächst Garde nationale tauften. Dann wechselte mit jedem historischen Abschnitt der Revolution auch der Name der Wache: Garde des Konvents, Garde des Direktoriums, und schließlich fand Napoleon den Namen Garde impérale, kaiserliche Wache, angemessener.

Aus dessen Zeit stammen auch die Uniformen der Infantenisten, die den Präsidenten am 14. Juli an der Place de la Concorde empfangen, wenn er die Champs-Élysées – quasi – hinabgeritten ist. Der Präsident tritt auf die Pflastersteine vor die Einheit, zwei Meter hinter ihm verharrt der Premierminister, und einen weiteren Schritt zurück der Verteidigungsminister – jeder steht auf einem kleinen Farbklecks, der einige Tage zuvor als Markierung auf die Avenue gemalt worden ist. Dann spielt das Musikkorps der Garde die Marseillaise, der Präsident verbeugt sich – vor Hymne und Garde – und erklimmt seinen Platz auf der Tribüne, von dem aus er die Parade abnimmt.

Seitdem der Élysée-Palast 1871 Residenz der französischen Präsidenten wurde, bewachen Infanteristen der Garde Haus und Parkanlagen rund um die Uhr, die Tradition der Könige setzt sich fort, allerdings tragen die Wachen heute außerhalb des Palastes moderne, dunkelblaue Uniformen und sind mit Revolvern, Gewehren und Maschinenpistolen bewaffnet. Der regelmäßige Kontrollgang durch die Salons des Élysée hingegen gehört zu den Aufgaben, die in Galauniform durchgeführt werden, doch darf dieser Dienst laut Vorschrift auch ohne Kopfbedeckung erledigt werden. Ernster wird es im Keller der Residenz, wo die Garde auch den Atombunker Jupiter bewacht, von dem aus der Präsident im Notfall den Atomkrieg auslösen könnte. Bei besonderen Staatsbesuchen klettern Gardisten in schwarzen Tarnanzügen mit Präzisionsgewehren und modernsten Fernrohren auf die Dächer der umliegenden Häuser. In perfekter Sicherheit sind sie ebenso gedrillt, wie im Strammstehen auf der Freitreppe des Palastes bei einem Empfang zum Diner. Übrigens, man kann die Garde auch zur Veredelung eines privaten Festes, eines Balles in der Oper etwa, anmieten – gegen goldene Münze, versteht sich.

Nun gut, nicht nur edle Pferde, alte Uniformen und rasselnde Säbel machen die Garde aus, sondern auch modernste Ausrüstung, neben Waffen entsprechende Fahrzeuge, und im Umgang mit Motorrädern ist ihre Spezialeinheit unschlagbar: die Grenzbereichsfahrer, die den Präsidenten eskortieren. Sie müssen bei hundertachtzig Stundenkilometern freihändig fahren und mit der Maschinenpistole schießen und treffen können. Allerdings bestehen nur vier von hundert Bewerbern die Aufnahmeprüfung in diesen erlesenen Kreis. Und weil sie so gut mit dem Zweirad umgehen können, haben sie 1952 eine Motorradstaffel gegründet – als Nachfolgeorganisation der früheren Fahrradeinheit und üben, das gehört zur Dienstzeit, auch akrobatische Kunststücke, die sie bei Gelegenheit vorführen: So haben sie einen Weltrekord aufgestellt – nämlich eine Pyramide von vierunddreißig Mann auf einem Motorrad zu bilden. Und damit alle Einheiten an der Parade des 14. Juli teilnehmen können, kommen auch die Motorradfahrer zur Geltung: Wenn der Souverän, wie üblich stets als erster, die Place de la Concorde verläßt, stehen sechzig Motorräder bereit, um ihn sicher in seinen Élysée-Palast zu geleiten. Die Infanterie der Garde sendet ihm dann ein letztes Musikstückchen hinterher.

Christo über der Seine

Es gibt ein Sprichwort von der Brücke Pont-Neuf. Es heißt, hier treffe man zu jeder Tageszeit eine Dirne, einen Schimmel und einen Mönch. Denn schon zu Zeiten des Königs Henri IV, der diese Brücke vollendete, war der Pont-Neuf für die Bürger eine Promenade im Herzen der Stadt. An ihrem Fuße standen die Scheiterhaufen, auf denen man Juden und Hexen verbrannte, hier tummelten sich Sänger, Scharlatane, Zahnausreißer, Blumenmädchen und Parfümhändler. Es ist eine der schönsten Brücken von Paris, die nun schon lange unter Denkmalschutz steht.

Es war zwar bereits im September des Jahres 1985, als Christo sie verpackte, doch wer das Bild gesehen hat, für den ist es unauslöschlich gegenwärtig, jene in faltenwerfende Planen eingepackte Brücke unter dem sonnigen Herbsthimmel, dessen üppiges Blau sich in der Seine widerspiegelte. Mitte August des Jahres begannen Männer an Kletterseilen über dem Wasser an dem steinernen Koloß zu arbeiten, um ein präzise ausgearbeitetes Drahtkorsett um Pfeiler und Bögen zu spannen. Beauftragt mit den Arbeiten war eine der ehrenwertesten, ältesten Firmen von Paris, die Charpentiers de L'Île de France, die Innung der Zimmerer, die als eine der wenigen in Frankreich von Staats wegen über die Genehmigung verfügt, an unter Denkmalschutz stehenden Gebäuden zu arbeiten. Für die gefährlichen Arbeiten an den Brückenpfeilern mußten die Zimmerleute Spezialisten anderer Berufszweige anheuern.

»Normalerweise arbeite ich als Baumabschneider«, erklärte da ein Mann, der an einem Seil über dem Wasser schwebte und Drahtseile spannte. »Und da wir uns der Methoden der Bergsteiger bedienen, um die Bäume zu stutzen, ist es ungefähr die gleiche Arbeitsweise.«

»Ist es schwierig?«

»Ich fühle mich nicht ganz wohl dabei, aber es geht.«

Damit der weiche Kalksandstein aus dem Untergrund von Paris, aus dem auch diese alte Brücke erstellt ist, keinen Kratzer erhalte, wurden die Drähte an Kanten über Filz oder Gummi geführt, zum Schutz der alten Laternen waren besondere Gitter geschmiedet worden. In einer Tuchfabrik im Norden Frankreichs wurden derweil die in Deutschland hergestellten Stoffe zurechtgenäht, um sie anschließend um die Brücke zu wickeln. Dabei handelte es sich um ein ganz besonderes Tuch. Es mußte sehr leicht sein, die Farbe des Kalksteins seidig widerspiegeln, dem Wind standhalten, aber bei einem möglichen Unglücksfall sofort reißen. Auch Draht- und Hanfseile wurden nach einem genau vorgefertigten Plan hergestellt. In einer französischen Spezialfabrik wurden nach Methoden des letzten Jahrhunderts an die elf Kilometer Hanfseile geflochten. Auch sie sollten nachgiebig genug sein, um den weichen Stein der Brücke nicht zu verletzen, doch fest genug, um bei starkem Wind die Verpackung zu halten.

Verpackungskünstler Christo war vom ersten Tag an dabei. Der damals fünfzig Jahre alte, in Bulgarien geborene Christo Javacheff, heute amerikanischer Nationalität, hatte schon zehn Jahre zuvor den Plan gehabt, eine Brücke in Paris zu verpacken. Zuerst hatte er dazu die aus dem 19. Jahrhundert stammende Brücke Alexandre III ausersehen, doch schon wenige Monate später kam er von dieser Idee ab, denn diese zwar schön verschnörkelte Brücke diente ja nur dem Verkehr – und vielleicht einigen Modephotographen als Kulisse für ihre mageren Modelle. Der Pont-Neuf reizte Christo dagegen wegen der zwölf Brückenbogen, wegen seiner kulturellen Bedeutung und weil diese Brücke mitten in der Stadt liegt, weil hier Tausende von Menschen täglich zu Fuß von einem Seine-Ufer auf das andere gehen und so der Brücke ständig Leben verleihen. Denn das war eines der Hauptanliegen des Künstlers. Der Verkehr sollte während der vier Wochen dauernden Verpackungsarbeiten nicht unterbrochen werden. Die Dynamik des Verpackens gehörte schon zu einem Teil des Kunstprojekts.

Als die Brücke in ein Drahtgeflecht gesponnen war, wurde auf dem Gehsteig des Pont-Neuf, hinter den Geländern, das Tuch an schweren Betonklötzen festgezurrt. Zwar ist die zweite Septemberhälfte meist eine Jahreszeit mit schönem Wetter; dennoch sollte die Verpackung auch jedem Sturm standhalten, weshalb Meteorologen das Projekt aus Vorsicht mit ihren Beobachtungen begleiteten.

Seit eh und je stand die Brücke Modell für Zeichner und Maler aus der ganzen Welt. So kam auch der philippinische Kunstprofessor und Zeichner Martino Abellana eigens zu diesem Ereignis, um die Brücke, die auch schon viele seiner Landsleute gemalt haben, in Verpackung zu zeichnen; schließlich lehrt er in seinem Land moderne Kunst: »Christo verwandelt die Brücke zum reinen Konzept«, so Abellana. »Die Brücke ist eine wirkliche Brücke, sie existiert materiell und wird zum Kunstgegenstand. Aber Christo möchte sie in ein Produkt des Denkens, in nichts als die Idee umsetzen. Das ist die Grundidee seiner Kunst, der amerikanischen Konzeptkunst.« Und Abellana beugt sich wieder über seinen Block und hebt den Stift. Am anderen Ufer, auf dem Pont des Arts, zwischen den Brückenbogen, hocken Menschen, die mit künstlerischem Eifer diesen besonderen Moment festhalten.

Der Pont-Neuf war immer schon mehr als nur eine feste Verbindung zwischen dem linken und dem rechten Ufer mit einem Fuß auf der Spitze der Île de la Cité. Diese Brücke ist – als Legende – eine Idee, so hat sie auch ihre Stammbewohner. Zu denen gehört der Clochard Bernard, der vor Jahren aus Marseille nach Paris kam und seitdem unter dem rechten Brückenbogen auf der Île wohnt. Nur wenn das Hochwasser zu sehr steigt, räumt er diesen Platz. Die meisten seiner Mitbewohner verließen den Brückenunterschlupf während der Arbeit an dem Kunstprojekt, ihm aber wurde von Christo versichert, er könne weiterhin an seinem angestammten Platz hausen, man werde ihn sowenig wie möglich stören, schließlich sei die Brücke seine einzige Heimat.

»Paris ist eine Stadt, die mich von Anfang an bezaubert hat«, erzählte Bernard, als ich mich zum Gespräch neben ihn auf seine breite Matratze legte. »Eine verzauberte Stadt, und dann habe ich den Pont-Neuf entdeckt, von dem Moment an wollte ich nicht wieder weg.«

»Sie sind also geblieben. Nun wird die Brücke verpackt. Der Künstler Christo sagt, das sei Kunst. Sehen Sie das auch so?«

»Es ist zunächst ein Versuch. Ich werde später antworten, wenn ich die Brücke vollends eingepackt sehe. Wenn das Werk – ich nenne es ein Werk, was ja schon ein Begriff der Kunst ist – fertig sein wird.«

Ursprünglich hatte Jack Lang Christo angeboten, für die gefährlichen Verpackungsarbeiten an Mauern und Bögen französische Gebirgsjäger zu stellen, doch der Künstler weigert sich seit eh und je, für seine Projekte staatliche oder auch private Hilfe anzunehmen. Er finanziert alles selbst. So wurden neben den Baumarbeitern aus der Pariser Gegend Bergführer aus Chamonix angeheuert; denn das Projekt, das mit höchster Professionalität durchgeführt wurde, sollte nicht durch falsche Sparsamkeit gefährdet werden. Zwar wirkt der Vorgang des Verpackens im ersten Augenblick sensationell, doch versteht Christo sein Werk weit über das Augenfällige hinausgehend. »Das Werk umfaßt viele Elemente«, so Christo, »die mit der Zeit Teil des Werkes werden; das Seine-Wasser, der Park auf der Insel werden ins Gesamtprojekt einbezogen. Das Verpacken verändert: Sehen Sie, dieser sehr schöne romantische Teil des Pont-Neuf verbirgt eine völlig uninteressante Mauer. Durch den Stoff wurde diese Mauer plötzlich herausgehobenes Volumen. Schauen Sie, wie die Farbe aus den Blättern der Bäume hervorleuchtet. Darum geht es. Es ist nicht der Stoff, sondern auch das Blätterdickicht davor, so daß alles zusammenwirkt, und selbst wenn die Verpackung zu Ende ist, wird das Kunstwerk nicht wirklich vorbei sein, denn alles wirkt zusammen. Man kann sagen, daß vom Kunstwerk und seiner physischen Gestalt etwas übrigbleiben wird.«

»Weshalb finanzieren Sie Ihre Projekte immer selbst? Sie nehmen keine Gelder von Regierungen oder Privatleuten an.«

»Um die Radikalität des Projektes in jeder Art zu bewahren. Dieses Projekt braucht niemand, und weil es niemand braucht, ich es aber trotzdem verwirklichen will, akzeptiere ich keine Zwischenträger, schließlich ist es vollends von meinen persönlichen Bedürfnissen inspiriert. Diese Frische, Ehrlichkeit und Einmaligkeit kann durch nichts ersetzt werden. Weil meine Projekte radikal, sehr schwierig und manchmal sogar subversiv sind, ist es unmöglich, über fremde Beteiligung überhaupt nachzudenken. Deshalb leben meine Projekte, wie auch dieses hier, außerhalb des Kulturbetriebes.«

»Der größte Teil des Geldes«, erklärte Christos Frau und Managerin, Jeanne-Claude, »stammt aus dem Verkauf von

Originalkunstwerken von Christo. Die guten Museen wollen Entwürfe von Christo besitzen. Wie alle Künstler malt er sie in Pastellfarben, mit Kohle oder Stift; davon malt er kleine, aber auch sehr große bis zu 2,40 Meter. Im allgemeinen verdienen die Kunsthändler daran, Christo ist aber schlau, er lebt mit mir, seiner Kunsthändlerin, zusammen.«

Verpackt werden auch die Farbspuren, die gegenwärtige Künstler direkt auf die Brückenwände malten, wie auch jene schon kaum noch auffallenden Verzierungen der Brückenbauer selbst. Ein Pfeiler trägt noch die Spuren jener Maler, die hier ihre Ölpinsel am Stein abwischten.

Drapierungen, so meint Christo, waren schon vor 2000 Jahren in der griechischen wie auch in der römischen Kultur eine wesentliche Dimension der Skulptur. Das Tuch wurde einfach durch Marmor oder Bronze ersetzt. Die Faszination des Faltenwurfes hat schon seit dem 11. Jahrhundert auch die Malerei gekennzeichnet, von Giotto über Michelangelo zu Gerco und Degas. In Dürers Apostel-Diptychon macht der Faltenwurf neun Zehntel des Bildes aus. Die Drapierung kennzeichnet die Idee von Raum und bestimmt dessen Grenze. Häufig wird sie symbolisch mit dem Heiligen verbunden. Eine Madonna verhüllt sich, in Mekka ist der Kaaba-Stein mit schwarzem Stoff verdeckt, aber die Drapierung versteckt nichts, sie unterscheidet, betont, umgrenzt.

Solch ein monumentales Projekt mitten im Verkehr einer Stadt wie Paris, ein Projekt, das insgesamt über sieben Millionen Mark kostet, benötigt immer die Zustimmung von Behörden und Politikern. Der konservative Bürgermeister Chirac sagte erst einmal nein. Allerdings rief Kunstagent Pierre Nahon bei Christo an und versprach, für eine Spende von hunderttausend Dollar an Chiracs Wahlkampfkasse würde das Rathaus zustimmen. Christo – entsetzt – verweigerte den Obulus.

Zehn Jahre dauerte es, doch als sich schließlich Jack Lang persönlich engagierte und sogar den französischen Staatspräsidenten François Mitterrand für die Verpackungsidee gewann, rangen sich auch Jacques Chirac und seine Behörden endlich zu einem Ja durch. Und so erschien am letzten Tag der Verpackungsarbeiten auch Jacques Chirac persönlich, ließ sich sogar zur Umarmung mit Christo hinreißen, und fand alles schön, denn es kostete ihn nichts und brachte Tausende von Touristen – also Umsatz – nach Paris.

»Wir sind heute glücklich«, sagte der Bürgermeister dann, »daß die älteste und schönste Brücke von Paris zu einem wichtigen kulturellen und künstlerischen Ereignis dieser Saison wurde.«

»Stellt es für Sie kein Problem dar«, fragte ich, »daß ein Kulturdenkmal einfach eingepackt wurde?«

»Ich sehe darin überhaupt kein Problem. Es ist ein phantastisches Kunstwerk, und es geht schließlich nicht darum, die Pariser Brücke endgültig und für immer zu verhüllen, da sie ja nur vierzehn Tage in diesem Zustand bleiben wird. Dann werden die Pariser ihre Brücke in ihrem ursprünglichen Aussehen wiederfinden.«

Vorsichtig wurde das Bett des Clochards Bernard unter dem Brückenbogen hervorgetragen. Zwar kam die Polizei in den letzten Nächten häufiger, doch Christo hat sich noch einmal für das Verbleiben des Clochards eingesetzt, und Bernard wurde seitdem bestens mit Wein versorgt und fand das Kunstwerk »merveilleux« – wunderbar; allerdings dürfe die Brücke seiner Meinung nach nicht allzu lange ein Kunstwerk bleiben, denn das sei nicht im Interesse der Bewohner des Bogens an der Seine, die ja kaum noch zum Schlafen kämen.

Das Tuch war schon in der Fabrik so gefaltet worden, daß es vom Mittelpunkt unter den Bögen zu beiden Seiten hin gespannt werden konnte. In der Arbeit der Verpackung selbst sah Christo einen dynamischen Vorgang, der Energie an einem besonderen Punkt schafft und dadurch eine Art Vision vermittelt, die in direktem Zusammenhang mit dem verpackten Objekt steht. Weil diese Dynamik jedoch nur einen beschränkten Zeitpunkt lang auf ihren Höhepunkt geführt werden kann, um dort kurze Zeit zu verweilen, darf ein Projekt wie die Verpackung des Pont-Neuf nur wenige Tage in seinem endgültigen Zustand bestehen bleiben. Christo liebt es, seine Projekte als eine nomadische Dimension zu bezeichnen. Er vergleicht sie mit den Zelten jener Wandervölker in der Sahara oder in Tibet, die ihre Wohnstätten nur für eine kurze Zeit am gleichen Ort aufstellen.

Bis zu fünfhundert Leute arbeiteten an der Verpackung, und der Zeitplan wurde täglich eingehalten, denn jeder Handgriff war vorher geplant. Zum Verschnüren der vierhundert Quadratmeter Stoff wurden dünnere Seile benutzt als bei früheren Projekten, aber fast jede Falte und jeder Verlauf eines Seiles waren von vornherein von dem Künstler Christo selbst festgelegt und wurden nur von den ausführenden Ingenieuren vollzogen.

»Wir haben ganz genaue Pläne erhalten«, sagte ein Vorarbeiter, »die es uns ermöglichen, die Seile genau dort anzubringen, wo Christo sie haben will.«

»Das heißt also, daß Christo die Knotenpunkte für die Arbeiter festgelegt hat?«

»Ja, wir haben ihm eine Zeichnung mit den technischen Möglichkeiten gegeben, und er selbst hat die Seile eingezeichnet.«

Anders als seine früheren Arbeiten in Kalifornien, Australien oder Florida war die Verpackung der Brücke Pont-Neuf ein bildhauerisches Projekt; denn der Raum der Brücke, ihre Formen, ihre Proportionen wurden durch die Stoffbahnen hervorgehoben. Christo sah darin eine Interpretation der Brücke, genauso wie er es mit dem Reichstagsgebäude in Berlin vorhat, aber das verhindern immer noch die deutschen Politiker, unter denen kein Jack Lang zu sehen ist.

Christo selbst legte bei der Verpackung Hand an, vor allem beim Einschnüren der Laternen, und das machte er – wenn es ging – mitten in der Nacht, wenn er möglichst nicht beobachtet wurde. Die Brücke als Skulptur hatte für Christo eine besondere Bedeutung – wegen ihrer Beziehung zum Wasser. Wie er es mit seinen bisherigen Projekten immer wieder gezeigt hat, liebt Christo es, in Verbindung mit Wasser zu arbeiten, denn dadurch ergibt sich für ihn ein besonderer Spannungsbogen. Auch die Brücke als Skulptur, sagt er, wird man von verschiedenen Seiten bewundern können, und je nach Standpunkt vom Ufer, vom Schiff oder von einer anderen Brücke aus erhielt man jeweils einen anderen Eindruck, zu dem das fließende Wasser beitrug.

Und dann begann der Rummel. Tag und Nacht war das Kunstobjekt Christos Anziehungspunkt für Pariser, für Touristen, Schaulustige und natürlich die Jetset-Kulturmafia der ganzen Welt. T-Shirts mit Christo-Aufdruck wurden angeboten, um den Ruhm des Meisters auf allen Rücken zu vermitteln, die Bouquinisten, die es schon seit Anfang des 17. Jahrhunderts an dieser Brücke gibt, freuten sich, denn der Trubel förderte das Geschäft. Sagte einer der Händler: »Es ist schön, der Pont-Neuf ist seine jahrhundertealte Geschichte los und wird zu einer Brücke, die ich noch nie gesehen habe, die einfach so entstand.«

Einer der Vogelhändler vom rechten Seine-Ufer war anderer Ansicht: »Ich glaube, daß es in Paris anderes zu tun gibt, als den Pont-Neuf einzukleiden. Es gefällt mir nicht.«

Gegenüber der Statue von König Henri IV hoch zu Roß mitten auf der Brücke, dort, wo sie sich auf die Île de la Cité stützt, liegt das altbekannte kleine Bistro, das den Namen des ersten Bourbonenkönigs trägt, ein nur tagsüber geöffnetes Weinlokal, wo man zu einem guten Tropfen ein kräftiges Schinkenbrot verzehren kann. Der vordergründig muffelige, aber doch von seiner Stammkundschaft geliebte Patron des »Henri IV« knurrte: »Ich finde es schön, zum einen ist es nicht häßlich, zum anderen gibt es dem Pont-Neuf einen neuen Stil, vielleicht sogar einen kubistischen Effekt: Es hat starke Linien, gerade Züge – es ist sehr schön.«

Täglich schwoll der Strom der Schaulustigen an, Zehntausende strömten an die Seine, Schulklassen wurden über die Brücke geführt, um sie den Kindern nahezubringen und ihnen die Geschichte des Bauwerks zu vermitteln. Bis spät nach Mitternacht flanierten hier Menschen aus der ganzen Welt, Studenten organisierten in Smoking und Abendkleid ein Diner mit silbernen Kerzenleuchtern und Champagner in einer der Ausbuchtungen über den Brückenpfeilern. Alle bestaunten, wie die durch Tücher veränderte Außenansicht einer Brücke – Fassade, wenn man mit dem Wort großzügig umgeht – einen anderen Inhalt geben konnte. Christo hatte ein begehbares Gebrauchsobjekt in die Phantasie der Zuschauer projiziert, und in dieser Vorstellungswelt würde das Kunstobjekt weiterleben, wenn es längst wieder ausgepackt ist. Der Pont-Neuf wird nie mehr der alte sein.

FRANZOSEN

Zwischen Eigensinn und Tradition

Die andere Pariserin

In jedem Beruf stumpfen Menschen ab und reden so ironisch und abgeklärt über ihre alltäglichen Geschäfte, daß ihre Bemerkungen für Außenstehende, obwohl gar nicht so gemeint, zynisch klingen. So sprechen Friseure und Maskenbildner, wenn sie eine Person über vierzig schminken, von Fassadenarbeiten, Modeschöpfer, die eine Frau einkleiden, deren Formen eher einem Geldsack denn den Maßen eines Mannequins ähneln, murmeln hinter vorgehaltener Hand etwas von »corriger la façade« statt »corriger la fortune«. (Und das ist fast dreideutig: Erst einmal »façade« statt »fortune« – Glück; »fortune« bedeutet aber nicht nur Glück, sondern auch Reichtum).

Was immer die unterschiedlichen Fassaden angeht, Paris ist wie kein anderer Ort der Welt mit der Crème de la Crème der Fassadenwerkler versehen: die besten Friseure der Welt (selbst Margot Honecker ließ sich in den »guten alten DDR-Zeiten« einen Pariser Friseur einfliegen, um ihre Fassade aufputzen zu lassen!), und neben der Haute Coiffure die teuerste Haute Couture, die edelsten Dufthersteller, die bekanntesten Erfinder von Cremes und Puder, von Sälbchen und Farbtöpfchen. All das, so scheint's, »gehört« zur Grundausstattung der Pariserin, und Frauen aus der ganzen Welt sehnen sich nach diesen gesegneten Gaben von Paris. Sagte nicht Guy de Maupassant, die Stellung einer Frau werde stets von der Illusion bestimmt, die sie von sich zu erzeugen weiß?

Doch gibt es sie überhaupt, *die* Pariserin?, fragt selbst

das französische Wochenmagazin »L'Express«* und zitiert die Modeschöpferin Madame Grès: »Die Pariserin existiert nicht mehr... im Augenblick.«

Natürlich gibt es sie, die Pariserin; das wär' ja noch schöner! Doch wer ist sie?

»Überall in der Welt repräsentiert die Pariserin die Eleganz«, meint Yves Saint-Laurent. Und ähnlich definiert sie Pierre Cardin: »Sie fällt schon beim ersten Hinschauen auf, in ihrer Art, sich wohl zu fühlen, wie sie mit einem Modeaccessoire umgeht, wie sie ein Tuch mit einem kleinen Knötchen trägt. Aus Instinkt findet sie die schicke Kleinigkeit, die es nicht zu kaufen gibt, deretwegen man sich aber nach ihr umdreht.« Azzedine Alaïa erklärt: »Arletty** ist die Mutter der Pariserin...«

All das reicht Kenzo nicht: »Die Pariserin... ist Dany Saval in ›La Vie parisiènne‹ von Christian-Jaque. Das ist eine Frau gemalt von Van Dongen, sie ist eine Garçonne, eine Zeichnung von Kiraz. Sie ist auch Catherine Deneuve, nüchtern, chic, wirklich elegant.«

Dem widerspricht Jean-Charles de Castelbajac: »Mme. Vigée Lebrun, Marie Curie, Louise de Vilmorin sind für mich die Symbole der Pariserin, die Essenz von Geschmack, Energie, Charakter und unabhängiger Eleganz.«

Christian Lacroix weitet die Beispiele von Frauen noch aus, die die Pariserin angeblich darstellen: »Ich glaube, man trifft die Pariserin fast nie. Sie ist eine Einheit auf spitzen Absätzen, die bei der heiligen Geneviève anfängt, deren Mut sie hat, bis zur Arletty mit ihrer aufreizenden Eleganz und ihrem Biß.«

---

* Beilage Paris, vom 25. 10. 1985
** Arletty war eine legendäre Schauspielerin der dreißiger und vierziger Jahre, bekannt vor allem durch »Les enfants du paradis – Die Kinder des Olymp«.

Jean-Louis Scherrer fügt noch einige weitere Charakterzüge hinzu: »Die Pariserin ist für mich die ideale Frau, denn sie ist vielfältig. Allermeist ist sie eine aktive Frau, die ununterbrochen mit den Wirklichkeiten des Lebens zusammentrifft, also mit der Mode.«

Nino Cerruti sieht die emanzipierten Charakteristika in der Pariserin: »Sie ist eine Frau, die ihre Fraulichkeit ergänzt mit mehr Dynamik und Angriffsgeist.«

»Heute ist sie eher eine Idee als eine Wirklichkeit«, fügt Karl Lagerfeld hinzu: »Ein Geisteszustand, der durch eine Haltung ausgedrückt wird: Es ist also Inès de La Fressange.«

So ähnlich sieht sie auch Emanuel Ungaro: »Die Pariserin hat keine Nationalität, sondern einen Geisteszustand. Sie besteht aus einer Haltung, einer Art zu sein.«

Poetisch rundet Sonia Rykiel das Bild ab: »Sie ist ganz Frau, ich säh' sie gern ein wenig mehr als Knabe. Sie ist liebreizend, ich säh' sie gern ein wenig kämpferischer. Sie wirkt so rein, ich säh' sie gern unrein. Sie ist pariserisch, ich säh' sie gern nirgendwo, aber sie schreitet mit stolzer Brust voran, eine Frau von Welt, die sich in ihrem Spiegel verliert, um ein Kleid überzustreifen, sich weiß zu pudern und Rouge auf ihre Lippen aufzutragen.«

Eigentlich ist sie eine Ur-Großmutter, die Pariserin; denn ihr Mythos erreichte in den Jahren 1860 bis 1880 seinen Höhepunkt. »Von allen Mythen der Hauptstadt ist dieser wohl der älteste, der beständigste, der heiligste«, schreibt der Historiker Louis Chevalier. Im Mittelalter mokiert man sich über die Frau in Paris, und im 19. Jahrhundert macht Restif de la Bretonne die »Fetzen« runter, mit denen sie ihre Unförmigkeit versteckt: Er beurteilt sie als schlecht gebaut. Und Louis Sébastien Mercier ergänzt ganz spitz: Ab dreißig hat sie keine Brust mehr.

Dennoch beginnen die reichen Frauen in ganz Europa

die modische Pariserin schon zur Regierungszeit Ludwigs XV. nachzuahmen. Und als Ende des 19.Jahrhunderts das Reisen mit der Postkutsche durch die Eisenbahn abgelöst und schneller und bequemer wird, zieht es Ausländer in Scharen in die Metropole, die mit dem Ehrentitel »Hauptstadt des 19. Jahrhunderts« versehen wird, und die Pariserin verehren sie wie ein Altarbild. In allen Provinzstädtchen öffnen Läden mit dem »wahren Pariser Chic«. Was blieb den Parisern anderes übrig, als sich selbst davon zu überzeugen, Zentrum der Welt zu sein. Als Maß aller Dinge schuf man eine Göttin: die Pariserin.

Die ganze Welt und die Provinz wissen damals, wo die Schauspielerin Jeanne Granier (heute: Catherine Deneuve) und die Kokotte Liane de Pougy sich einkleiden und ihren Tee (heute: ihren Disco-Cocktail) zu sich nehmen. Der Mythos der Pariserin erhält eine solche Bedeutung, daß der Archäologe Arthur Evans ein von ihm auf Kreta entdecktes Frauen-Fresko »die Pariserin« tauft.

Anfang der fünfziger Jahre wird die Pariserin mit der Mode von Coco Chanel und Christian Dior wieder modern, und der Schriftsteller Jacques Laurent gründet eine freche Literatur-Zeitschrift, die er auf den Rat von Jean Cocteau hin »La Parisienne« nennt. Der Karikaturen-Zeichner Kiraz entwirft für die Zeitschrift »Jours de France« eine Endlos-Serie mit dem Titel »Les Parisiennes«, die bis 1984 gedruckt wird. Die Pariserinnen von Kiraz haben eine kecke Nase, lange Beine und eine scharfe Zunge. Während sie sich, auf dem Rand der Badewanne sitzend, die Fingernägel anmalen, unterhalten sie sich in lässigem Ton über die wichtigsten Dinge des Lebens und seufzen: »Ich hab' ihr meinen Pullover und meinen Mann geliehen. Du kannst dir gar nicht vorstellen, in welchem Zustand sie mir beide zurückgegeben hat.«

Mythen sind immer nur glorifizierende Traumbilder

164

und Wunschvorstellungen derer, die sie ins Leben gerufen haben. Und den Mythos der Pariserin haben Männer geschaffen. Doch der Schein trügt. Da hat das Wochenmagazin »L'Express« nun die Frage gestellt, ob es sie gäbe, die Pariserin, und die Autorin des Artikels, Marie-Laure de Léotard, findet: »Sie hat einen spannenden Beruf, wunderbare Kinder, nebenbei einen Mann, einen zärtlichen Liebhaber; sie ist unabhängig, energisch, lebt ihr Leben, gekleidet in ein makelloses Tailleur, wie eine große Abenteurerin.«

Das Bild der Pariserin ist moderner geworden. Sie hält keinen Salon mehr, sondern arbeitet. Und wenn man sie fragt, ob sie dem Bild der Pariserin entspräche, wird sie es mit einem Achselzucken abtun, die Pariserin sei ein überholtes Bild. Überholt bleibt das Bild aber nur so lange, bis ein Taxifahrer sie fragt: »Kommen Sie aus Lyon?« Da die Leute aus Lyon als weniger elegant gekleidet, weniger schnell, weniger weltläufig, eben als weniger pariserisch gelten, besteht die Pariserin sofort darauf, doch eine Parisienne zu sein.

Nur: Der Schein trügt. Denn hinter der Fassade des Mythos von der Pariserin – ein Traum, der von Modeschöpfern und Hochglanz-Zeitschriften mit Photos der gesellschaftlichen Ereignisse auf dem Rasen von Longchamps, Chantilly oder Deauville aufrechterhalten wird, um die weltweite Kundschaft zu täuschen –, hinter dieser Fassade steckt die Idee von einer modernen, emanzipierten Frau. Und dieses Vorbild hat sich in Frankreich so durchgesetzt, daß die Unterschiede zwischen der Pariserin als Vorbild und dem Vorbild der französischen Frau allgemein fast verwischt sind.

Da haben die beiden Journalistinnen, die fünfundvierzigjährige Marie-Laure de Léotard vom Wochenmagazin »L'Express« und die neunundzwanzigjährige Valérie Hanotel von »Madame Figaro«, ein Buch über die Pariserin von heute geschrieben, ihm aber den Titel gegeben »Nous, les bourgeoises...«*

»Wo liegt der große Wandel?« fragen die Autorinnen und geben als Antwort: »Wir haben uns fast alle an die Arbeit gemacht. Das ist die große Revolution der Bourgeoisen. Hätten unsere Großmütter auch nur einen Gedanken daran verschwendet? Einige unter uns haben sich Jobs nach Maß geschaffen – Vermittlung von Wohnungen, Einrahmungen, Mode und Styling –, andere haben traditionell männliche Festungen erobert – Banken, Immobilien, Industrie. Diejenigen, die vor fünfzehn Jahren arbeiteten, grämten sich zu Tode (›Meine kleinen Blondschöpfe einer unbekannten Portugiesin zu überlassen, ist das nicht kriminell?‹). Heute hat sich das völlig geändert. Wer untätig ist, besonders unter den Pariserinnen, hat entsetzliche Schuldgefühle.

Und so arbeiten inzwischen 73,4 Prozent aller Französinnen zwischen fünfundzwanzig und fünfzig Jahren (1968 waren es gerade fünfzig Prozent), während nur 56,1 Prozent der gleichaltrigen Deutschen einen Beruf ausüben.** Inzwischen sind achtzig Prozent der Französinnen aller Generationen davon überzeugt, daß zu einem erfolgreichen Leben ein Beruf gehört. Es wäre jedoch verwunderlich, gäbe es unter den Pariserinnen nicht auch die in Frankreich üblichen Klassenunterschiede; wobei auch dort ein Wandel eingetreten zu sein scheint: Zu der höchsten Kategorie der Bourgeoisen, die als TGB (Trés Grandes Bourgeoises) bezeichnet wird, gehören nicht nur die Abkömmlinge der großen industriellen, finanziellen

---

* Valérie Hanotel und Marie-Laure de Léotard: Naus, les bourgeoises..., Paris 1991
** Karl Heinz Götze: Französische Affairen, Frankfurt a.M. 1993

oder kommerziellen Bourgeoisie, sondern auch Frauen, die eine »particule« – ein Adelsprädikat – vor dem Namen tragen. Und was haben sie mit dem Volk gemein? Die Arbeit! Als Archetypen werden Anne d'Ornano, die Bürgermeisterin von Deauville, oder Inès de La Fressange, das ungewöhnlich reizende Mannequin, genannt, oder auch Véronique de Panafieu, die durch ihre Position im Rathaus von Paris eine einflußreiche Rolle im Kulturleben der Stadt spielte und dann Direktorin bei RTL wurde.

Die TGB war schon jemand durch ihre Herkunft, sie erhielt eine hervorragende Erziehung, aber verzogen wurde sie nicht. »Wir wurden überhaupt nicht verwöhnt«, erzählt Véronique de Panafieu. »Wenn unsere Eltern uns in den Ferien nach Megève mitnahmen, haben sie sich im Luxushotel du Mont-d'Arbois eingemietet, und wir Kinder wurden bei einem Angestellten der Liftanlagen untergebracht.«

Früher hätte es für eine TGB gereicht, ein wenig hinter ihrem Mann zurücktretend, zwischen Cocktail-Häppchen und den Kindern ihren gesellschaftlichen Rang zu wahren, doch die alten Zeiten sind eben vorbei. Heute studieren junge Mädchen und arbeiten. Wenn man anerkannt werden will, dann gibt es nur noch eine Möglichkeit: einen Beruf auszuuben. Doch da weiß die TGB, wo sie den richtigen Schreibtisch findet. Ihre anerzogene Eleganz und – so vorhanden – die »particule« prädestinieren sie zur Mitarbeiterin der großen Luxushäuser, sei es in der Mode-, Champagner- oder Parfumbranche... Und wo wäre die TGB dort besser eingesetzt als in der Öffentlichkeitsarbeit, wo Erscheinung und Namen alle Türen öffnen?

Ist sie nicht TGB, die neue Pariserin, dann ist sie NB (Nouvelle Bourgeoise), als deren Vorfahr die Karriere-Frau gilt. Die NB definiert sich ausschließlich durch die Arbeit, wo sie ihre »particule« erobert. Noch in den sechziger Jahren hätte die Frau einer hochgestellten Persönlichkeit ihrem Mann nie die »Schande« angetan, zu arbeiten. Hätte sonst nicht alle Welt geglaubt, sein Geld reiche nicht, um die Familie zu ernähren? Die NB will alles: einen Beruf, einen Ehemann, Kinder, Liebe und Geld... Für ihre Ansprüche opfert sie Stunden des Schlafs, freie Tage, Bequemlichkeit. Weil sie von den Eltern schon zur Arbeit erzogen wird, geht sie – wie einst nur die Jungen – auf die besten Schulen und versucht, im Wettkampf mitzuhalten. Als Anfang der neunziger Jahre zum erstenmal eine Frau als »Major«, als Rang-Erste, die École-polytechnique, eine der renommiertesten Eliteschulen des Landes, verließ und auch noch als Rang-Erste in der ENA abschnitt, wo die staatliche Verwaltungselite gezüchtet wird[*], wurde sie in den Fernsehnachrichten interviewt und in fast jede Talk-Show des Landes eingeladen, so als wolle man sagen: Seht her, das ist die neue Frau!

Vorbilder für die NB, für die Pariserin neuen Formats, bietet die Gesellschaft schon zur Genüge. Seien es Ministerinnen wie Michèle Barzach, die neben ihrer politischen Karriere Ärztin war und drei Kinder großzog, oder Ségolène Royal, die als Politikerin nicht auf das Kinderkriegen verzichtete; oder hervorragende Fernsehjournalistinnen wie Christine Ockrent oder Anne Sinclair. Beruf, Kinder, Ehemann – wenn, dann geht der letzte Punkt als erster verloren. Die Dolmetscherin von François Mitterrand, Brigitte Stoffaës, die unter ihrem Mädchennamen Sauzay ein Buch über die Deutschen schrieb, ist mit einem der Elitezöglinge Frankreichs verheiratet, hat neben dem Beruf drei Kinder geboren und verzichtet trotzdem nicht auf die Karriere, die mit unverhältnismäßig viel Arbeit, Reisen und Zeitaufwand verbunden ist. Aber: Mitter-

---

[*] Wickert, Frankreich... (wie S. 11), S. 51 ff.

rands Dolmetscherin zu sein, das gilt in Frankreich soviel, als säße man an König Artus' Tafelrunde. Wer regelmäßig im Élysée zu tun hat, dem fällt auf, wie viele Frauen dort entscheidende Positionen einnehmen, und die meisten von ihnen haben zwei, drei, vier Kinder. Das Élysée verfügt sogar über seinen eigenen Kindergarten.

Ihre Emanzipation haben die Französinnen allerdings nicht durch ideologischen Kampf gegen den Mann erkauft. Bei ihnen wird nicht jedes »man« in »frau« übersetzt. Da läßt sich eine Frau als »Präsident« oder »Premierminister« anreden, ohne daß sie Angst hat, dadurch zum Mann zu werden, wie dies in Deutschland manchmal der Fall zu sein scheint. Mit der Emanzipation gehen sie unverkrampfter und praktischer um. Selbst Alice Schwarzer labt sich manchmal an der Toleranz der französischen Frau. Als sie in Deutschland in einem Kommentar die Frage stellte, müßten – aus Gründen der Gleichberechtigung – nicht auch Frauen in der Bundeswehr zugelassen werden?, erfuhr sie, weil sie ein Tabu verletzt hatte (Frauen sind bessere Menschen und ziehen nicht in den Krieg), eine emanzipationsideologisch gefärbte persönliche Haßkampagne, so daß sie deprimiert nach Paris fuhr. Dort ging sie mit drei emanzipierten Französinnen essen, denen sie ihren Kummer vortrug, und bei den dreien setzte eine Debatte über den Inhalt ein. Sie waren dafür, dagegen, unentschlossen, aber die Frage wurde nicht sofort tabuisiert und der Fragestellerin als Hexenzeug vorgeworfen. Und obwohl den Franzosen allzu gern nachgesagt wird, sie seien unverbesserliche Machos, erleichtert es die französische Gesellschaft der Frau, sich beruflich zu emanzipieren. Auch deshalb können die Französinnen mit der Emanzipation unverkrampfter und praktischer umgehen.

Muriel de Pierrebourg ist Mutter von drei Kindern und Pressesprecherin des Staatspräsidenten, während ihr Mann eine leitende Stellung in der Industrie bekleidet. Ihre Rolle, Beruf, Ehefrau und Mutter zu verbinden, wurde Muriel de Pierrebourg allein durch das staatliche Erziehungssystem ermöglicht. Denn in Frankreich haben die Gemeinden vorgesorgt, daß die Mütter ihre Kinder, während sie arbeiten, unterbringen können. So werden fast vierzig Prozent der zweijährigen, über neunzig Prozent der dreijährigen, hundert Prozent der vierjährigen Franzosen in Krippen, Kindergärten, Vorschulen aufgenommen, die die Kinder den ganzen Tag über versorgen.

Auf die Frage, ob Französinnen denn kein schlechtes Gewissen hätten, ihre Kinder dem Staat zu überlassen, antwortet Madame de Pierrebourg, der Grundgedanke, der hinter dieser sozialen Einrichtung stecke, sei seit Anfang des Jahrhunderts politisch gewollt. Die staatliche Erziehung garantiere republikanisch denkende Bürger, nach dem Motto: Wer kann die Werte der Gesellschaft besser vermitteln als solch ein Erziehungssystem? Und dann berichtet Muriel de Pierrebourg begeistert, die Kindergärten seien inzwischen so fortschrittlich, daß dort die Dreijährigen schon die Grundzüge einer Fremdsprache lernten, und die Vierjährigen erhielten Ethikunterricht. Da werden die Werte der Gesellschaft vermittelt, die an die Kinder weiterzugeben viele Eltern nicht in der Lage sind. Natürlich wird in den Vorschulen auch der Grundstein für das spätere Karrieredenken gelegt, sagt Muriel de Pierrebourg, indem die Kinder erzogen werden, im Wettbewerb danach zu trachten, erster zu sein. Aber wer wolle das nicht? Da existiert sogar ein Elitekindergarten, in den nur aufgenommen wird, wer einen Intelligenzquotienten über 140 hat.

Allerdings gibt es für eine Pariserin wie Muriel de Pierrebourg auch ganz handfeste Gründe zu arbeiten: Die Wohnungen in der Stadt sind inzwischen so teuer, daß sie mit einem Gehalt kaum noch zu bezahlen sind, und in die billige Banlieue, da zieht sie nicht hin.

Das beweist, daß nicht alle Frauen in dieser Stadt Pariserinnen sind; nein, sie müssen schon bürgerlich gepflegte Fassaden haben. Ihre Fassade zu pflegen, sich schön zu machen, gehört wie der morgendliche Kaffee zum Alltag. Dezent schön und elegant erscheint Mitterrands Sprecherin schon am Frühstückstisch, wenn sie um sieben Uhr die Kinder zurechtmacht. Das besondere Äußere gehört trotz des gewandelten Inneren weiterhin zur Pariserin – und nicht nur zum Mythos oder gar zum Klischee. Denn selbst wenn sie darüber schmunzelt, hat die emanzipierte Muriel de Pierrebourg nicht vergessen, daß Guy de Maupassant meinte, die Stellung einer Frau werde stets von der Illusion bestimmt, die sie von sich zu erzeugen weiß.

Bei Morgengrauen schließen die Erzengel, gekleidet in dunkelblaue Uniform, die Schlösser an den dicken Eisenketten auf, die um die Tore zu Gottes Garten gelegt sind, und öffnen die schweren Gitter mit ihren goldenen Spitzen, lassen die ersten verschlafenen Läufer ein, die im ruhigen Park ein paar Runden drehen, bevor sie sich dem Lärm, der Hektik, dem Streß der Welt da draußen hingeben. Nur wenn im Sommer der Morgen den Himmel über Paris zu früh rötet, dann richten die Wächter sich nach Artikel 2 der Gartenordnung: »Die Anlage ist der Öffentlichkeit von Sonnenaufgang bis Sonnenuntergang zur Verfügung zu stellen. In jedem Fall jedoch werden die Tore nicht vor sieben Uhr geöffnet.« Die Wächter machen einen unaufgeregten Eindruck; sie gehören zu den wenigen, die in Frankreich noch jene kreisrunde Kopfbedeckung, wie sie früher jeder Polizist aufsetzte, mit Stolz tragen.

Erst wenn es Zeit ist für einen Cafe crème und ein Croissant, dann kommt bei Frühlingsanfang »er«, der Flaneur und Habitué, setzt sich in das kleine, dunkelgraue Café neben dem offenen Konzertpavillon und schaut träumend durch die großen Scheiben. Die hohen Baumwipfel auf den dunklen Stämmen der Kastanienbäume filtern das Licht milde, und da die Natur sich zu einer angenehmeren Jahreszeit entschlossen hat, färben die ersten hellgrünen Blätter, die aus den Knospen sprießen, die Helle freundlich ein. Die Sonne wird heute die Luft erwärmen, weshalb der Kellner die Tische draußen, wo zwanzigmal soviel Platz ist wie drinnen, aufstellt. Schon seit Jahren serviert er hier, dunkelhaarig, schnell und fahrig, mit schwarzer Weste unter seinem schwarzen, etwas angegrauten Wams, so als hätte er Schuppen, die man aber nur ahnt. Aus den vielen, an ihrem Rande etwas speckigen Taschen dieser Weste puhlt er, wenn er endlich kassieren kommt, die Münzen.

Im Sommer ist die Arbeit eine tägliche Hatz, im Winter äußerst geruhsam, und in den Zwischenzeiten hängt sie vom Wetter ab. Weshalb der Kellner sich nicht woanders verdinge, fragt Monsieur und erhält prompt eine Erwiderung, die, weil mit erhobener Stimme gegeben, so überzeugend klingt, als käme sie spontan aus dem Unterbewußtsein: »Mais le jardin, c'est le paradis, vous savez! – Der Garten, er ist das Paradies, wissen Sie!« Zwar ist der Kellner nicht mehr ganz jung, aber Erich Kästner dürfte er doch nicht getroffen haben, sonst wäre der Ursprung für dessen Gedicht über den Jardin du Luxembourg endlich gefunden: »Dieser Park liegt dicht beim Paradies. Und die Blumen blühn, als wüßten sie's«, fiel Kästner ein, und so fügt er sich bescheiden in die Reihe von Künstlern, die sich über die Jahrhunderte hinweg an dieser grünen Stelle von Paris den Musen an die Brust legten. Nicht der Natur allein verdankt dieses Fleckchen mitten in der alten Stadt seinen Ruhm, sondern dem umliegenden Quartier, latin genannt, dem Ort, an dem seit jeher die Intellektuellen ihre Stuben bezogen, wo die alten Familien Frankreichs ihre Wohnungen von Generation zu Generation vererben.

Jean Antoine Watteau, der wohl bedeutendste französische Maler des 18. Jahrhunderts, suchte zwischen Pflanzen und Statuen Anregung, und sein Freund, der Maler Audran, wurde sogar der Concierge du Jardin genannt, war er doch dessen Konservator. Der Park mit seinen riesigen Bäumen, im Wechsel englisch und französisch gestaltet, mit seinen gepflegten, stets den Zeiten angepaßten Blumenrabatten, mit den dazwischengestreuten, aus Stein gehauenen oder aus Bronze gegossenen Figuren betäubt seine aus der hastigen Welt eintretenden Besucher, verlangsamt deren Schritt, und je tiefer sie sich in seinen Schoß hineinbegeben, desto gelassener wirken sie, bis sie ganz entspannt auf einem Stuhl Ruhe finden. Diderot ließ sich von dem Charme dieses Gartens einwickeln, Rousseau wandelte über seine Pfade und lernte Virgil auswendig. Aus der Literatur ist »le Jardin« nicht mehr wegzudenken – und wegen eines einzigen Gedichtes von Rilke auch nicht aus der deutschen, obwohl die Einführung des »Jardin« in die Welt der Bücher mit dem 1713 veröffentlichten Roman »Die Promenade de Luxembourg« von dem zu Recht vergessenen Chevalier de Mailly etwas kläglich ausfiel.

Was wissen die, die sich im Jardin du Luxembourg wie im Paradies fühlen, von diesem Flecken Geschichte? Daß der Teufel wohl zwischen den Gebüschen gesehen wurde, daß Gelichter einst die Menschen, die sich zu weit vorwagten, abschreckte? Das Lager des römischen Kaisers Honorius befand sich damals, im 5. Jahrhundert, an dieser Stelle, und als die Soldaten abzogen, wurde Wein angepflanzt. Im 10. Jahrhundert baute Robert der Heilige, Sohn von Hughes Capet, ein Schloß, das wieder verfiel, ja, und in den Ruinen trieben sich dann Teufel und Gelichter umher, denn er, Robert der Heilige, war ja gar nicht so heilig; aus der Kirche wurde er gar verstoßen, weshalb Jahrhunderte später dieser Teil von Paris nicht in die Stadtmauern eingefaßt wurde. Aber den Adel zog es doch wieder her. Der Graf von Luxembourg hatte hier seine Residenz, daher der Name. Anfang des 17.Jahrhunderts kaufte Königin

Marie de Médicis das Anwesen und ließ ihr Palais du Luxembourg errichten, in dem heute der Senat tagt; die vierundzwanzig von Rubens für das Schloß gemalten Bilder hängen jetzt im Louvre. Jedes Jahrhundert fügt dem Garten sein Teilchen hinzu – meist in Form von Statuen, wobei Bürgerkönig Louis-Philippe ganz seiner Zeit voraus war und nicht Abbildungen der Herrscher, sondern von deren Frauen – und andere berühmte Weiblichkeiten – sichtbar um die Terrasse aufstellen ließ.

Je nach Belieben sucht man eine Ecke aus. Will Frauchen den Hund – bitte nur an der Leine – ausführen, dann oben in der Ecke am Boulevard Saint-Michel, ausgerechnet dort, wo Gustave Flaubert ein Denkmal gewidmet ist. Wer lesen will, den zieht es in die Nähe der Baumschule an der Rue d'Assas oder unter die Bäume im Westen, wo auf dem schattigen Rasen eine Kopie der Freiheitsstatue und einige kitschige Erinnerungen an Sainte-Beuve, Massenet und Verlaine aufgestellt wurden. Zwischen den Tennisplätzen und der Orangerie aber stehen die Stühle und Tische der Spieler. Ob man das Brett für Dame, Schach oder Mühle aufklappt, die Karten für Tarot, Belote oder Bridge hervorholt, das Spiel hat seine Ecke in der Nähe der Orangerie, ist Treffpunkt für die Habitués, die Stammgäste, und so spielt hier auch »Ein Kampf«, jene Kurzgeschichte von Patrick Süskind, in der ein vorbeischlendernder junger Mann einen Habitué des Schachs, Jean, der nie gegen irgendwen im Jardin je verloren hat, mutig annimmt.

»Das Interesse der kleinen Menge galt dem Herausforderer, einem jüngeren Mann mit schwarzen Haaren, bleichem Gesicht und blasierten dunklen Augen. Er sprach kein Wort, bewegte keine Miene, ließ nur von Zeit zu Zeit eine unangezündete Zigarette zwischen den Fingern hin und her rollen und war überhaupt die Nonchalance in Person. Niemand kannte diesen Mann, keiner hatte ihn bisher spielen sehen.« So beginnt, was nachdenklich endet, denn zunächst gilt alle Sympathie dem Fremden …

Fremde sind willkommen, drum nennt sich Paris »terre d'asile«, Ort der Zuflucht, und so finden politisch verfolgte Dichter, ihrer Musen beraubt, in diesem Garten neue, wie der Südafrikaner Breyten Breytenbach, der jeden Morgen seine Runden auf der Innenseite des Gitters joggt, tagsüber kommt er wieder um zu entspannen und nachzudenken.

»Solch einen Park gibt es nur in Paris«, sagt Breytenbach: »Er könnte in keiner anderen Stadt der Welt liegen, weil Parks woanders nicht das gleiche Gefühl ausströmen.«

»Verändern die Jahreszeiten im Park auch die Gefühle?«

»Ja, da ich in der Nähe wohne, sehe ich die Veränderungen. Der Park ist mein Barometer der Jahreszeiten, weil ich spüre, wenn die Zeiten kommen, lange bevor sie sich woanders in der Stadt andeuten. Hier merkt man noch genau, welche Epoche des Jahres man durchlebt.«

»Erahnen Sie in diesem Park auch das Erleben einer gemeinsamen Erinnerung?«

»Trete ich in den Jardin, dann habe ich das Gefühl, mich in einen öffentlichen Raum zu begeben. Nicht nur, weil er für jeden offen ist – man sieht Clochards, Großväter, kleine Kinder, Großmütter, Reiche, Arme, berühmte Leute, Ausländer –, sondern weil ich manchmal den Eindruck habe, in die verschiedenen Ebenen von Erinnerungen, Erfahrungen, in Träume von Generationen und Generationen von Parisern einzutauchen, was mich berührt, und ich versuche mir vorzustellen, was der Park gleichzeitig für einen sehr alten Mann, aber auch für ein sehr kleines Mädchen bedeuten kann.«

Draußen! Draußen vor den schmiedeeisernen Gittern erfährt man die bedrohliche Welt, die Angriffe der Straße; selbst ihnen zu entfliehen ist gefährlich. Madame Simone ist aus ihrer Wohnung in der Rue de Vaugirard, wo das Wohnzimmerfenster auf den Jardin blickt, hinabgestiegen und will über die Straße eilen, man erwartet sie doch, aber ein Blechgefährt nach dem anderen rast, Abgase spuckend, auf sie zu, obwohl sie am Zebrastreifen steht; erzürnt muß sie erst die Hand erheben, dann tritt sie auf die Straße, überquert sie eilig, und der Schritt wird schon langsamer an der Querseite der Orangerie. Auf einem der grünen gußeisernen Stühle, an denen Madame Simone vorbeischreitet, ist ein alter Mann in seinem Anzug zusammengesackt und eingenickt, denn drinnen, drinnen im Leib des Jardin, fällt die Spannung ab, Muße durchfließt geplagte Stadtmenschen. Madame Simone pflegt ihren Stammtisch, wo Freunde – nein, man dutzt sich nicht-, wo Bekannte mit dem Kartenspiel ihrer harren. Und nebenan spielt Süskinds Jean täglich Schach.

»Dieser, ein ziemlich scheußliches Männlein von etwa siebzig Jahren, war in jeder Hinsicht das genaue Gegenteil seines jugendlichen Herausforderers ... die Umstehenden kannten ihn bestens. Alle hatten sie schon gegen ihn gespielt und immer gegen ihn verloren, denn obwohl er alles andere als ein genialer Schachspieler war, hatte er doch die seine Gegner zermürbende, sie aufbringende und geradezu hassenswerte Eigenschaft, keine Fehler zu machen.«

Gar so ernst ist das Spiel von Madame Simone und ihren Partnern, alle im vorgerückten Alter, nicht, vielleicht weil keiner solch ein Lokalmatador ist wie Jean. Aber – Simone gibt an diesem Tisch den Ton an, denn sie findet sich hier seit fünfundvierzig Jahren ein. Laufkundschaft nennt sie deshalb die anderen.

Und so, als wolle sie ganz allein Anspruch auf den Jardin erheben, beruft sich die energische Simone auf die Generation vor ihr, holt einen Photoband hervor, in dem schon ihre Mutter verewigt wurde; ein kunstvolles Bild, das eine voluminöse alte Frau mit einem unförmigen Hut zeigt, wie er heute wieder bei jungen Frauen modern ist, die sich unter einem Blumentopf aus Filz verstecken wollen. Eine dicke Perle zeigt das Ende einer Hutnadel an.

»Sehr schön, sehr ernst!« bemerkt ein Mitspieler.

»Sie ist am Abend vor ihrem zweiundneunzigsten Geburtstag gestorben«, erklärt Simone. »Sie war sehr berühmt, und zu ihren Lebzeiten sind viele Artikel über sie als Schauspielerin, später als Gesangslehrerin geschrieben worden. Um die legendäre Sarah Bernhardt kennenzulernen, ist sie in den Theaterchor der Comédie Française eingetreten. Aber damals deklamierte man noch schrecklich...« Simone führt die rechte Hand mit ausladendem Arm von der Brust hoch in die Luft und spricht zu aller Vergnügen mit lauter Stimme vor.

»Das entsprach dem Stil der Zeit«, so die Tochter. »Sie ist fünfunddreißig Jahre lang hierher gekommen, so daß man sie die Königin-Mutter nannte, es wurden ihr sogar Postkarten an die Adresse des Jardin geschickt und zugestellt!«

»Schlanke Fräuleins kommen auf den Wegen«, fällt Kästner auf, »und sind jung und blicken sehr verlegen und benommen auf den Kindersegen. Und dann fürchten sie sich irgendwie.«

Wenn es wärmer wird, die Blätter größer und ihre Farben dunkler geworden sind, sitzt manch ein Mädchen auf einem Schoß, pickt zart mit den Lippen nach denen des Geliebten, ganz versunken in ein Gefühl, das Haut und Seele gleichzeitig erwärmt. Nebenan kann sich ein Kinder- oder Au-Pair-Mädchen kaum der Annäherung eines Aufdringlings erwehren. Für die Kinder aber – »... haben hübsche Namen und sind fast so schön wie auf Reklamen« (Kästner) – sind Spielplätze angelegt, mit Bänken für deren Begleiter. Der Park, obwohl mitten in der Metropole gelegen, ist ein Ort für jedes Alter.

Im Jardin sei der Einsame nicht mehr einsam, erklärte Günter Grass seiner Tochter Helene, als sie einsam in Paris lebte. Alle Einsamen, so der Vater, gehen in den Jardin du Luxembourg, treffen dort auf andere Einsame, und wenn auch keiner sich zum anderen gesellt, so strömt der Park doch eine Gemeinsamkeit aus, die alle Einsamen beseelt; geborgen werden sie eins mit den anderen, und erst, wenn sie den Platz wieder verlassen, kehren sie in ihre private Einsamkeit zurück.

Zwar liegt der Jardin dicht beim Paradies, doch Paradies ist er nicht, weshalb Schutzengel zwischen den Bäumen über die Einsamen wachen. Manch einer der uniformierten Gardiens kommt um Midi, Punkt zwölf, in das Café, wo »er« immer noch sitzt, läßt sich ein preiswertes Menü vorsetzen und trinkt dazu sein Quart de Rouge aus dem Krug. Man kennt »ihn«, den Habitué, inzwischen, und erzählt ihm, wie schwer es sei, in die Reihe der Wärter aufgenommen zu werden.

»Wir sind ehemalige Unteroffiziere und tragen jetzt den Grad von Adjutanten«, sagt der Gardien. »Um das zu werden, nimmt man an einem Auswahlwettbewerb teil, und einmal aufgenommen, wird man ein Jahr lang angelernt und schließlich ernannt.« Wer eine Fremdsprache radebrechen kann, wird, wegen der vielen Ausländer unter den Parkbesuchern, bevorzugt.

»Es ist ein sehr begehrter Posten, den nur wenige ausüben; es macht Spaß, im Grünen zu arbeiten.«

»Was passiert denn so während eines Tages?« fragt Monsieur.

»Wir achten darauf, daß die Leute die Regeln einhalten, sich nicht auf den Rasen legen, was häufig geschieht, nicht auf die Sockel oder gar auf die Statuen selbst klettern, was eine italienische Besonderheit ist. Manche Leute pflücken sogar die Blumen.

An Wochenenden verlieren sich zehn bis fünfzehn Kinder, und wenn man sie findet und den Eltern wiederbringt, dann ist das Lächeln der Erwachsenen eine schöne Belohnung. Allerdings, nicht immer geht es so harmlos zu.«

Und der Gardien weist mit dem Finger auf den ihm gegenübersitzenden Kollegen, einen großen, starken Mann mit dunklem, nur leicht angegrautem Vollbart.

»Vor zwei Monaten hat er zwei Radfahrer aufgefordert, von ihren Rädern zu steigen und sie zu schieben. Da haben sie ihn, ohne zu zögern, zusammengeschlagen. Er hatte gar keine Zeit, mit dem Funkgerät Verstärkung herbeizurufen.«

Großeltern kommen, wenn das Frühjahr in voller Pracht steht, mit den Enkelkindern am Sonntag nach dem Mittagessen, er in feinen Tweed gekleidet, mit Schlips und Kragen, Großmutter im Seidenkleid mit Handtasche, die Kinder entsprechend herausgeputzt; dann steht man Schlange, entweder beim hundert Jahre alten Kasperletheater, das in einem Backsteinhäuschen aufgeführt wird, oder aber beim Karussell, dem Rainer Maria Rilke huldigte:

> Mit einem Dach und seinem Schatten dreht
> sich eine kleine Weile der Bestand
> von bunten Pferden, alle aus dem Land,
> das lange zögert, eh es untergeht.
> Zwar manche sind an Wagen angespannt
> doch alle haben Mut in ihren Mienen;
> ein böser roter Löwe geht mit ihnen
> und dann und wann ein weißer Elephant.
>
> Sogar ein Hirsch ist da, ganz wie im Wald,
> nur daß er einen Sattel trägt und drüber
> ein kleines blaues Mädchen aufgeschnallt.

Und auf dem Löwen reitet weiß ein Junge
und hält sich mit der kleinen heißen Hand,
dieweil der Löwe Zähne zeigt und Zunge.

Und dann und wann ein weißer Elephant.

Und auf den Pferden kommen sie vorüber,
auch Mädchen, helle, diesem Pferdesprunge
fast schon entwachsen; mitten in dem Schwunge
schauen sie auf, irgendwohin, herüber –

Und dann und wann ein weißer Elephant.

Und das geht hin und eilt sich, daß es endet,
und kreist und dreht sich nur und hat kein Ziel.
Ein Rot, ein Grün, ein Grau vorbeigesendet
ein kleines kaum begonnenes Profil –
Und manchesmal ein Lächeln, hergewendet,
ein seliges, das blendet und verschwendet
an dieses atemlose Spiel...

Dreht er sich heute, schimmert der Elefant dann und wann
grau, die Pferde kommen immer noch vorüber, der Hirsch
trägt einen Sattel und – dann und wann – ein blaues Mädchen aufgeschnallt.

Genau gegenüber dem Palais, auf der südlichen Seite
des Jardin, wo die Gitter ihn vor der Avenue de l' Ob-
servatoire in Schutz nehmen, sind drei weite Rasenflächen zwischen Reihen hoher Bäume Kindern unter sechs
Jahren vorbehalten, ohne sie dürfen Eltern oder Kindermädchen sich nicht auf dem Gras sonnen. Gerade durch
die Kleinen ist der Jardin du Luxembourg in das gemeinsame Gedächtnis der Stadt hineingewachsen. Zwar seien
die Kinder in diesem Park weniger elegant gekleidet als

im Parc Monceau oder in den Tuilerien, klagt Ende letzten Jahrhunderts der französische Schriftsteller Joris-Kanl Huysmans, doch zieht er die ein wenig provinzielle Atmosphäre des Viertels, die sich mit dem Jardin vereint, den geraden Scheiteln der vornehmen Pariser Quartiers vor.

Im Jardin spielten so viele französische Dichter und Schriftsteller als Kind, daß er in Biographien, in Gedichten, in Theaterstücken und Romanen großer Franzosen mannigfach vorkommt. Alfred de Musset setzt in »La confession d' un enfant du siècle« das verderbte Leben, das er nach einer enttäuschten Liebe führte, der Erinnerung an die unbeschwerte und fröhliche Jugend entgegen, als er – noch naives Kind – im Jardin du Luxembourg gespielt hat. In mehreren Geschichten von Honoré de Balzac kommt der Jardin als der Ort vor, in dem Studenten lernen, weil ihre Zimmer so eng sind; Charles Baudelaires Liebesgeschichte »La Fanfarlo« nimmt ihren Anfang im Jardin; selbst in Chateaubriands »Memoires d' outre-tombe« wird er erwähnt.

Im Sommer sind die Tennisplätze stets überfüllt, denn ein Platz kostet kaum Miete, es reicht, wenn man sich einmal im Jahr für ein paar Dutzend Francs eingeschrieben hat. Nur eine halbe Stunde darf man spielen, wenn der Andrang groß ist, und reservieren kann nur, wer am Vormittag persönlich vorbeikommt, was die Spieler auf die Nachbarschaft beschränkt. Für das Jeu de Paume, das Federballspiel, ist ein Platz hergerichtet, und für das Boule-Spiel sind mehrere Sandbahnen mit Holz eingefaßt, eine sogar für Leute, die die Kugel à la Lyonnaise zu werfen pflegen, mit Anlauf und schwierigen Regeln.

Apropos Boule – Patrick Süskinds junger Mann verlor den Kampf, weil er so schlecht Schach spielte. »Die Zuschauer standen betreten, beschämt, und blickten ratlos auf das Schachbrett. Nach einer Weile räusperte sich der eine oder andere, scharrte mit dem Fuß, griff zur Zigarette. – Wieviel Uhr ist es? Schon Viertel nach acht? Mein Gott, so spät! Wiedersehen! Salut Jean!« Aber auch Jean fühlte sich nicht als Sieger. »Er war kein Mann großer moralischer Erkenntnisse, Jean, der Lokalmatador. Aber soviel war ihm klar, als er mit dem Schachbrett unter dem Arm und dem Schächtelchen mit den Figuren in der Hand nach Hause schlurfte: daß er nämlich in Wahrheit heute eine Niederlage erlitten hatte, eine Niederlage, die deshalb so furchtbar und endgültig war, weil es für sie keine Revanche gab und sie durch keinen noch so glänzenden künftigen Sieg wieder würde wettzumachen sein. Und daher beschloß er – der im übrigen auch nie ein Mann großer Entschlüsse gewesen war –, Schluß zu machen mit dem Schach, ein für allemal. Künftig würde er Boule spielen wie all die anderen Rentner auch, ein harmloses, geselliges Spiel von geringerem moralischem Anspruch.«

Zwischen den Bäumen bewegen sich zwei schlanke junge Männer, leicht gekleidet, weil es warm ist. Gesicht zu Gesicht haben sie sich aufgestellt, die Handflächen des einen schieben die geraden, zusammengelegten Finger des andern in langsamen Bewegungen durch die laue Luft, drücken die Arme hoch, nach unten, vor und zurück, lassen sie Kreise beschreiben, während ihre Körper dem Druck im Gleichklang nachgeben, als wären sie aneinandergewachsen. Tai Chi – Anlernen im Schattenboxen. Eine angenehme Entfernung weiter balanciert ein älterer Mann zwischen den Kastanienstämmen auf dem linken Bein und streckt das rechte ganz behutsam in der Höhe seiner Lenden nach vorn, dreht den Fuß mit den Zehen nach außen, läßt die Bewegung ruhig weiterfließen, die offenen Hände hebt er schlangengleich, unablässig verändert der Körper seine Stellung und steht doch auf nur einem Zentimeter dieser Erde, mit der des alten Mannes Geist irgendwie eins zu werden scheint – für die Dauer des Augenblicks; kein Vergleich zu der Gruppe von lateinamerikanischen Joggern, die in eleganten Trainingsanzügen im Gleichtakt, dabei laut schnatternd, um das große Bassin traben, wo die Stühle am frühen Nachmittag von denen besetzt sind, die ihre Mittagspause für ein Sonnenbad nutzen. Früher kostete es den, der einen der gußeisernen Stühle besetzte, einen Franc, heute – wo der Staat eine Sitzgelegenheit im Park als soziale Einrichtung betrachtet – benutzt, wer kann, derer zwei: Auf dem ersten legt er sachte Körper, Kopf und Arme ab, während er den anderen so heranzieht, daß die Fersen die angewinkelten Beine in eine angenehme Ruhelage bringen. Lästig wird's dagegen, wenn zu viele Menschen in den Park strömen und irgendwer sich erfrecht, den Beinstuhl unter dem Leib des Träumenden herauszufordern. Zuerst stellt man sich schlafend, hält die Augen fest geschlossen... na ja, Sie wissen schon.

Auch für Mouna ist der Jardin eine Tribüne, für Mouna, dieses Pariser Original, das die Rolle des schlechten Gewissens übernommen hat. Jener Mahner, der in den von Schrecklichkeiten der Welt unbekümmerten Kindern das Reine sieht. Sein bunt beklebtes Fahrrad stellt er Samstag mittag, wenn in der Stadt weniger Hektik herrscht, am Musikpavillon ab, auf dem Schulkinder herumtollen, grüßt sie ehrerbietig, verlangt und erhält eine »Bise«, einen Wangenkuß, auf den weißen Vollbart.

»Die haben recht«, erklärt Mouna den unter den Bäumen ruhenden älteren Herrschaften. »Sie reden nicht so wie die Erwachsenen.«

Irgend jemand ruft: »Ruhe!«

»Was? Störe ich Sie?« schreit Mouna erregt: »Ich störe nur Idioten! Ich rede, denn sollte ich einmal tot sein, kann ich nicht mehr reden. Jetzt komme ich, um die Bewußten zu erwecken. Sie werden von den Massenmedien verschmutzt, die die Massen mäßig machen.« Und dann holt er tief Atem: »Liebe statt Haß.«

Mit Worten kämpft Mouna auch hier gegen alles, was der Vernunft zwar widerspricht, die Menschen aber keineswegs mit Vernunft walten läßt: Krieg und Haß, Gewalt und Vergewaltigung, Atombedrohung und Umweltschmutz. Weil es einfacher ist, ihm zuzuhören, als ihn zur Ruhe zu bringen, lassen sie ihn gewähren. Doch dann, zu aller Überraschung, steigt er herab und verteilt an die herumsitzenden Damen langstielige rote Rosen. Hinter ihm baut die Big Band, die im Sommer jedes Wochenende spielt, ihre Instrumente auf, stimmt sie und schmettert los.

Jeder hat seine Jahreszeit, die ihn mit dem Jardin verbindet, und seine Erinnerung, doch beide sind meistens gleich: Sommer und das Frühlingsgefühl. Victor Hugo ging als junger Mann häufig im Jardin du Luxembourg spazieren und warf ein Auge auf Adèle, seine spätere Ehefrau, eine Erinnerung, die ihn anregte, im dritten Teil von »Les Misérables« mehrere Szenen in diesen »Garten dicht beim Paradies« zu verlegen: Marius geht täglich im Jardin du Luxembourg spazieren und beobachtet auf einer Parkbank ein junges Mädchen; es ist Cosette, die ein alter Mann begleitet, Valjean. Als Marius das Mädchen zum erstenmal sieht, findet er sie noch ganz Kind und geht unbekümmert weiter, sechs Monate später hat sie sich zu einem bezaubernden jungen Mädchen entpuppt, in das er sich verliebt. Nun beobachtet er sie täglich und geht ihr und Valjean nach, den er für den Vater hält. Valjean fühlt sich verfolgt, wechselt die Wohnung und meidet den Jardin. Weil der sich erinnernde Autor es will, bringt der Zufall Marius und Cosette schließlich wieder zusammen.

Ähnlich denkt Guy de Maupassant in seiner Erzählung »Menuett« noch einmal an seinen täglichen Gang, morgens um acht Uhr, durch den Park zur Schule; das berühmte Lycée Montaigne liegt an der Südseite. In »Menuett« bemerkt ein junger Mensch einen alten Mann zwischen den Bäumen, der, sich unbeobachtet fühlend, zu tanzen beginnt. Schließlich sprechen die beiden miteinander, und der Alte erzählt dem Jungen, daß er sich nur noch im Jardin wohl fühle und gemeinsam mit seiner Frau, einer ehemals berühmten Tänzerin, alle Nachmittage hier verbringe. Im Höhepunkt der Geschichte führt das alte Paar ein Menuett vor, einen Reigen, der nicht mehr in die Zeit, wohl aber in den verzauberten Garten paßt.

Als roter Faden durch die Ringe des Gedächtnisstammes zieht sich das Spiel auf dem Bassin mit den gemieteten Holzsegelbooten, wozu es sich empfiehlt, einen langen Stab mitzubringen, um das Schiffchen wieder in die rechte Richtung zu drehen. Der achtzigjährige Monsieur Pandreau, ein ehemaliger Seebär, hat sie gebaut, und er behauptet, wenn er in blauer Seemannsjacke und mit Schifferkappe seine Frau am Zuckerwattestand besucht, er sei jener Matrose, der auf alten Sardinenbüchsen abgebildet ist. Aus der Brusttasche zieht er Bilder, die ihn mit den Holzbooten, die er gebastelt hat, zeigen, und er klagt: »Wer wird mir folgen, wenn ich tot bin? Als ich jünger war, wollte ich Lehrlinge ausbilden, aber, wissen Sie, um Boote zu bauen, muß man entwerfen, ausschneiden, sägen können. Man hat das Gewicht des Bootes und die Segel auszurechnen, den Rumpf zu bauen, Bleigewichte einzugießen und dann die Segel aufzuziehen. Die Jugend will so nicht mehr arbeiten.«

Neben dem Stand mit Getränken und Süßigkeiten ergötzen die Jungen sich an den gleichen, alten Schiffschaukeln wie die Väter und Mütter. Modernes elektronisches, galaktisches Spielzeug findet man nicht im Jardin; was hier steht, könnte schon hundert, zweihundert Jahre alt sein. Arlette Pandreau dreht die Zuckerwatte geschickt auf das Stöckchen und erzählt währenddessen: »Ich rechne die Jahre nicht mehr zusammen, ich vergesse sie, solch eine alte Frau bin ich schon. Die Zeit vergeht so schnell in diesem Garten. Wir gehören zu den Bäumen, den gefallenen Blättern, den Stühlen, den Möbeln und der Sonne... und man vergißt, daß die Zeit flieht.«

»Haben die Kinder sich gewandelt?«

»Die Gesellschaft hat sich gewandelt, und mit ihr die Kinder. Die Kinder sind nicht mehr Objekte, sondern wirkliche Persönlichkeiten, glücklicherweise. Die Eltern werden mehr in Frage gestellt. Das ist ganz gesund; es macht zufrieden, denn es ist immer angenehm, den menschlichen Fortschritt zwischen den Leuten festzustellen. Ich sehe Kinder heranwachsen, sich verheiraten, eigene Kinder gebären. Häufig bin ich zu Hochzeiten, zu Taufen eingeladen.«

»Sie sehen Generationen sich ablösen.«

»So ist's. Und Leute aus allen Ländern. Wir erleben hier auch die politischen Bewegungen der Welt, erfahren durch die Kunden, was sich so tut. Wir haben viel Berührung mit Büchern, mit Literatur, mit Verlegern. Es kommen außergewöhnliche Leute vorbei.«

»Es scheint, als seien Sie Philosophin geworden.«

»Schade, wenn dem im meinem Alter nicht so wäre.«

Offenbar vermischen sich die Geister des intellektuellen Quartier mit den Wichten der Natur zu einem besonderen Element, das auch auf Breyten Breytenbach ausstrahlt: »Ein fast verwunschener Ort ist der Jardin für mich, denn man spürt keine Feindseligkeiten, keine Machtkämpfe. Jeder ruht sich aus, deshalb handeln einige meiner Gedichte ganz direkt von diesem Garten, und in einem meiner Romane verabredet sich die Hauptfigur immer hier – im Jardin. Und für diesen Roman ist es Voraussetzung, daß die Treffen im Jardin du Luxembourg stattfinden. Es hängen auch einige ganz besondere Momente meines Lebens mit diesem Ort zusammen. Als ich vom Tod meines Vaters erfuhr, bin ich hierhin gegangen, an einem sehr kalten Wintertag. Der Jardin war wie ein Treffpunkt mit ihm, ich konnte an ihn denken, das Geschehen überdenken – gerade hier.«

Den Kindern wird im Jardin so viel angeboten, daß es nicht verwundert, wenn es sie später immer wieder hierherzieht, so sehr haben sie sich an die Bäume, Rasenflächen, an das Welken der Blätter, an die Pastellfarben der Herbstastern in den Blumenkästen auf der Balustrade der Terrasse gewöhnt. Und wenn im Alter die Erinnerung an die Jugend in den Vordergrund tritt, ergreift der Jardin wieder sein Recht. Daß er mit dem Ranzen auf dem Rücken jeden Tag durch den Jardin du Luxembourg hüpfte, davon erzählt in seinen Memoiren Nobelpreisträger Anatole France; jeden Herbst, wenn der Park etwas traurig, aber schöner als sonst erscheint, sieht er dieses Bild seiner selbst.

Und in der Autobiographie des André Gide spielen zahlreiche Szenen aus Kindheit und Jugend im Jardin. Sein früh verstorbener Vater nimmt ihn abends, kurz vor dem Schließen, in den großen Garten mit. Hierhin führt ihn auch das Kindermädchen, aber der kleine André weigert sich, mit anderen Kindern zu spielen, und beobachtet nur. Als das Kindermädchen kurze Zeit abgelenkt ist, nutzt André die Gelegenheit, die Sandkuchen der anderen Kinder zu zertreten. Dann trifft er dort seinen ersten Freund, dessen Namen er nicht kennt, aber mit dem er Hand in Hand in den Alleen spazierengeht. Der Freund trägt eine starke Brille, und später hört der Erzähler, wie das Kindermädchen der Mutter sagt, der Kleine würde bald erblinden. Daraufhin versucht André möglichst lange die Augen geschlossen zu halten, um zu erfahren, wie sich sein Freund fühlen muß. In einem sehr kalten Winter ist er dann auf dem Bassin Schlittschuh gelaufen, und seine Bonbons kaufte er an dem Kiosk neben den Schiffschaukeln, wo heute Madame Pandreau die Zuckerwatte dreht.

Jean-Paul Sartre hätte dagegen als Kind gern mit den anderen gespielt, wenn das Kindermädchen oder die Mutter mit ihm hinuntergingen, wie er in »Die Wörter« beschreibt, doch – obwohl er alles dafür gegeben hätte – niemand sprach den kleingewachsenen Knaben an, und als Einzelkind wagte er nicht, auf andere zuzugehen. Er erinnert sich noch genau an einen besonderen Kindheitsaugenblick: Sartre saß neben der erschöpften Mutter auf einer Parkbank und wußte plötzlich, daß alles auf dieses Sitzen zugelaufen war, daß es notwendigerweise dazu kam. »Es gibt ein Ziel: ich werde es kennenlernen.«

Und – wen verwundert's? auch die »jeune fille rangée« Simone de Beauvoir streut in ihre »Mémoires« die Spiele, die Schulwege, die Treffen im Jardin ein.

Zwischen den Statuen von Anne de Bretagne und Anne d' Autriche, beide französische Königinnen, führt eine breite Allee zum westlichen Tor, wo Ponys darauf warten, Kinder zu tragen oder in einer kleinen Kutsche zu ziehen. Anfang des letzten Jahrhunderts wurden dazu Ziegen eingesetzt, aber ist das ein wesentlicher Wandel? Die Tiere werden in Ställen gehalten, die weit weg vom Jardin stehen; jeden Morgen, jeden Abend laufen sie deshalb mit der gleichen selbstlosen Ruhe, mit der sie ihre Last tagsüber tragen, eine Stunde durch die Straßen von Paris.

Nicht nur für diesen Park ist der Baum ein besonderes

Element der Schöpfung, sondern in der tiefen Seele Frankreichs stellen zwei Bäume das Land dar: die Eiche den Norden, der Olivenbaum den Süden, und beide, mit ineinander verschränkten Ästen, hat François Mitterrand als sein persönliches Wappen für seine Amtszeit als Staatspräsident entwerfen lassen.

Wenn die Bäume ihre Blätter verlieren, bleiben die Menschen eher zu Hause. Doch leer ist der Jardin nie. Das Stadtgebiet, dessen Bürger ihn nutzen, ist nicht groß, gerade anderthalb Kilometer im Umkreis, hat man gemessen, aber es wohnen fast zweihunderttausend Menschen im Einzugsgebiet, zweihunderttausend Menschen, denen es an Grünflächen mangelt. Wen wundert's da, wenn an manch warmem Sommertag bis zu achtzigtausend Personen im »Luco«, so sein Name unter Eingeweihten, gezählt werden. Im Herbst aber bleiben nur die Habitués, die keine Wetter scheuen und nur die leichte Weste gegen ein warmes Wams tauschen. Beim Boulespiel treffen sie sich der Kälte zum Trotz; ihre Kugeln bleiben die gleichen, die Regeln sowieso.

Etwas schwülstig überkam es in dieser Jahreszeit auch den Poeten Rilke, der dann zur Fontaine de Médicis an der Ostseite des Parks reimte:

Schon etwas von dem Abschied schwebt und drängt,
schon flecken gelbe Blätter die Fontäne
wo Polyphem Verliebten überhängt;
der Himmel, stumm und irgendwie gekränkt,
leistet Verzicht auf die zu leichte Träne.

Aguigui Mouna, Ritter der schönen Künste

Ein Mann, der sich einen weißen Rauschebart züchtet, gibt meist vor, intellektuell oder exzentrisch zu sein; er will wie ein Dandy, vielleicht wie ein Dichter, ein Philosoph oder gar ein Messias wirken. Nur trüge er dann nicht diese Baskenmütze mit den unzähligen Plaketten, die für Frieden und Umwelt werben. Der weiße Bart wäre peinlich genau gepflegt, ein Haar in abgestufter Länge zum nächsten, vielleicht sogar mit Tinkturen behandelt, um die leicht gelbliche Tönung dieses Geflechts von fadenförmigen Bildungen der Epidermis zu bleichen. Na, und seine Kleidung hätte er dem würdigen Moment angepaßt – als Messias käme er in einem Gewand, aber nicht in der eher clownesken bunten Jacke. Doch weil der Kulturminister persönlich, Jack Lang, ihn zur Zeremonie geladen hatte, ließen die uniformierten Lakaien ihn die breite Treppe zu den Empfangsgemächern des Palais Royal hinaufsteigen, trotz seines Alters behende, und nicht nur Gast sollte er heute sein, nein, sogar Anlaß zur Feierstunde.. Der kleine alte Mann mit dem wuscheligen Vollbart, den langen Haaren und dem bürgerlichen Namen André Dupont würde zum »Chevalier des arts et lettres – Ritter der schönen Künste« geschlagen werden. Und als es soweit war, empfing er die Würde bescheiden, aber selbstbewußt, wie es sich für Aguigui Mouna, gehört. Der Minister hatte in der Rede betont: »Ich bin kein Anhänger von Ordensverleihungen...« (Das war 1981, im Jahr des Amtsantritts von François Mitterrand und der ersten sozialistischen Regierung. Später wird Jack Lang jeden Hanswurst, selbst Rambo, zum Ritter der schönen Künste schlagen.) »Aber da es nicht in meiner Macht steht, Orden abzuschaffen, weshalb ihnen dann nicht Glanz verleihen, sie statt an Karrieristen jenen Leuten verleihend, die Leuchten sind, Aufklärer, Sonnen, freie Menschen?«

Im Frühjahr 1978 hatte der Sturm den Supertanker Amoco-Cádiz, auf die Klippen vor Portsall, einem kleinen bretonischen Fischerort, getrieben, das Öl war ausgelaufen, und wie ein rostiges Mahnmal ragte die Bugspitze zwanzig, dreißig Meter hoch aus dem Meer, und als Folge verendeten die Vögel am Strand oder ertranken in den Wellen, die ihr Gefieder verklebt hatten. Nicht Wasser plätscherte ans Ufer, sondern die schwere, schwarze Flüssigkeit schwappte träge an die Felsen und färbte, wo sie sich zurückzog, alles dunkel ein. Wir waren hierhergeeilt, um über das Unheil zu berichten, standen am Strand, übel war uns von dem ständigen Ölgeruch in der Luft, den wir mit jedem Atemzug einsogen. Da ertönte hinter den Granitfelsen plötzlich ein lautes Fluchen, ein Lärmen und Getöse, und Aguigui Mouna, völlig verschmiert, kletterte mit einem hilflosen Kormoran im Arm hervor. Er schimpfte auf die Tanker, auf die Leute, die der Natur keinen Respekt zollten; er schimpfte, klagte, jammerte – fehlte nur noch, daß er schluchzte, aber nein, das war nicht sein Stil. Er war der einsame Rufer in dieser Wüste, und das schon Jahre bevor es modern wurde, kritisch zu sein.

Wo immer in Frankreich in den nächsten Jahren auf Unrecht aufmerksam gemacht werden mußte und Journalisten anreisten, da trafen wir auf Aguigui Mouna: im Larzac, wo es gegen das Militär ging, wie in Plogoff, wo eine Atomzentrale verhindert werden mußte, in Lyon beim Prozeß gegen Klaus Barbie; Mouna fehlt nicht auf der Place de la Concorde, wenn die Jugend sich zum Konzert gegen den Rassismus versammelt, wie im Jardin du Luxembourg, wenn er selbst für das Amt des Staatspräsidenten kandidiert. Regelmäßig tritt Mouna an »seiner Hyde Park Corner« auf, am Rande der Piazza vor dem Centre Pompidou. Der populäre Satiriker François Cavanna meint: »Mouna, c' est une manif á lui seul. – Mouna für sich allein ist eine Demonstration.« In vielen Ländern dieser Welt, gewiß in Deutschland oder den USA, aber auch anderswo wäre aus der Haut von André Dupont nie Aguigui Mouna geschlüpft, hätte der Staat, der Kulturminister persönlich(!), den »Rufer in der Wüste« nicht zum Ritter der schönen Künste geschlagen (was nicht seine einzige offizielle Auszeichnung ist), wäre nicht ein Buch* über ihn veröffentlicht, nicht ein Dokumentarfilm produziert worden. Statt dessen hätten ihn alle als Irren niedergemacht; doch in Paris wird der Clown noch ernst genommen, wenn er seiner ursprünglichen Aufgabe bei Hofe nachgeht: nämlich die Wahrheit unverblümt zu sagen.

Heute wird er »Mouna« gerufen, doch es gab Zeiten, da nannte er sich eher Aguigui. Aber erst einmal hieß er André, und der war als geborener Dupont ein wirklich armes Bürschchen.

Das kleine Dorf Meythet in der Haute-Savoie hat nichts von dem atemberaubenden Teil der Natur mitbekommen, weswegen Savoyen besucht wird, keine steilen Berghänge, keine tiefen Schluchten, keine schwindelerregenden Felsen. Flach liegt Meythet da, Felder, Wälder, ein kleines Bächlein – ohne Geschichte, ohne Monument, sogar ohne kulinarische Spezialitäten, nicht einmal eine Kirche, nur ein kleines Rathaus, eine Schule und ein Bistro haben die

---

* Anne Gallois: Mouna, gueule ou çrève, Paris 1988

dreihundert Einwohner, von denen einige den Allerweltsnamen Dupont tragen. Wer in Meythet acht Horntiere auf die Weide treibt, gilt schon als Großgrundbesitzer.

Die Duponts hatten eine Kuh und ein Handtuch Erde. Zehn Stunden am Tag arbeitete André Dupont-père in der Eisenhütte des Nachbarortes Cran, abends übernahm er noch das Amt des Totengräbers auf dem Friedhof von Meythet, um die kleine Familie zu ernähren. André, der Vater, hatte erst mit fünfundsechzig die dreißig Jahre jüngere Bergbäuerin Adélaide Brisegand geheiratet und zwei Söhne gezeugt, François und dann, 1911, André, den achtundsechzig Jahre von seinem Altvorderen trennten. Und immer noch schaufelte der alte Vater die Gräber von Meythet aus. Fünfundsiebzig Jahre war er inzwischen, als er 1918 in einem Erdloch, das er auf dem Friedhof für einen anderen aushub, verschüttet und gerade noch rechtzeitig gerettet wurde. Das feuchte Erdreich aber hatte den Vater krank gemacht, er starb an einer Lungenentzündung. Und nun mußten François und der siebenjährige André auf dem kleinen Hof mit anpacken, aber ein Jahr später schon starb auch die Mutter. François und André wurden getrennt, und der Jüngere glaubte, das große Los bei einer Tante in Annecy, die mit einem wohlhabenden Tuchhändler verheiratet war, gezogen zu haben. Jeden Tag gab es Schokolade zu trinken und genug zu essen. In der Schule aber hielt er es nicht lange aus, wollte Geld verdienen, um ins Kino gehen zu können. Bei einer Schmiede mochte er in die Lehre gehen, das aber lehnte die Tante wegen der dreckigen Arbeit ab. So nahm ihn ein Schreiner auf, doch mit Holz hatte André nichts im Sinn. Mit dreizehn trat er als Arbeiter in einer Schokoladenfabrik an, und dann wechselte er die Herren so schnell, wie das Pendel schlägt.

Bis zu Aguigui Mouna war der Weg noch weit. Über

die Marine führte er, über viele Berufe, über zahlreiche Bistros und Restaurants, in denen er arbeitete, die er sogar erstand. Er heiratete nach dem Zweiten Weltkrieg – oder eher: wurde geheiratet und wieder fallengelassen; denn weil er sich nicht an das Absurde in der Welt gewöhnen wollte, weil er stets die Widersprüche zwischen Sollen und Sein, die er sah, auch beim Namen nannte, verließ er den André Dupont, der das Sein verkörperte, und wurde zu Aguigui Mouna, der an das Sollen erinnert.

Wegen der Widersprüche war er in die Partei eingetreten, deren Ideologie auf den Widersprüchen des kapitalistischen Systems basierte, gab sich als überzeugter Stalinist – soweit ein Restaurantbesitzer sich das leisten kann – und mußte dann erleben, daß auch dort das Menschliche über das Ideelle siegt. Er saß mit Riri, seiner Lebensgefährtin, in der Küche seiner kleinen Familienpension in Antibes, an der Côte d'Azur, und gemeinsam bereiteten sie die Fischsuppe für das Menü des Abends vor, als – aus welchem Grund auch immer – Riri einen Fisch aus dem Sud zog und André über den Schädel schlug, woraufhin er mit einer kräftigen Ohrfeige antwortete. Riris Onkel brachte die Backpfeife vor die Ortszelle der KP, die André zu einer Sondersitzung zur Klärung der Schläge vorlud. Weil er nun dickköpfig darauf beharrte, die Ohrfeige sei eine Privatangelegenheit, wurde er aus der Partei ausgeschlossen.

Es ist Winter 1951. André Dupont, knapp vierzig Jahre alt, sitzt an einem stillen Nachmittag im Halbdunkel des kleinen Saales seines Restaurants in Antibes und schaut, über die Ungerechtigkeit des Ausschlusses sinnend, zum Fenster hinaus. Eine Fliege würde man summen hören. Gegenüber tragen zwei Leichenträger einen Sarg in ein Beerdigungsinstitut. Da fängt der dünne Mann an zu toben, schreit in den Raum: »Da geht wieder einer dahin...

es gibt nur eine Wahrheit, jene da. Was ist das Leben schon. Arbeiten? Damit ich ende wie mein Vater?... Man trinkt, ißt, schläft, liebt, macht den Militärdienst und Krieg. Gestern der Weltkrieg, heute der in Indochina, was sollen die Massaker? Die ganze Welt ist verdreht.« Und dann kommt er zu dem Schluß: »Qu' est-ce qu' on est? des gogos. Leichtgläubige sind wir. Zahlen und Schnauze halten. Apres on est gaga. Danach ist man verrückt. De gogo à gaga à guigui. Aguigui – Mouna!« Weshalb Mouna? Das weiß er nicht mehr, aber, sagt er, »so wie Tristan Tzara das Wort ›dada‹ (in der französischen Kindersprache: Pferd) aus dem Wörterbuch für eine Kunstrichtung fand, so wie Claudel die Eingebung hinter einer Säule von Notre-Dame hatte, kam sie mir in Antibes gegenüber dem Beerdigungsinstitut an einem gewissen Tag im Winter 1951.«

Im 2. Arrondissement von Paris liegt im Haus Nummer 6 der Rue de Louvois das Restaurant »Duc de Nevers«, obwohl der Name des »Duc de Berry« passender gewesen wäre, doch hierfür kann Aguigui Mouna, der das Lokal 1952 pachtete – Riri hat er verlassen –, nichts. Der Name stand schon seit eh und je über dem Eingang. Früher, vor über zweihundert Jahren, besaß hier der Marquis de Souvré et de Louvois ein Stadtpalais, eine Immobilie, die er 1784 in vierzehn Parzellen aufteilte, die rechts und links der deswegen gezogenen Straße lagen; er machte ein gutes Geschäft. Damals galt die Rue de Louvois als äußerst modern, denn nach der Rue de l' Odéon war sie die zweite in ganz Paris, die mit Trottoirs ausgestattet wurde – und das noch vor der Französischen Revolution!

Vor der Nummer 6 ereignete sich im Februar 1820 ein nationales Drama, denn hier ermordete der Sattlergeselle Louvel nachts den Duc de Berry, indem er ihm eine lange Ahle in die Brust stieß. Der Duc de Berry war der zweite Sohn des Comte d'Artois, des späteren Königs Charles X. Beim Verhör gab Louvel an, er halte die Bourbonen für Feinde Frankreichs, weshalb er sich vorgenommen habe, sie alle auszurotten. Nach dem Duc de Berry wollte er den Duc d' Angoulème töten, dann Monsieur (den Comte d' Artois), wie man den Bruder des Königs nannte, und schließlich Louis XVIII, den König selbst. Louvel hatte allerdings übersehen, daß die Frau des Duc de Berry schwanger war und so nach dem Tod des Duc noch »l' enfant miracle«, das Wunderkind, in der weiteren Thronfolge auftauchte.

In der Rue de Louvois Nummer 6 übernahm Aguigui Mouna also das Regiment, jetzt beseelt von dem Gedanken, die absurde Welt mit entlarvendem Humor zu bekämpfen. Kaum trat man ein, schon stieß man auf das Schild: »Déposez votre moi au vestiaire – Geben Sie Ihr Ich an der Garderobe ab.« Die Füße trat der Gast auf einer Matte ab, die nur aus Ein-Centime-Stücken bestand, und drinnen hatte Mouna Sprüche an die Wand geschrieben: »Hier dient man Ihnen den Mond an, Lachen bekämpft den Haß: Charlie Chaplin.«

Aus dem Weinfaß fließt der Saft auch für den, der zu zahlen vergißt. Stets herrscht Tohuwabohu. Die Presse wird auf den Wirt aufmerksam und nennt ihn, welch eine Mischung, den geistigen Sohn von »Ubu roi« und Kafka. Vom Zuspruch angetrieben, gründet er einen Verein, dessen Aufgabe es sein soll, »die Verwirklichung all jener Plätze zu unterstützen, die Frohsinn, Freude, Optimismus bringen, in einem Wort: das Lachen«. Ein Verein, so beschließt es die Kneipenmannschaft, braucht einen Ehrenpräsidenten, und da kommt dem Vereinsgründer sofort Charlie Chaplin in den Sinn. Der verläßt des Nachts einen Ball im Moulin Rouge, Aguigui Mouna will die Absperrung durchbrechen, landet aber auf dem Polizeirevier. Ein

Brief an den berühmten Schauspieler führt zu genausowenig Erfolg. Also muß ein anderer gefunden werden, der für das Lachen steht, und da erinnert sich Aguigui an ein Photo, dessen frecher Ausdruck ihn beeindruckt hat: Ein Greis mit wildem Haar und kindlich schelmischem Blick streckt der Welt die Zunge raus. »Ein Mann, der das tut, kann sich selbst nicht ernst nehmen«, meint der Clubvorsitzende. Aber wie soll er an diesen ungewöhnlichen Menschen herankommen?

Ein amerikanischer Kunde empfiehlt ihm, nach Princeton zu schreiben, wo Albert Einstein das ehrwürdige Institute for Advanced Studies leitet. Als Einstein das Sendschreiben, unterzeichnet von André Dupont genannt Aguigui Mouna, erhält, erkundigt er sich bei französischen Freunden: Wer sind die Aguiguisten? Sie schauen ins Lexikon, doch umsonst. Von dem Projekt eingenommen, antwortet Einstein dem Unbekannten: »Es gibt, das ist wahr, Akademien und Einrichtungen mit aller Art von Verdiensten, dennoch ist das Streben nach Wahrheit nicht immer ganz so rein, wie es scheint. Es wird gestört durch allerhand politische Überlegungen, durch den Eifer; und da die Kräfte, die den menschlichen Geist bestimmen, mäßig sind, verbauen sie unsere Fähigkeiten mit unüberwindlichen Schranken. Man kann eine Haltung verteidigen, die die Reinheit der Absichten über das Gewicht des Erfolges stellt.« Und der berühmte Forscher fügt hinzu: »Zaudern Sie nicht, mein Porträt in ihrem Restaurant aufzuhängen, denn es gibt meine politischen Überzeugungen bestens wieder.«

Zufällig speist einige Tage später die Frau des amerikanischen Atomforschers Oppenheimer im »Duc de Nevers« und schreibt Einstein prompt eine Postkarte, er sei an würdiger Stelle in dem Restaurant ausgestellt.

Doch noch ist der Bart nicht weiß, und Aguigui lehnt

an der Tür seines Restaurants, als ein Polizist vorbei-
bummelt, stehenbleibt, seinen Augen nicht traut, zurück-
kommt und, mit dem Finger auf dessen Oberlippe deu-
tend, fragt: »Was soll denn das?« Aguigui hat sich einen
schmucken Schnurrbart wachsen lassen, aber nur auf der
einen Hälfte des Gesichts. »Wie? Ist es verboten, einen halben Bart zu tragen?« Und dann erklärt er dem Polizisten:
»1904 fuhr das japanische Schiff Fujitamaru durch eine
radioaktive Zone, und ein Fischer ist gestorben, weil er
verseuchten Fisch gegessen hat. Eh bien, ich wurde auch
verseucht, und nun sprießt mein Bart nur auf der einen
Seite.«

Die Polizisten des 2. Arrondissements lernen ihn kennen! Irgendwann landet Aguigui sogar im Gefängnis –
erregt hat er die Öffentlichkeit mit seinem Wortschwall
über die absurde Welt geärgert –, und nun will der An-
staltsdirektor ihm den halben Bart stutzen, doch Aguigui
protestiert, die Religion verbiete ihm, die Haartracht ab-
zurasieren. Sofort wird er als Irrer isoliert, aber da findet
er Zeit zum Lesen, denn er hat das Buch entdeckt. Sartre,
Spinoza, Socrates, Plato, Diogenes, Camus, Prévert, was
ihm in die Hände fällt, was ihm Intellektuelle aus Saint-
Germain empfehlen, verschlingt er. Von Gandhi erfährt er
so, bewundert ihn und wählt das Lager der Gewaltlosen,
was ihm während der Studentenunruhen 1968 Schwierigkeiten bereiten wird, denn während sich mit Pflastersteinen oder Molotowcocktails bewaffnete Studenten und
bestens ausgerüstete Sicherheitspolizisten gegenüberstehen, radelt Aguigui Mouna zwischen den Fronten hin und
her und verteilt Blumen, doch die Studenten wollen dem
Staat die Faust zeigen. Da war ihnen ein Aguigui zu unpolitisch. So unpolitisch hatte er seine ersten Aktionen auch
angefangen.

Der »Duc de Nevers« ist wieder einmal in den Händen

einer Freundin verblieben. Aguigui hat sich im Sommer 1956 mit dem Fahrrad auf den Weg in den Süden gemacht, um den französischen Urlaubern zu predigen, und so bleiben die Bummler auf der Promenade des Städtchens Golfe-Juan an einem schönen Augusttag vor einer Platane stehen. Oben, im fülligen Laub, steckt ein Mann mit halbem Schnurrbart und nur mit einer kurzen Hose bekleidet; unten, an die Wurzeln des Stammes gelehnt, steht ein Schild mit der rätselhaften Aufschrift: »Das Überlebensexperiment oder der Versuch auf dem Baum«. Der Vogelmensch auf den Ästen spricht zu den Menschen unten: »Die Welt ist vollkommen absurd...« Und abends um zehn hat sich solch eine Menschenmenge unter der bewohnten Platane versammelt, daß sich der Verkehr auf Kilometern staut. Von seinen Mannen aufgeschreckt, eilt der Kommissar von Golfe-Juan herbei und befiehlt dem Philosophen, von seiner Vogelstange herabzusteigen. Unmöglich, antwortet der, denn es handle sich um ein wissenschaftliches Experiment von höchster Bedeutung, und dies gelte es zu seinem Ende zu führen. Wütend telephoniert der Kommissar mit dem Präfekten und fordert eine Kompanie CRS, Sicherheitskräfte, als Verstärkung an, doch der Präfekt bleibt gelassen: »Lassen Sie ihn, er wird schon runtersteigen, wenn er müde wird.« Derweil wird der Philosoph von seinen Jüngern mit Nahrung, Rotwein und einer Decke versorgt und – als es kalt und spät wird – allein gelassen. Aguigui fällt fast von seinem Ast, als er einschläft, und gegen vier Uhr früh, sechzehn Stunden nachdem er auf den Baum geklettert ist, dreht er das Schild am Boden um und schreibt darauf: »Das Experiment ist gescheitert. Der Mensch ist kein Vogel.«

Die Zeitungen sprechen von ihm, nennen ihn entweder einen »Hanswurst, der laut denkt« oder den »Napoleon des Friedens«, sogar die »International Herald Tribune«

findet ihn der Bemerkung wert, das Festival von Cannes sei ohne Aguigui kein Festival. Zu dieser Zeit sucht er noch seinen Weg, zieht mit einem Gaukler durch ganz Frankreich, bis seine Wander- und Lehrjahre ihm erlauben, das Absurde politisch auszudrücken. Ab Ende der sechziger Jahre wird er zu einem festen Bestandteil des Theater-Festes von Avignon, er wird ohne Karte zu jeder Aufführung eingelassen; erst als 1985 ein neuer Festspielleiter »Ordnung« schafft, wird Mouna dieses Privileg wieder genommen, obwohl er inzwischen mit der Medaille der Stadt Avignon ausgezeichnet worden ist. Und als Freunde ihm den freien Zutritt wieder beschaffen wollen, reagiert er schroff und ablehnend. Auch er hat seinen Stolz. Wenn Cavanna von ihm sagt, Mouna sei für sich selbst schon eine Demonstration, so hat er das bewiesen. Denn wann gelingt es schon, viele Leute hinter einer guten Sache oder wenigstens hinter einer Parole zu vereinen?

Der Zug aus Paris ist um 7.52 Uhr in den Bahnhof eingefahren und der Reisende ausgestiegen. Unter dem Arm trägt er ein Bündel Papier, stößt die Tür zum Bistro des Ortes auf und wird von den fünf Männern, die hier schweigend ihren Kaffee trinken, beäugt, mißtrauisch wegen des ungewöhnlich wilden Vollbarts, wegen der Friedenstaube, die er als Anhänger trägt, wegen der großen Baskenmütze voller Zeichen, die gegen den Krieg in Vietnam, gegen die Atombombe, gegen das Militärlager von Larzac protestieren. Er verteilt unter ihnen Flugblätter mit der Aufschrift »Non à Fort-Aiton, bagne militaire! – Nein zum Militärzuchthaus!« Die fünf Männer zucken nicht einmal mit der Augenbraue. Der Patron des Bistros schaut als erster auf und sagt voller Abscheu: »Warum kümmern Sie sich denn um die Säcke? Lassen Sie die Gauner, wo sie sind, tut denen mal ganz gut, einen drüber zu kriegen.«

Wenige Monate zuvor hatte Mouna in Paris von einem Strafregiment gehört, wo die Soldaten wie echte Schwerverbrecher und Zwangsarbeiter behandelt würden. Sofort war er auf sein Fahrrad gesprungen und nach Saint-Germain-des-Prés gefahren, um vor der Sorbonne die Passanten aufzuhetzen: »Wissen Sie, daß es heute noch militärische Straflager gibt, wo die Leute in feuchte Keller mit den Ratten eingesperrt sind, wo sie mit Hacken Steine zerkleinern, Löcher ausgraben und sie abends wieder zuschütten, wo sie von alten Legionären mit deutschen Schäferhunden bewacht werden, von wahren Sadisten... eine Stunde von Grenoble liegt es und heißt Fort-Aiton.«

»Ich war drinnen«, sagt da einer seiner Zuhörer, ein zwanzigjähriger Mann, dessen Kopf nur mit einem gerade wachsenden Flaum geschmückt ist. Und Louis Beaugendre erzählt von den zwei Monaten in Fort-Aiton, wo er, fälschlich beschuldigt, so gequält, entwürdigt, körperlich bis an den Rand seiner Kräfte gefordert wurde, daß er einen Selbstmordversuch unternahm.

Einen Monat später ist Mouna in Grenoble und überzeugt die Studenten, die Öffentlichkeit mit einem Schweigemarsch auf den Skandal hinzuweisen. Doch zur verabredeten Stunde steht er allein da. Was soll's? sagt sich Mouna, und zieht eben ohne Begleitung los, klettert den Berg über Aiton hoch in Richtung Tricolore, die dort über dem Fort weht, und wo immer es sich anbietet, auf die Straße, auf Felsen oder Häuserwände, schmiert der wilde Mann Protestsprüche gegen das Straflager. Oben angekommen, steht Mouna vor den hohen Mauern des Forts. Außer einer Wache ist kein Menschenwesen zu sehen. Auf diesen Soldaten schreitet er zu, fragt: »Alles klar hier?«, und reicht ihm ein Flugblatt. Die Wache gibt Alarm, zwei Uniformierte kommen und wollen wissen, was los sei. Mouna sagt, er ginge hier spazieren, bekommt es mit der

Angst zu tun und flieht den Hang hinab. Am nächsten Tag schreibt die Zeitung »Le Dauphiné Liberé« über die Demonstration vor Fort-Aiton. Die Wochenzeitschrift »Le Nouvel Observateur« greift das Thema auf, pazifistische Organisationen werden wach, die Liga der Menschenrechte schreibt dem Verteidigungsminister. Mouna aber wird in Paris auf das Kommissariat bestellt, weil er wieder einmal die Ruhe der Öffentlichkeit gestört haben soll. Mouna schaut den Kommissar an: »Haben Sie einen Sohn?«

»Ja.«

»Wie alt ist er?«

»Zwanzig.«

»Eh bien, die Jungs, die in dem Straflager sind, haben das Alter Ihres Sohnes.«

Mouna geht als freier Mann. In Fort-Aiton wird die Zwangsarbeit abgeschafft, werden menschenwürdige Zustände hergestellt, und die Organisationen, die protestiert haben, beglückwünschen sich ob ihres Erfolges. Nur Mouna wird, wie immer, auch in dieser Geschichte vergessen.

Mouna, der immer Gutes tun will, wird sogar Opfer seiner Gutmütigkeit, etwa als er einen Pfarrer in Saint-Germain-des-Prés überredet, ihm für Weihnachten einen Raum in der Pfarrei zu überlassen, damit er die Clochards und Obdachlosen der Gegend zu Brot und Wein einladen kann. Das Fest ufert aus, die Betrunkenen wollen nach Tagen noch nicht gehen, erst als Mouna eine List einfällt, kann er die Pfarrei wieder leeren. Er fordert seine Gäste auf, mit ihm zur UNESCO zu fahren und gegen den Faschisten Franco zu demonstrieren, der politische Gefangene zum Tode verurteilen ließ. Mouna drückt jedem ein Métro-Ticket in die Hand, obwohl alle sonst schwarzfahren, und fällt mit der Truppe in das UNESCO-Gebäude ein. Dort macht er sich schnell aus dem Staub, nicht ohne zuvor noch die Nachrichtenagentur afp von der Besetzung unterrichtet zu haben.

Ohne daß er es ursprünglich wußte, hatte Mouna einen Vorläufer in Ferdinand Lop, einem Englischprofessor, dessen Ruhm allerdings über Saint-Germain nicht hinausreichte. Lop, immer in schwarzen Samt gekleidet und mit großer Brille aus Schildpatt versehen, hielt in den Cafés des Quartier Latin hof, und die Studenten nannten ihn ihren *maitre*. Der 1891 geborene Ferdinand Lop stellte die Forderung auf, den Boulevard Saint-Michel bis ans Meer zu verlängern und die Armut nach zehn Uhr abends abzuschaffen. Er gab vor, de Gaulle habe ihn vier Tage vor seinem Tode angerufen und gesagt: »Vous êtes l' homme du destin – Sie sind der Mann der Vorsehung.« Doch schon 1953, als sich Abgeordnete der Volkskammer und Senatoren in Versailles zum Kongreß versammelten, um den Staatspräsidenten der Vierten Republik zu wählen, stand Ferdinand Lop vor den goldenen Gittern des Schlosses und rief, er sei im Notfall bereit, Frankreich zu retten. Mouna rief zurück: »Falls ich als Präsident gewählt werde, ernenne ich Sie zum Minister des unnützen Wissens!« Ferdinand Lop erstarrte, und mit der Zeit geriet er in Vergessenheit. Anders dagegen Mouna, der bei der Parlamentswahl 1988 wieder einmal als Abgeordneter kandidierte und 1291 (3,13 Prozent der abgegebenen) Stimmen erhielt, nur 91 Stimmen weniger als Anna Fontès, die offizielle Kandidatin der Kommunistischen Partei Frankreichs. Das, so sagt Mouna, war sein größter politischer Erfolg.

Bizutage: Sex und Gewalt formen die Elite

Das hatte sich Céline, deren schlanker Körper vor ohnmächtig zu ertragender Wut bebte, in ihren kühnsten Träumen nicht vorgestellt. Und zwar das, was sie nun seit zwei Monaten hinnehmen mußte, nur um Ingenieurin, nein, um erst einmal *gadz'arts* zu werden, wie man seit eh und je die initiierten Studenten an der wichtigsten Ingenieurschule Frankreichs, der École nationale supérieure des arts et métiers (ENSAM) nennt, die 1780 vom Duc de la Rochefoucauld-Liancourt gegründet wurde. Bevor sie sich *gadz' arts* nennen durfte, war Céline erst einmal das, was im Argot der Studenten *bizut* heißt, Studienanfängerin an einer Grande École. Heute sollte sie wie Zuchtvieh – oder früher Verbrecher – mit einem glühenden Eisen gebrandmarkt werden, nur um in den engen Kreis derer aufgenommen zu werden, die an der ENSAM studieren dürfen. Knapp neunhundert Studenten wurden jedes Jahr in die ENSAM aufgenommen. Wer also in dem großen Gebäude in der Rue Édouard-Manet im 13. Arrondissement von Paris in die über zweihundert Jahre alte Schule eingeschrieben wird, darf sich zur Elite zählen.

Célines »Pate« meinte zu dem stillen Mädchen zwar. »An der Stelle wird es doch eh kaum jemand sehen.« Aber dann lachte er so hämisch, daß ihr wider Willen das Wasser in die Augen stieg; wie immer, wenn sie aufwallende Gefühle abwehren wollte, drückte sie das kleine Kinn nach unten und schüttelte ihr halblang geschnittenes dunkles Haar mehrmals heftig nach rechts und links. Dann folgte

Céline dem Paten fast willenlos und doch nicht ganz gebrochen durch eine zwei Monate während Erniedrigung, die angefüllt war mit merkwürdigen Verboten und Befehlen, denen sie, wie alle anderen Neuankömmlinge, unbedingt, wenn auch manchmal mit Verwunderung, folgen mußte. Céline schwieg, doch als sie nebeneinander die alte, breite Steintreppe zum Refektorium hochstiegen, hatte sie Mühe, die Beine von Stufe zu Stufe zu heben, so weich waren die Knie.

Ein hoher, kurzer Schrei drang in den Hof und schallte gebrochen durch die offenen Fenster zurück. Das schlanke Mädchen zuckte zitternd zusammen, doch der Pate lachte. Er war vor zwei Jahren in die Schule aufgenommen worden. Die älteren *gadz' arts* hatten ihn am Ende des Bizutage mit verbundenen Augen an einen Kranhaken gehängt und hochgezogen: Wie hoch, das wußte er nicht. Von weit unten – oder weit weg? – riefen sie ihm dann zu: »Jetzt spring!« Und ob er nun zehn Meter hoch war, er mußte den Mut haben zu springen. Es waren gerade zwanzig Zentimeter, aber sein blinder Gehorsam wurde als absolutes Vertrauen in die Älteren interpretiert – und gelobt! Deshalb grinste er nur, packte sie kurz über dem schmalen Handgelenk und freute sich ob ihres Erschreckens, das ihm erlaubte, sie zu berühren; denn Céline war hübsch – und so unverdorben, wie es nur die Mädchen aus gutem bürgerlichem Hause in der Provinz mit neunzehn Jahren noch sind. Er freute sich vielleicht auch deshalb, weil dies nun die Rache war für das, was er erlitten hatte – mit der gleichen Angst.

Das Blut zog sich in Célines Adern zurück, und sie wäre erblaßt, wenn nicht ihre Haut – am ganzen Körper – schon von Natur aus so hell schimmerte, daß nur ein Erröten ihr Empfinden verraten konnte. Aber zum Erröten war kein Grund, weil Angst, nicht Scham ihre Gefühle beherrschte.

Verzweifelt sagte sie sich, da mußt du noch durch, wie die anderen auch. Augen zu – wie man so sagt, und dann ist der Quälerei ein Ende. Jetzt würde man ihr mit brennendem Eisen das Mal auf eine Backe am Po brennen, um sie so als Studentin der École des arts et métiers zu kennzeichnen, wie es, so behauptete ihr Pate, der Aufnahmeritus, *le bizurage*, vorschrieb.

Mancher Sitten Ursprung läßt sich kaum noch zurückverfolgen, ihr Sinn nicht mehr erkennen; wer weiß schon, daß wohlerzogene Menschen heute Kartoffeln nicht mit dem Messer schneiden, weil in früheren Zeiten die Klinge aus Eisen oxidierte, wenn sie mit der Erdknolle zusammenkam. Auch vom Brauch des Bizutage weiß man nur, daß er aus längst vergangenen Zeiten stammt, aus dem Mittelalter, als im Quartier Latin Medizinstudenten mit unnötigen Quälereien die nachwachsenden Kommilitonen zwangen, sich in ihre Gruppe hierarchisch einzuordnen. Das Wort – so steht es im »Petit Robert« – kommt aus Spanien, wo *el bisogne* junger Rekrut bedeutet.

Bizutage sei nichts Besonderes, meint der Soziologe Olivier Galland, der spezialisiert ist auf das Verhalten von Heranwachsenden, denn Bizutage sei ein Übergangsritus, wie er in traditionellen Gesellschaften vorkomme: Das ausgewachsene Kind wird erst dann in die Welt der Erwachsenen aufgenommen, wenn es sich einer gewissen Zahl von grausamen Aufgaben unterworfen hat, und heute muß der Bizut einen Tribut dafür zahlen, daß er in eine Grande Ecole oder eine besonders elitäre Fakultät aufgenommen wird und damit ein Bildungsprivileg erhält, das ihn aus der Masse heraushebt. »Und es ist logisch«, so Galland, »daß das Bizutage sich zu einer Zeit ausbreitet, in der es zu einer Vermassung an den Schulen kommt. Man muß sich, mehr denn je, vom normal Sterblichen unterscheiden. Gerade deshalb wird dieser Initiationsritus jetzt an all den neuen, kleinen und falschen Eliteschulen eingeführt.« Schulen, die das Bizutage zulassen, wollen sich aus der anonymen Menge herausheben und individuell als »besonders« eingeschätzt werden, doch ganz im Gegensatz dazu sollen die Schüler und Schülerinnen, die den gräßlichen Praktiken unterworfen werden, ihre Eigenständigkeit verlieren, was wissenschaftlich als »postmoderner Tribalismus« wirkt, so Michel Maffesoli, Professor an der Sorbonne.

Nun gehört Frankreich zu den modernen, liberalen und – wie es besonders gern selbst betont – zivilisierten Gesellschaften, so daß Gebräuche, die man – folgt man dem Klischee – sonst nur bei primitiven Stämmen in fernen Urwäldern (oder bei den sich duellierenden Teutonen) vermutet, in dem Land der Aufklärung und des cartesianischen Denkens eher verpönt sein sollten. Was aber in einer Gesellschaft nicht sein darf und trotzdem existiert, wird zum Tabu und hinter einer Fassade versteckt – so auch *le bizutage*. Im Land selbst macht man kaum Aufhebens davon, selbst die Öffentlichkeit verschweigt soweit wie möglich, was da Skandalöses geschieht, obwohl es Widerstand gibt.

Jean-Claude Delarue ist Präsident der Association des usagers de l' administration, was soviel heißt wie Verein der Behördengänger – und damit ein Verbraucherschutzverband ist; *le bizutage* hält er nicht nur für »blödsinnig, unwürdig und unzivilisiert«, sondern auch für gesetzeswidrig, weshalb er in den Büros seines Vereins ein Telephon für diejenigen eingerichtet hat, die durch das Bizutage geschädigt wurden oder sich auch nur erkundigen wollen, an welchen Schulen diese Unsitte nicht stattfände, um sich dann dort zu bewerben. Beschwerden kämen selten, so Jean-Claude Delarue, weil keiner wage, sich bloßzustellen. Er habe jedoch zwei Konstanten beim Bizutage an den verschiedenen Schulen beobachtet: Zum einen käme es fast immer zu sexuellen Mißbräuchen, zum anderen werde stets so starker psychischer Druck auf die Bizuts ausgeübt, daß sie nicht wagten, sich den Mißhandlungen zu entziehen, geschweige denn sich hinterher zu beklagen, obwohl es dabei immer wieder zu schweren Verletzungen komme. Ja, sogar zwei Todesfälle – ein Student war in zwei Matratzen eingerollt und aus einem hoch gelegenen Fenster geworfen worden, ein anderer erlag einem Herzschlag, als man ihn gefesselt auf Eisenbahnschienen legte – waren in den letzten Jahren Folge von allzu grausamem Bizutage, einer davon am berühmten Lycée Henri IV der andere an der Medizinischen Fakultät von Paris V, was bei beiden Lehranstalten nur zu einer vorübergehenden Pause des Bizutage führte.

Zu den häufigsten Aufnahmeriten gehört es, den völlig nackt ausgezogenen Jungs eine Kerze in den Hintern zu stecken, was auch in Tours wieder einmal praktiziert wurde. Doch ein Student wollte nicht folgsam sein und rannte seinen Peinigern davon, die ihn bis auf die Straße verfolgten, und die Jagd wurde so hitzig, daß der Flüchtende unter einem Auto landete und schwer verletzt wurde. Folgen hatte dies für niemanden außer für ihn.

Christine Tristan, die bei einigen Bizutages an medizinischen Fakultäten anwesend war, berichtet, Professoren hätten das Treiben der Studenten mit den Bizuts beobachtet, angeblich um Auswüchse zu verhindern, tatsächlich aber seien sie es gewesen, die die älteren Semester zu härteren Prüfungen angestachelt hätten. Einmal mußten die Bizuts Striptease machen, und wer sich weigerte, wurde eingegipst, bis er sich nicht mehr rühren konnte; die hilflosen Figuren wurden dann nach draußen geschleppt und als Statuen aufgestellt – auf irgendeinem Platz, an einer beliebigen Straße in Paris. Einer verbrachte so eine ganze Nacht auf einem Sockel im Jardin du Luxembourg. In der Salpêtrière, dem berühmten Pariser Krankenhaus, das Le Vau im 17. Jahrhundert erbaute, wurden – auf Vorschlag des anwesenden Professors – die Miss und der Mister Bizut *à poil* (entblößt) gewählt, und das ging so: Alle Mädchen und Jungs mußten sich vor der Klasse aufstellen und ausziehen, bei den Mädchen reichte allein Schönheit, um zu gewinnen, während bei den Herren derjenige die Palme erhielt, der die schönste Erektion vorweisen konnte. Oder an dem berühmten Lycée Louis-le-Grand wurden an einem Abend eine PO, *pute officielle* (offizielle Hure), ein MO, *mâle officel* (offizieller Mann) und eine MTO, *masseuse thailandaise officelle* (offizielle thailändische Masseuse), gewählt. Sie mußten dann die anderen anmachen.

Wissenschaftlich wird das schließlich so verbrämt: Durch gemeinsam erlittenes Leid bilden sich besonders starke Bindungen, die alle Zeitläufte überdauern und ein festes *corps* entstehen lassen, so Professor Maffesoli: »Das Leiden ist in der Tat eine homöopathische Art, dem Tod zu begegnen. Ich würde hier sagen, dem Tod in sich und seiner selbst, der einem erlaubt, im Kollektiv wiedergeboren zu werden.« Und so sei es auch mit den sexuellen Quälereien beim Bizutage: »Dadurch, daß man mit der Sexualität spielt, sie auf die Bühne bringt, ja, sie sogar lächerlich macht, wird darauf hingewiesen, daß der Sex erst einmal dazu dient, die Gemeinschaft zu befriedigen, bevor er etwas Privates ist.«

Und der Professor scheint *le bizutage* soziologisch nützlich zu finden; denn da würde in der Art von Stammesriten kanalisiert, was sonst unkontrolliert stattfände, und wenn da nun der Geschlechtsverkehr gemimt würde, was beim Bizutage die häufigste sexuelle Darstellung ist, dann sei dies der Weg, um ein *corps* zu werden, was wörtlich über-setzt: ein Körper, aber auch Körperschaft heißt; und aus dem Wort *corps* wird *corporalisme* (Innungswesen) abgeleitet, welches ein ganz wesentlicher Begriff ist, den gründlich zu studieren eine Vorbedingung ist, um zu verstehen, wie die französische Gesellschaft funktioniert: *corps* sind zusammengeschmiedete Gruppen, die sich nach außen abschotten, nach innen aber wie Pech und Schwefel, fast geheimbündlerisch zusammenhalten. Korporalismus beherrscht nicht nur den Wettbewerb unter den Behörden, sondern auch die Klüngelwirtschaft in Wirtschaft- und Finanzwelt – sogar in Kultur und Wissenschaft. Man kann davon ausgehen, daß die meisten der »hohen Herren« Frankreichs diese Riten durchgemacht haben.

Nicht allen geht es dabei so gut wie dem Bildhauer César, der heute noch von der Zeit an den »Beaux Arts«, der Hochschule der Schönen Künste, schwärmt: »Es war ein ständiges Fest. Sich Ausziehen war für jeden Neuankömmling Pflicht, also weshalb es nicht selber tun! Was ich gemacht habe ... Und da, da haben mir meine Freunde ein königliches Erlebnis verschafft: Sie legten mich in eine mit Milch gefüllte Badewanne mit einem Geschenk, das eines romischen Kaisers würdig gewesen wäre: neun nackte Frauen wurden hinzugepackt. Ich träume immer noch davon! ... «

André Giraud, Industrieminister unter Valéry Giscard d' Estaing, erzählt voller Freude, wie er an der École des Mines den Studenten Giscard d' Estaing als Bizut behandelt hat: »Wir haben die Leute ausgezogen, mit Klebstoff bepinselt und dann ein Federkissen aufgeschnitten. Da kamen schöne Enten raus!« Und Giscard, darauf angesprochen, meinte – allerdings vierzig Jahre später –, er habe sich beim Bizutage köstlich amüsiert.

Dagegen erging es Thierry de Montbrial, einem der führenden außenpolitischen Denker Frankreichs als Chef des IFRI (Institut français des Relations internationales›, bei der Aufnahme in die École Polytechnique recht unangenehm: »Eines Nachts, wir schliefen zu siebt in einem Raum, sind wir brutal um zwei Uhr geweckt worden. Wir mußten uns bis auf die Unterhosen ausziehen und wurden mit stinkiger Brühe begossen. Dann mußten wir fünf Stockwerke auf allen vieren hinunterkrabbeln.« Stundenlang mußten sie irgendwelche verrückten, körperlich anstrengenden Dinge machen, bis man sie am Morgen zwang, auch die Unterhosen auszuziehen, die numeriert und dann mit Schwefelwasserstoff besprüht wurden, so daß einem fast der Atem wegblieb. Dann gab es stinkende Brühe zu trinken, schließlich wurden Thierry de Montbrial die Hände zusammengebunden, und sie stellten ihn an den Rand des Schwimmbades und drohten, ihn jeden Moment hineinzuwerfen. »Ich glaubte bis zum Schluß, sie würden es tun. Unendliche Minuten!«

Das Bizutage wird in der Gesellschaft als Tabu behandelt. Wie noch vor zwanzig Jahren die Vergewaltigung kaum zu rechtlichen Schritten führte, werden die Qualen von den Bizuts schweigend ertragen. Theoretisch könnten sie gegen diese Bräuche oder eher gegen die, die sie ihnen antun, Klage erheben, doch das hat es bisher nie gegeben. – Fast nie: In Amiens haben die Eltern eines Jungen bei der Polizei zwar eine Anzeige eingereicht, weil ihr Sohn beim Bizutage so schwere Verbrennungen erlitt, daß er drei Monate im Krankenhaus behandelt werden mußte, die Beschwerde wurde jedoch schon von der Polizei als unzulässig abgewiesen, denn – so Jean-Claude Delarue – man darf nicht vergessen, wie es in einer französischen Provinzstadt zugeht: Der Polizeidirektor kennt den Direktor der Schule, und da will er ihm auf dem Verwaltungswege nur ja kein Übel zufügen. Also kam die Klage der Eltern zu den Akten, und das verwundert nicht, denn diese »traditionellen Eingliederungsgebräuche« werden stillschweigend auch vom Staat geduldet. So erhielt der sozialistische Abgeordnete Jean Proveux aus dem Departement Indre-et-Loire, als er eine schriftliche Anfrage in der Volksversammlung in Paris wegen des seit 1928 gesetzlich verbotenen Bizutage stellte, von dem damaligen Erziehungsminister (und ehemaligen Generalsekretär der Sozialistischen Partei) Lionel Jospin die lakonische Antwort, zwar gäbe es Exzesse, aber man dürfe das nicht dramatisieren.

Céline hat das Pech, sich an der ENSAM eingeschrieben zu haben, denn dort dauert das Bizutage besonders lange, und es ist unmöglich sich vor dem Initiationsritus zu drücken; denn die Tradition wird von der Société des anciens élèves gepflegt und von der Schulleitung stillschweigend unterstützt. Die Älteren wollen sich auf Kosten der Neuen amüsieren, so schätzt ein Ehemaliger die Lage ein. Wer sich weigert, wird aus dem Schulbetrieb ausgeschlossen, und zwar auf eine so subtile Weise, daß es scheint, als ob nur den Studenten selbst die Schuld träfe: In der Schule wird ihm oder ihr kein Zimmer zugewiesen, die Schülervertretung streicht seinen Namen aus dem Handbuch der Schule, Praktika werden nicht vermittelt, und – sollte der *gadz' arts* trotzdem bis zum Examen durchhalten, dann darf er sich anschließend nicht in die allmächtige Société des anciens einschreiben, die mit ihren dreiundzwanzigtausend Mitgliedern das französische Ingenieurswesen beherrscht. Die berufliche Karriere ist zerbrochen, bevor sie begonnen hat.

Didier, ein älterer Student, verteidigt das Bizutage an der École des arts et métiers: »Man versammelt alle Neuen des Jahrgangs im ›Amphi‹ (Aula) und erklärt ihnen die

Spielregeln. Da sagt man ihnen, wir werden euch in den nächsten Wochen etwas beibringen, das es an den meisten anderen Schulen so nicht gibt. Wir wollen eine besondere Gruppe bilden, und ihr könnt jetzt wählen, ob ihr die Mühe auf euch nehmen wollt oder nicht, um dahin zu gelangen. Die, die sich die ›Mühe‹ nicht machen, werden sofort aus der Gruppe ausgeschlossen. Das heißt nicht, daß sie später nicht doch zur Gruppe stoßen können, aber dann wird es für sie noch viel schwieriger.«

Céline steht mit einem Dutzend Bizuts vor der Tür, keiner spricht, nur ab und zu wird einer von ihnen hineingebeten, und da sieht sie das Becken mit der glühenden Kohle und den heißen Eisen, und dann, wenn die Tür wieder geschlossen worden ist, hört sie entweder ein Stöhnen oder einen Schreckensschrei und meist großes Gelächter der Älteren. Zwei Monate dauert an der École des arts et métiers die Periode des Bizutage, dann – so sagt Didier – lebt die Gruppe, sie organisiert Veranstaltungen, Feste, Studentenforen, wo Studenten, die schon weiter sind, den Nachzüglern helfen und Unterricht geben. Wer aber das Bizutage nicht durchlaufen hat, der wird von all diesen für den Ablauf des Studiums notwendigen Versammlungen ausgeschlossen, der erhält keine der vervielfältigten Zusammenfassungen des Unterrichts, die zum Pauken so wichtig sind. »Das gilt nicht als Bestrafung«, so Didier, »sondern wenn das Individuum individualistischer ist als die anderen, will man es nicht zwingen, in eine Gruppe einzutreten, die Regeln hat, Regeln, die davon ausgehen, daß man seine Individualität zurücksteckt.«

An manchen Schulen malt man denen, die sich weigern (refuser) ein großes »R« auf den Körper und stößt sie dann aus. Wen wundert es, daß der Sinn des Bizutage umstritten ist; meinen die Gegner doch, die Quälerei der Neuen habe für die Alten nichts mit Integration zu tun, sondern sie wollten sich nur auf Kosten der Anfänger amüsieren und vielleicht auch mögliche Konkurrenten ausschalten, denn man darf nicht vergessen, daß in den ersten Wochen immer wieder Neuangekommene unter der Belastung des Bizutage psychisch zusammenbrechen; und dieser enorme Druck ist gewollt, schließlich führt das Bizutage so zu einer Ausscheidung der Schwächeren. Der Rhythmus des Bizutage sieht vor, die Neulinge ununterbrochen in Atem zu halten, so daß sie nur schwer Schlaf finden, manchmal sogar über lange Zeit so eingespannt werden, daß sie sich nur schlecht, wenn überhaupt, ernähren können. In der Kantine nimmt man ihnen Teller und Besteck weg, so daß ihnen nur die Hände zum Essen bleiben, wenn sie das wollen, aber zwischen den Mahlzeiten zwingt man sie statt dessen, Katzenfutter runterzumampfen, was zu schweren Störungen von Magen und Darm führen kann. Auch Céline war in den letzten Wochen durch allerlei unsinnige Aufgaben Tag und Nacht auf Trab gehalten worden, durch Anweisungen, deren Ausführung, kontrolliert durch den Paten, sie so belastete, daß sie sich ständig gejagt fühlte. Und das war von ihren Kommilitonen auch beabsichtigt, denn Opfer sollte sie sein ohne einen Moment der Ruhe oder des Ausruhens. Wenn die Schüler aus dem Lycée an die Universität wechseln, kommen sie aus einer eher familiären Umgebung und sollen nun in ein System hineinwachsen, in dem die harten Regeln der Erwachsenenwelt gelten: Dort werden sie, wenn sie Bizuts sind, gleich zu Anfang terrorisiert. Man will sie brechen, damit sie am Ende alles mitmachen, und so stand Céline nun vor der Tür, von Müdigkeit und Angst halb betäubt, darauf wartend, daß man ihr ein Mal in die Haut brenne.

»Le bizutage hat mich meinen Kumpels näher gebracht«, erklärt, diese Sitte verteidigend, André Ferras, Herausgeber des »Parisien«, einer Boulevardzeitung in der Hauptstadt:

»Ich kam aus der Provinz und fühlte mich ziemlich verloren. Da hatte le *bizutage* für mich die Funktion der Sozialisierung, und das hat voll gewirkt. Ich habe Freunde gefunden und mit ihnen eine Gruppe gebildet, die bis heute besteht.«

Er war selber Bizut am Lycée Sainte-Geneviève in Versailles, einer Vorbereitungsschule für die Grandes Écoles. Und er hat empfunden, daß die Gemeinschaft durch das Bizutage Individuen aufnimmt, die alle besonders viel werden arbeiten müssen. »*Le bizutage* schweißt zusammen«, so Ferras. Nachdem Ferras in die Gemeinschaft von Sainte-Geneviève aufgenommen worden war, wurde er bald einer der Anführer und als Student an der Schule zuständig für alle religiösen Fragen, auch für das Bizutage. Man nannte diese Position, die er bekleidete, *le rabin*, der Rabbiner.

In der Pädagogischen Charta haben die Professoren von Sainte-Geneviève den Wahlspruch festgeschrieben: »Il s' agit de développer la recherche de la vérité. – Es geht darum, die Suche nach Wahrheit zu entwickeln.« Doch davon verabschiedet sich das Lycée, wenn es gilt, die Initiationsriten vor der Öffentlichkeit geheimzuhalten, obwohl das gar nicht notwendig ist, denn, so berichtete mir Ronan Bernard, der wegen des Bizutage die Ausbildung in Frankreich abgebrochen hat und nach Deutschland gegangen ist: »Die Lokalpresse, die zuständigen Behörden und die Schulleitung verteidigten ‹le bizutage› als unabdingbar, um uns zu einigen. Aber ich habe nicht ausgehalten, daß die Folterer mit kahlgeschorenen Haaren nach dem Bizutage in die Messe gingen und heuchlerisch für den Frieden in Jugoslawien beteten.«

Ronan erlebte zwei Sorten von *bizuteurs:* die CDBI (*chargé du bizutage intensif* – verantwortlich für die intensive Anwendung) und die *BO/KO (bizuteurs/killer officiel)*. Die CDBI's und die BO/KO hatten sich die Schädel rasiert und trugen uniformähnliche Hosen und Hemden. Ronan bezeichnet das als Gestapo-Stil. Mit Schlagstöcken trieben sie die Neuen durch die Schule, begossen sie mit Essig, zwangen sie dazu, unter den Betten zu schlafen; essen war nur mit den Händen erlaubt, wer um ein Getränk bat, dem wurde es in den Eßteller über die Mahlzeit gegossen. Die Brutalität hatte mehrere Knochenbrüche zur Folge, ein geplatztes Trommelfell; ein Student, der zwei Suppenwürfel hinunterwürgen mußte und danach eine halbe Flasche Speiseöl »pour faire passer tout ça – damit all das durchrutscht«, fiel bewußtlos um, und Ärzte und Krankenschwestern mußten ihn wiederbeleben... Die wenigen Mädchen wurden – verbal – vergewaltigt, während die Professoren so taten, als sähen sie nichts. Der Protest von Ronan und anderen hatte nur zur Folge, daß im Sommer 1992 das Erziehungsministerium einen laschen Appell an die Schuldirektoren erließ, sie mögen wachsam sein, und ernsthaft geschädigte Studenten wurden ermutigt, Klage zu erheben.

Gerade an katholischen Schulen findet das Bizutage besonders häufig und intensiv statt. Von den Neuen bei Stanislas wird berichtet, man versammle sie im Jardin du Luxembourg – dazu benötigt man übrigens die Genehmigung des französischen Senats, dem dieser Park untersteht –, und dort müssen die Bizuts sich hintereinander anstellen und, einer nach dem anderen, die berüchtigte *soupe de stan*, eine solch widerliche Brühe aus Exkrementen trinken, daß sie selbst hineinkotzen und die Suppe für den nächsten noch ekelhafter schmeckt.

Im Oktober 1991 haben die Lehrer der Abschlußklasse des privaten Lycée Saint-Jacques d' Hazebrouck die verantwortlichen Autoritäten der katholischen Fakultäten in Lille aufgefordert, nun endlich mit den »sadistischen Verhaltensweisen« aufzuhören, denn einer ihrer ehemaligen Schüler habe schwere Nierenstörungen erlitten, nachdem er eine Suppe aus Hundeexkrementen trinken mußte. Wenn aber das Bizutage verboten ist, wie bei dem Elite-Lycée Louis-le-Grand, findet die »Studienführung« häufig außerhalb des Schulgeländes statt: Eine Gruppe von Bizuts wurde deshalb im Zug, der von Paris nach Bordeaux fährt, nur mit Unterhosen bekleidet, festgebunden, und sie mußten dann sehen, wie sie zurechtkamen.

Liegen die Wurzeln dieses Initiationsritus auch im Mittelalter, so übernehmen ihn doch auch neugegründete Institutionen, besonders die Wirtschaftsfachschulen. Und auch sie erklären es damit, durch Bizutage würde man sich kennenlernen. Aber damit kommt man der Wahrheit nicht sehr nah, denn andere Fakultäten, die diese Gräßlichkeiten ablehnen, organisieren zum Studienanfang gemeinsame Wochenendfahrten ans Meer oder Tanzfeste, bei denen die Neuen und die Alten sich treffen und Freundschaften schließen können: Zu Beginn des Studienjahres 1991 hat die elitäre Wirtschaftsuniversität ESSEC ihre dreihundertfünfzig Erstsemester in einen Disco-Zug geladen und zum Cap-Breton gefahren; dort haben sie, in Bungalows untergebracht, Wettbewerbe in Lambada oder Pétanque veranstaltet, und die älteren Semester, die diese moderne Form des Initiierens organisierten, vergaßen noch nicht einmal, den Fünfen ein Fest zu veranstalten, deren Geburtstag in diese Tage fiel.

Durch die sinnlose Brutalität des Bizutage wird den Studienanfängern ein autoritäres Verhalten eingebleut, an das sie sich später im Berufsleben erinnern sollen: Von denen, die über einem stehen, soll man alles hinnehmen, doch man darf es denen genauso weitergeben, die nachkommen. Didier von der ENSAM führt »gute Gründe« an, weshalb das Bizutage sinnvoll sei: »Erstens soll dadurch eine Gruppe gebildet werden, die so gut wie nur möglich funktioniert; denn aus der Individualität jedes einzelnen soll die Gemeinschaft angereichert werden. Zweitens soll jeder lernen, seinem Kommilitonen zu vertrauen und dessen Gedanken zu achten.« Und er fügt hinzu, *le bizutage* nenne man an der ENSAM anders, dort heiße es *l' usinage*, was soviel bedeutet wie »Fabrikation« – von Menschen. All das habe nichts Entwürdigendes an sich, denn das Ziel sei ja das gewisse Klima, das man zwischen den Neuankömmlingen schaffen wolle, weshalb zum Abschluß, nach sechs oder sieben Wochen, ein großes Fest für den neuen Jahrgang gefeiert würde.

Doch kann Céline davon zeugen, daß *l' usinage* hauptsächlich aus körperlichen und seelischen Zwängen besteht, was mit Liegestützen anfing. Dann wurden sie und die anderen Bizuts gezwungen, in der Schule nur im Gänsemarsch daherzulaufen, verschiedene Örtlichkeiten wurden ihnen verboten, so daß sie große Umwege machen mußten, um von einem Hörsaal in den anderen zu gelangen; oder aber an manchen Tagen durften sie sich nur rennend fortbewegen. Manchmal hieß man sie stundenlang strammzustehen, oder Befehle wurden ihnen schreiend gegeben. Natürlich wurden sie am Schlafen gehindert, zum Mittagessen im Refektorium ließ man sie häufig nicht ein...

Und nun stand Céline vor der Tür. Sie wurde geöffnet, und der Pate führte sie, der es ganz flau war, in den Raum und schob sie mit der flachen Hand, die er zwischen ihre Schulterblätter legte, an dem Grill mit der glühenden Holzkohle und den roten Eisen vorbei, so daß sie mit dem Rücken zu der Glut und den älteren Studenten stand und verband ihr die Augen. »Damit du keine Angst hast, wenn das Eisen aufgedrückt wird«, hat man ihr gesagt.

»Zieh die Hose runter!« befahl der Pate, und als Céline

dem zögernd nachgekommen war, zog er ihren Bund noch tiefer und streichelte – als wolle er dieses eine Mal wenigstens auskosten – über ihre Pobacke. Aber sie nahm es kaum wahr und war zu verworren, als daß die genüßlichen Bemerkungen der anderen in ihre Ohren gedrungen wären. Sie wartete nur auf den Schmerz. Plötzlich schrie sie – wie sie es durch Tür und Fenster schon von andern gehört hatte – schrill auf, und wieder einmal brach allgemeines Gelächter aus. Sie schluchzte noch einmal, aber der kurze Schmerz brannte nicht nach, sie zog die Hose hoch, und erst dann spürte sie, daß nicht ein glühendes Eisen, sondern ein Stück Eis auf ihre Haut gedrückt worden war. Seelischer Schmerz, körperlicher Schmerz. Nun war auch Céline eine *gadz' arts,* und das Studium konnte beginnen.

Ich wollte ihm doch nur angst machen«, stotterte Polizeiinspektor Pascal Compain, als der Schuß losgegangen war und sich sein Kollege, der am Photokopierer stand, erschreckt umdrehte. Angst wollte der Inspektor dem siebzehnjährigen Schwarzen Makome M' Bowole machen, der – wie das Polizeiprotokoll vermerken wird – in der Nacht zuvor zusammen mit zwei Freunden aus der Goutte-d' Or – der eine minderjährig, der andere eben erst volljährig geworden – in flagranti erwischt worden war, als das Trio einen Laden des Quartiers plündern wollte. Wie bei solchen kleinen Delikten üblich, wurden die Übeltäter auf das Polizeirevier Grandes Carrières gebracht.

Grandes Carrières, das waren einst die großen Steinbrüche von Montmartre. Der Hügel besteht weitgehend aus dem hellen Kalksandstein, den die Pariser für die Fassaden ihrer Prachtbauten so gern verwendeten. Jahrhundertelang wurde der Fels ausgehöhlt, wurde Quader für Quader aus unterirdisch in den Montmartre getriebenen Stollen herausgebrochen; heute zeigen sich deshalb gefährliche Risse in den Wänden der Häuser, die auf diesem Hügel stehen. Doch zurück ins Revier am Fuß von Montmartre: Dort werden die Personalien der drei aufgenommen, und dann kommen sie hinter Gitter. Die Ordnungsmacht läßt sich Zeit. Erst am Ende des folgenden Nachmittags – Inspektor Compain hat gerade Dienst – wird der junge Afrikaner Makome M' Bowole zum Verhör geholt. Der Polizist und Makome sitzen einander in einem Raum des Kommissariats gegenüber. Der junge Schwarze, Staatsbürger von Zaire, ist in Kinshasa geboren und lebt in Paris bei seinen Eltern. Der Polizist ist sechsunddreißig und kennt die Mühle der Befragung zur Genüge. Seit zehn Jahren gehört er der Kripo an und hat hier, im heißen Viertel der Stadt, schon zahlreiche Verhöre durchgeführt; die Beurteilungen durch seine Vorgesetzten sind immer mittelmäßig ausgefallen, aber aufgefallen ist er nie. So hätte auch diese Anhörung als reine Routine ablaufen können.

Makome sitzt auf einem Stuhl, seine Hände sind nicht mit Handschellen gefesselt, und der Erfahrung entsprechend würde er am Ende des Tages entlassen werden. Ein anderer Inspektor ist zeitweise im Raum und bemerkt, daß der Ton zwischen dem jungen Afrikaner und dem Polizisten manches Mal ansteigt. Als dieser Inspektor wieder einmal den Raum betritt, um den Photokopierer zu benutzen, hört er Makome drohen: »Wenn ich rauskomme, werd' ich dich schon wiederfinden!«.* Er sieht, wie der Kollege daraufhin seinen Revolver aus einer Schublade holt und ihn auf den jungen Afrikaner richtet. Inspektor Compain soll in diesem Augenblick gesagt haben: »Ich hab' aber eine Knarre.« Der photokopierende Polizist wendet sich gerade wieder seiner Arbeit zu, als plötzlich ein Schuß losgeht. Makome, am Kopf getroffen, bricht tot zusammen, und Compain stammelt: »Ich wollte ihm doch nur angst machen.«

Als die Nachrichtensendungen in den Abendnachrichten um acht Uhr den Tod des jungen Afrikaners melden, ist das Polizeirevier Grandes Carrières längst mit Gittern abgeschirmt, denn Politiker und Polizisten fürchten, vom Quartier Goutte-d' Or könnten Unruhen in die Stadt getragen werden. Doch in dieser Nacht bleibt es noch ruhig.

---

*   Le Monde, 8. 4. 1993

Die Goutte-d' Or muß den Schock erst überwinden. Am nächsten Morgen findet man nur einen handgeschriebenen Zettel an der Tür des Rathauses: »Wir bitten Innenminister Pasqua, seinen Hunden einen Maulkorb anzulegen, denn sie töten unsere Kinder.«

In dieser Nacht haben die Marabus, die afrikanischen Zauberer, großen Zulauf, Jugendliche erbitten Schutzformeln, damit ähnliches Unheil sie nicht treffe; Eltern erflehen Amulette, die sie ihren Kindern an die Kleider heften können, damit auch sie gefeit seien. Über hundert afrikanische Zauberer haben in den letzten Jahren ihre Dörfer verlassen, um mit alten Wunderformeln den Tausenden von afrikanischen Gastarbeitern zu helfen, die nach Paris ausgewandert sind, um sich dort in dem Viertel mit dem Namen La Goutte-d' Or niederzulassen.

Durch die Gassen der Goutte-d' Or, die sich am Hang des Montmartre hinziehen, lugt zwischen den schmalen Häusern immer wieder die weiße Fassade des Sacré-Cœur hindurch. Pittoresk wird der Tourist diesen Kontrast zwischen bescheidenen Gebäuden und pompös gebauter Sühnekirche nennen; hier sind die Fassaden nicht wie an den großen Boulevards, nicht wie in den vornehmen Vierteln, aus Kalkstein geschlagen, so teuer wurde hier nie gebaut. An den meisten Häuserwänden blättert die Ölfarbe ab, der Verputz versteckt lediglich die billige alte Bauweise mit Balken und Lehmziegeln. Goutte-d' Or bedeutet Goldtropfen; denn hier wurde vor fünfhundert Jahren angeblich der beste Weißwein Frankreichs gezogen. Und jedes Jahr feiern einige hundert Unermüdliche immer noch das Weinfest.

Seit über hundert Jahren ist La Goutte-d' Or das Einwandererviertel von Paris. Die ersten, die sich hier ansiedelten, waren Elsässer, die nachdem Krieg von 1870/71 nicht deutsch werden wollten. Später folgten Polen, Italiener und ab 1920 Algerier.

Aus dem Elsaß kam auch La Goulue hierher, Henri de Toulouse-Lautrecs berühmtes Modell. La Goulue war der Spitzname der Tanzdielendame Louise Weber, die als junge Maid manch munteren Mann anmachte, der dafür ein paar Münzen springen ließ. »Elle n' était pas belle, elle était pire – Sie war nicht schön, sie war schlimmer«, wurde eine geflügelte Beschreibung von La Goulue. Im Moulin-Rouge tanzte sie den Cancan, als dessen Erfinderin manch einer sie darstellte, und so tanzend hat Toulouse-Lautrec sie auf ein heute noch allerorten hängendes Plakat gemalt: die Röcke mit den Armen geschürzt und ein Bein hoch zu den Sternen geworfen. Als sie im Alter von sechzig Jahren den letzten Rest ihrer Schönheit verbraucht hatte, starb sie 1929 »misérablement«, wie eine Zeitung schrieb, und wurde in einem billigen Grab in Pantin beerdigt. Dort wäre sie der Vergessenheit anheimgefallen, wäre nicht der inzwischen auch längst verblichene Toulouse-Lautrec weltberühmt geworden. So erhielt sie, das Modell – nicht die Tänzerin –, genau hundert Jahre nachdem er sie gemalt hatte, dreiundsechzig Jahre nach ihrem Tod, ihren Ehrenplatz auf dem Friedhof des »Dorfes Montmartre«. Die Vertreter der République libre de Montmartre, der freien Republik Montmartre, waren ebenso angetreten, um La Goulue die letzte Ehre zu erweisen, wie auch der Bürgermeister des 18. Arrondissements und der Abgeordnete Alain Juppé, der ein Jahr später Außenminister sein sollte. Als Abgesandte des kurz darauf für immer schließenden Moulin-Rouge ist La Toya Jackson, die Schwester von Popstar Michael Jackson, an das Grab der Tänzerin Louise Weber aus dem Elsaß getreten, und so, klagt »Le Monde«, hat die schwarze Amerikanerin die Nachfolge der wilden Französin angetreten, »so wie die MacDonald's und Burger Kings auf die Pariser Bistros gefolgt sind«.*

Auf ähnliche Weise haben die Algerier die meisten der früheren Einwanderer verdrängt, und später haben sich zu ihnen die Schwarzafrikaner gesellt. Bis weit nach Afrika ist La Goutte-d' Or inzwischen bekannt – nicht nur, weil dieses kleine Viertel im 18. Arrondissement für einen Berber, einen Senegalesen, einen Nigerianer oder einen Mann aus Mali das Sprungbrett in die andere Welt ist, sondern wegen seines Marktes unter der hier hochgelegten Métrostation Barbès. Man trifft sich dort, als sei es ein afrikanischer Basar. Da werden all jene exotischen Produkte angeboten, die man für die heimatliche Küche braucht, wenn man etwa aus dem Senegal, aus Mali oder Burkina Faso stammt. Aus ganz Frankreich kommt angefahren, wessen Gaumen sich nach jenen Kräutern sehnt, die in Mutters Kasserole dampften.

Noch sind etwa die Hälfte der Bewohner der Goutte-d' Or Franzosen, die übrigen mischen sich aus zwanzig Nationalitäten. Wenn sie auch harmonisch zusammen leben, so klagen doch immer mehr Zuwanderer über ihre Lage.

»Opfer von Rassismus sind als erste stets die Algerier«, meint Mustafa, der seit einunddreißig Jahren in Frankreich lebt. »Die Arbeitslosigkeit trifft zuerst die Algerier, auch die Wohnungsnot spüren Algerier als erste.«

»Woran liegt das?«

»Zum einen lebt der Kolonialgeist noch in Frankreich, zum anderen einfach aus Rassismus.«

Ein paar Schritte weiter, neben einem Marktstand mit merkwürdigen Knollen und Rüben, preist ein russischer Exilant die Zeitschrift »Der Bolschewik« an – ohne großen Erfolg. Hinter ihm klebt die Jugendorganisation SOS-

---

* le Monde, 15.3.1992

Racisme Plakate für eine Veranstaltung, bei der gegen Rassismus in der französischen Gesellschaft Stellung bezogen werden soll. SOS-Racisme wurde von Jugendlichen gegründet und zählt inzwischen über fünfhunderttausend Mitglieder, die besonders an Schulen aktiv sind.

»Die Gastarbeiter fühlen sich unsicher, weil man dauernd ihre Ausweise kontrolliert«, meint Plakatkleber Patrick. »Und wenn ihre Papiere nicht in Ordnung sind, werden sie manchmal mit illegalen Methoden abgeschoben. Dagegen protestieren wir.«

Auch die Goutte-d'Or wird zum Opfer derer, die sich vorgenommen haben, die Fassaden zu reinigen. Das Viertel wird renoviert. Zuerst wollte die Stadtverwaltung das Quartier einfach abreißen und Hochhäuser errichten, nun will man versuchen, den alten Stil weitgehend zu erhalten. Etwa ein Drittel der Bevölkerung der Goutte-d'Or wird ausziehen müssen, und die Sorge davor, wen es treffen wird, schafft Unsicherheit. Die einen werden wegziehen, die anderen fragen sich, ob die Renovierung nicht erhebliche Mietsteigerungen mit sich bringen wird. Aber keiner will fort; denn die Nähe zu Leuten aus dem gleichen Land in ähnlicher Lage in der Goutte-d'Or gibt Halt innerhalb der fremden Gesellschaft, und da nimmt man es schon einmal hin, für ein Zimmer ohne Wasser tausend Mark zu zahlen, auch wenn man dafür keine Quittung erhält. Da kauft man vielleicht schon einmal von einem Unbekannten die Wohnung, in der man haust, und stellt hinterher fest, daß sie ihm gar nicht gehörte. Denn nicht jeder kann sich wehren, weil seine Papiere vielleicht nicht in Ordnung sind, weil er mit dem französischen Rechtssystem nicht zu Rande kommt oder weil bei ihm eine zehnköpfige Familie illegal untergebracht ist. Einen großen Teil der Wohnungen hat die Stadt inzwischen aufgekauft, um ihr Erneuerungsprogramm durchführen zu können.

Seit zwanzig Jahren wohnt in der dritten Etage eines Hinterhofs die aus Algerien stammende Familie Djemal. »Das Viertel hat sich sehr verwandelt«, sagt Sohn Rachid. »Früher war die Goutte-d' Or ein nettes, kleines Dorf, wo jeder jeden kannte. Jetzt, wo alles renoviert wird, verlieren die Leute ihre Bleibe und wissen nicht, wohin mit sich. Sie haben Probleme und weniger Zeit, sich zu treffen, deshalb geht man auch nicht mehr wie bisher miteinander um. Früher, da waren wir wie in einem kleinen Dorf zusammengeschweißt und halfen uns gegenseitig. Aber jetzt muß jeder allein sehen, wie er zu Rande kommt.«

Was es aber heißt, die Wärme der Goutte-d' Or zu verlieren, das haben viele erlitten, meist, weil der Arbeitsplatz zu weit weg lag oder weil eine größere Wohnung in der Banlieue, in einer modernen Vorortsiedlung mit Versprechen reizte, die sich als Verlockungen des Teufels erwiesen. Da haben die Politiker, Architekten, Planer Fehler auf Fehler gehäuft, und die Polizei mußte schließlich ausbaden, was die Verwaltungen nicht korrigieren konnten. Da wehren sich einmal die Einheimischen gegen die Zuwanderer, da brodelt es zum andern in Ghettos, die der Jugend keinen Ausweg, keinen Weg in die Zukunft bieten.

»Mercieca hat recht, kein Ausländerghetto in Vitry«, riefen die Demonstranten, um Monsieur Mercieca, dem kommunistischen Bürgermeister von Vitry, einem kleinen Arbeiterstädtchen vor den Toren von Paris, den Rücken zu stärken. Recht habe er, weil er mit einigen Parteimitgliedern ein Ausländerheim gestürmt und verwüstet hatte. Rassismus nennen diese Aktion die einen; »Kampf den Sklavenhändlern!« fordern die anderen.

Das war schon Anfang der achtziger Jahre so. »Schluß mit der Einwanderung von Gastarbeitern«, forderte nicht nur Jean-Marie LePen, der Führer der Rechtsradikalen, sondern auch der kommunistische Parteichef Georges

Marchais, der die Demonstration in Vitry anführte. »Bei zwei Millionen Arbeitslosen«, so Marchais damals, »können wir keine Gastarbeiter brauchen. Und zweitens: Die vorhandenen Gastarbeiter müssen gleichmäßig auf alle Gemeinden verteilt werden, um keine Ghettos zu bilden.«

Zwei Drittel der Vororte von Paris weigerten sich jedoch, ausländischen Arbeitern Wohnhäuser zur Verfügung zu stellen. Jahrelang wurden sie mit Schiffen herbeigeholt, die Arbeiter aus den ehemaligen Kolonien, aus Algerien, Marokko und Schwarzafrika, und waren herzlich willkommen. Sie hatten die niedrigen Arbeiten zu verrichten, für die sich Einheimische zu fein waren. Billig wurden sie entlohnt, teuer aber mußten sie ihr Leben fristen, denn die Vermieter kannten keine Hemmungen.

»Man muß zahlen, selbst wenn man arbeitslos ist«, klagt der Algerier Selim und wundert sich: »Wir haben noch nicht mal Geld zum Essen. Es heißt zahlen, oder man fliegt raus. Mir ist es passiert. Ich sollte zweitausend Franc zahlen, was ich nicht konnte. Vor Gericht habe ich vorgeschlagen, Raten zu zahlen. Es half nichts.«

Immer häufiger mußten Polizei und Gerichte bemüht werden, um Wohnungsstreitigkeiten mit Gastarbeitern zu regeln. In Bobigny bei Paris zogen siebenhundert Arbeiter aus Mali durch die Straßen, weil zweihundert von ihnen vor Gericht erscheinen sollten: Seit Monaten weigerten sie sich, ihrem Heimleiter die Miete abzuliefern, und das aus einem besonderen Grund: »Bei uns Afrikanern sorgt man für die Familie«, sagte einer der Betroffenen, der Angst hatte, seinen Namen zu nennen. »Ich bin der große Bruder, nun sind alle meine kleinen Brüder illegal nach Frankreich gekommen, und da habe ich sie natürlich bei mir untergebracht. Jetzt sollen die auch noch zusätzlich Miete zahlen.«

Bis zu siebzehn Betten stehen in ihren Zimmern, die früher Büroräume einer jetzt abbruchreifen Fabrik waren. Manches Bett teilen sich drei Afrikaner; alle acht Stunden wechseln sie. Und von jedem einzelnen verlangt der Hauswart Miete. Sagt ein Bewohner: »Manche bleiben hier zehn Jahre, andere nur fünf, manche sogar zwanzig Jahre.«

»Gibt es keine andere Möglichkeit zu wohnen?«

»Für uns nicht.«

Woanders wohnen können sie nicht, da käme die Miete noch teurer. Denn hier zahlen sie fünfzig Mark monatlich für ihr Bett, was für jeden einzelnen ein erschwinglicher Preis, aber dennoch Wucher ist: siebenhundertfünfzig Mark streicht der Vermieter für ein vergammeltes Zimmer ein. Auf dem Gang befindet sich eine Gemeinschaftsdusche, »die Küche« steht in einer Ecke des Raumes. Geld wird für Reparaturen nicht ausgegeben.

In den bis Ende der achtziger Jahre kommunistisch beherrschten Arbeitervierteln um Marseille, Lyon und Paris gehören über zwanzig Prozent der Einwohner zu den Gastarbeitern, und in manchen dieser Bezirke gehen über sechzig Prozent der Sozialausgaben an sie. In dem kleinen Ort Vitry kam es schließlich zur Explosion, als der konservative Bürgermeister des Nachbarortes dreihundert Afrikaner in ein Wohnheim der kommunistischen Arbeiterkommune abschob. Mit einem Bagger fuhr der kommunistische Bürgermeister Mercieca, gefolgt von einer Handvoll Genossen, gegen das Heim an – wie ein Don Quichotte gegen Windmühlen. Die aufgebrachten Demonstranten zerstörten den Zugang des Hauses, hängten die Türen aus und klauten die Schlüssel. Heizung, Gas, Wasser und Strom wurden gesperrt, die Telephone zerschlagen. Gegen die nach Vitry verlegten Afrikaner richtete sich der Zorn, der auf den konservativen Bürgermeister des Nachbarortes gemünzt war. Die schwarzen

Gastarbeiter blieben, trotz der Gewaltaktion, denn für sie gab es keine Alternative. Jeden Morgen wurden sie weiterhin mit Bussen abgeholt und zur Arbeit in die Nachbargemeinde gekarrt, aus der sie gerade hinausgeflogen waren.

In der Umgebung von Paris haben drei Viertel der Gemeinden den Bau von Siedlungen mit Sozialwohnungen abgelehnt, so daß dort, wo sie genehmigt wurden, große »urbane Zeitbomben« entstanden; Viertel, die den eleganten Namen »Zone d' urbanisation prioritaire (ZUP) – vorrangige Stadtbauzonen« erhielten, aber nichts anderes sind als Ghettos für sozial Schwache, in der überwiegenden Zahl Gastarbeiter. Hier wachsen Jugendliche heran, die in den Schulen wenig lernen und deshalb keine Arbeit finden. Die Folge ist, daß sie sich zu Banden zusammenschließen, für die es nichts Schöneres gibt, als ein Rodeo zu veranstalten. Und das geht so: Man stiehlt ein Auto, fährt damit wild durch das Viertel, und zum Schluß wird es angezündet.

Im Herbst 1990 kommt in der ZUP von Vaux-en-Velin, in der Banlieue von Lyon, ein junger Motorradfahrer bei einem Zusammenstoß mit der Polizei ums Leben. Wenige Tage später proben Jugendliche den Aufstand, brennen das Einkaufszentrum nieder und plündern Geschäfte des Viertels. Die Aufregung in Frankreich ist groß, und die sozialistische Regierung beschließt soziale Maßnahmen, die jedoch nur wenig helfen.

Die Jugendbanden werden im ganzen Land zum Problem. In Paris selbst tauchen sie zumeist dann auf, wenn sie im Windschatten großer Demonstrationen Geschäfte plündern können; denn in der Menge sind sie schnell wieder untergetaucht und bleiben anonym. Zwar haben die in Frankreich geborenen Maghrebiner und Afrikaner den

Vorteil, daß sie mit der Volljährigkeit auch die französische Staatsbürgerschaft erhalten, doch Männer haben Schwierigkeiten, sich kulturell zu integrieren. Das gelingt Frauen schneller; sie haben allerdings auch allen Grund, sich aus den kulturellen und religiösen Traditionen der Väter und Brüder zu entfernen, denn die verlangen von der Frau die völlige Unterordnung.

Zwar wurde schon 1974 die Zuwanderung nach Frankreich erschwert, doch durch Familienzusammenführung und weitgehend illegale Einwanderung ist die Zahl der Gastarbeiter von zwei auf über fünf Millionen angewachsen. Und mit der Bildung der Ghettos wurde den Neuangekommenen die Integration immer schwerer gemacht, so daß sie weiterhin ihr eigenes kulturelles und religiöses Leben pflegten. Das aber führte innerhalb von zehn Jahren dazu, daß der Islam mit drei Millionen Gläubigen zur zweitgrößten Religion in Frankreich wurde.[*]

1976 hatte ein Arbeiter bei der Autofabrik Renault in Billancourt eine Unterschriftensammlung veranstaltet und die Geschäftsleitung aufgefordert, den gläubigen Moslems einen Gebetsraum zur Verfügung zu stellen. Die Firma entsprach diesem Anliegen, und so entstand eine »mosquée d' atelier – Werkstatt-Moschee« nach der anderen. Um 1980 gab es in Frankreich schon zehn richtige Moscheen, zehn Jahre später waren es eintausend. Und mit der Einführung der privaten Rundfunkstationen konnte dann sogar der Muezzin fünfmal am Tag seine Gläubigen über den Äther zum Gebet aufrufen.

Doch zwischen den einzelnen Moscheen und ihren geistigen Führern ist ein Kampf um den Glauben entbrannt, der von verschiedenen islamischen Staaten unterstützt wird. Wird etwa in der Moschee von Paris, die unter al-

---

[*] Gilles Kepel: Les banlieues de l' Islam, Paris 1987

gerischem Einfluß steht, Toleranz gepredigt, so gilt in der Moschee Omar in Belleville nur der Integrismus, der alle westlichen Werte zurückweist. Aus der Türkei, aus Saudi-Arabien, aus Marokko und dem Iran werden Moscheen finanziert, um Einfluß auf die islamische Bevölkerung von Frankreich zu nehmen.

Leila und Fatima aus Creil in der Banlieue von Paris haben Frankreich im Oktober 1989 in eine tiefe Glaubenskrise gestürzt, als sie morgens mit umgebundenen Kopftüchern in ihrer Schule erschienen und sie trotz Aufforderung des Lehrers auch im Unterricht nicht abnahmen. Die beiden französischen Teenager Leila und Fatima begründeten ihre Weigerung mit der 24. Sure, Vers 32, des Koran, wo steht, Frauen sollten Arme, Haare und Hals bedecken und diese Körperpartien nur ihrem Gatten zeigen. Leila und Fatima Achaboun sind Französinnen, da sie in Creil geboren wurden, doch ihre Eltern stammen aus Marokko, und der Vater bekennt sich zum islamischen Fundamentalismus.

Nun begann in ganz Frankreich der Streit darüber, ob den Mädchen erlaubt werden solle, ihre Kopftücher aufzubehalten oder nicht. Der Schuldirektor von Creil schickte die Kinder jedenfalls erst einmal nach Hause und ließ sich schließlich mit Vater Achaboun auf den Kompromiß ein, seine Töchter durften die Kopftücher im Schulhof tragen, aber nicht im Klassenraum. Täglich wurden die Kinder auf dem Schulweg von Kamerateams und Journalisten begleitet.

In Paris demonstrierten fünfhundert fundamentalistische Frauen mit Kopftüchern für ihre Religion. Keine Nachrichtensendung verging ohne große Debatte. Keine Zeitung erschien ohne Schlagzeile über die Kopftücher. Kein Magazin verzichtete auf *l' affaire des foulards* – die Kopftuchaffäre – auf dem Titelblatt. Denn hatte nicht Jules Ferry, der Vater des französischen Schulsystems, in der zweiten Hälfte des letzten Jahrhunderts die »neutralité religieuse de l' école – die religiöse Neutralität der Schule« festgelegt?* Damals richtete sich seine Forderung nach einer laizistischen Schule allerdings gegen die bis dahin das Schulwesen beherrschende, die Französische Revolution und damit auch die Republik ablehnende katholische Kirche.

Sogar auf höchster Staatsebene wurden die Kopftücher von Leila und Fatima zum Gesprächsthema. Die Frau des Staatspräsidenten, Danielle Mitterrand, griff in die Debatte mit den Worten ein: »Wenn der Schleier Ausdruck einer Religion ist, müssen wir die Traditionen dulden.«

Ein Aufschrei ging durchs Land und quer durch die Parteien, denn es galt, die Republik zu retten – und die französische Identität. Eine Umfrage wurde veranstaltet, die allerdings ergab, daß nur sechs Prozent der Franzosen in der Religion einen Teil ihrer Identität sehen, dagegen halten 51 Prozent die freie Meinungsäußerung für einen wichtigen Teil ihres Wesens. Und so erlaubte Erziehungsminister Lionel Jospin den Mädchen, die Kopftücher zu tragen, was wiederum Arezki Dahmani, ein Franzose algerischer Herkunft und Präsident der anti-rassistischen Organisation France Plus, heftig kritisierte. Hier habe der Staat sich einer kleinen Minderheit von Fundamentalisten gebeugt, was Millionen von Muslimen in Frankreich nicht dulden könnten. Die laizistische Schule, so Dahmani, habe sich schließlich als integrierender Faktor für viele Kinder von Gastarbeitern erwiesen, und so müsse es auch bleiben.

Es geht also ums Eingemachte- um die französische Identität: »Frankreich«, so schreiben Hervé Le Bras und Emmanuel Todd in ihrem Buch »L' invention de la France –

---

* Jean-Michel Gaillard: Jules Ferry, Paris 1989, ferner: Le Point, 20. 10. 1989, S. 66 ff.

die Erfindung Frankreichs«*, »ist nicht durch ein spezielles Volk gegründet worden. Es trägt den Namen eines germanischen Stammes, spricht eine vom Lateinischen abgeleitete Sprache. Es wurde erfunden von einer Gemeinschaft von Völkern. Mehr denn jede andere Nation ist Frankreich eine lebendige Herausforderung, sich ethnisch und kulturell stets neu zu bestimmen.«

Die Lebensfähigkeit der französischen Demokratie werde sich an der Integrationsfähigkeit Frankreichs messen, fügt der Journalist Christian Makarian (dessen Nachname armenische Abstammung verrät) hinzu. Die Integration sei jedoch nur möglich durch die klare und bedingungslose Anerkennung der französischen Identität; eine Identität, die die Einwanderer angeblich bewußt suchen, indem sie Frankreich als ihr Gastland erwählen.

Auch in der Goutte-d' Or wird gen Mekka gebetet. In einer nach Osten gerichteten Straße wurde in einem Keller die Moschee El Fatah eingerichtet. Sie wird von zwei Brüdern betreut. Da die Räume zu klein sind, breiten die Gläubigen, die freitags innen keinen Platz finden, selbst im Winter Teppiche und Tücher auf der Straße aus, knien Reihe für Reihe hintereinander nieder und verneigen sich im laut gemurmelten Gebet.

Für Autos wird die Straße dann vorübergehend mit vier Mülltonnen gesperrt. In der Goutte-d' Or leben Jesus, Mohammed und viele andere Heilige, Propheten und Götter friedlich beieinander.

Dieses Kulturgemisch reizt heute wie vor hundert Jahren die Künstler. Emile Zola ließ hier den Roman »L' Assomoir – Der Totschläger« spielen. Und einer der bekanntesten lebenden Autoren Frankreichs, Michel Tournier, gab

---

* Zit. nach: Le Point, ebenda

seinem Roman, in dem ein Berberjunge den Weg aus der Stille der Sahara in den Lärm des Industriestaats sucht und findet, sogar den Namen La Goutte-d' Or zum Titel.*

Der Literatur folgte das Kino, und einer der erfolgreichsten französischen Filme, »Black Mic-Mac«, wurde in der Goutted' Or gedreht. In dieser Komödie stört ein Restaurantküchen kontrollierender Inspektor mit peinlichen Sauberkeitsvorstellungen das arabisch-afrikanische Getriebe. Mit Hilfe des Zaubers eines afrikanischen Marabus will man sich seiner entledigen. »Gibt's Marabus wirklich?« erkundigt sich der ahnungslose Inspektor im Film bei zwei schwarzen Schönheiten. Ja, die gibt's. Der Marabu glaubt, durch Besprechen einiger Haupthaare des Polizisten diesen verfluchen zu können; der Zauber gelingt tatsächlich, und der unangenehme Inspektor endet als Clochard und wird endlich liebenswert menschlich.

Szenen des Films »Black Mic-Mac« spielen in dem afrikanischen Café Aida. Es wird von einer Senegalesin betrieben, die sich auf heimische Gerichte spezialisiert hat. Wer hier Essen bestellt, muß neugierig sein und es mögen. Dort treffe ich den dreiundzwanzigjährigen Lamine Diabakhate, der sich der Einfachheit halber in Frankreich Alex nennt. Er will den Fremden zu einem Marabu führen, zieht jedoch erst einmal aus seiner Tasche ein mit einem langen Bindfaden umwickeltes Stück Papier hervor: »Das hier hat mir erlaubt, Sie kennenzulernen«, sagt er. »Es ist von meinem Marabu.« Das Papier hat der Marabu mit arabischen Schriftzeichen versehen, die Alex erklärt: »Auf dem Papier stehen Formeln, die mir erlauben, voranzugehen und vor niemandem Angst zu haben. Der Marabu hat geschrieben, daß meine Geschäfte erfolgreich seien.« Er blickt von dem Gekritzel hoch, schaut mich an und meint: »Wenn Sie ein-

* Deutsch: Der Goldtropfen, Hamburg 1987

fach so zu dem Marabu gegangen wären, hätte er etwas anderes verzeichnet. Vielleicht genau das Gegenteil von dem, was er mir gesagt hat. Denn es hängt jeweils von dem Problem ab, mit dem man zu ihm kommt. Ich habe vielleicht Probleme mit Frauen; Sie haben sie bei der Arbeit, und dafür muß der Marabu eine andere Lösung finden.« Alex hat einen Termin mit einem Marabu verabredet, und wir treten auf die Straße. Unterwegs treffen wir auf Zeichen, die nur Eingeweihte erklären können. Auf dem Gehweg hat jemand Milch ausgegossen, und die Spuren führen bis um die nächste Ecke. »Dickmilch«, so Alex, »die hat jemand ausgekippt, weil der Marabu es empfohlen hat, denn das hilft offensichtlich, die bösen Geister zu vertreiben, die jemandem Probleme verursachen.« Auf der Straße mischen sich Passanten, die urfranzösisch aussehen, mit arabisch oder afrikanisch geprägten Gesichtern.

Ganz versteckt liegt noch manche vom Wandel der Bevölkerung unberührte Idylle, wo wohlsituierte Franzosen heimisch sind. Die Gasse Poissonière ist eine Privatstraße, die erahnen läßt, daß dieses Viertel schon zu Zeiten Ludwigs des Heiligen, im 15. Jahrhundert, eine besondere Rolle spielte. Eine schöne Kulisse, die von der Filmindustrie so häufig genutzt wurde, daß die Einwohner sich gegen jede Kamera wehren, und da die Gasse eine Privatstraße ist, werden jetzt Drehgenehmigungen nur noch gegen hohes Entgelt zugestanden. Der Weg führt nach oben, die mit Bäumen und Blumen bepflanzten Vorgärten werden von Gittern abgegrenzt, doppelstöckige Villen liegen fast Mauer an Mauer und schirmen sich wie eine Wagenburg gegen die Außenwelt ab. Doch nur zehn Meter neben dem Eingang zu dieser verträumten Gasse hängen bunte Stoffe aus, wie sie Afrikaner tragen, und in den Hinterstuben quietschen Nähmaschinen, an denen Schwarzarbeiterinnen Naht für Naht ihren niedrigen Lohn verdienen.

Die engen Straßen und ihre schmucklosen Fassaden verbergen, daß ein Hinterhof sich an den andern reiht, und im dritten führt eine steile Stiege bis in den sechsten Stock hinauf, wo der Marabu haust. Seine Frau ist in bunte Stoffe gewandet, an ihre Beine klammern sich die beiden jüngsten Kinder, als sie die Tür öffnet. Ein Dutzend weiterer Frauen, Kinder und Kindeskinder des Zauberers leben in seinem Heimatdorf im Senegal. Er ernährt sie alle mit seinen reichlich fließenden Honoraren. Im größeren der beiden Zimmer der Wohnung erwartet uns Mamadou Lamine Diaby, großes Medium und Seher, auf dem Boden. Wir werden gebeten, die Schuhe auszuziehen, bevor wir unsere Füße auf seinen Teppich stellen.

Alex übersetzt die Frage an Mamadou Lamine Diaby, was denn ein Marabu so alles könne und worin seine Heilkraft läge. Nur schwer zu verstehen ist, was der Marabu als Antwort aus seinem fast zahnlosen Mund, zwischen den Lippen gemurmelt, hervorzischt. Jeder seiner Zunft sei auf gewisse Dinge spezialisiert. Er könne vor schlechten Einflüssen und bösem Fluch schützen, im Handel und bei Prüfungen helfen. Aber auch in Familienangelegenheiten seien seine Künste von Nutzen. Er könne Probleme sogar über weite Entfernungen in Ordnung bringen, weshalb manche Kunden aus Afrika, ja sogar aus Amerika anriefen. Zum Werkzeug des Marabus gehört neben dem Koran ein dünnes, glattes Holzbrett, das oben abgerundet ist. Darauf schreibt er Sprüche mit Tusche, wäscht sie anschließend mit Wasser ab und gibt diese Tinktur dem um Hilfe Bittenden zu trinken.

Marabus erhalten für ihre Konsultationen viel Geld und sind reiche Leute. Manch einer von ihnen besitzt ganze Wohnblöcke in Paris und wird im Heimatland selbst von Politikern, ja von Staatspräsidenten, zu Rate gezogen. Auf besonderen Wunsch kann Mamadou Lamine Diaby bei der Angebeteten eines Kunden sexuelle Gelüste erwecken, ein Versprechen, womit er auch manch einen Franzosen in sein Hinterzimmer lockt.

Seitdem immer mehr Marabus aus Afrika in der Goutte-d' Or ihren Hokuspokus anbieten, müssen sie sich, um im Wettbewerb zu überleben, auch westlicher Mittel wie des Werbezaubers bedienen, um Kunden anzuziehen. Junge Männer, die ohnehin keiner geregelten Arbeit nachgehen, werden an den Ausgang der Métrostation Barbès geschickt, wo sie kleine Handzettel mit den Lobpreisungen des Gewerbes und der Adresse des Marabus verteilen.

Es wirkt eigenartig, wenn im kühlen Herbst eine marokkanische »Fantasia« durch die Goutte-d' Or reitet, Männer in orientalischen Gewändern hoch zu Roß, begleitet vom Trommeln und Gepfeife arabischer Klänge. Doch wenigstens einmal im Jahr wollen die Bewohner ihre heimatlichen Feste auch in den Straßen ihres Pariser Dorfes feiern; denn im Laufe der Zeit haben sie sich daran gewöhnt, daß die Goutte-d' Or Heimat auf fremdem Boden ist. Und wer aus dem Berberzelt in der Sahara den Weg nach Frankreich angetreten hat, der erhielt dort als Anlaufpunkt in Paris eine Hausnummer in der Goutte-d' Or. Nicht nur wegen des Marktes, nicht nur wegen der Geschäfte zieht es jeden, der hier einmal gelebt hat, in die Goutte-d' Or zurück, sondern auch wegen der Freunde, wegen der Kultur, wegen der Sehnsucht.

Nun gut, viele der hier aufwachsenden Jugendlichen haben ein anderes Verhältnis zum Eigentum als die Mehrheit der Franzosen. Natürlich ist der rasche Gewinn durch ein bißchen Drogenhandel verführerisch, weshalb die Polizei ständig anwesend ist, sich aber nur selten in Uniform zeigt, sondern meist in Zivil. Dabei ist die Kriminalität in der Goutte-d' Or nicht größer als anderswo, bestätigt das Polizeirevier. Gewalttaten kommen kaum vor. Ein ahnungsloser Tourist verliert dort zwar schnell seine Geldbörse, doch das kann ihm genauso leicht auf den prachtvollen Champs-Élysées passieren.

Die jugendlichen Afrikaner oder Araber, die hier in eine französische Schule gingen, sind von zwei Kulturen geprägt, aber daß die Jungen doch eher Franzosen sind, zeigen sie mit dem einstudierten Tanz, den sie beim Fest der Goutte-d'Or öffentlich vorführen. Nicht afrikanische Tradition, sondern moderner, westlicher Ausdruck bestimmt die Choreographie. Nicht ursprüngliches Volkstum, sondern die Gewalt der industrialisierten Welt stellen die Tänzer dar.

Gewalt, geboren aus Rassismus und Geldgier, ist leider auch Anlaß für gräßliche Meldungen aus den Einwandervierteln im Norden von Paris. In den vergangenen Jahren wurden nachts immer wieder Häuser angezündet – mutwillige Brandstiftung. Es waren Häuser, in denen Afrikaner wohnten, von denen manch eine Familie im Rauch erstickte. Über zwanzig Menschen starben, als Häuser abbrannten, für die nach dem Feuer die Abbruchgenehmigung erteilt wurde.

In diesem Milieu der Goutte-d'Or war Makome M'Bowole aufgewachsen, siebzehn Jahre war er alt, als ihn die Kugel aus der Pistole von Inspektor Pascal Compain tötete. In derselben Woche nahm die Polizei im südwestfranzösischen Arcachon den zweiunddreißig Jahre alten maghrebinischen Gastarbeiter Pascal Tais fest. Er starb mit eingeschlagener Schläfe, eine Wunde, die er sich nach Angaben der Polizei angeblich selbst beigebracht hatte. Es war am selben Tag, als die Polizei in Wattrelos, im Norden Frankreichs, den siebzehnjährigen Rachid Ardjouni jagte, der sich mit einem gestohlenen Wagen dem Rodeo-Spiel hingab, bis ein Polizist das Feuer eröffnete und ihm in den

Rücken schoß. Zwei Tage später starb Ardjouni, und wie damals in Vaux-en-Velin brannten wieder die Geschäfte, randalierten und plünderten aufgebrachte Jugendliche.

Als sich in der Goutte-d' Or der Tod von Makome herumgesprochen hatte, wurde für den nächsten Nachmittag ein Protestzug geplant. Deshalb wurde der Bus, der den achtzehnjährigen Salim Hadjedj zu einem Rendezvous auf die Champs-Élysées bringen sollte, vor dem Rathaus des 18. Arrondissements umgeleitet. Es war kurz vor sechs Uhr abends, die Demonstration hatte gerade angefangen, und Salim Hadjedj stieg aus. Neben ihm stand ein junger, gutaussehender Franzose mit blauen Augen, in sportlicher Kleidung, zu dem Salim sagte, an seiner Stelle würde er abhauen, sonst könnte er was abkriegen. Und Salim selbst drehte sich um und rannte los. Plötzlich wurde er von hinten gefaßt, jemand drehte seine Arme um und legte ihm Handschellen an. Es war der junge Franzose mit einem zweiten Polizisten in Zivil. Salim wird geknufft, einer raunzt ihn an: »Scheiß Jude. Warum hast du denn nicht dein Ding auf dem Kopf?« Auf dem Kommissariat will man nur wissen, ob er schon volljährig sei; als er es bestätigt, ist die Freude groß. »Dann können wir ja loslegen.« Er soll »Heil Hitler!« rufen, doch er sagt, er sei Araber. Da wird ihm erklärt, Hitler habe wenigstens was im Kopf gehabt. Salim wird immer wieder geschlagen. Nachts kommt er ins Krankenhaus, erhält ein paar Pillen, es sei ja nichts Schlimmes, und landet schließlich auf dem Kommissariat der Goutte-d' Or. Dort reißt man ihm das goldene Halskettchen ab und den kleinen diamantenen Ohrschmuck, den ihm sein Onkel geschenkt hat.

Derweil suchen seine Eltern, die schon seit sechsunddreißig Jahren in Frankreich arbeiten, die ganze Nacht über nach ihm. Die Mutter macht sich Sorgen, er werde seine Abiturarbeiten verpassen. In dieser Nacht kommen ihr wieder die Ängste hoch, die sie seit der Nacht vom 17. Oktober 1961 mit dem spurlosen Verschwinden von Arabern in Paris verbindet. Davon zu reden ist in der französischen Gesellschaft ein Tabu, und nur einige kritische Zeitungen wärmen alle paar Jahre, wenn diese Nacht sich jährt, die Sache mit den Noyés de la Seine, den Ertrunkenen von der Seine, wieder auf.

1961 herrschte noch der Kolonialkrieg in Algerien, und am Abend des 17. Oktober strömten Tausende von Algeriern zu einer Demonstration, die Polizeipräfekt Maurice Papon verboten hatte. Zehntausende zogen friedlich über die großen Boulevards und bekannten sich zu einem »algerischen« Algerien. Es war die Zeit der Verhandlungen von Evian, wo Frankreich mit Algerien über die Unabhängigkeit diskutierte, aber auch jene Zeit, in der rechtsgerichtete Franzosen Staatschef General de Gaulle mit mehreren – fehlgeschlagenen – Attentaten beseitigen wollten. Die Demonstration verlief ruhig, als sich auf der Höhe des Café du Gymnase auf dem Boulevard Bonne-Nouvelle ein Wagen querstellte, der Fahrer ausstieg und in die Luft schoß. Das war das Signal für ein Massaker. Bald lagen zwischen Schuhen und Kleidungsstücken, die fliehende Demonstranten fallen ließen, sieben Getroffene, drei davon tot. Überall griffen die Ordnungskräfte ein, Männer, Frauen, Kinder wurden geprügelt und verhaftet.

Tausende von Männern wurden in ein Lager im Bois de Vincennes gesperrt und tage-, ja wochenlang ohne gesetzliche Grundlage festgehalten. Willkürlich wurden manche von ihnen nach Algerien ausgeflogen; man hörte nie mehr etwas von ihnen. Nicht alle Polizisten waren damit einverstanden, und eine Gruppe, die sich republikanische Polizisten nannte, schrieb in einem offenen Brief an den Staatspräsidenten, da sei der Pont de Neuilly auf beiden Seiten von Polizisten abgeschnitten worden, und dann hätten sie

»alle Algerier, die in dieser riesigen Falle saßen, bewußt-
los geschlagen und systematisch in die Seine geworfen.
Es war ein gutes Hundert, das diese Behandlung erfuhr.«*
In den nächsten Wochen schwemmte die Seine über sech-
zig Leichen ans Ufer. Einige hundert blieben für immer
verschwunden. Zehntausende kamen tagelang nicht nach
Hause, und trotzdem fanden die sieben Richter, die jene
Vorfälle untersuchten, keine Schuldigen.

Und als der Pariser Polizeipräfekt Maurice Papon vor
dem Stadtrat zur Verantwortung gezogen wurde, antwortete er lakonisch: »Die Pariser Polizei hat nur getan, was
ihre Aufgabe war.« Woraufhin die konservative Mehrheit
im Rat ihm das Vertrauen ausgesprochen hat.

Daran dachte Salims Mutter und war glücklich, als um
fünf Uhr früh die Polizei anrief und erklärte, Salim sei in
Gewahrsam. Sie sagte noch, man möge ihn nicht zu diesen
Nachtzeiten freilassen, da sei es in der Stadt zu gefährlich,
und verstand nicht, weshalb am anderen Ende der Leitung
gelacht wurde. Salim kam erst am nächsten Abend nach
Hause.

Andere Gleichaltrige von Salim waren nicht so brav wie
er. Hunderte von Jugendlichen lieferten sich drei Nächte
lang Gefechte mit der Polizei. Für Samstag, vier Tage nach
dem Tod von Makome, wurde im 18. Arrondissement eine
Demonstration gegen den Rassismus angesetzt, doch Innenminister Charles Pasqua untersagte sie, aus Angst vor
Krawallen. Gerade er, Pasqua, wurde in der Öffentlichkeit für die unkontrollierte Polizeigewalt verantwortlich
gemacht; denn Pasqua, von 1986 bis 1988 schon einmal Innenminister, gilt als ein Kämpfer für Recht und Ordnung,
der seine Polizei zu hartem Durchgreifen auffordert. Und
nun war er nach dem triumphalen Wahlsieg der Konser-

---

* Michel Levine: Les ratonnades d' Octobre, Paris 1985

vativen im März 1993 wieder in sein altes Amt eingesetzt worden, sehr zur Beruhigung der Polizisten. Trotzdem konnten sie nicht verhindern, daß in der Nacht von Samstag auf Sonntag einige Banden Schaufenster einschlugen und Geschäfte plünderten. Und das ist die weniger schöne Seite der Goutte-d' Or, dieses goldenen Tropfens.

Man legt in Frankreich schon seit eh und je sein Geld »dans la pierre«, in Stein, an, und seitdem Grundstücke in den Zentren der Welt mehr Wertsteigerung versprechen als die Spekulation mit Gold, will jeder, der kann, mitmachen. So ersetzt die Investition in den Metropolen, auch in Paris, das Menschliche, vertreibt und zerstört das gewohnte Leben. Wie in all den Städten, wo ein einzelner von Glück reden kann, wenn er für tausend Mark noch ein kleines Studio zu mieten findet, zerfasern Strukturen der Gemeinschaft. Selbst die herrlichste Steinwüste – auch Wüsten können schön sein – verwandelt sich in einen Geburtsort oder den Fluchtpunkt der Einsamen. Der schnelle Lebensrhythmus, die schwierigen Verkehrsverbindungen, die daraus entstehende Müdigkeit lockern, es ist nur eine Frage der Zeit, selbst enge Bande – und sind zehn Kilometer im Pariser Becken nicht eine weitere Entfernung als fünfzig auf dem Lande?

Die Immobilienspekulation hat in den volkstümlichen Quartiers von Paris nicht nur den dorfähnlichen Zusammenhalt des kleinen Volkes und dessen Musette-Walzer zerstört, sondern auch das für alle Franzosen so wichtige, enge Familienleben zerbröselt, besonders das in den Arbeitervierteln, was um so gravierender ist, als die Arbeiterklasse ihren sozialen Umgang fast ausschließlich auf den Umgang mit der Verwandtschaft beschränkt, wie die Soziologin Agnès Pitrou festgestellt hat.* Und dieser regelmäßige Kontakt mit den Verwandten ist nicht nur äußerlich zu messen; die Rolle der Familie ist im Imaginären vielleicht noch wichtiger als nur im Faßbaren. Die Vorstellung von der Familie gibt demjenigen in Raum und Zeit Geborgenheit, der sich im Beruf unwohl fühlt oder schlechte Wohnverhältnisse hinnehmen muß; denn in der Familie findet er seine Geschichte und Identität, die ihm Arbeit und Wohnort verweigern. Wer nun aus dem 18., 19. oder 20. Arrondissement, dort, wo man als Arbeiter wohnte, vertrieben wurde, der versuchte die auf Blutsbanden ruhenden Gruppenstrukturen in die Vororte zu retten.

Marius Laperrouse gelang diese Rettungsaktion der Familie in der Banlieue. Oder wurde deren Zerfall nur aufgeschoben? Fast eine Stunde fährt man mit der Vorortbahn von Paris aus in den Osten nach Pontault-Combault, eine kleine, unauffällige Gemeinde, die niemand kennt, wo die Häuser nicht höher als zwei Stockwerke gebaut wurden, die Gärten gerade so groß sind, daß man sie bequem am Wochenende pflegen kann, und außer auf der Durchgangsstraße nur wenig Autos verkehren. Hier hat Anfang der fünfziger Jahre Marius Laperrouse ein kleines Grundstück gekauft und mit eigener Hände Kraft sein bescheidenes Häuschen gebaut, unten eine Küche, in der auch der Eßtisch steht, und ein Wohnzimmer, wo die Familienfeiern stattfinden, und oben zwei Schlafzimmer, eins mit Balkon, und ein Bad.

Als der Arbeiter Marius Laperrouse Mitte der zwanziger Jahre Renée heiratete, fand das junge Paar seine erste kleine Wohnung im 18. Arrondissement von Paris. Der Hinterhof des Gebäudes war mit großen Pflastersteinen

---

* Agnès Pitrou: Le Soutien familial dans la société urbaine, Revue française de Sociologie XVIII, 1977, S. 59

ausgelegt, zwischen den Granitquadern wuchs schon einmal ein Gänseblümchen, wie man heute noch auf alten Postkarten mit Wehmut sehen kann. Und vielleicht seufzt man dabei: Ja, so war das damals. In manchen Vierteln in der Gegend der Bastille sieht's noch so aus. Noch! Auch von Marius und Renée gibt es alte vergilbte Bilder aus diesem Hinterhof, wie sie Colette, die älteste ihrer drei Töchter, an der Hand halten und das Kind gerade seine ersten Schritte zu stolpern scheint. Heute stehen an dieser Stelle große Wohnsilos, in denen Mieten verlangt werden, die selbst ein kleiner Angestellter kaum bezahlen kann, geschweige denn ein Arbeiter, wie Marius es war.

Marius Laperrouse konnte von den großen Schauspielern Anekdoten erzählen, vom Film... Jean Gabin mochte er gar nicht, der kam ihm zu arrogant vor, ganz anders als Bourvil! Denn Marius arbeitete als Kameragehilfe schon beim Film, als das noch etwas ganz Besonderes war. Als Colette alt genug war, einen Beruf zu ergreifen, da hat der Vater sie als Cutterin untergebracht. Vierzig Jahre arbeitete sie bei der kleinen Filmfirma, deren Mitarbeiter bei jedem Familienfest mit der Kamera erschienen und die Familie Laperrouse auf Zelluloid bannten – nicht aus dokumentarischen Gründen, sondern weil Colette statt des Photoalbums ein moderneres, visuelles Gedächtnis der Familie anlegen wollte, Französische Familien pflegen ihre Schatztruhen mit Erinnerungsstücken an die Altvorderen; an ihren Festen nehmen nicht nur die Lebenden, sondern auch die Toten teil.

Die Soziologin Martine Segalen berichtet, daß die Lebenden sofort den Platz der Gestorbenen besetzen und damit der Familie eine Kontinuität, eine Dauer geben; sie übermittelt folgendes Zeugnis aus einer Familie: »Zur Zeit meiner Eltern, gegen 1939, hatten wir uns angewöhnt, uns jeden Ostermontag bei ihnen zu versammeln, wir waren elf

Kinder, und mein Vater stammte auch aus einer elfköpfigen Familie, so waren es immer vierzig bis fünfundvierzig... Als die Eltern tot waren, haben wir beschlossen, jedes Jahr zu meiner ältesten Schwester zu gehen, die das Elternhaus geerbt hatte... alle Kinder... Es war ein Spaß, sich wiederzusehen. Am Ende des Mahls gingen wir Blumen kaufen und schmückten das Grab der Eltern... Kurz bevor er starb, hat mein Bruder gesagt: ›Ihr wißt, dieses Treffen muß weitergehen, solange noch einer von uns übrigbleibt.‹ Nach uns werden es die Kinder tun...«[*]

Der Hinterhof, in dem Colette Laperrouse aufgewachsen ist, war schon abgerissen, als ihr Familienfilm beginnt. Colettes Album zappelt zum ersten Mal schwarzweiß, als sie 1948 im weißen Schleierkleid mit ihrem frisch angetrauten Mann aus der Kirche kommt, großer Trubel und Heiterkeit umgibt sie, die Frauen tragen altmodische Hüte, die Männer scheinen nicht an ihre engen, schwarzen Anzüge gewohnt zu sein. Mutter Renée strahlt, der Vater mit seinem hageren, fast kränklich wirkenden Gesicht hält sich immer zurück. Da sind die Schwestern, Tanten, Onkel, Vettern und Cousinen, die ganze Sippschaft also, zum Familienfest erschienen, nie kommen weniger als vierzig bis fünfzig Familienmitglieder. Braut und Bräutigam schreiten die Stufen vor der Kirche herunter. In jenen Jahren nach dem Krieg baut man neu auf, aber noch keiner besitzt ein Auto; so bildet sich ein kleiner Zug, und singend marschiert die Hochzeitsgesellschaft zur Feier ins nächste Bistro. Gefeiert wird offenbar immer in der Familie, und immer gibt es einen Vorwand, eine Flasche Champagner zu öffnen. Colettes Sohn Jean-François wird 1949 geboren, Anfang der fünfziger Jahre folgt das Schwesterchen Françoise. Auch Colettes Schwestern Louisette

---

[*]   Martine Segalen, in: Histoire de la famille Paris 1986, S. 510

und Denise heiraten und bekommen Kinder. Zu jeder Gelegenheit treffen sie bei Marius und Renée ausgelassen zusammen, und – wie man auf den Filmstreifen sieht – immer haben sie Champagnergläser in der Hand.

»Wir steckten immer bei irgendeinem Teil der Familie«, erzählt Colette. »Einmal verbrachten wir ein Wochenende in dem Wochenendhäuschen von Simone, der Schwester meines Mannes, in der Normandie, das wird fünfunddreißig Jahre her sein. Und mit einemmal hat's uns gepackt. Mein Schwager hatte eine große Truhe mit Kostümen, und da haben wir uns alle umgezogen und ohne Anlaß verrückt gespielt. Mein Mann trat als Tänzerin an der Oper auf, ohne daß all das geplant war.« Irgend jemand hat auch diese Szene gefilmt, die wie aus einem Stummfilm mit Charlie Chaplin wirkt: Einer hat die Quetschkommode, ein anderer eine Fanfare und ein Dritter eine Geige gefunden, und so hüpfen die Erwachsenen ausgelassen wie kleine Kinder durch den Garten von Colettes Schwägerin.

Das Telephon spielt an den Arbeitstagen eine wichtige Rolle, das Wochenende nutzt man für Familienbesuche, denn in der französischen Arbeiterklasse treffen drei von vier Eltern ihre verheirateten Kinder mindestens einmal die Woche[*], und da die meisten Arbeiter in Paris aus der Provinz kommen, werden die Ferien meist am Ort ihrer Herkunft, in dem Haus der Familie geplant, wo die Verbindungen mit anderen Verwandten immer wieder aufgefrischt werden.

Selten waren Außenstehende bei den Familienfeiern der Laperrouses anwesend, denn Freunde sucht man sich in Frankreich erst einmal in der Verwandtschaft. »Zwar haben meine Schwestern, die Kinder oder ich Freunde, aber

---

[*]   Martine Segalen: Sociologie de la famille, Paris 1981

zuerst ging es uns immer um die Familie«, so Colette. »Dort suchten wir die Kontakte. Denn nicht die Freunde, sondern die Verwandten stehen an erster Stelle, und da ich nur Schwestern habe, fand ich meine Brüder in den Schwägern und Schwiegersöhnen.« Fremde, Ausländer halten Franzosen leicht für unnahbar, ja unfreundliche Menschen, die niemanden an sich heranlassen, eben weil sie nicht sehen, daß nicht der Fremde, selbst wenn er ein noch so guter Bekannter geworden ist, interessiert, sondern Franzosen geben immer wieder dem Sog nach, der sie in den Kokon der Familie zieht. Ob Schwester Louisette Geburtstag hat oder Colettes Tochter gefirmt wird, jedes Fest findet in Pontault-Combault bei Marius und Renée statt, dort hat man in dem kleinen Häuschen und dem Garten, in dem früher Gemüse angepflanzt wurde und jetzt einige Gartenzwerge stehen, genügend Platz, um ausgelassen zu sein. Man tanzt sogar auf den Tischen, und als Jean-François noch ein Teenager ist, versucht ihm die Mutter beim Familienfest den Twist, gerade hoch in Mode, beizubringen.

Auch wenn keine Feste anstehen, fährt Colette mindestens einmal in der Woche zu den Eltern, telephoniert wird fast jeden Tag. Selbst wenn an den Treffen nicht alle Familienmitglieder teilnehmen können, so ist für die Abwesenden die Vorstellung vom Fest der Generationen fast genausoviel wert, als wären sie dabei, denn allein das Wissen, zu einem großen Clan zu gehören, gibt ihnen inneren Halt. Hinter den Familienfeiern verstecken sich Rituale, die zur Stärkung der Identität des einzelnen Mitglieds beitragen. Allein der Gruß bestätigt dem Eingeweihten, woher er kommt, der Fremde mag darin nur eine »nationale« Eigenheit sehen.

»Die Franzosen küssen sich immer, wenn sie sich treffen«, meint der Deutsche, vielleicht sogar mit einem leicht ironischen Lächeln ob solcher Gefühlsduselei. Allein schon wie man sich umarmt, zeigt, ob man dazugehört oder Fremder ist. Die einen berühren die Wangen zweimal – einmal rechts, einmal links – und schmatzen dabei mit den Lippen laut hörbar in die Luft, als würden sie sich auf den Mund küssen, andere dreimal; wer vom Lande kommt vielleicht viermal. Allein in dieser Zahl versteckt sich ein Teil der Familienherkunft.

Ende der siebziger Jahre feiern Marius und Renée ihre Goldene Hochzeit. Sie haben acht Enkelkinder. Marius ist in Rente gegangen, mit der Gesundheit kann er nicht gerade prahlen, aber immer noch wird gefeiert. Bei der Goldenen empfängt sogar der Bürgermeister in der Mairie und stiftet einen neuen Staubsauger. Die Enkeltochter Françoise ist verheiratet, Colettes Sohn Yann macht Marius und Renée zu Urgroßeltern, und auch Jean-François hat einen eigenen Hausstand gegründet. Doch langsam scheinen sich die Familienbande zu lockern. Jacques, Colettes Mann, ist plötzlich gestorben, man telephoniert häufiger, als daß man sich sieht. Mutter Renée ist immer wieder im Krankenhaus, und Anfang 1990 stirbt Vater Marius.

Die Familie von Marius und Renée mag nun langsam zerfallen, andere bleiben bestehen. Wen wundert's, denn 62,7 Prozent der Franzosen haben – auf die Frage von Soziologen – bekräftigt, daß ihre Familie der einzige Ort sei, an dem sie sich entspannt und wohl fühlen! Und wenn sie alle von der Krise der Familie sprechen, dann meinen sie nur die anderen Familien, selten die eigene. Die führende französische Familiensoziologin Martine Segalen hat in ihrem Standardwerk über die Familie in Frankreich* festgestellt, daß immer noch über siebzig Prozent der Franzosen im Verband der Großfamilie leben.

---

* Segalen, Sociologie de la familie (wie S.206)

Wie bedeutend die Frage der Familienbeziehungen in der Geschichte Frankreichs schon immer gewesen ist, läßt sich daran ablesen, daß Fernand Braudel, sicherlich der wichtigste französische Historiker dieses Jahrhunderts, im ersten von drei Bänden seines Alterswerks »L' identité de la France«* die Entdeckung der Rolle, die die Familie spielt, feiert, »denn alles geht von ihr aus; fast alles erklärt sich durch sie«. Drei Familientypen unterscheidet Braudel: die »enge« Familie, bestehend aus Vater, Mutter und unverheirateten Kindern; die »autoritäre« Familie, in der ein *pater familias* über die unverheiratete Verwandtschaft befiehlt, soweit sie nicht ihr Glück woanders sucht, und schließlich die »patriarchalische« Familie, in der die verwandtschaftlichen Beziehungen weit – und horizontal – ausgebreitet sind und in der sich um einen Alten herum alle Kinder, ob verheiratet oder nicht, versammeln. Alle drei Typen findet Braudel in Frankreich, die »enge« im Norden, die »autoritäre« im Osten, die »patriarchalische« im größten Teil Frankreichs – südlich der Loire. Und sie, die patriarchalische Großfamilie, hat allem Wechsel in den vorüberziehenden Jahrhunderten widerstanden. Gegenüber dem Feudalismus hat sie die individuellen Besitztümer bewahrt, hat die Rechte und Freiheiten ihrer Gemeinden, Städte und Dörfer verteidigt – ganz anders als die »enge« Familie im Norden, die sich mit jeder Generation erneuerte, »instabil« und – das ergibt sich aus ihrer Natur – weniger in den Traditionen verankert und deshalb für Wechsel, für »Modernisierungen« offener ist. Der Norden des Landes veränderte sich deshalb eher, widersetzte sich nur schlecht und recht der Staatsgewalt. Denn zwischen Staat und Familie, so Braudel, halten der Wettbewerb und die Konkurrenz um Bestehen und Ver-

---

* Fernand Braudel: L' identité de la France, Paris 19S86, S. 88 ff.

änderung von Traditionen an. Dennoch verhält sich die patriarchalische Familie, so Braudel, politisch liberaler, wählt sogar eher links als die autoritäre; und tatsächlich decken sich die Regionen, wo eher links gewählt wird – in der südlichen Hälfte des Landes –, mit der Verbreitung der Familientypen. Es entstand auch keine Auseinandersetzung zwischen dem Traditionsbewußtsein der patriarchalischen Familie und der Modernisierung der Gesellschaft, im Gegenteil: die Entwicklung fand nicht »im Widerspruch zur Familie, sondern im Zusammenwirken mit ihr statt. Mal als Wohngemeinschaft, mal als Auffangnetz ist die Familie ein Anhaltspunkt für das Individuum, das sich fortbewegt, in die Stadt geht, in neue Arbeitsmärkte eindringt.«[*]

Gerade das Familiengeflecht hat den späten Übergang Frankreichs vom Agrarstaat zur modernen Industrie- und Dienstleistungsgesellschaft erleichtert. Als die Bauern wegen der Mechanisierung weniger Knechte und Mägde anstellten, suchten jene Arbeit in den Städten und wurden dort von schon beschäftigten Verwandten aufgenommen und im Berufsleben untergebracht. Ähnlich ging es den eine Generation später folgenden Kindern von Bauern, die auf dem Land keine Zukunft sahen. Allerdings wandelte sich Ende der siebziger, Anfang der achtziger Jahre das Verhalten der Bevölkerung, die nicht mehr der industriellen Ideologie gehorchte, wonach der Arbeiter dem Beschäftigungsangebot zu folgen habe, um sich dort anzusiedeln, wo das Kapital seine Fabriken baut. Die Franzosen bleiben nun lieber dort wohnen, wo ihr Familiennetz ausgespannt ist. Nicht nur Arbeiter, die ihre Anstellung verloren haben, auch Jugendliche, die woanders einen Job finden könnten, weigern sich umzuziehen, wenn dies eine

---

[*] Segalen, Histoire de la familie (wie S. 206), S. 530

Entwurzelung bedeutet. Heute sucht man den Beruf dort, wo man geboren ist, selbst wenn das eine mindere Bezahlung nach sich zieht. Wer im *pays* bleibt, in der engeren Heimat, genießt den Vorzug eines authentischeren Lebens, verweilt in seinem kulturellen Milieu, das er seit der Kindheit kennt.

Danièle aus der Familie der Rouballay wohnt an der Loire und betreibt mit ihrem Mann Jean-Pierre in dem kleinen Städtchen Mer ein Fischgeschäft, obwohl sie von Jugend an einen anderen Traum hatte. »Ich wäre gern auf die Bühne gegangen, tanzen, singen, was auch immer, Hauptsache die Bühne«, erzählt sie bei schönstem Sonnenschein auf einem kleinen Mäuerchen am Loire-Ufer sitzend: »Das habe ich immer vermißt, und es spinnt immer noch in meinem Kopf herum, und manchmal organisiere ich etwas am Abend.«

»Und weshalb sind Sie nicht Tänzerin geworden?« frage ich.

»Dann hätte ich nach Paris ziehen müssen; aber ich war die Älteste, und meine Eltern hatten nicht das Geld. Denn da müssen Sie ja eine richtige Ausbildung machen. Allein um klassisches Ballett zu lernen, müssen Sie in die Schule an der Oper.«

»Haben Sie denn je daran gedacht, die Loire-Gegend zu verlassen und woanders zu arbeiten?«

»Nein, denn wenn man die Gegend verläßt, muß man sich von der Familie trennen, aber von uns will keiner die Familie verlassen. Die Rouballays sind hier verankert und leben schon seit Generationen im Loire-Tal. Das ist unser Landstrich. Wir hausen alle in einem Umkreis von zwanzig Kilometern, es gibt also keine Probleme, wenn wir uns treffen wollen.«

Aus freier Wahl entscheiden die Kinder, einmal verheiratet, in der Nähe der Eltern und Verwandten zu bleiben, und neuere soziologische Untersuchungen haben ergeben, daß drei Viertel aller jungen Ehepaare in einem Umkreis von weniger als zwanzig Kilometer Entfernung von ihren Eltern leben.* Die industrielle Gesellschaft führt in Frankreich also nicht notwendigerweise zur geographischen Aufsplitterung des Familienverbandes; selbst wenn Entfernungen auch nicht ausschlaggebend sind für die Beziehungen zwischen Eltern und Kindern, so werden sie gewiß durch die Nähe vereinfacht.

Danièles Mutter Jeanne betreibt einen Friseursalon in dem kleinen alten Ort Suèvres, nur sechs Kilometer von Mer entfernt. Auch Suèvres liegt an der Loire. In dieser Tausend-Seelen-Gemeinde hatten die Römer schon einen Tempel gebaut, und der Ort hat wenig von dem Charme verloren, den er seit dem 12. Jahrhundert besitzt, als dort die Kirche und die kleinen Gassen angelegt wurden. Viele der großen Häuser mit Gärten hinter mannshohen, graugrün mit Moos bewachsenen Steinmauern werden nur noch im Sommer und an den Wochenenden geöffnet, wenn die Besitzer aus der Stadt kommen. Durch Suèvres fließt die Tronne, der Bach, an dem früher vierzehn Mühlen standen, darunter auch die, in der Danièles Großvater Roubaillay Getreide mahlte. Die Forellen, die einst in dem glucksenden Wässerchen schwammen, sind nicht etwa den französischen Feinschmeckern, sondern dem Unrat, der jetzt ungeklärt in die Tronne geleitet wird, zum Opfer gefallen. Nur mittags und noch einmal gegen Abend kommt wenigstens ein bißchen Bewegung in den engen Sträßchen auf, wenn die Kinder aus der Schule kommen und von den Müttern zum Bäcker geschickt werden, um die frische Baguette für das Mahl einzukaufen.

---

* Segalen, Sociologie de la familie (wie S. 206), S. 77

Wenige Schritte neben der großen Kirche liegt das Haus von Jeanne, das sie mit ihrem Lebensgefährten Roger bewohnt. Fünf Kinder hat sie zur Welt gebracht, doch noch nicht alle waren erwachsen, als ihr Mann starb. Von ihrem Wohnzimmer geht sie, die 1930 zur Welt kam, direkt in ihr Friseurgeschäft. »Ich wollte schon immer Friseuse werden, schon als ich neun oder zehn Jahre alt war«, erzählt Jeanne. »Mein Vater hatte schönes Haupthaar und ließ sich von mir oft mit Kamm und Bürste bearbeiten. Und eine Freundin meiner Mutter war Friseuse in einem Nachbarort, dort ließ sie sich frisieren, und weil sie mich mitnahm, war ich häufig in diesem Salon und wurde da schließlich auch ausgebildet.«

Jeannes Nachbarin ist ihre Jüngste, Jeanick. Auch sie hat es nicht weit zur Arbeit. Der Weg führt von ihrem Hinterhof in den der Mutter und von dort direkt in deren Friseursalon. Von den fünf Töchtern Jeannes haben drei den Beruf der Mutter übernommen. Auch das ist ein Zeichen der Familientradition in Frankreich. Die Kinder des Gendarmen werden Gendarmen, die des Eisenbahners gehen zur Eisenbahn, die von Offizieren werden Offizier, die von Ministern werden wieder Minister, was in Paris wirklich nicht ungewöhnlich ist.

Die Rolle der Familie im Wirtschaftsleben ist unmerklich, aber groß: 22 Prozent aller Franzosen haben ihre erste Anstellung durch Vermittlung eines Familienmitglieds erhalten. Als in den achtziger Jahren 25 Prozent aller Jugendlichen arbeitslos waren, fiel das im Land kaum auf: Das Familiennetz versorgte sie. Für Politiker war dies kein Thema. Besonders in den unteren Schichten, wo die Kinder keine ausreichende Schulbildung erhalten, ist es lebensnotwendig, durch die Familienbeziehungen im Beruf untergebracht zu werden, zumal es in Frankreich keine Lehrlingsausbildung gibt wie in der Bundesrepublik.

Jeden Mittag gegen halb eins macht sich Madeleine Rouballay von ihrem Häuschen vor dem Ort auf und geht – am Stock – zu ihrer ältesten Tochter, zu Jeanne; früher stieg sie auf das Fahrrad, aber seit ihrer Hüftoperation hat sie Angst zu fallen. Um ihr gepflegtes Haus herum liegt ein ansehnlicher Garten, der von ihrem Sohn Marc unterhalten wird. Die Obst-und Gemüsebeete bringen reichlich Ertrag, von dem die ganze Sippschaft profitiert. Bei ihrer Tochter Jeanne findet mittags ein regelrechter Familienstammtisch statt, bei dem mindestens vier Generationen beisammen sitzen. Jeanne und Jeanick kommen hinter den Frisierhauben hervor, Danièle aus dem Fischgeschäft in Mer, wo Jeannes Lebensgefährte ein Bistro betreibt, der genauso am Mahl teilnimmt wie Jeanicks zehnjähriger Sohn Virgil, Enkel von Jeanne, Urenkel von Madeleine. Auch Jeannes Bruder Marc hat Platz genommen. Er ist Busfahrer. Früher chauffierte er Lastwagen, wurde aber im Alter von vierundfünfzig Jahren entlassen, seine beiden Söhne waren aus dem Haus, die Frau ist gestorben. Jetzt fährt er halbtags einen Schulbus und kümmert sich in der Freizeit nicht nur um den Garten von Mutter Madeleine, sondern auch um den der Schwiegermutter. Ein Braten, Gemüse und die Pommes frites sind in einer Dreiviertelstunde zubereitet, die Rotweinflasche nach dem Pastis rasch geöffnet. Doch nicht nur der tägliche Mittagstisch versammelt die Generationen der Rouballays. Bis es ihr zu mühsam und die Mannschaft zu unübersichtlich wurde, hat die Müllerswitwe Madeleine jeden Sonntag alle zum Mittagessen in ihr Haus eingeladen. Jetzt spielt man statt dessen jeden Freitagabend gemeinsam – nur in Familie! – Tarot.

Gibt es aber einen besonderen Anlaß, dann wird sofort ein Fest veranstaltet: im Sommer ein Méchoui, bei dem ein Hammel am Spieß gebraten wird. Schon im Morgengrauen rumpelt der Lieferwagen des Fischhändlers Jean-Pierre auf das unebene Grundstück, auf das die Roubaillays ihr Wochenendhäuschen gebaut haben. Nun gut, ein richtiges Haus kann man die Blockhütte vielleicht nicht nennen. Das Gelände war nicht teuer, denn es liegt in Sichtweite eines Atomkraftwerks, aber darüber machen sie sich keine Gedanken, wichtiger ist, daß ein kleiner Teich zum Rudern oder, was noch bedeutender scheint, zum Angeln einlädt. Jean-Pierre, ein ruhiger Mann mit rundlichem, weichem Gesicht, beklagt sich bei seinen Schwägern erst einmal, daß sie das Feuer noch nicht angezündet haben. Fünf Generationen vom Stamme Roubaillay werden heute den Geburtstag von Madeleine, der 1910 geborenen Familienältesten, feiern. Es ist Sonntag. Nur die Männer sind am frühen Morgen aufgestanden, um das Méchoui vorzubereiten, den Hammel zu spicken und das Essen vorzubereiten. In dieser Familie scheinen die Frauen zu bestimmen. Ihre Sache ist es, den Zusammenhalt zu schaffen und alle immer wieder zu vereinen. Die Männer sind das, was im französischen Volksmund, besonders in der Bourgeoisie, *pièces rapportées* genannt wird – etwas ironisch ausgedrückt: Zubehörteile. Und so verhalten sie sich im Familienverband. Doch auch sie stammen alle aus dem Loire-Tal, jener Gegend, wo Frankreichs Könige einst ihre schönsten Schlösser bauen ließen – ein Landstrich, in dem die Leute weder reich noch arm sind, wo es nicht viel Industrie, aber fruchtbaren Boden gibt.

Im Laufe des Vormittags treffen die Roubaillays zu diesem wegen Madeleines Hüftoperation verschobenen Geburtstagsfest ein. Dreimal küßt Madeleine, die Ururgroßmutter, ihre Tochter Jeanne, selbst Urgroßmutter. Die drei Kinder der Madeleine haben zehn Enkel gezeugt, von denen sieben Urenkel abstammen, und die Urenkelin Corinne, Tochter der Fischhändlerin Danièle aus erster Ehe, hat ihren Sohn, den Ururenkel, mitgebracht. Fünf Generationen, weil die Mädchen stets mit neunzehn ihr erstes Kind bekamen. Corinne ist nicht verheiratet, sie lebt mit dem Vater ihres Sohnes zusammen; auf eine Ehe haben sie wie soviele junge Menschen in Frankreich bisher verzichtet. Das klingt dann statistisch wieder so, als befände sich die Familie in der Krise, doch so sieht es Corinne nicht. Nur auf die staatliche und kirchliche Sanktion der Ehe verzichtet sie, das Leben innerhalb der Familie, im engen wie im weiten Kreis, wird dadurch nicht berührt. Im Gegenteil, familiäre Beziehungen empfindet sie fast noch wichtiger, weil sie darin einen Halt findet.

Verkleiden gehört auch bei den Rouballays als Spielerei der Erwachsenen immer wieder zu den Festen. Als arabischer Scheich angezogen erscheint Fischhändlerin Danièle als letzte der fast siebzig Familienmitglieder, die zum Méchoui gekommen sind. Laut wird Danièle beklatscht und bejubelt, als sie schwitzend die Gummimaske mit dem Scheichsgesicht abzieht. Aus ihrer ersten Ehe stammen Tochter Corinne und Pierre, ein jüngerer Sohn, und mit Jean-Pierre, ihrem zweiten Mann, hat sie ein drittes Kind, noch einen Sohn. Als sie geschieden wurde, war es Großmutter Madeleine, die Danièle menschlich und finanziell beistand, um ihr das Leben nach der Trennung zu erleichtern. In Frankreich wird inzwischen jede vierte Ehe geschieden, meistens auf Antrag der Frauen, weil sie jetzt selbständig arbeiten und damit finanziell unabhängig sind. Auch da wäre es falsch, von der Krise der Familie zu sprechen, denn nach der Scheidung ist das soziale Auffangnetz des Familienverbandes um so wichtiger.

Als der Hammel geröstet ist, die Bohnen und Erbsen warm sind, wird die Baguette gebrochen, der Rotwein fließt wie in Kanaan, laut wird gesungen, geklatscht, alle lassen die Großmutter hochleben. Später am Tag verdaut man am Teich, döst, angelt. 1929 hatte die Bauerntochter Madeleine den Müller Rouballay geheiratet. Von ihrer Verlobung ein Jahr zuvor, 1928, gibt es noch ein beim Photographen aufgenommenes Bild. Auf dem Hochzeitsphoto, Madeleine in weißem Kleid mit Schleier, haben sich über hundert Leute im Freien aufgestellt, wie das damals so üblich war, in fünf Reihen immer höher hintereinander. Die Männer und Frauen haben sich in Schale geworfen, ein Uniformierter mit riesigem, gepflegtem Schnauzer steht dazwischen, aber alle wirken so, als seien die Anzüge und dunklen Kleider nur selten aus der Truhe geholt worden. Zwei Kinder wurden bald nach der Hochzeit geboren und später noch ein drittes. Die Schlachten dieses Jahrhunderts haben an Madeleines Lebensweg Markierungen hinterlassen. Ein Bruder ihres Vaters war im Ersten Weltkrieg gefallen, am Zweiten nahm ihr Mann, der Müller, teil, doch als Schwerkranker wurde er bald entlassen. Einer ihrer Brüder und ein Vetter sind dann im Algerienkrieg gefallen. Sie war zeit ihres Lebens Mutter und Hausfrau.

»Wäre ich nicht schwerhörig gewesen, dann hätte ich gern meine Ausbildung weitergemacht und wäre Lehrerin geworden«, sagt Madeleine. »Aber weil ich wußte, daß es nicht ging, habe ich es sein lassen. So bin ich nichts geworden. Aber eigentlich war ich immer eine Frau, die den Männern gleich sein wollte. Schon 1937 habe ich meinen Führerschein gemacht.«

»Sie waren also schon in Ihrer Jugend eine emanzipierte Frau?«

»Ja, wenn Sie das so sehen, aber eigentlich war ich ja nur ein kleines Bauernmädchen, scheu, ohne viel zu wissen. So bin ich geblieben.«

Erst als sie von der Rente ein wenig sparen konnte und ihr Mann, der Müller, gestorben war, konnte sie sich den

Jugendtraum erfüllen und weite Reisen unternehmen – in Martinique war sie, in Ägypten, in Afrika, wo immer sie die Neugierde hintrieb. Jetzt, nach der Hüftoperation, ist es damit wohl wieder vorbei. Aber weil sie immer noch bildungshungrig ist, hat ihr ein Buchvertreter ein zwölfbändiges Werk aufgeschwatzt, das schön aussieht, von dem man sich aber immer schon gefragt hat, wer dieses Sammelsurium an Beiträgen über alte Geschichte, Astronomie, Geographie wohl lesen mag. Madeleine ist beim zweiten Band angelangt.

Ihre Tochter Jeanne heiratete 1948. Auch davon besitzt Madeleine ein schönes Hochzeitsphoto: Der Gesellschaft kennt man an, daß hier nicht mehr arme Bauern feiern, die Herrschaft ist ein wenig wohlhabender geworden. Um die fröhliche, immer zu lautem Lachen aufgelegte Ururahne Madeleine schart sich die ganze Sippschaft; ihre Tochter Jeanne ist jedoch der Motor der gesamten Familie – unterstützt von der eigenen Tochter Danièle. Jeanne ließ sich eines Tages vom Bürgermeister von Suèvres überreden, als Parteilose für den Gemeinderat zu kandidieren; natürlich wurde sie, die ja allen Damen des Ortes den Kopf wusch, überlegen gewählt. Doch mit dem Bürgermeister gab es bald Zwietracht, denn sie wollte politische Arbeit nach ihrem Verstand und nicht nach dessen Parteibuch führen. Sie hielt die Legislaturperiode durch, aber noch mal wollte sie mit Wahlen nichts mehr zu tun haben. Jetzt organisiert sie nur noch den Bridgeverein von Suèvres. In der Familie dagegen kommt es selten zu Auseinandersetzungen.

»Bei uns gibt's keinen Streit ums Geld, keinen Zank, alles läuft bestens«, bestätigt Madeleine, »obwohl wir natürlich unterschiedliche Meinungen haben. Heute sind manche später zum Méchoui gekommen, weil ihre Kinder Meßdiener sind, andere gehen nicht zur Kirche, worüber wir nicht reden, denn jeder ist frei, zu glauben oder zu tun, was er will. Man soll eher an andere denken als an sich, aber das ist nicht immer einfach und läuft nicht wie geschmiert.«

Von großen Reisen, wie Madeleine sie unternommen hat, träumt Jeanne auch schon, aber wenn sie mit Roger Urlaub macht, dann fährt sie für vierzehn Tage an die Atlantikküste. In Sion-sur-l' Océan hat sie über eine Kleinanzeige eine billige Ferienwohnung gefunden. Der sehr flach ins Meer abfallende Strand ist voll mit Gästen, die Häuser des Ortes Sion sind klein und bescheiden, die Sonne scheint hier nicht so garantiert regelmäßig wie am Mittelmeer, doch dort wäre der Urlaub drei-, wenn nicht gar vier- oder fünfmal so teuer. Zwei ihrer Enkelkinder nimmt Jeanne mit, um die Tochter zu entlasten. Übers Wochenende nutzt eine andere Tochter die Ferienwohnung der Mutter und stößt mit ihren Kindern dazu. Keine von ihnen kann sich im Sommer länger als zwei Wochen Freizeit leisten, und da die Töchter im Betrieb unabkömmlich sind, müssen die Mütter einspringen. Den Salon in Suèvres führt in der Zwischenzeit Jeannes Tochter Jeanick weiter.

In den letzten hundert Jahren hat sich die Rolle des einzelnen auch in der französischen Gesellschaft so stark verändert wie noch nie zuvor. Zum Auseinanderbrechen des großen Familienverbandes hat dies in Frankreich jedoch nicht geführt, in seinem Rahmen haben sich nur die einzelnen Rollen verändert. Starben Frauen früher häufig im Kindbett und hinterließen Witwer, oder fielen die Männer im Krieg, dann heirateten die Übriggebliebenen bald wieder. Heute läßt man sich statt dessen eher scheiden, weil Ehen länger dauern. Auch weil die Alten früher aufhören zu arbeiten und länger leben, übernehmen sie die Aufsicht über die Enkelkinder, was besonders in den Sommerferien, die über zwei Monate, von Mitte Juli bis Mitte September, dauern, dort wichtig ist, wo beide Ehepartner arbeiten.

Am Tag vor Weihnachten helfen viele Familienmitglieder im Fischgeschäft von Danièle und Jean-Pierre in Mer aus. Denn an Heiligabend sind die Geschäfte in Frankreich bis spät in die Nacht geöffnet, die Bescherung feiern Franzosen wie Engländer und Amerikaner erst am 25. Dezember morgens. Statt dessen findet am 24. abends der *réveillon* statt, ein Mitternachtsessen, bei dem an nichts gespart wird. Austern müssen her, Gänseleber und natürlich Champagner. Und deshalb ist Heiligabend der Tag, an dem Danièle und Jean-Pierre soviel verkaufen wie nie im ganzen Jahr. Da mag man noch so arm sein, jeder bestellt sein *plateau de fruits de mer* mit Austern, Hummer, Muscheln, Langusten... Um der Käufer Ansturm Herr zu werden, arbeiten nicht nur Danièles Tochter, sondern auch Schwager und Vettern mit.

»Wir sind seit drei Uhr heute früh auf den Beinen«, sagt sie abends mitten im Gewühl, »wir haben also schon eineinhalb Arbeitstage hinter uns, aber es geht noch weiter bis zehn Uhr nachts. Was bleibt uns übrig, es ist unser Brot.« Wieder wird ein kochender Topf voll Krabben gepackt, ein weiteres Dutzend meerfrischer Austern geöffnet, da antwortet Danièle auf die Frage, ob sie denn Meeresfrüchte möge, direkt und offen, und alle lachen: »Ich weniger, wenn ich das alles sehe, kriege ich nichts runter.«

Danièle und Jean-Pierre haben sich die Arbeit im Fischhandel genau aufgeteilt. Während sie das Geschäft tagsüber in Mer betreibt, wobei sie mittags von halb eins bis vier Uhr schließt, fährt er mit dem Lieferwagen über die Dörfer.

In Frankreich haben die Frauen seit eh und je stärker am Arbeitsleben teilgenommen als in anderen europäischen Ländern, nicht nur in der Landwirtschaft, sondern besonders im Handel, wo die Frau auch heute noch häufig hinter der Kasse sitzt. Ihr Berufsleben ist einer der Gründe, weshalb die Geburtenrate auch hier erheblich zurückgegangen ist. Die Zwei-Kind-Familie wird nun üblich, obwohl sechs oder sieben Sprößlinge noch nicht ungewöhnlich sind. Weil die Frauen arbeiten, werden in Frankreich fast alle Kinder im Alter von drei Jahren eingeschult, was dem Staat wie auch den Familien entgegenkommt. Denn die Eltern wissen die Kinder den ganzen Tag versorgt, nicht nur ein paar Stunden morgens im Kindergarten oder in der Vorschule; der Staat sieht in der frühen Einschulung die Möglichkeit, soziale und wirtschaftliche Ungleichheiten zu mindern.

Es ist schon spät am Abend, weit nach zehn Uhr, als Jean-Pierre, Danièle und Corinne, fast zwanzig Stunden nach Arbeitsbeginn, die letzten Krabben und Austern ausgeliefert haben. Über Ladenschlußzeiten an Heiligabend hat sich in dem kleinen Ort Mer an der Loire eben noch keiner Gedanken gemacht. Doch nachdem sie das Geschäft verriegelt haben, tun ihnen die Knochen nicht mehr weh. Sie freuen sich nur noch auf das Mitternachtsessen in Suèvres mit der Familie aus fünf Generationen.

Die einzelnen Mitglieder dieses von ihren Frauen beherrschten Clans der Rouballays haben mehr Bekanntschaften außerhalb des Familienkreises als die Arbeiterfamilie Laperrouse in Paris, doch auch für sie gilt: Die Familie geht vor, dort findet man die Freunde. Dieses Verhalten reicht bis hinein in die höheren, wohlhabenderen Klassen, obwohl dort die Karriere leicht zur geographischen Trennung führt und Beruf wie Freizeitverhalten, die Mitgliedschaft im Sportklub, Einladungen zu gesellschaftlichen Ereignissen und anderes mehr neue Kontakte schaffen. Im Landesdurchschnitt – so hat man erforscht – besteht ein Familienverband in Frankreich aus dreiundzwanzig Mitgliedern. Und gerade am anderen Ende der sozialen Leiter, in der Bourgeoisie, die ihre Legitimation aus den vergangenen Generationen zieht, sind die Familienverbände besonders aktiv, um die soziale Reproduktion der Gruppe zu gewährleisten – trotz der Veränderungen, die mit jedem Paar stattfinden. Die Identität der Bourgeoisie hat sich bis heute durch eine große Fruchtbarkeit fortgesetzt. In der Generation, die in der ersten Hälfte des 20.Jahrhunderts aufwuchs und heiratete, sind zehn Kinder keine Seltenheit, erst deren Kinder beschränkten sich auf zwei oder drei Nachkommen, wofür die Seidenfabrikantenfamilie Brochier aus Lyon* als Vorbild steht.

Im ersten Drittel dieses Jahrhunderts zeugten die Stammeltern Brochier zehn Kinder, sechs Söhne und vier Töchter, und als 1985 der älteste, inzwischen schon in Pension gegangene Sohn, Jean, auf seinem Weingut im Beaujolais, dem Château de Briante, zum neunzigsten Geburtstag der Mutter einlud – der Vater, Joseph, war inzwischen verstorben – kamen alle Nachfahren: insgesamt 146 Kinder, Enkel, Urenkel usw ... Jedem der zehn Kinder war an diesem Tag eine Farbe zugeteilt worden, so daß die einzelnen Zweige auseinandergehalten werden konnten, denn bei soviel Verwandten kennt man noch nicht einmal all seine heranwachsenden Enkel. Jacques trägt grün, Bernard gelb, Jean hellrot. Und selbst Nicht-Eingeweihten fällt sofort auf, wer ein echter Brochier ist: riesige Brauen, die wild in die Gegend stehen und an einen Schnauzer denken lassen, wachsen den Männern über den Augen, und selbst die Frauen sind mit einer lustigen, aber nicht gerade kleinen, kräftig geschwungenen Nase unverwechselbar.

Zu Beginn des Festes werden alle gebeten, sich für das

---

* Siehe Wickert, Frankreich (wie S. 11), S. 249 ff.

obligate Familienphoto aufzustellen, was unter großem Gejohle geschieht, denn keiner scheut sich hier; sie alle kennen das Schlößchen und die Weinberge, weil sie hier reihum immer wieder mit Cousins und Cousinen den Sommerurlaub verbringen, gemeinsam baden oder Tennis spielen. Platz genug gibt es, so daß alle Gäste des Festes zu Ehren der Stammutter hier übernachten können, wenn es auch vielleicht ein bißchen eng wird. Einmal zum Photo aufgestellt, rufen sie »bonne maman«, gute Mutter, was der bürgerliche Ausdruck für Großmutter ist; bei den Roubalays hieße sie wahrscheinlich populär »mémé«. Im Anschluß an das Photo spielen die einzelnen Familienzweige in Verkleidung den Lebenslauf der Urmutter nach. Da werden Szenen aus der Familiengeschichte ausgekramt, über die es viel zu lachen gibt. Es ist ein unbewußtes Ritual, das den Jüngeren Familiengeschichte aus dem Erleben der Älteren vermittelt und so deren Verhaltensweise prägt.

Anläßlich ihrer Feste hat die französische Bourgeoisie immer verstanden, ihre Identität und ihre Werte durch die Familie weiterzugeben. Bei der Aufführung wird auch nicht die Begegnung der Brochiers mit der Weltgeschichte ausgelassen: Am 25. August 1944, während der Befreiung Lyons durch die Amerikaner, mischen sich die Brochiers unter das feiernde Volk. Fünfzehn Tage nach dem Familienfest im Frühjahr 1985 auf dem Château de Briante ist die Stammutter gestorben. Und damit begann eine langsame Veränderung im Familienverband.

Der Strand von Sion-sur-l'Océan an der Atlantikküste, wohin die Friseuse Jeanne aus Suèvres fährt, ist nicht gleich dem Strand am Mittelmeer, wo Jacques Brochier sich mit seiner Frau und ihren drei Söhnen im Negresco, dem vornehmsten Hotel von Nizza, treffen, doch das hat mit Snobismus der Brochiers nichts zu tun: Jacques kennt durch die Familie den Chef der Luxusherberge. Das Bad am Strand von Nizza hat für Jacques Brochier und seine Familie etwas Rituelles: Jedes Jahr wieder beginnt so ein Familienausflug von Vater, Mutter und den drei – noch unverheirateten – Kindern.

Der Name Brochier ist weit über ihre Heimatstadt Lyon hinaus bekannt: Jacques' Großvater Jean hat im letzten Jahrhundert den Grundstein für eine Seidenfabrikation gelegt, die von Jacques und seinen fünf Brüdern mit vielen verschiedenen Firmen weitergeführt wurde, und auch die Ehepartner der vier Schwestern von Jacques sind fast alle dem Lyoneser Wirtschaftsleben verbunden.

Der kleine Künstlerort Vence liegt oberhalb von Nizza, die Stadt hat ihr mittelalterliches Aussehen bewahrt und ist heute von Touristen überlaufen. Am Ortseingang steht die Kapelle des Rosenkranzes, die Henri Matisse 1950 ausgemalt hat, doch Vence ist sicher nicht ein Ort wie Saint-Tropez, wo man in seinen Ferien viel bezahlt, um gesehen zu werden; hierhin fährt man, um selber zu sehen. Nach dem Bad in Nizza kehren die Brochiers in Vence in einem stilvollen Hotel ein, es ist natürlich jedes Jahr dasselbe, und jeder von ihnen kommt mit seinem Mercedes, Audi oder Porsche. Ein Großteil von Jacques' Geschwistern besitzt auf einem gemeinsamen Gelände in den Bergen Ferienhäuser, und dort verbringen sie mit Kindern, Enkeln oder Nichten und Neffen, auch den Söhnen von Jacques, ihren Urlaub.

Doch Jacques hat einem anderen Familienmitglied sein Haus auf dem Familiengelände verkauft, denn er ist ein unruhiger Geist, dem es schwerfällt, einen Monat Urlaub an einem Ort zu verbringen, ohne etwas zu tun. Er ist derjenige, der vom Vater Joseph die Liebe zur Kunst geerbt hat, weshalb er regelmäßig mit den Angestellten seiner Seidenfabrik in Museen und Kunstausstellungen fuhr. So dient das jährliche Familientreffen mit den Söhnen nicht nur dem Zusammenhalt von Eltern und Kindern, sondern auch dem Kunstgenuß. Denn nach Vence fahren sie der modernen Musik wegen.

Veranstalter des Konzertes, in das sie abends gehen, ist der Kunsthändler Adrien Maeght, der die von seinem Vater gegründete Stiftung Maeght und das damit verbundene Museum für moderne Kunst jeden Sommer mit einer Konzertreihe schmückt. Jacques' Vater kannte schon den von Adrien, denn Joseph Brochier sammelte nicht nur moderne Kunst, die er bei Adriens Vater kaufte, sondern kannte persönlich große Meister wie Miró, Braque, Chagall, Calder und viele andere, mit denen er Werke auf Seidenstoff schuf, was sein Sohn Jacques fortführte. Anläßlich des Konzertes haben die Gäste Zeit, sich die jeweilige Kunstausstellung im Museum der Stiftung Maeght anzuschauen, hinterher tut es gut, ein Gläschen zu trinken.

Wenn die Familienzelle von Jacques Brochier auch ihre eingefahrenen Riten besitzt, so ist seit dem Tod der Stammutter der große Familienverband nicht mehr zusammengekommen. »Wir Kinder treffen uns immer noch so häufig wie eh und je«, sagt Jacques. »Aber mit der Zeit wird es schwieriger, alle mit ihren Enkeln und Urenkeln auf einmal zu versammeln, denn allein schon die Kleinfamilie meines Bruders Jean umfaßt dreißig bis vierzig Leute, sie entwickeln sich zu einer eigenen Einheit. Da ist es nicht so einfach, diese Gruppe mit anderen Teilen der Familie zu vereinen, sie sind schon fast eine Großfamilie für sich.«

Der Aufstieg der Brochiers in die Reihe der bedeutenden Seidenfabrikanten von Lyon fand im 19. Jahrhundert statt, und Jacques ist der einzige, der den traditionellen Teil der Stoffproduktion in der Familie aufrechterhalten hat. Durch die Firma, die sein Großvater Jean gründete und sein Vater Joseph weiterführte, sind alle sechs Brüder Brochier gelaufen, und die meisten heirateten auch Ehepartner aus der Tuchbranche. Einer von Jacques' Söhnen hat eine Weile im elterlichen Betrieb gearbeitet und sich dann selbständig gemacht, um auf eigene Rechnung Seidentücher nach Entwürfen moderner Künstler für teures Geld herzustellen. Lange Zeit leitete Jacques den Betrieb allein, nachdem seine älteren Brüder aus der Firma ausgeschieden waren, um eigene Unternehmen aufzubauen und sich in anderen Bereichen der Textilfabrikation zu spezialisieren, denn schon ihr Vater Joseph war einer der ersten auf der Welt, der mit Glasfasern experimentierte, um nicht-brennbare Stoffe herzustellen. Jacques' jüngerer Bruder Robert trat dagegen bei ihm ein.

So erzählt Jacques: »Ich persönlich habe mich für die Herstellungstechnik und das Aussehen von Seidenstoffen interessiert, wogegen mein Bruder Jean, der Älteste, sich der Benutzung von Stoffen im technischen Bereich widmete, weshalb wir 1969 das Unternehmen geteilt haben. Er übernahm den technischen Teil, ich die traditionelle Seidenweberei. Mein Bruder Robert stieß drei Jahre nach der Gründung der neuen Firma zu mir, während Bruder Bernard sich in seinem Betrieb auf das Beschichten von Stoffen spezialisierte; dagegen entwickelte Bruder Henri den Bereich Stoffe für die Landwirtschaft, und Michel stellt technisch verwendbare Stoffe für den militärischen Bereich her.«

»Jeder hat nun seine eigene Firma. Sitzen die Brüder denn gegenseitig in den verschiedenen Aufsichtsräten und helfen sich mit Darlehen usw...?«

»Es gibt bei uns die Arbeitsessen unter Brüdern. Dreiviertel der Zeit erzählen wir uns Familiengeschichten, und ein Viertel reden wir über die Betriebe. Einer trägt eine Idee vor, zu der jeder seinen Teil sagt, sie vielleicht

kritisiert, aber dann läßt man den andern sein Projekt entwickeln und mischt sich nicht mehr ein. Die Finanzen sind
dabei völlig getrennt, denn jede Firma ist mit ihren eigenen
Problemen eigenständig. Nur wenn es Schwierigkeiten
gibt, dann finden wir uns zusammen. In der Industrie ist
jeder sein eigener Herr außerhalb des Familienverbandes.«

Dennoch achten die Brochiers darauf, wenn möglich
die Unternehmen in der Familie zu halten. Robert wurde
Partner von Jacques. Kinder, Neffen und Nichten werden im Betrieb erprobt und dürfen bleiben, falls sie sich
bewähren – da geht Unternehmergeist doch vor Familien-
sinn. Jacques schied Ende der achtziger Jahre aus seinem
Betrieb aus, um einen Textilfachverband zu gründen. Er
will in Lyon ein Bürohaus ganz aus Textilstoff bauen lassen, um so neue Wege für diese Industrie zu eröffnen.
Robert aber ist ins Familienunternehmen zurückgekehrt,
obwohl er ganz andere Träume hatte: »Mein Ausgangs-
punkt lag eigentlich in Paris mit einer Ausbildung, die mit
der Entwicklung der Geschichte nicht übereinstimmte.
Ich wollte eine Laufbahn in der Kolonialverwaltung anstreben, wozu man drei Jahre die Übersee-Hochschule
absolvieren mußte, die schloß aber gerade ihre Pforten,
als ich anklopfte. Denn Übersee war plötzlich Partner und
nicht mehr Kolonie. Also, aus der Traum, Gouverneur in
einem fremden Land zu werden.«

Nachdem Robert das Unternehmen allein führte, arbeiteten dessen Sohn und Tochter in der Firma. 1991 verkaufte
er das Familienunternehmen an den größten italienischen
Seidendrucker Ratti, der beschloß, mehr als einen Jahres-
umsatz der Brochier-Seidenfirma für eine neue Seiden-
druckmaschine auszugeben, die vierundzwanzig Farben
auf einmal drucken kann. Robert aber blieb in der Bran-
che und übernahm die Geschäftsleitung der Textilfirma
Baumann.

Die Sonne schien in Lyon, es war ein mildes, traumhaftes Sommerwetter, als Isabelle, Tochter einer Brochier-Schwester, mit Patrick Perret vor dem Altar die Ringe wechselte. Beide waren schon Mitte Zwanzig, denn die Generationen der Brochiers liegen weiter auseinander als bei den Rouballays, da die Ausbildung der Jugend der wohlhabenden Familie länger dauert. Isabelle hat Biologie studiert, und Ehemann Patrick ist Versicherungsstatistiker. Alle Onkel und Tanten, Geschwister, Nichten und Neffen des Brochier-Clans sind zu dem Ereignis erschienen. Zwei Knirpse, die all das Tohuwabohu noch nicht so recht verstehen, streuen vor dem aus der Kirche tretenden Brautpaar Blümchen, ein paar junge Leute werfen Reis, alle amüsieren sich wie üblich köstlich. Die Mitglieder der Familie Brochier dominieren, wo immer sie auftreten, weshalb in der Lyoneser Gesellschaft die Regel gilt: Wenn man ein Fest gibt, nie mehr als zwei Brochiers auf einmal einladen, denn sonst funktionieren die die Lustbarkeit zum Familientreffen um.

Die kirchliche Zeremonie ist für die meisten von ihnen eher ein gesellschaftlicher Vorgang denn ein religiöses Bedürfnis. Immer weniger Paare lassen sich in Frankreich kirchlich trauen, fast nur noch die Hälfte holt den Segen Gottes ein. Daß Patrick und Isabelle so traditionell heiraten, hängt gewiß auch mit der Position der Familie Brochier in der Lyoneser Gesellschaft zusammen, wo man noch Wert auf das legt, was sich »gehört«. Dabei wird Heiraten in Frankreich immer unmoderner. Ein Fünftel aller Paare unter fünfunddreißig lebt ohne Trauschein zusammen, und schon fünfzehn Prozent aller Kinder stammen aus Ehen, die nicht vor dem Standesamt geschlossen wurden, was aber auf den Zusammenhalt der Familie wenig Einfluß hat. Von der Kirche werden Isabelle, in weißem Kleid mit Schleier, und Patrick zu dem Haus ihrer Eltern, das in einem großen Park mit alten Bäumen liegt, in einem BMW-Cabriolet gefahren. Dort findet im Freien, unter blauem Himmel, ein Empfang für mehrere hundert Leute statt. Es gibt Champagner, und kleine Häppchen werden gereicht. Die Jugend ist genauso elegant gekleidet wie die Erwachsenen.

Bernard Brochier, äußerst erfolgreich mit seinen hypermodernen Textilbeschichtungen, stellt Isabelles Bruder Bruno Chavanis vor, der mit knapp dreißig schon selber Erfolg mit seiner eigenen Textilfabrikation hat: Bruno verkauft billigste Bettwäsche an Kaufhausketten in der Bundesrepublik, und seine Fabrik ist hochmodern, so daß ein deutscher Kunde, der ihn aufsuchte, erstaunt – aber auch taktlos – ausrief: »Wir dachten, Sie fabrizieren in einer Scheune!« Für Bernard ist Neffe Bruno das Musterkind der Familie.

Übrigens werden Hochzeiten, Geburten und Taufen als sehr viel größere Familienereignisse gefeiert als Beerdigungen. Der Beginn des Lebens steht im Mittelpunkt, nicht dessen Ende, das die Familie eher tabuisiert.

Vor fast hundert Jahren hat der französische Schriftsteller André Gide den berühmten Satz geschrieben: »Familien, ich hasse euch. Abgeschlossenes Zuhause; verriegelte Türen; eifersüchtiger Besitz des Glücks.« Und in der ersten Hälfte dieses Jahrhunderts sahen manche in patriarchalischen und autoritären Familien die Brutstätte des Faschismus.

Die Urteile treffen heute längst nicht mehr zu. Die autoritären Patriarchen sterben aus, Partnerschaft quer durch die Generationen bestimmt die Beziehungen der einzelnen Familienmitglieder. Die Familie wird weniger als Zwangsjacke denn als Ruhepol und Zuflucht erlebt, die Eltern-Kinder-Konflikte aus den sechziger und siebziger Jahren sind entschärft; man geht kumpelhafter miteinander um.

Die Jungen ziehen nicht mehr so bald wie möglich aus – im Gegenteil: Ein Viertel aller Zwanzigjährigen lebt noch bei den Eltern.

In einem schweren, alten Safe bewahrt Rémy Brochier, mit dreißig der älteste Sohn von Jacques, sein ganzes Hab und Gut auf. Er ähnelt Onkel Bernard, weil er dessen Leibesfülle wohl einmal erreichen wird, und auch Rémy trägt über den flinken, lustigen Augen die typischen Brochier-Brauen. Er handelt mit Edelsteinen. Nicht etwa, daß er von früh an dies als Berufswunsch gehabt hätte. Nein, Rémy schaute sich bei Vater und Onkeln in den Unternehmen um, bis zum Alter von sechsundzwanzig wohnte er zu Hause. Auf einer Asienreise lernte er dann einen Edelsteinhändler kennen und entdeckte durch ihn seine Lust an Glitzersteinen. Dann belegte er an der deutschen Fachschule in Idar-Oberstein einen mehrmonatigen Kurs. (Sein Vater Jacques hatte als angehender Textilfachmann einige Monate in Krefeld gelernt.) Nach der kurzen Fachausbildung gründete Remy sein eigenes Geschäft als Edelsteingrossist. Für den ersten Einkauf in Thailand lieh ihm der Vater das notwendige Geld – aber nicht mehr als eben nötig! Für 80 000 Franc kaufte Rémy gerade fünfzehn Steine, die in eine Zigarettenschachtel paßten. In den ersten zwei Jahren verkaufte er deshalb auch noch Steine im Auftrag eines Pariser Großhändlers.

Rémy betreibt sein kleines Unternehmen, das in einer engen Gasse im zweiten Stock eines alten Hauses in Lyon ein noch bescheidenes Büro belegt, mit einem gleichaltrigen Partner. Auf meine Frage, ob er nie für einen Fremden gearbeitet habe, gibt er eine – für einen Sprößling der Bourgeoisie – typische Antwort: »Nein, mein Vater hat uns erzogen, sehr unabhängig zu sein; er hat uns in der Jugend immer beim Reisen finanziell ausgeholfen und unsere Ausgehzeiten nie genau überwacht. Ich will nicht behaupten, daß es immer gutgegangen ist, sicher haben wir Brüder ihn manchmal ganz schön genervt, aber er hat uns zum Reisen angehalten, hat uns Geld gegeben, nach Griechenland, Indien, Italien zu fahren. Von Anfang an hatten wir Söhne deshalb den Wunsch, für uns selber zu arbeiten, es ist ja angenehmer«, und da verfällt Rémy in das typische Brochier-Lachen, »erst um zehn aufzustehen, wenn man das will, und seinen Erfolg selbst zu bestimmen. Ich und meine beiden Brüder haben nie für jemand gearbeitet, außer um als Studenten ein paar Groschen zu verdienen.«

Auch Rémys Vater Jacques besitzt ein Landhaus, eine halbe Stunde von Lyon entfernt, es ist ein ehemaliger Bauernhof, auf der Weide stehen ein paar Pferde; und als Jacques eines Abends seine Geschwister zum Familienessen einlädt, führt er sein Pferd als »Überraschungsgast« in den bis unter das Dach offenen Wohnraum, in dem moderne Ölgemälde hängen, und alle wiehern vor Vergnügen, als der Gaul ein paar Äpfel fallen läßt.

Eine Schwester aus der Reihe der zehn Kinder hat sich inzwischen vom Leben verabschiedet. So vertreten an diesem Abend ihre beiden erwachsenen Töchter, die in Paris leben, deren Familienzweig.

Gesprächsfetzen. Bruder Michel berichtet Jacques: »Nun siehst du, es hat genutzt; ich habe deinem Sohn, der mich um Rat fragte, gesagt, was er tun müsse, und es hat geklappt…«

Nach dem Drink setzen sie sich im Eßzimmer an einen langen Tisch und überschlagen sich vor Fröhlichkeit. Die Brüder und Schwestern versammeln sich, doch die einzelnen Zweige entfernen sich ein wenig voneinander. Die Verbindung, die zwischen dem Großvater Jean als Gründer einer Dynastie, zwischen dem Vater Joseph und den zehn Kindern bestand, lockert sich. Seit zwei oder drei Jahren schon überlegt die jüngere Generation, ob sie nicht die Initiative für ein Familientreffen aller Brochiers übernehmen soll, denn sie sind noch angefüllt von der schönen Erinnerung an das Geburtstagsfest für die Großmutter auf Château de Briante. Doch dann würden sie so viele sein, daß Farben nicht mehr ausreichen, um die Clans auseinanderzuhalten, eher wird jeder ein Namensschildchen wie bei einem Kongreß anheften müssen.

Ami go home oder Cher ami?

Das Ergebnis der Umfrage hat ihre Selbstachtung *(amour-propre* sagt viel einfühlsamer aus, daß man für sich selbst eine sanfte Gefühlsregung empfindet) schwer getroffen: Im Ausland will keiner so recht mit einer Französin oder einem Franzosen ein Techtelmechtel eingehen, obwohl sie, die Franzosen doch davon ausgehen, die besten Liebhaber der Welt zu sein; keiner fühlt sich erregt, außer den Belgiern, die im Reich der Blödelwitze als französische Ostfriesen gelten, und den überhaupt nicht ernst zu nehmenden Italienern. Nein, einem Liebesabenteuer à la française sind gerade die Amerikaner und Briten völlig abgeneigt; übrigens auch die Japaner, doch die sind ja nach gängiger, selbst von Madame, der damaligen Premierministerin Edith Cresson, geäußerten Meinung sowieso nur gelbe Ameisen ohne Lust und Lebenskultur. Nun gut. Und die Amerikaner oder die Briten? Da steht der Franzose verblüfft vor dem Ergebnis und muß sich von der natürlich sofort um Erklärung gebetenen »New York Times«-Kolumnistin Flora Lewis, die in Paris wohnt, auch noch sagen lassen: »Bei den Franzosen reizt mich am meisten, daß sie immerfort fragen: ›Was halten Sie von Frankreich und den Franzosen?‹ In Wirklichkeit werden wir, die befragten Ausländer, nur als Spiegel benutzt, damit sie sagen können: ›Ach, was bin ich schön!‹ Ich kenne kein Land, das ähnlich handelt.«*

---

* Figaro-Magazine, 22. 10. 1988, S. 216

Das tut besonders weh, weil die Amerikaner das Volk sind, zu dem die Franzosen – in all ihren Widersprüchen – die größte emotionale Beziehung haben. Dem widersprechen natürlich die Statistiken. Immer wenn die Franzosen von Umfrage-Instituten gefragt werden, wer ihr liebster Nachbar oder Verbündeter sei, dann stehen die Deutschen ganz oben. Das sagen sie aus Reflex, weil sie die Amerikaner nicht als Nachbarn oder Verbündete ansehen, eher als starken Bruder, wenn auch weit entfernten, merkwürdig ungebildeten, nicht ganz ernst zu nehmenden – aber doch sehr liebenswürdigen. Und genaugenommen sind die Amerikaner ja auch keine Nachbarn – da liegt schließlich der Atlantik dazwischen, und Verbündete (nach dem Austritt aus der NATO und dem Rausschmiß der amerikanischen Truppen aus Frankreich) eigentlich auch nicht so recht. Aber warum gerade die Amerikaner eine Sonderstellung einnehmen, obwohl doch die Deutschen statistisch bei den Franzosen die beliebtesten Ausländer sind? Ein Grund dafür mag in der Negativ-Auslese liegen: Was bleibt übrig, nachdem man sich all die anderen angeschaut hat?

»Rosbifs, les grenouilles vous saluent bien! – Roastbeefs, die Frösche grüßen euch!« Mit dieser Schlagzeile auf der ersten Seite von »Le Parisien« antworteten am 2. November 1990 die Franzosen den Engländern auf wüste Beschimpfungen. Im britischen Massenblatt »The Sun« waren sie als »Frösche« und »nach Knoblauch stinkende Feiglinge« beleidigt worden. »Die behandeln uns wie wir die Belgier«, erstaunte sich »Le Parisien« und erklärte sich das so: »Damned! Der Hundertjährige Krieg war in Wirklichkeit gar nicht zu Ende.« Da bot sich nur *eine* französische Antwort an: »Sie würden es verdienen, daß der Ärmelkanal-Tunnel wieder zugestopft wird.«

Dabei haben gerade die weißen Kalkfelsen der englischen Südküste Großbritanniens in der französischen

Poesie den romantischen Namen »Albion« verliehen, genau wie die von Kalkfelsen getragene Hochebene von Albion im südlichen Frankreich heißt. Aber wenn heute jemand von Albion spricht, dann meist mit dem Zusatz »perfide«. Ein Sammelsurium von Gründen mag zu dieser tiefsitzenden Ablehnung geführt haben: nicht nur Jeanne d' Arc und der Hundertjährige Krieg sind unvergessen, nein, auch die ständige Rivalität um die Vorherrschaft – sei es auf dem Kontinent, sei es auf dem Meer – wirken im Unterbewußten weiter.

Als die Franzosen 1989 die ihrer Meinung nach »einzigartige, universelle« Revolution feierten, kam aus Großbritannien von niemand Geringerem als der damaligen Premierministerin Margaret Thatcher die lakonische Antwort, sie, die Engländer, hätten ihre Revolution lange vorher – und, bitte schön, zivilisiert unblutig – durchgeführt. Nach seiner Ansicht über die Franzosen und Paris befragt, sagte der Frankreich-Korrespondent der »Sunday Times«, Brian Moynahan: »Als Engländer bin ich gezwungen, die Franzosen zu kritisieren. Für einen Briten ist es wegen des Überlegenheitsgefühls der Pariser immer ein Problem, in Paris zu wohnen.« Während es noch in den sechziger Jahren einen regelrechten »Krieg« zwischen Franzosen und Engländern gegeben habe, meint Moynahan, habe sich die Lage beruhigt, denn »die Franzosen sind jetzt reicher als die Briten«[*]

Dieses gegenüber den Briten latent durchschimmernde Gefühl von Minderwertigkeit hat die Beziehungen zwischen Franzosen und Spaniern, Italienern und auch Deutschen nie geprägt. Es ergab sich, daß sich vor dem Express-Duty-free-Einkaufsschalter im Flughafen Charles de Gaulle eine Schlange bildete.

---

[*] Figaro- Magazine (wie S. 229), S. 217

Vor mir kauften drei weltgereiste Italiener ein, die mit der älteren Verkäuferin darüber radebrechten, ob sie nun in Pfund, Mark oder Lire zahlen sollten. Der Verkäuferin war es gleichgültig, aber die Frage nach der Währung gab ihr Anlaß zum Philosophieren. Das englische Geld sei, kein Wunder, eh nichts mehr wert; das deutsche sei zwar stark, doch was hätten die Deutschen schon vom Leben, wenn sie nur stur ans Arbeiten dächten; aber die Italiener, die sprühten nur so vor Lebenslust, da seien sich Franzosen und Römer immer noch am nächsten. Nun gut, das ist so dahergesagt; dennoch machte ich, einmal an der Reihe, darauf aufmerksam, daß ich – als Deutscher – wohl gehört hätte, daß da ein abfälliger Ton in ihrer Stimme mitgeschwungen habe. »Ach nein, gar nicht, wissen Sie, wir, die Franzosen und die Deutschen, wir sind jetzt die besten Partner, die Italiener kann man kaum ernst nehmen.« Des Volkes Stimme klingt so.

Die Deutschen seien die besten Partner? Das stimmt wohl – rein rational gesehen: nämlich wirtschaftlich und politisch im Europäischen Konzept, aber nur auf dieser Ebene. Des Volkes Stimme hat sich mit den Deutschen über die Jahrhunderte kaum befaßt. Da ist Montaigne 1580/81 auf seiner Bäderreise durch den Süden Deutschlands gefahren, hat gut gegessen und getrunken.

Da hat man ein paar Gefechte geführt, da erinnert man sich an die »bäurische« Liselotte von der Pfalz, die dem Herzog von Orleans angetraut wurde, aber bis zu Madame de Staëls Reise ins romantische Deutschland war dies eine Gegend, wo die Herrscher besser Französisch sprachen als ihr eigenes Idiom; man mußte nur darauf achten, daß sich kein zu großes politisches Gebilde formierte. Erst im 19. Jahrhundert begann der Blick sich sorgenvoll nach Deutschland zu richten, da es für französische Verhältnisse zu groß geworden war. Und wenn auch die letzten drei Kriege zwischen Deutschen und Franzosen als Wunde präsent sind, so bleiben die Deutschen zumindest frei von der Belastung, die die Engländer ertragen müssen: Jahrhundertelang waren sie den Franzosen überlegene Konkurrenten. Die Deutschen dagegen hatten sich zwar militärisch stark gezeigt, doch nachhaltig haben sie in Europa weder den politischen noch den kulturellen und zivilisatorischen Rang Frankreichs gefährdet.

»Ich wollte, es wäre Nacht, oder die Preußen kämen«, soll der Herzog von Wellington in der Schlacht von Waterloo am 18. Juni 1815 ausgerufen haben, und noch bevor es fünf Uhr abends war, warfen sich Blüchers Truppen ins Gefecht. Den Satz hat Wellington in dieser Form angeblich nie gesprochen, gelernt wird er trotzdem auch heute noch in Deutschland. Die jungen Franzosen prägen sich dagegen einen Satz ein, der bei einer anderen Gelegenheit fiel: Als die amerikanischen Freiheitstruppen unter General George Washington von den Briten schwer bedrängt wurden, hoffte er, daß die versprochene französische Unterstützung käme. Natürlich war es Nacht, als der französische General de Lafayette auf Washington traf und sagte: »Nous voici«, was soviel heißt wie: wir sind zur Stelle. Und dann wurden die Briten bei Yorktown geschlagen. Das ist der Schlüsselsatz, den die jungen Franzosen heute noch lernen: Er besiegelt das Bündnis mit den Amerikanern gegen die Briten.

Der amerikanische Freiheitskrieg, aus dem eine demokratische Verfassung hervorging, und die Französische Revolution mit den Menschenrechten hängen inhaltlich zusammen. Bis heute besteht eine emotionale Verbindung zwischen französischer und amerikanischer High-Society, Meinungsbildnern und Intellektuellen, die von französischer Seite darauf beruht, daß man sich geschmeichelt fühlt. Amerika bewundert alles, was französisch ist: Parfum, Mode und Cuisine. Amerikanische Schriftsteller haben Paris wegen der Vorliebe der Franzosen zur Ästhetik als Musentempel betrachtet, während Großbritannien als Land des Moralismus eher abschreckt.

Henry James war nach Paris aufgebrochen, um sich vom Journalisten zum Schriftsteller zu emanzipieren, und läßt dementsprechend seinen Christopher Newman als »Selfmade«-Millionär in Frankreich eine schöne, wenn auch verarmte Claire de Bellegarde hofieren. Gewiß, es ist aus amerikanischer Sicht ein Roman, der die Neue Welt an den veralteten, ja verkrusteten Traditionen scheitern läßt, aber – es passiert in Paris, und das entschädigt ja schon wieder.

In der ersten Hälfte dieses Jahrhunderts zogen sie alle, von Henry Miller bis Ernest Hemingway, nach Paris. Im Restaurant »Les Closeries des Lilas« ist heute noch das kleine Namensschild aus Messing zu sehen, wo Hemingway stets an der Theke lehnte. Und bis heute lebt in Paris eine große intellektuelle amerikanische Gemeinde, von der manch einer seit zwanzig Jahren da ist, ohne je richtig Französisch gelernt zu haben. Umgekehrt haben wichtige zeitgenössische französische Philosophen in Amerika – nicht in Europa – gelehrt, haben französische Publizisten sich in den USA – nicht in Europa – aufgehalten und ihre Erfahrungen positiv verwertet. Ganz zu schweigen von den üblichen Einflüssen der amerikanischen Massenkultur auf die französische Jugend in den letzten zwanzig Jahren! Die emotionalen Grundströmungen halten französische Politiker jedoch nicht davon ab, sich immer wieder klar und hart von den USA politisch abzusetzen, wenn es das Eigeninteresse bedingt.

Zweimal in diesem Jahrhundert haben die USA den Franzosen die Hilfe von General de Lafayette zurückgezahlt, indem sie Frankreich zum Sieg in beiden Weltkriegen verhalfen, doch schon Anfang der fünfziger Jahre hingen in Frankreich Plakate, die eine Riesenkrake mit Dollarzeichen in den Augen und Stars and Stripes auf dem Kopf zeigten – ihre Tentakel ausgestreckt, um Frankreich zu erdrücken: »Non! La France ne sera pas un pays colonisé! – Nein! Frankreich wird kein kolonisiertes Land!«

»Amerikaner nach Amerika!« So lauteten Plakate der Kommunisten. Es hätten auch die der Gaullisten sein können.

De Gaulle versuchte zunächst, Washington davon zu überzeugen, daß die westliche Welt von einem Triumvirat, bestehend aus den USA, Großbritannien und Frankreich, geführt werden solle. Als der Vorstoß mißlang, zog er Frankreich aus der militärischen Integration der NATO zurück und sorgte dafür, daß die amerikanischen Truppen ihre Kasernen in Frankreich verließen.

»Ami go home!«

Das aber war Machtpolitik und hatte mit den Gefühlen für die Amerikaner nichts zu tun. Selbst im Golfkrieg noch nannten die französischen Kommunisten das amerikanische Volk »hypersympa« – supersympathisch; die amerikanische Politik aber »abominable« – abscheulich, so als hätte das Volk mit den Entscheidungen seiner demokratisch gewählten Regierung überhaupt nichts zu tun. Oder: der französische Kulturminister Jack (man beachte, daß er sich nicht Jacques schreibt) Lang trat zu Anfang der Regierungszeit der Sozialisten in den achtziger Jahren vor eine große internationale UNESCO-Konferenz in Mexiko und verdammte die amerikanische Massenkultur, die es schaffe, alle kulturellen Identitäten kleinerer Völker zu zerstören. Dem gelte es einen Riegel vorzuschieben. Die Welt horchte auf. Aber den bösen Worten folgten keine Taten. Im Gegenteil, zu den Filmfestspielen nach Cannes wurden die Amerikaner geladen und hofiert wie niemand sonst. In den französischen Fernsehprogrammen laufen amerikanische Serien – wie in kaum einem anderen westeuropäischen Industriestaat.

Politisch setzt sich Frankreich von den USA immer dann ab, wenn seine Position in Europa es verlangt, und das nicht nur bei den großen Entscheidungen, sondern auch im Alltäglichen. Auf der Idee der Unabhängigkeit von den USA basiert etwa die französische Luftfahrt- und Weltraumpolitik; während die Deutschen sich am liebsten einfach den Amerikanern angeschlossen hätten, wurden sie von den Franzosen in europäische Programme gedrängt, denn Paris konnte diese großen Entwicklungen nicht allein bezahlen. Aber auch da sind die Franzosen nicht so heilig, wie sie es gern schienen. Sie traten aus dem militärischen Teil der NATO aus und bauten eine eigene – unabhängige! – Atomstreitmacht auf. Allerdings, wie sich später herausstellte, gelang es ihnen nur mit Hilfe von (geheim überlassener) amerikanischer Technologie, Atomraketen zu bauen. Als Präsident Ronald Reagan dann das amerikanische Starwars-Programm (SDI) verkündete, sprach sich Frankreich – wie auch die Sowjetunion – dagegen aus. Da die französische Mihitärdoktrin auf der Abschreckung durch die eigene Atomstreitmacht beruht, lehnt Paris alles ab, was seine kleine Atomstreitmacht gefährden könnte. Gerade das aber befürchteten die französischen Politiker vom amerikanischen SDI-Programm. Im Frühjahr 1985 versuchte der damalige US-Verteidigungsminister Weinberger bei dem Besuch im Élysée-Palast, die sich sträubenden Franzosen umzustimmen. Dort zeigte man sich diplomatisch: Einerseits wollte Frankreich soviel wie möglich von den Ergebnissen der Forschung für das Starwars-

Programm profitieren, andererseits aber weiterhin alles ablehnen, was eine Abschreckungsstrategie durch Atombomben überflüssig machte. Auch bei dem im Mai 1985 folgenden Weltwirtschaftsgipfel in Bonn trat Präsident François Mitterrand als einziger wirklicher Kritiker des SDI-Vorhabens auf. Diese Position entsprach der Logik französischen Denkens, daß eine europäische (sprich: französische) Weltraumpolitik unabhängig sein müsse, und zwar unabhängig von denjenigen, die das (westliche, das östliche war ja nicht zugänglich) Monopol besaßen – und das waren nun einmal die USA. Schon in den sechziger Jahren trieb Frankreich Europa zum Bau einer eigenen Weltraumrakete, weil es das Schwergewicht auf eine von den Vereinigten Staaten unabhängige europäische (sprich wieder: französische) Raumfahrt legte. Tatsächlich wollten die USA Europa nie volle Freiheit bei einer Benutzung der amerikanischen Raumfahrt gewähren. Europa hätte weder im wirtschaftlichen noch im forschungstechnischen oder gar im militärischen Bereich selbständig handeln können, wenn es nur auf die USA gesetzt hätte.

In solch greifbaren, manchmal mit äußerster – verbaler – Härte geführten Händeln gehen die Franzosen mit den Amerikanern anders, sanfter um als mit den Deutschen. Stünde Deutschland statt Amerika in einem entsprechend konkurrierenden Verhältnis, dann hätte die Überlegenheit leicht wieder zu Ressentiments gegenüber *dem* Deutschen geführt. Man nehme als Beispiel nur die regelmäßig erscheinenden Kommentare in französischen Blättern, wenn die von der Bonner Politik unabhängige Bundesbank über den Zinssatz entscheidet und dabei (manchmal äußerst undiplomatisch) nur deutsche Belange, aber – was auch gar nicht ihre primäre Aufgabe wäre – keineswegs französische oder europäische Interessen berücksichtigt. Dann werden wieder Mark und Bismarck in einen Topf geworfen und das Bild des kriegerischen Germanen aufgefrischt. Bei den geschichtlichen Beziehungen zwischen Amerika und Frankreich, die stets von Brüderlichkeit geprägt waren, und bei den emotionalen Verbindungen, deren Grundtenor von freundschaftlicher Milde ausgeht, spricht nichts gegen eine Spaltung der Gefühle: »le ›peuple américain‹ (hypersympa) et la ›politique américaine‹ (abominable)*« – supersympathisch sind die konkreten Menschen, und abscheulich ist nur die abstrakte Politik.

Im Golfkrieg verglichen die Franzosen ihre Truppen in der saudiarabischen Wüste nicht mit den etwa gleich starken Briten oder den Italienern, sondern nur mit der amerikanischen Armee. Die einen besaßen Tarnbomber, die anderen Kampfflugzeuge ohne Nachtfluggeräte usw. Aber das störte die Franzosen nicht, immerhin verfügten sie über die Panzerabwehrrakete Milan. »Was Besseres gibt's nicht, und die Amerikaner wissen das.«** Sie beneideten die amerikanischen Soldaten, die Frauen, eisgekühlte Coca-Cola, eine Radiostation und insgeheim sogar Rabbiner(!) hatten. Ganz zu schweigen von der technologischen Überlegenheit der Waffen. Die Franzosen führten dagegen an, sie verfügten – als einzige der Koalitionstruppen! – über eine eigene Heeresbäckerei! Aber was ist der wahre Unterschied, weshalb der US-Soldat immer dem Franzosen unterlegen sein wird? Der Ami hat vor allem Angst, besonders vor Mikroben, deshalb »ißt er Käse sterilisiert, als sei es Verbandszeug«.***

---

* L' Express, 7. 2. 1991, S. 59
** Ebenda, S. 57
*** Ebenda, S. 58

Cannes als Kulisse für Mammon und Models

Einmal Star sein, davon träumen die, denen gesellschaftlicher Aufstieg ein Bedürfnis ist, die aber nicht wissen, daß sie, glaubend, Star sein bedeute Aufnahme in die Oberschicht, irren. Star wird man mit dem Mikrophon auf der Bühne – oder noch leichter auf der Leinwand. Und dann wird der Star vermarktet, dessen Fassade, seien es die Gesichtszüge, seien es der blanke Busen, die Beine, welcher Körperteil auch immer, sich auf den Werbeflächen von Fassaden gut macht oder auf dem Titel von Zeitungen und Magazinen, in Flimmerkiste oder Filmen – und später natürlich auch andere Produkte, Wäsche oder Waschpulver, American Express oder Autos, verkaufen hilft. Unzählige junge Menschen aus Europa kommen nach Paris, um Star zu werden, beim Film vielleicht, zur Not auch als Mannequin oder ähnliches; und selbst in Amerika kauft sich manch eine ein Billett nach Paris, weil sie glaubt, dort leichter Erfolg zu haben als im mörderischen New York, wo sich die Konkurrenz aus allen Teilen der Welt – symbolisch – mit gewetzten Messern in die Rücken sticht. Und weil die Franzosen Sinn für Stars haben. Anders als die Deutschen, wo ein Star sich als einzelner aus der Menge emporhebt, was dann besonders ungern gesehen wird, wenn er oder, noch schlimmer: wenn sie – wie einst Romy Schneider – sich aus dem Klischee, das die Deutschen sich von ihr gemacht haben – nämlich die süße, dumme kleine Sissi –, emanzipieren und eine eigene Meinung haben. Wird nicht auch Ute Lemper in Deutschland von der von männlichen

Gedanken geprägten deutschen Kritik zermalmt, während Paris sie als Star feiert?

Weil also die Franzosen Sinn für Stars haben, lebt Paris davon, dem jeweils neuesten Star groß zu applaudieren, die alten aber werden weiterhin geliebt und gehätschelt – denke man doch nur an das ewige Getue um Johnny Hallyday, Eddie Mitchell oder den einst jugendlichen Liebhaber Alain Delon, der – wie auch Jean-Paul Belmondo – seine fetten Gesichtszüge über dem Kragen kaum noch bändigen kann, und trotzdem bleiben sie bis zum Lebensende geliebte Stars. Wer also will nicht Star werden und mit den Stars feiern?

In einem unscheinbaren, überfrachteten Büro in einem Haus mit unbedeutender Fassade im Faubourg Saint-Honoré wird das jährliche Star-Festival geplant, das nicht nur große oder Möchtegern-Stars aus Frankreich, Europa, ja, aus der ganzen Welt, besonders der Neuen, anzulocken versucht. Und das ist ein hartes Geschäft. Freiwillig, gar auf eigene Kosten, reisen die Möchtegerne an, aber die großen Internationalen, die lassen sich nur dann sehen, wenn es sich für sie lohnt, denn sie wissen inzwischen, welch lästigen Preis sie für das Starleben zahlen. Nicht nur auf die Privatsphäre müssen sie verzichten, sogar um den Bestand ihrer Persönlichkeit haben sie zu kämpfen, ein Ringen, das nur die ganz großen gewinnen – Marlene Dietrich etwa, weshalb ihr auch 1992 das offizielle Plakat des Star-Festivals gewidmet wurde, obwohl sie sich seit Jahren aus der Öffentlichkeit zurückgezogen hatte: Star war sie geblieben. Das Plakat hing gerade an allen Masten in Paris, als Marlene Dietrich starb. Und in Frankreich wird Stars, wenn es soweit ist, ein ihrer Rolle in der Gesellschaft angemessenes Begräbnis zuteil (siehe Marlene Dietrich ...). Gut, Marlene Dietrich war ein Megastar, doch als der – über Frankreichs Grenzen hinaus nicht bekannte – Schlagerkomponist Michel Berger starb, da kamen zu seiner Beerdigung auf dem Friedhof Montmartre, wo auch Heinrich Heine liegt, nicht nur Sängerinnen und Sänger seiner Texte, sondern Schriftsteller wie Yves Simon, Musiker wie Jean-Michel Jarre, Schauspieler wie Alain Souchon, Richard Berry und Natalie Baye, aber auch der langjährige, enge Berater von François Mitterrand, Jacques Attahi, inzwischen Chef der Europäischen Bank für Wiederaufbau in London. In der wichtigsten französischen Illustrierten, »Paris-Match«, wurden dem Ereignis anschließend das Titelblatt und zwanzig Seiten mit unzähligen Photos gewidmet. Natürlich: Wann hat man schon so viele Stars so billig und willig vor der Linse?

Wenn das große Festival der Stars auch elf Monate lang im Faubourg Saint-Honoré geplant wird, so findet es trotzdem dort nicht statt. Nein, dafür hat man eine andere Kulisse gewählt, wonach der Ringelpiez auch benannt wird: Festival de Cannes.

Jedes Jahr finden Zeitungsleser überall auf der Welt in ihrem Blatt zur Eröffnung des Filmfestivals von Cannes – je nach Ernsthaftigkeit der Redaktion – auf der ersten oder letzten Seite, größer oder kleiner, immer wieder das entsprechende, den Beginn dieser Kulturveranstaltung illustrierende Photo vom Bootssteg am Strand des »Carlton«: eine nackte Dame in Pose. (Carlton ist ein Name, den man Karltonn ausspricht, weil er damit in französischen Ohren englisch klingt, denn schließlich waren es die Engländer, die Frankreichs Riviera »entdeckten«.) Das Bild gehört jedes Jahr einfach wieder dazu. Und kommt der Wanderer in dieser Zeit nach Cannes, sieht er gegen die Mittagsstunde mit einemmal eine Horde von Photographen von der Croisette die Treppen hinab auf den hölzernen Bootssteg stürzen, denn dort stellen sie, die entdeckt werden wollen, sich plötzlich in Positur. Schöne

Figur ist Voraussetzung, das Gesicht sollte nicht von zuviel Dummheit geprägt sein, ein kleines Badehöschen ist erlaubt. Vierzig oder fünfzig Apparate klicken, blitzen, schnurren die Filme weiter. Man schubst sich, als hinge das Leben davon ab. Aber da glauben Damen, die sich vielleicht Mannequin nennen, immer noch, am meisten Erfolg stelle sich ein, wenn sie ihre Haut zu Markte tragen – und sei's (wegen der im Mai möglichen Frische) eine Gänsehaut, wie die hetzende Meute am Strand feststellt. Berühmt geworden ist so noch keine, ganz nackt schon gar nicht.

Aber ein Mann hat mit den Nackten angefangen und inzwischen eine gewisse Karriere gemacht: Er malte eine Nackte an, so daß es aussah, als habe sie etwas an – eine Idee, die Furore machte. Er durfte mit der angemalten Nackten im Fernsehen auftreten, und das ist für manche Irrgläubige schon der Beginn des Ruhms. Die Nackten, die der Mann anmalte, hat man vergessen, der Maler aber wird seit Jahren schon herumgereicht. Er hat es geschafft!

Auch Berühmtheiten müssen in den Sand von Cannes, denn wenn sie sich der Öffentlichkeit stellen, fördert es den Verkauf der gerade produzierten Filme. Und das heißt: vor den Photographen posieren, die ihre Aufnahmen dann um die Welt funken.

Cannes bedeutet ja nicht nur Wettbewerb um ein paar großartige Preise, sondern neben den Filmfestspielen findet die größte Filmverkaufsmesse der Welt hier unten am Mittelmeer statt. Da läßt ein Filmverleih schon mal Michelle Pfeiffer, Jacqueline Bisset und Toni Curtis, Dustin Hoffman oder Tom Cruise und Julia Roberts für wenige Minuten aus ihren Hotels an die Strandpromenade fahren, wenn sie in einem Film mitspielen, der in Cannes verkauft wird, sonst kämen sie ja auch gar nicht, zumindest nicht aus Amerika.

Dabei lebt Frankreich hier nur einen weiteren Widerspruch aus: Hat noch zu Anfang der sozialistischen Herrschaft der Kulturminister Jack Lang laut und öffentlich bei einer UNESCO-Konferenz in Mexiko den amerikanischen Kulturimperialismus beklagt, so tat er anschließend alles, um die Amerikaner, ihr Kino, ihr Schaugewerbe nach Frankreich zu holen. Denn ohne Hollywood ist Cannes eben nur ein Provinz-Festival. So wird US-Schauspielern die Reise nach Cannes durch einen Zwischenstopp in Paris schmackhaft gemacht. Dort lädt Jack Lang sie in die eleganten Salons seines Ministeriums ein, das am Palais Royal liegt, und verleiht ihnen – mit welch fadenscheinigen Begründungen auch immer – Orden à la Chevalier des arts et lettres. Ganz populäre Stars aus Amerika werden noch an die Loire zum Besichtigen von Schlössern eingeladen. Alle müssen während des Ausflugs nach Blois und wissen wahrscheinlich nicht, daß Jack Lang sie aus Eigennutz in diesen alten Ort lockt, denn dort ist er Bürgermeister, und seine Wähler halten ihn für den größten französischen Politiker, weil ihm ganz Hollywood zu Füßen zu liegen scheint.

In Cannes werden die Neudekorierten dann auf Pressekonferenzen vorgeführt. Zu sagen haben die Darsteller nur selten etwas, doch in der Natur der Sache liegt ja, daß ihre Gesichter bekannter sind als die der Regisseure, der Drehbuchautoren oder gar der Produzenten, und so werden sie zur Schau gestellt.

Zurschaustellen wird in Cannes zur hohen Kunst, wo jeder versucht, dem anderen die Schau zu stehlen. Der öffentliche Rummel findet auf nur knapp fünfhundert Metern statt, auf der mit Palmen gesäumten Promenade, der Croisette, westlich beginnend zwischen dem Festival-Palast und dem gleich nebenan liegenden Nobelkasten Majestic, bis östlich auf der Höhe des Hotels Carlton, na gut, vielleicht noch bis zum Martinez. Das Carlton wirkt wie ein im Zuckerbäckerstil gebauter Großprotz, das Martinez langweilig luxuriös. In einem Winter sind durch einen ungewöhnlichen Kälteeinbruch die Palmen eingegangen, über zweihundert neue mußten gekauft werden, und zufällig fand sich in Spanien ein Gärtner, der zweihundert schon acht Meter hoch gewachsene Palmen liefern konnte. Als sie bezahlt waren und der Promenade von Cannes wieder ihr edles Aussehen verliehen, stellte sich heraus, daß die Bäume in Barcelona gestohlen worden waren; dort nämlich hatte man sie wegen Straßenbauarbeiten ausgegraben, aber später sollten sie wieder an die alte Stelle gesetzt werden.

Zwischen den Palmen stellt in diesen vierzehn Tagen die Stadt fast zehn Meter hohe, weiß gestrichene Masten mit den Fahnen der teilnehmenden Länder auf, um die internationale Bedeutung des Kulturfestes zu unterstreichen. Und weil sie schon einmal da stehen, werden an jeder Fahnenstange große Plakate angebracht, die neue Filme ankündigen. Über die Straße gezogene Transparente wehen im Wind. In den Vorgärten der Hotels, ja an ihren Fassaden, wo immer ein Plätzchen zu kaufen ist, halten Rambo sein Schießgewehr, James Bond seine Laserpistole und irgendeine Katzenfrau ihren Superbusen in die Luft. Keine Werbefläche, kein Einfall bleibt ungenutzt, um Zelluloid anzukündigen, dabei bewerben sich nur knapp zwanzig Streifen um die Goldene Palme von Cannes. Die anderen sind entweder nicht vorgeschlagen worden, oder wenn es teure Produktionen waren, dann fürchten manche Geldgeber so sehr, keinen Preis zu erhalten, daß sie gar nicht erst antreten und ihr Produkt nur »außer Konkurrenz« vorführen.

Nicht jeder kann, um Aufmerksamkeit zu erregen, seine Filmkulisse einfach in Cannes aufstellen. Geschehen ist es dennoch: 1986 ließ Roman Polanski, der in Tunesien einen Seeräuberfilm gedreht hatte, das Piratenschiff Neptuno, zweiundsechzig Meter lang mit siebzehn Meter hohen Masten, für beachtliche Kosten über das Mittelmeer schippern und im Hafen von Cannes festmachen. Die Ausgabe lohnte sich, denn in den ersten Tagen des Festivals sprach man nur von Polanskis Film – die Kulisse ließ sich ja auch äußerst originell und photogen vermarkten: An Bord gab er alle Interviews, auf diesen Planken fand der Empfang nach der Vorführung des Piratenfilms im großen Saal des Palais du Festival statt. Doch nachdem er gelaufen war und die meisten Kritiker sich gar nicht lobend darüber äußerten, verlor auch die Kulisse ein wenig an Glanz, aber nur ein wenig, denn viele kommen ja nicht bloß, um die Filme der anderen anzuschauen.

Ein Festival geht als gelungen in die Annalen ein, wenn einige Filme gut waren und die Sonne die ganzen vierzehn Tage über schien, was nicht immer der Fall ist. Wenn es aber regnet, dann fällt der als Lustgewinn angesehene, täglich mehrmals gemachte Bummel zwischen Festival-Palast und Carlton aus. Ein Bummel, bei dem man gesehen werden will, aber auch tatsächlich gesehen wird, weil alle nach Berühmtheiten, die zu Fuß rar sind, Ausschau halten; ein Bummel, bei dem man trifft, mit wem man sich nicht, noch nicht, verabredet hat, nach dem man aber schon seit Tagen sucht und den man trotz ein paar Dutzend Anrufen in seinem Hotel nie erreicht hat, denn: zurückrufen nutzt wenig, wann liegt man schon einmal im Bett, und dazu noch im eigenen? Eine Limousine zu mieten, um vom Carlton zum Festival-Palast zu fahren, das lohnt sich nur zur Gala, wenn die Polizei den übrigen Verkehr aussperrt. Zu Fuß muß man gehen! Auch ein Taxi ist sinnlos bei dem Stau, der mindestens fünfzehn Stunden anhält. Ein pfiffiger junger Mann hatte deshalb sechs von

Studenten gezogene Rikschas eingesetzt, um Zahlkräftige zu befördern, und der geschäftliche Erfolg war so groß, daß er daran dachte, aus Asien noch mehr Rikschas einzuführen. Aber da hatte er nicht mit den Taxifahrern und der Bürokratie gerechnet. Die ruppigen Berufsfahrer fürchteten die Konkurrenz, die in den Staus soviel schneller und trotzdem billiger war, weshalb sie bei Bürgermeisterin Anne-Marie Dupuis vorstellig wurden; und als sie keine Satisfaktion erhielten, traten sie in einen mehrstündigen Streik, mit dem sie den Verkehr auf der Croisette endgültig lahmlegten. Nur die Rikschas kamen noch durch. Madame Dupuis, an ihre Wähler denkend, fand dann einen bürokratischen Weg, um die Rikschas zu verbieten.

Da die Schau veranstaltet wird, damit in die ganze Welt hinaus darüber berichtet wird, leben auch die meisten Journalisten, natürlich nicht die seriösen cineastischen Kritiker der Feuilletons, aber die Reporter, die für Rundfunk, bunte Blätter oder Agenturen arbeiten, vom schönen Wetter. Unten am Strand haben fast alle französischen Sender ihre Live-Studios eingerichtet, von wo aus manche jeden Tag stundenlang senden. Wann ist das Starangebot schon so groß, so billig und so willig? Sitzen da nicht Jean-Louis Trintignant und Anouk Aimée auf zwei Strandstühlen und warten geduldig auf ihren Auftritt im französischen Fernsehen? Zwanzig Jahre nach dem Kassenerfolg des Kitschfilms »Ein Mann und eine Frau« spielen sie in einem noch kitschigeren Film mit dem originellen Titel »Ein Mann und eine Frau zwanzig Jahre später«. Sie warten, weil Christophe Lambert, der in der außerfranzösischen Welt Christopher heißt, gerade live befragt wird und Werbung macht für einen Film, in dem er einen Schlüsselanhänger liebt – ein Streifen, der beim Wettbewerb keinen großen Applaus erhielt. Doch das scheint gar nicht so wichtig. Viel wichtiger ist, überhaupt bei diesem Familientreffen in Cannes anwesend zu sein.

»Es herrscht eine besonders entspannte Atmosphäre hier«, sagt Monsieur Lambert, »was mich immer wieder erstaunt, weil man das in Paris sehr viel weniger normal findet, weil man sich dort in engeren Kreisen trifft. In Cannes ist man viel unverkrampfter, spricht über alles und nichts, genießt das warme Wetter, die schönen Feste und, voilà, man amüsiert sich.«

Da wendet sich der Fernsehmoderator an Charlotte Rampling und fragt, wie sie den neuen Jahrgang »Cannes« finde. Und die schöne Frau Rampling, die diesmal in einem Film spielt, in dem sie zwar keinen Schlüsselanhänger, aber einen Affen liebt, tut ihre Erfahrung kund, wonach es jedes Jahr anders sei. Wenn es regne, seien die Leute gestreßt und hätten weniger Lust, sich zusammenzusetzen. Aber dieses Jahr, da scheine die Sonne, das Festival sei sehr gelungen.

So einfach kann es sein.

Dann muß Regisseur Marco Ferreni ran und vor die laufenden Fernsehkameras. So wird er vorgestellt: »Einer, der sich nie zu verändern scheint, ist Regisseur Marco Ferreni. Er ist in Cannes, ruhig auf der Croisette, ruhig bei Tisch, ruhig in den Interviews, der ruhige Mann des Films überhaupt.« Natürlich darf Ferreni nicht zeigen, daß er muffig ist, denn er muß doch seinen Film verkaufen. Also sagt er in seinem italienisch geprägten Französisch: »Ich arbeite von neun Uhr früh bis elf Uhr abends, von einem Fernsehinterview zum anderen, wobei es kaum unterschiedliche Fragen gibt, immer das gleiche. Kurz vor Mitternacht gehe ich ins Bett, schließlich bin ich alt und muß schlafen.«

Ab sechs Uhr nachmittags beginnen die ersten Schaulustigen sich an den Gittern vor der großen Freitreppe des Festival-Palastes zu versammeln, zurückgehalten von gnadenlosen Polizisten, die sich so wichtig nehmen wie bei einem Weltwirtschaftsgipfel. Wer später als halb sieben eintrudelt, findet nur noch in der vierten Reihe Platz, und von dort sieht gerade noch, wer groß genug ist. Um Punkt sieben beginnt dann das wichtigste Ereignis des Tages, der Aufmarsch derjenigen, die eine Einladung für die Galavorführung vom Film des Tages im Wettbewerb erhalten haben. Bei Politikern kennt man den Ablauf vor Gipfeltreffen: Da fahren schwarze Limousinen vor, springen Leibwächter an die Türen, schauen mit Pokergesichtern durch schwarze Brillen umher, der Staatschef steigt aus, eine Musik wird gespielt, der Gast schreitet über einen roten Läufer eine Treppe hinauf, wo der gastgebende Staats- oder Regierungschef ihm die Hand schüttelt, noch einmal die Hand schüttelt, einer winkt vielleicht zu den Photographen, und sie verschwinden. In Cannes läuft das Zeremoniell auch immer gleich ab, aber mit feinen, protokollarisch nicht faßbaren Unterschieden; außerdem ist der Weg vom Wagen bis oben an die Treppe sehr viel weiter. Zuerst kommen Leute, alle in Smoking oder Abendkleid, die keiner wirklich kennt, die – wenn's hochkommt – mit einem Taxi vorgefahren werden, ihr Auto vielleicht aber selbst chauffiert und irgendwo in der Tiefgarage geparkt haben. Die ersten gehen schnell und scheu die für solche Galas gebaute zwanzig Meter breite, fünfzig Meter lange Treppe hinauf, weil sie sich unwohl fühlen, so begafft zu werden, ohne daß jemand ihnen einen Gruß zuruft – und auch die Photographen wenden ihnen noch die Rücken zu, es sei denn, da habe sich eine Dame wieder ganz gewagt mit ganz wenig Stoff drapiert. Je nachdem, wen die Menge erwartet, werden die eintreffenden Berühmtheiten wahrgenommen. Läuft eine amerikanische Produktion mit Sylvester Stallone, mit Clint Eastwood, diesem alten Schlachtroß des Westerns, dann kann ein Charles Aznavour oder ein Michel Piccoli mit höflichem Beifall rechnen; und dann wird auch er seinen Schritt ein wenig beschleunigen, peinlich wissend, daß andere größere Stars sind. Die Stars kommen zeitlich in verschiedenen Schüben: die kleinen zuerst, zwischendrin schon mal ein großer, zum Schluß aber die, die im Film des Tages spielen.

Einmal fehlten allerdings alle Weltstars aus Hollywood. Als im April 1986 die US-Luftwaffe einen Bombenangriff auf Tripolis, die Haupstadt Libyens, durchführte, um Gadhafi zu treffen oder ihn zumindest wegen terroristischer Anschläge in Europa zu bestrafen; damals hatte Gadhafi gewarnt, er habe Raketen, die bis zur Côte d' Azur reichten, und so blieben die meisten amerikanischen Schauspieler, weil sie sich von dem Bluff einschüchtern ließen, aus Angst zu Hause, obwohl die US-Marine ein kleines Kriegsschiff in die Bucht von Cannes verlegte. Also bejubelte die gaffende Menge eben alternde europäische Stars, die sonst im Rummel untergegangen wären.

Der Weg bis oben an die Treppe ist für den, der weiß, wie er ihn nehmen muß, ein fester Parcours, während er für den unwissenden Kulturattaché aus einer Botschaft in Paris nur ein Weg mit Zaungästen bleibt. Wenn etwa Valery Kaprisky, berühmt geworden, weil sie sich gern nackt auf Zelluloid bannen läßt, als Jungfrau zur Geltung kommen will, muß sie sich unten, auf halbem Weg zwischen Wagen und Treppe, den Photographen stellen, indem sie an einer bestimmten Stelle des Teppichs nur ein paar Schritte besonders langsam und merklich verhalten am Arm ihres Begleiters geht, damit die Photographen Maß nehmen und abdrücken können. Wenn aber die Stars des Abends kurz vor Beginn der Galaveranstaltung in großer Limousine vorfahren, wechselt die dudelnde Musik in einen sphärischen Tusch, ursprünglich von Strauss, der Welt freilich besser bekannt als Leitthema des Films »Odyssee 2000«.

Da erscheinen zusammen mit dem Regisseur, den man vielleicht noch kennt, der Produzent, der Mann, weswegen alle den Nachbarn fragen, wer das sei, und zwischen ihnen die Schauspielerinnen und ihre Partner, und das Volk jubelt. Zum erstenmal müssen die Ankömmlinge wegen der ersten Riege von Photographen schon nach zwanzig Metern stehenbleiben, in die Linsen lächeln – und auch da unterscheidet der Photograph einen großen von einem kleinen Star. Der große weiß, daß dreißig, vierzig Kameras auf ihn gerichtet sind, und damit auch alle gut bedient werden, die berühmte Fassade nicht nur von der Seite, sondern auch von vorn aufnehmen können, lächelt er, den Kopf langsam von links nach rechts drehend, zu allen hin. Das dauert sein Weilchen, und noch einmal von rechts nach links. Wer Probleme mit dem Profil hat, weiß auch, daß es hilft, den Hals lang und das Kinn weit nach vorn zu strecken – sieht auf dem Bild besser aus. Der Pulk geht weiter, mitten auf der Treppe noch einmal umdrehen, auch wegen der Zaungäste. Oben warten diesmal weniger, aber besonders ausgewählte Photographen und Kameraleute, von denen das Festivalprotokoll auch korrekte Kleidung, also Smoking oder wenigstens eine schwarze Fliege zu weißem Hemd, erwartet. Um die hundertfünfzig Meter vom Wagen bis zum Eingang in das Festival-Palais zu durchschreiten, benötigen die Stars des Abends gute fünf Minuten. Aber es ist ja auch schön, vor der Vorstellung bejubelt zu werden, besonders wenn der Film hinterher ausgepfiffen wird.

Bevor drinnen nun der erste Film läuft, wird die Jury des Festivals vorgestellt; jenes jedes Jahr neu zusammengestellte Dutzend Leute also, das darüber entscheidet, wer die Goldene Palme erhalten wird, welche Schauspielerin, welcher Schauspieler mit einer Auszeichnung aus Cannes nach Hause reist. Nicht genug des Guten – nun muß auch noch der jeweilige Regisseur ein Wörtchen zu dem vorgesehenen Film sagen, doch da darf man sich, wie Roman Polanski bei der Vorführung seines Piratenfilms, auch schnell mit ein paar banalen Bemerkungen aus der Affäre ziehen: »Ich habe einen Satz auswendig gelernt«, sagte Polanski: »Wenn ich ein Mann des Wortes wäre, würde ich Ihnen mehr erzählen, aber da ich ein Filmemacher bin, schlage ich vor, sofort mit der Vorführung anzufangen.«

Nach der Galavorführung ist der Applaus aus Höflichkeit meist lang und laut, aber da bei der Premiere nie alle Kritiker Platz finden oder gar eine Einladung erhalten, wird der Film in den nächsten Tagen mehrmals zu verschiedenen Zeiten in anderen Sälen gezeigt, beginnend morgens um acht! Wenn er besonderen Anklang findet und sich unter der Gemeinde herumspricht, daß er die Entdeckung des Festivals sei, dann wird – wie etwa bei »Paris-Texas« – vom Produzenten noch schnell ein Saal gemietet, wo der Film für die Kritiker einige weitere Male läuft. Je mehr ihn sehen, desto mehr kommt er nicht nur in die Zeitungen, sondern auch ins Gerede von Cannes. Ohne Gerede wäre Cannes nur halb so schön, und natürlich hat jeder seine Informationen von einem Mitglied der Jury, neben dem er bei einem Bankett gesessen hat; doch da es mittags und abends lauter Banketts gibt, zu denen Produzenten, Firmen und auch die Politiker einladen, trifft jeder irgendwo einen Juror, und so wird das Gerede ständig neu belebt, zumal auch immer wieder neue Filme im Wettbewerb sind.

Während die Amerikaner Angst vor Terroristen haben, läuft den Regisseuren aus ganz anderen Gründen der Angstschweiß in den Nacken: Es möge bloß niemand vor der Vorführung an die Filmrollen kommen – und nachher auch nicht, denn häufig sind die Werke noch gar nicht fertig, wird an ihnen noch während des Festivals geschnitten, korrigiert, gekürzt. Aber da ist Monsieur Alain Crochet, der Chef des Palais du Festival, gelassen; der Bunker, wie das Gebäude im Volksmund wegen seiner klobigen Architektur genannt wird, ist nicht nur äußerlich ein Produkt moderner Architektur, sondern auch innerlich. Erdbebensicher und mit allen Schikanen bewacht: fünfundsechzig elektronische Kameras melden einer Zentrale, was innen und außen vor sich geht; Hunderte von Polizisten und Sicherheitsbeamten schrecken jeden Missetäter ab; und im Herzen des Betongebäudes befindet sich ein großer Safe, in dem die Filme, die im Wettbewerb laufen, nach jeder Vorstellung von ihren Regisseuren persönlich wieder eingeschlossen werden, schon allein um zu verhindern, daß jemand sich über Nacht elektronisch eine Raubkopie zieht. In Cannes traut keiner keinem über den Weg.

Vierzehn Tage vor dem Festival erscheint Cannes so, wie es die Hälfte des Jahres ist: ein langweiliger, aber schöner Ort am Mittelmeer, wo das Klima Mensch und Vieh wohltut, wo Palmen wachsen – und Luxuswohnungen. Und weil alles so teuer ist, ziehen sich viele Europäer, die ihr Leben lang verdient haben und sich jetzt im Alter ein bißchen Luxus gönnen wollen, an die Croisette und in umliegende Straßen zurück; Alte, Reiche, denen es als Anregung reicht, in Cannes zu leben. Punktum. Und so, als sei Cannes ein riesiges Altersheim (mehr als ein Drittel der Bürger sind Pensionäre), so wirkt der Ort in den Zeiten, wo weder Sonne noch Festival geschäftige Menschen anziehen. Schon Monate vor dem Festival sind alle Hotels trotz der für diese Tage besonders hohen Tarife ausgebucht, aber im Sommer klagen die Hoteldirektoren, daß – trotz Preissenkungen – die Suiten frei bleiben.

»Trotzdem«, meint Paul Pacini, Chef des Amtes für Feste in Cannes, »bleibt Cannes ein sicherer Wert, ein großer Klassiker, und die Touristen schließen Cannes in ihre Frankreich-Rundreise ein, zu der Lourdes und Versailles, der Eiffelturm und Maxim's gehören wie auch der Mont-Saint-Michel.«

Wenn aber die Touristen im Sommer kommen, dann sind die Stars längst wieder verschwunden, und nur noch Nachahmer von Johnny Hallyday fahren in Lederjacke und Sonnenbrille auf der Croisette Motorrad. Nein, die Stars ziehen sich im Sommer zurück nach Grasse oder Mougins, nach Ramatuelle oder Gassin, wo sie eigene Häuser besitzen oder in denen von Freunden unterkriechen. Und Leute, die das Erdige an den Füßen nie verloren haben, wie Charles Aznavour, kehren immer wieder zurück in kleine Dörfchen wie das provenzalische Quinson, wo er schon vor sechsundfünfzig Jahren mit Eltern und Schwester Urlaub machte. Aber für die vierzehn Tage des Festivals der Stars kommen alle in den Luxus und die Scheinwerfer von Cannes. In einem der teuersten Hotels der Côte d'Azur, am Cap d'Antibes, logieren meist die Amerikaner, und weil in diesen Tagen die Straßen bis spät nach Mitternacht hoffnungslos verstopft sind, lassen sie sich mit dem Hubschrauber hin und her fliegen; außerdem macht solch ein Transportmittel was her.

Die Stars kommen nur ein paar Tage. Was ein echter Produzent sein will, der fliegt zwischendrin über Paris mit der Concorde eben mal zu einem Abschluß nach New York. Aber die Masse der Menschen, das sind die über zehntausend Verkäufer und Einkäufer, die die Rechte des letzten Zelluloid-Streifens (von Poesie bis Porno) vermarkten wollen, und die über dreitausend Journalisten, die über die Stars und ihre Produkte schreiben. Morgens, wenn man seinen versoffenen Schädel noch nicht aus dem Kopfkissen emporheben kann, dann klingelt schon das Telephon, und mit türkischem Akzent fragt eine Stimme auf englisch, ob man »der vom Deutschen Fernsehen« sei. Ja. Also, fährt die rauhe Stimme fort und bewußt so schnell, daß man sie nicht unterbrechen kann, sie vertreibe einen Film, für den die deutschen Rechte noch zu haben seien ... Da hilft nur, ganz schnell aufzulegen. Nach der kalten Dusche gibt man am Hotelempfang den Schlüssel ab; und schon liegen im Fach wieder zwanzig Einladungen zu Vorführungen, zu Empfängen oder auch nur Werbung für einen mongolischen Dokumentarfilm. So geht es den ganzen Tag weiter.

Vor dem Carlton hängt ein Plakat, auf dem in nüchternen schwarzen Lettern steht: »La naissance d' une star«. Im Französischen ist der Star weiblich. Da kündigt das Papier also die Geburt eines Stars an, darunter produziert sich eine junge Dame, die ich frage: »Ist das etwa Ihr Plakat?«

»Ja, das ist mein Plakat.«

»Und was versteckt sich dahinter?«

»Die Hersteller verbieten mir, Titel und Szenario eines Films zu nennen, in dem ich zweiundzwanzig Sekunden lang spiele, davon achtzehn Sekunden mit Dialog. Da habe ich mir gesagt, wenn ich schon keine große Werbung machen kann wie etwa Monsieur Stallone, der nicht kommt, dann kann ich kommen und ein wenig auf mich hinweisen. Aber jetzt müssen Sie den 10. Dezember abwarten, bis der Film, in dem ich spiele, anläuft.«

Wer kann, wohnt im Hotel Carlton, wo die Zimmer schon ein Jahr im voraus reserviert werden, und gibt dort eine Pressekonferenz, auf der Produzenten meist unglaublich angeben. Norman Mailer, wird verkündet, schreibt ein Drehbuch für Jean-Luc Godard zum Thema »King Lear«, und auch die Hauptrolle wird Mailer spielen. Produzenten verpflichten Regisseure mit Verträgen, die auf Tischdecken geschrieben und unterzeichnet werden, und der Champagner fließt in Strömen. Aber die Verträge werden nicht umgesetzt. Von zuviel (billigem) Champagner wird einem schlecht, aber Produzenten, Regisseure, Akteure sind miteinander im Gespräch, und das fördert das Gerede.

Wenn es Nacht wird in Cannes, beginnt der wahre Wettlauf. Womöglich hat man fünf Einladungen, nur nicht die richtig wichtige, und deshalb fragt man einen Kollegen: »Wo bist du denn eingeladen? Wann findet was statt?« Ach, deren Empfang war schon heute früh? Und man verabredet sich für irgendwann in der Nacht in der einen oder anderen Kneipe, gilt es doch, all das Gerede aufzufrischen. Man hat sich so lange nicht gesehen... Vielleicht kommt ein Geschäft dabei heraus oder eine andere nützliche Verbindung. »Wo bist du denn eingeladen? Wann findet was statt?«

Ins Casino Palm Beach hat die Bürgermeisterin von Cannes, Anne-Marie Dupuis, zum Essen mit anschließendem Feuerwerk gebeten, Smoking und langes Abendkleid sind erwünscht – auch von der dort photographierenden Presse. Madame Dupuis bittet zum Umtrunk, um die amerikanische Filmstadt Beverly Hills zu ehren.

»Ihr Kommen ist ein geschichtliches Ereignis«, meint Madame Dupuis zur Bürgermeisterin von Beverly Hills. »Denn es geht um nichts Geringeres, als Beverly Hills und Cannes zu Partnerstädten zu erklären.«

Charlotte Spadaro, die Bürgermeisterin von Beverly Hills, hat ein echt amerikanisches Ballkleid angezogen, in Pink und mit Rüschen hier und dort, aber ihre Antwort kommt in bestem Französisch, der Akzent ist kaum herauszuhören. Und sie meint ganz im Ernst, Cannes sei die schönste europäische Stadt, die sie kenne. Die Geschäfte seien so exklusiv und teuer wie die in Beverly Hills, weshalb beide Städte gut zusammenpaßten.

Um halb zwölf werden ein paar tausend Mark in die Luft gefeuert, doch außer den Gästen im Casino Palm Beach entlockt es keiner Kehle ein Ah oder Oh. Die andern tafeln noch im Carlton, vor dessen Türen immerzu ein paar Photographen lungern. Oder sie haben für ihre dreißig Gäste im Drei-Sterne-Lokal von Mougins ein Allerweltsmenü bestellt, sind vielleicht schon in der Bar des Carlton in einem Sessel versunken oder haben sich auf den Zickzackweg durch die Kneipen gemacht.

Das Petit Carlton gilt als Geheimtip für Unermüdliche. Noch um drei Uhr nachts steht der Pulk der Insider auf der Straße, weil drinnen kein Platz ist, und redet über Geheimnisse, die man gerade von irgend jemandem, der ein Jury-Mitglied traf, erfahren hat. Tarkovsky erhalte für seinen Film die Palme, nicht Scorsese. Nein, die Deneuve liege doch nicht vorn, denn die Sukowa sei großartig als Rosa Luxemburg. Und hat die Sukowa auf der Pressekonferenz nicht alle labernden Schauspieler in den Schatten gestellt, indem sie in fließendem Französisch Rosa Luxemburgs Denken mit Worten von Hegel erklärte? An der Theke treffe ich beim Bestellen eines Biers einen Stuntman aus Los Angeles.

»Was treibt Sie denn hierher?«

»In Hollywood habe ich so lange keinen Auftrag mehr erhalten. Jetzt will ich mal sehen, ob in Europa was los ist.«

»Haben Sie schon Erfolg gehabt?«

»Na ja, ein paar Leute habe ich schon getroffen. Nun muß noch was draus werden.«

Am letzten Wochenende werden die Hotels vorzeitig leer. Niemand kann sich mehr auf den Beinen halten, alle haben dringende Geschäfte anderwärts. Wer Pech hat, erhält keinen Platz, weil alle Flüge aus Nizza ausgebucht sind, es sei denn, man versucht es in Toulon oder Marseille. Es entsteht der Eindruck, als bedrohe ein Waldbrand Cannes. Nicht alle flüchten, denn einige warten ja noch ab, ob sie nicht doch von der Jury mit einem Preis bedacht wurden. Wer nicht direkt betroffen ist, der erfährt's von den Presseagenturen oder schaut sich das meist erbärmlich langweilige Spektakel im Vorabendprogramm des Fernsehens an. Wären die Preise für den Erfolg von Filmen nicht so wichtig, würde über den letzten Tag des Filmfestivals von Cannes wohl niemand ein Wörtchen verlieren. Höchstens die Alten, die sich dann wieder auf den Bänken der ruhig gewordenen Croisette an der milden Maisonne laben und genießen, daß der Rummel aufgehört hat.

Wo sie, die alltägliche Französin, ihr Verlangen nach Höherem befriedigen kann, hängt davon ab, ob sie auf Traum oder Wirklichkeit Wert legt. Der Traum wird in Paris, in einer Redaktion an den Champs-Élysées, in der Phantasie Düfte verpackt, in allen bunten Farben, die die Chroma-Photographie erlaubt – und das Hochglanzpapier der Illustrierten »Paris-Match«, die ihre Auflage nicht etwa mit angeilenden Nackedeis auf dem Cover in die Höhe treibt, sondern mit zwei immer wiederkehrenden Mädchen, die meist in langer Robe vom Titelblatt lächeln: Glück und Drama symbolisieren die Prinzessinnen Caroline und Stéphanie von Monaco, dieses einmalige Gemisch aus Amerikas Hollywood und Europas Hochadel. Und so wird sie doch ein wenig Fleisch – die diffuse Sehnsucht nach einer französischen Monarchie.

Den Traum auf Papier zu kaufen ist einfacher, als von der Wirklichkeit einen Zipfel zu erhaschen. Denn, ist sie eilig, übersieht die Fahrerin die edle Bucht, das Reich dieser »französischen« Prinzessinnen, verpaßt sie, wenn sie zwischen den Kalkhügeln mit den verkohlten Kiefern ihren Blick nicht von den Ziffern nimmt, die jeden gerasten Kilometer auf der kurvenreichen Betonpiste in Richtung Genua registrieren. Nur der entspannt um sich schauende Beifahrer erhascht flüchtig zwischen unbewachsenen Hügeln und warmem Mittelmeer einen Zipfel von Monte Carlo und dem Casino, dem Hafen mit seinen großen Jachten, dem Felsen mit seinem Schloß. Ja, es ist leicht zu übersehen, das kleine Fürstentum Monaco. Denn dort, wo der Steilhang nicht mehr bebaut ist, liegt sie ganz unsichtbar, die Grenze zur Republik Frankreich. Doch wer kann, drängt sich in die Monarchie, wo die Sonne irgendwie wärmer scheint; vielleicht liegt es am Steuerrecht, das einen Reichen wenige Meter weiter schon entsetzlich schröpft. Aber nicht nur das: In der Firma Monaco wird einfach ordentlicher gewirtschaftet, dafür sorgt der Konzernherr selbst.

Auf dem hohen Felsen thront sein Palast, von dem aus er sein ganzes zweihundert Hektar großes Land überblicken und kontrollieren kann. Die mit alten weißen Uniformen und modernsten Waffen ausgestatteten Wachen ziehen mittags das Touristenvölkchen an, das in dieses Fürstentum reist, als sei es ein europäisches Disneyland. Nun gut, Tourismus ist der erste Wirtschaftszweig von Monaco, doch schon die Soldaten, die die kleine Armee von Rainier III. bilden und die so schön gebügelt zum Trommelwirbel die Gewehre schwingen, sind Franzosen, ausgebildet in der Armee der Republik. Und so ist vieles, was im Hintergrund das Räderwerk der Puppenmonarchie am Laufen hält, fest in der Hand des französischen Staates: Das Amt des Regierungschefs dieses Fürstentums ist einer der begehrtesten Posten, die das französische Außenministerium zu besetzen hat – im Einvernehmen mit dem Fürsten, versteht sich, und es wird stets an einen würdigen hohen Diplomaten vergeben, der wenige Jahre vor der Pensionierung steht, als besonderer Gunstbeweis. Das hängt nicht nur mit der gemütlichen Aufgabe, sondern auch mit der Entlohnung zusammen. Aber: der Regierungschef hat Macht, wie wir sehen werden!

Fürsten sind die Grimaldi seit über dreihundert Jahren, doch länger schon herrschen sie in Monaco, dessen Geschichte angeblich bis auf die Sage des Herakles zurückzuführen ist. Die Säle des fürstlichen Palastes wirken wie ein Museum, und so werden sie auch vorgeführt: Einer der Vorfahren des jetzigen Fürsten sammelte über siebenhundert Gemälde berühmter Meister. Auf ein Bild kommen heute gerade sieben Untertanen: die Grimaldi herrschen nur über knapp fünftausend Monegassen. Fünfzigtausend und mehr könnten es sein – wer will nicht dieses Fürsten Diener sein? –, doch die meisten Bitten um die Staatsbürgerschaft lehnt der Monarch persönlich ab. Denn über jeden Antrag entscheidet er selbst, und wen er nicht mag, der fliegt durch die Prüfung, da kann er noch so reich sein. Hinter vorgehaltener Hand wird von Eingeweihten der Name eines Milliardärs genannt, der in Monaco residiert und allzu gern auch Staatsbürger würde, doch schon fünfmal hat Rainier III. das Papier nicht unterschrieben und zurückgehen lassen. Das kränkt, aber keiner kann sich leisten, Unmut zu zeigen, wo doch Harmonie und Freude als Stimmung im Lande vorgegeben sind.

Im alten Palast hält sich kein Mitglied der Fürstenfamilie mehr auf, Caroline wohnt mit den Kindern in einem schönen Haus gegenüber dem Meereskundemuseum. Stéphanie – inzwischen mit Baby – in einem modernen Appartementhaus in der Stadt.

Der herrschende Prinz und sein Sohn leben in einem neueren Flügel des Palastes, der zu dem neuen Jachthafen von Fontvieille hin liegt.

Wird der Traum vom Leben am Hofe für die Kundschaft abgebildet, dann besteht das photographierte und abgedruckte Gesellschaftsleben ausschließlich aus Prunk, und die Pariserin wie auch die Französin auf dem Lande reißt »Paris-Match« aus dem Ständer am Kiosk, um sich den Mund über Carolines Ausdruck von Freude oder Trauer, je nach Schicksalsschlag, oder über Stephanies neues Kleid fusselig zu reden. Ballettratten aus Paris werden angekarrt und proben schon einmal am Nachmittag ihren Auftritt für den Abend beim »Bal de la Rose«, der jedes Jahr stattfindet. Zu Walzermusik erscheinen Berühmtheiten, edel gekleidet; die Herren im Smoking mit schwarzer Fliege, die Damen wie Paradiesvögel von Dior, Christian Delacroix, von Tarlazzi oder Ungaro gewandet, mit Klunkern – meist sogar mit echten, die sie für diese besondere Gelegenheit aus dem Banksafe holten – behangen, so daß es fürstlich glitzert. Es kommen Berühmtheiten, aber sie sind nicht würdige Figuren aus Politik und Wirtschaft, Gesichter aus Wissenschaft oder Literatur, Namen aus alten oder renommierten Familien, nein, es sind Berühmtheiten aus der Traumwelt, aus den Illustrierten und Music-halls, Leute, von denen die kleine Französin alles weiß, über deren Herkunft, deren Amouren, deren Besonderheiten, deren Auf- und Abstieg, deren Autos, Seitensprünge und mißratene Ehen und auch Kinder. Da steigt Frankreichs meistgefeierter Jockey aus der Limousine, es rollen alternde Filmstars an, wie der stets freundliche Jean-Claude Brialy; auch manch ein Amerikaner kommt noch, Jimmy Stewart, alter Freund der verunglückten Fürstin Grace, mit der er in so vielen Filmen spielte – unvergleichlich in einem der besten Hitchcocks »Rear Window – Fenster zum Hof«; aber erst recht laufen aufgeplusterte Millionäre aus aller Welt, die sich mit Geld Glanz zu kaufen glauben, an den Photographen der Sensationspresse vorbei, doch bei ihnen senken sich die Apparate, schonen sie die Blitzlichter. Dabei sind die Millionäre es doch, derentwegen der Ball stattfindet und die – im Gegensatz zu dem Flittervölkchen – für ihre Einlaßkarten gezahlt, ja richtig geblecht haben, denn ein »Carton« kostet soviel wie der Wochenlohn eines Normalsterblichen. Zumindest man kann sicher sein: Hier ist noch Gold, was glänzt, und der Fürst und seine Kinder drücken diesem Fest das Gütesiegel eines Luxusereignisses auf. Dabei wurde der Ball als Touristenfang erfunden.

Einst, als der Fürst die amerikanische Schauspielerin Grace Kelly heiratete, fand jedes Frühjahr in Monaco ein Taubenschießen statt. Doch da flehte die junge Fürstin ihren Grimaldi an, den Federtierchen das Leben zu lassen, und der gute Prinz gehorchte wie im Märchen. Nur – parbleu! –, da blieben die reichen Jäger fern. Darum befahl Rainier III., nach einem Ersatz zu suchen. Und schon machte sich der Hofbeamte Astric, ein phantasievoller Mensch, gebürtiger Franzose, der schon viel in seinem Leben herumgekommen war, Gedanken und erfand den »Bal de la Rose«. Rosen, sagte er sich, seien im Frühjahr selten, und was selten ist, hat Wert, und keiner tanzt mehr Walzer, also ist auch er selten, obwohl er doch als edel gilt. Nun hieß es nur noch, Berühmtheiten heranzuholen, die mit der Fürstenfamilie zu einem großen Ereignis machten, wonach eine gewisse Sorte von gesellschaftlich unbefriedigten Millionären immer lechzt. Die Erfindung hatte Erfolg, und der Hofbeamte Astric ist heute Monegasse, pensioniert zwar, aber Chef des Bridge-Clubs, der sich im Hotel Hermitage trifft.

»Das Palais spielt eine enorme Rolle in allem«, erzählt mir Monsieur Astric, und er erzählt gern: »Das Palais ist der Heiligenschein von Monaco und wird von der Fürstenfamilie sehr hochgehalten. Der Prinz hat alles persönlich im Blick, wirklich alles im Blick. Er hat einen guten Geschmack und verzeiht Fehler nur sehr schwer. Das heißt, er erfüllt seine Pflicht hervorragend, also muß man selbst auch achtgeben.«

»Kontrolliert er wirklich alles selbst?«

»Er gibt zu allem seine Meinung ab. Er sagt nicht ›Tun Sie dies oder jenes‹, denn jeder ist in seinem Bereich selbst verantwortlich, aber wenn's nicht gut war, dann läßt er

Sie's wissen, und zwar mit begründeten Argumenten; denn er weiß, wovon er redet. Sei es in der Kunst oder auf dem Immobilienmarkt. Es geht auch alles durch seine Hände. Als letztens eine Kirche erneuert wurde, mußten die Arbeiten für zwei Monate unterbrochen werden, weil man seine Ansicht über die Außenfarbe nicht eingeholt hatte. Er wollte sie anders haben als vorgesehen. Es ist gut, daß es so ist, da steht man auf festem Grund.«

»Sie haben sich also immer an ihm orientiert?«

»Natürlich, und das Lob, wenn man's erhält, macht um so mehr Freude, je größer die Gefahr des Mißfallens war.«

Hinweisschilder in der Stadt tragen die Namen von Banken aus der ganzen Welt, was sicherlich einmalig ist; denn auf diesen zweihundert Hektar von Monaco gibt es fünfzig Banken mit eintausendfünfhundert Angestellten für nur fünfundzwanzigtausend Einwohner, wovon, das sei nebenbei noch mal bemerkt, nur ein Fünftel Staatsbürger sind, die anderen sind Ausländer, mit Aufenthaltsgenehmigung zwar, aber Fremde, und trotzdem gibt es keinen Fremdenhaß, keine Parolen: Ausländer raus. Das zeigt wieder einmal, welche Rolle Geld spielt, und wegen deren Geld gibt es fünfzig internationale Banken in Monaco. Man braucht nicht darüber zu spekulieren, warum das so ist. Mit den Steuergesetzen hat es zu tun, denn in Monaco zahlen die Bewohner keine direkten Steuern, also keine Lohn- oder Einkommensteuer, nur gerade die Mehrwertsteuer, wenn man einen Kaffee trinkt, vielleicht gar eine Coupe de Champagne, oder sich ein kostbares Geschmeide bei einem der vielen internationalen, am Ort vertretenen Juweliergeschäfte als Anlage für seinen Anhang kauft. Und auch hier gilt die Weisheit: Je mehr Geld man hat, desto leichter fällt es einem, die Penunzen in Sicherheit zu bringen. Und daß man Geld hat, trägt man nirgendwo so gern zur Schau wie in Monaco, wo man Reichtum so unbeschwert zeigen kann wie an keinem anderen Ort auf dieser für viele immer kümmerlicher werdenden Erde. Für die Mafia sind die Bauten bequeme Geld-Waschmaschinen. Weil Gold hier noch glänzen darf, ist dieses Fürstentum zum Spiegelbild einer gewissen Ästhetik dieses vom Geld als Erfolgsbeweis geprägten Jahrhunderts geworden.

Die kahlen Kreidehügel, die Monaco einschließen, sind wegen ihrer steilen Hänge und ihrer Höhe stets präsent. Sie wirken so, als wollten sie die kleine Ansammlung von zusammen –, ja fast übereinandergeschachtelten Häusern und Wolkenkratzern ins Meer drücken. Kahl sind sie, weil dort, wo die Hänge schon wieder zu Frankreich gehören, unsichtbar die Landes- und Steuergrenze verläuft und damit – logischerweise – auch die Bebauungswut endet. Doch wendet man den Blick vom Großen ins Kleine, dann wird er von lieblicher Architektur, milden Farben, rosa oder gelblich, von Palmen, Blumen oder Blüten verzückt. Im Mittelpunkt von Monte Carlo, dem schicksten Ortsteil von Monaco, befindet sich die Place du Casino, die zu den im Norden liegenden steilen Hängen in einen offenen, blumenübersäten Park übergeht, im Westen gesäumt wird vom Hotel de Paris, dem elegantesten der Principauté, wo Rolls-Royce, Ferraris, Jaguars und Mercedes vor der Haustür geparkt, kleinere Karossen in der Tiefgarage versteckt werden; im Süden des Platzes steht der Prunkbau, in dem Casino und Oper untergebracht sind, und im Osten das Café de Paris, wo man selbst im milden Winter auf offener Terrasse frühstücken oder nachts noch Wein trinken kann, wenn man in der Passage neben dem Café in einer Art Arme-Leute-Casino sein Kleingeld den einarmigen Banditen in den Metallschlitz geworfen oder am Klein-Roulette noch einen Hunderter vergeudet hat.

Es ist übrigens ein Märchen, daß Monaco vom Casino lebe, obwohl es Europas größte Spielbank ist, und natürlich auch die schönste. Von mittags bis spät in die Nacht werden Touristen angekarrt, doch im Staatsbudget macht der Gewinn gerade vier Prozent aus. Das meiste Geld des Fürstentums kommt aus der Mehrwertsteuer und den Gewinnen von edlen Hotels und Restaurants, die ihm gehören. Nein, das Casino mag nur ein Teil des Traumes sein, der über Illustrierte, ja über Agentenfilme und was sonst Spannung mit dem außergewöhnlichen Luxus verbindet, in die Sehnsuchtswelt des kleinen Bürgers versetzt wurde.

Auch Monaco versteckt sich hinter Fassaden. Sehr viel typischer als das Glücksspiel ist das Ozeanographische Museum, das Fürst Albert I. gegründet hat. Er war der Urgroßvater von Rainier III., der im Museum immer wieder Ausstellungen eröffnet, die den Touristenstrom fließen lassen sollen, und meist bringt er Erbprinz Albert, seinen Sohn und Thronfolger, mit. Fürst Albert I. war ein berühmter Wissenschaftler, der die Meere erforschte und das Ozeanographische Institut von Paris gegründet hat. Von ihm mag Fürst Rainier III. gelernt haben, denn von seinen Untertanen wird er mit großem Respekt als ein Mann anerkannt, der Zukunftsvisionen für seinen kleinen Staat hat, die allen zugute kommen, das heißt in barer Münze. Und so ließ er seinen Sohn auch wie einen Buisneß-Manager ausbilden. Systematisch führt er ihn in die Staatsgeschäfte ein, um eine reibungslose Nachfolge zu gewährleisten. Manchmal hat man den Eindruck, Rainier lebe lieber in den USA, wo er häufig und lang verweilt, oder in Paris, der heimlichen Hauptstadt von Monaco, so, als sei der Fürst es leid, zur Titelfigur von illustrierten Blättern verkommen zu sein und keinen privaten Schritt tun zu können. Aber er weiß: die Fürstenfamilie ist die beste Werbung für Monacos Wirtschaft.

Und noch etwas weiß Rainier III.: daß Monaco nur überleben kann, wenn es ein goldenes Musterländle bleibt, das seinen Bewohnern und Besuchern gefällt – und dazu gehört die Reinheit, ein weiteres Gebot der Ästhetik des 20. Jahrhunderts. Rein soll nicht nur der Ort wirken, rein muß auch die Umwelt sein, der er sich wie ein Grüner verschrieben hat. Hatte sein Urgroßvater seltene Fische im Museum gesammelt, so sieht Fürst Rainier in ihrem Schutz und in der Reinheit des Elements, in dem sie schwimmen, eine seiner wesentlichen politischen Aufgaben. Weil jeder Quadratmeter Boden Gold wert ist, war kein Platz für eine Kläranlage. So ließ der Fürst sie unter einem Hotel und einem vornehmen Restaurant bauen. Die Kosten von dreißig Millionen Mark waren ihm saubere Abwässer wert. Siebzehn Meter unter der Erde wurde eine zweite Kläranlage fertiggestellt, in der das Wasser aus einer ersten Reinigungsstation noch einmal gesäubert wird, bevor es ins Meer abfließt. Hätte es keine Trinkwasserqualität, wäre es schlecht für den Chef der Anlage. »Damit wir sicher sind, daß das Wasser sauber ist«, erklärt René Bouchet, Baudirektor von Monaco – ursprünglich natürlich auch aus französischen Diensten –, »muß der Chef der Kläranlage zweimal täglich ein Glas des ausfließenden Wassers trinken. Allerdings«, und da schleicht sich ein Lächeln um René Bouchets Mundwinkel ein, »erlauben wir ihm, sein Glas Wasser mit ein bißchen Whisky zu verdünnen.« So tummeln sich alle Sorten von Fischen tonnenweise in dem wirklich sauberen Meereswasser bis hin an den Sandstrand von Monaco.

Es ist ein kleiner Strand, den es auch noch nicht allzulange gibt: Es wurde einfach Erde ins Wasser geschüttet, um das Land ein bißchen zu vergrößern, und ein wenig Sand darauf, damit man sich wohl fühlt, denn schließlich gehört ein Sandstrand nun einmal zu einem Touristenort am Mittelmeer. Zweihundert Hektar Erdfläche bedeckt Monaco, aber sehr viel mehr Meeresgrund, wovon allein fünfzig Hektar – vor dem Strand – als Meeresreservat angelegt wurden. Und auch das geschah wieder auf Befehl des grünen Fürsten, der Eugène Debernardi zum Präsidenten des Naturschutzvereins von Monaco machte. Debernardi ist stolz darauf, einem Fürsten zu dienen, der schon ein Grüner war, bevor alle anderen ökologischen Bewegungen der Welt die Rettung der Natur forderten.

»Man darf nicht vergessen«, so Debernardi, »daß er der Urenkel von Albert ist, da liegen die Wurzeln als Grüner schon vor seiner Geburt. Das Meer hat er immer geliebt, und Monaco und das Meer sind ja ein und dasselbe; denn es hat wenig Land, aber viel Meer. Der Fürst liebt die Natur an sich.«

Da wird er wieder gelobt, der strenge Prinz. Aber wer die Natur, das Meer nicht respektiert, wird in Monaco bestraft. Wer trotz Verbots im Reservat fischt, muß 2000 Mark Bußgeld zahlen, und erwischt man jemanden mit Angelzeug und Beute in seinem Auto, wird auch noch der Wagen beschlagnahmt. Solch drakonisches Vorgehen schreckt ab, und die Ordnungsmacht von Monaco ist weit über die Ortsgrenzen hinaus gefürchtet. Das Fischreservat von Monaco, über fünfundzwanzig Jahre alt, macht langsam Schule an anderen Stellen des Mittelmeers. Schon verschwundene Tiere wurden wieder angesiedelt, und wer im Reservat badet, wird von einem Gewimmel von furchtlosen Fischen begleitet. Überall am Strand sind Verbotsschilder aufgestellt, die darauf hinweisen, daß die Badenden sich nicht mit Seife waschen oder mit Shampoo duschen sollen. Draußen im Meer erklären Bojen, daß Ankern oder Motorbootfahren nicht geduldet wird. Doch das Reservat ist zu klein, um auch noch zur Regenerierung des verschmutzten Meeres beizutragen.

»Stürme reinigen das Meer ein wenig«, meint Fürst Rainier resigniert. »Aber das reicht nicht aus. Das Mittelmeer wird schrecklich von Verschmutzung bedroht, und niemand tut etwas dagegen. Da haben wir für viel Geld unsere beiden Kläranlagen gebaut, aber in Sachen Verschmutzung leiden wir unter unseren Nachbarn, und wenn die nichts unternehmen, nutzt auch unsere Aktion wenig. Wir sind jetzt eine Art Musterbeispiel oder Schaufenster für das, was man tun müßte. Damit haben wir uns ein großes finanzielles Opfer abverlangt, aber nur Nizza und eine italienische Stadt haben jetzt eine Kläranlage. Den anderen ist es zu teuer.«

Vor zwanzig Jahren hatte der Fürst ein internationales Mittelmeer-Abkommen veranlaßt, wonach Frankreich, Italien und Monaco regelmäßig das Wasser kontrollieren müssen. Doch nur in Monaco werden täglich Proben entnommen, die anderen verschließen die Augen vor dem Dreck.

»Man müßte mit einer gemeinsamen Behörde und einer gemeinsamen Gesetzgebung in Italien, Frankreich und Monaco gegen die internationale Verschmutzung vorgehen«, meint Rainier III., aber er weiß, daß er auf verlorenem Posten steht.

Will man übrigens ein Interview mit dem Prinzen führen, gehe man am besten gleich den Weg über Paris, genauer gesagt, über den Quai d' Orsay, das französische Außenministerium, das wiederum jenen französischen Diplomaten, der in Monaco als Regierungschef amtiert, einschaltet und entsprechend berät. Der »Regierungschef« hat so wenig zu tun, daß – wenn die Sekretärin gerade mal nicht am Platze ist – er selbst den Hörer abnimmt oder auch manche seiner Briefe der Bequemlichkeit halber gleich selber mit der Hand schreibt.

Umwelt ist ein relativer Begriff, auch dafür steht Monaco als Beleg. Das Meer wird reingehalten, doch Umwelt kann man verschandeln: Kreuz und quer wird gebaut, so daß man vielleicht morgens beim Aufwachen plötzlich statt des schönen Blicks auf das Meer einen in die Höhe wachsenden Wolkenkratzer vor sich hat. So viele Fremde drängen herbei und wollen in den engen Grenzen wohnen, daß die Quadratmeterpreise inzwischen schon denen von Tokio entsprechen, und das sind die höchsten in der ganzen Welt. Genauso wie der Goldpreis hängt auch der Verkauf von Appartements und Häusern vom Dollarkurs ab. Für hundert Quadratmeter zahlt man gut und gern drei Millionen Mark. Ständig steigen die Preise, denn Bauland gibt es kaum noch. Die Mieten klettern mit, weshalb Monegassen aus dem Staatssäckel einen Mietzuschuß bis zu fünfzig Prozent erhalten. Sogar der Bahnhof soll jetzt abgerissen werden, weil man damit noch einmal zwanzig Hektar Baugrund gewinnt; statt dessen wird die Eisenbahn, die ja eh französisch ist, durch einen Tunnel auf französischem Gebiet geführt und unterirdisch beladen werden. Das kostet zwar wieder Unsummen, aber nichts ist zu teuer, um noch ein Eckchen für ein neues Hochhaus freizuschlagen. Trotz der hohen Preise ist das Leben für die Immobilienmakler schwer, denn sie haben zwar viele reiche Kunden, aber keine Ware. Der Monegasse Antoine Gramaglia, Vizepräsident der Immobilienkammer, erklärt den Andrang auf Monaco nicht nur mit den Steuergesetzen. »Das liegt gewiß auch an der Sicherheit, die den Leuten in Monaco geboten wird«, meint Gramaglia. »In der Welt herrscht soviel Unsicherheit, im Nahen Osten, in manchen Teilen der Vereinigten Staaten, in den großen Städten Italiens, selbst in Frankreich. In Monaco gibt es dank der Regierung des Fürsten eine perfekte Sicherheit.«

Wieder wird der Fürst gelobt. Entweder reagiert er auf

Kritik äußerst heftig – mit Konsequenzen –, oder man kann ihn wirklich nur preisen, anders läßt sich kaum erklären, daß selbst die erfolgreichen, gestandenen Bürger stets einen Satz zu Ehren des Potentaten einflechten. »Sie haben vielleicht bemerkt«, fährt Gramaglia fort, »daß alle Straßen mit Kameras überwacht werden und die Polizei überall ist, was den Leuten Sicherheit für sie persönlich und für ihren Besitz vermittelt.«

Tatsächlich, erhebt man das Haupt, sucht man an Straßenecken, Häuserwänden, auf Masten in Parks nach Kameras, dann fühlt man sich überall beobachtet, so als befände man sich in Orwells Roman »1984«. Der aber ist in den neunziger Jahren insofern von der Wirklichkeit überholt, als die totale Überwachung, die in »1984« als Vision des Schreckens ausphantasiert wird, hier zum Genuß führt. Mister Quin und seine Frau June wirken fast wie Karikaturen, so sind sie gekleidet, besonders Mistress Quin, mit Klunkern, Flatterkleid und breitkrempigem Hut. Die Quins sind vor vielen Jahren schon aus England nach Monaco gezogen, weil sie vom Prunk, vom Klima und auch von der Sicherheit angezogen wurden.

»Man behauptet hier im Spaß«, sagt June Quin, während wir in der Frühjahrssonne auf der Terrasse des Hermitage einen Drink nehmen, »ein Polizist käme auf vier Bewohner. Ich trage immer echten Schmuck und fühle mich völlig sicher, ob's Tag ist oder Nacht. Das ist ein angenehmes Gefühl, denn im Rest der Welt gibt's doch – sagen wir – ein paar Probleme.«

Diese Art Probleme kann man verhindern, indem man Vorsorge trifft, so klingt das Motto des Fürstentums. Vorsorge trifft man so: Wer langhaarig ist und Motorrad fährt, kann sicher sein, lange und haarig kontrolliert zu werden, und zwar so genau und sorgfältig, bis einem klar wird, daß man hier kein gern gesehener Gast ist. Für solche Leute ist

Monaco ein unwirtlicher Ort, und das spricht sich unter Gleichgesinnten herum. Kommt einer mit seiner aufgemotzen Limousine, womöglich gar mit Autonummer aus dem verrufenen Marseille, dann wird per Funk gleich Warnung gegeben, und schon ist der Wagen umringt von Polizisten, und wieder werden die Herrschaften äußerst freundlich, aber bestimmt überprüft – so haben wir es vor dem Café de Paris gesehen. Dann steigt ein Polizist auf den Beifahrersitz, und mit Eskorte wird man freundlichst an die nahe Staatsgrenze geleitet mit der Bitte, nicht wiederzukehren, wobei die Ordnungskräfte nicht nur den Vorteil haben, mit ihren Kameras die ganzen zweihundert Hektar Gold bestens überwachen zu können, sogar die Geographie hilft mit, denn es gibt nur zwei Zufahrten, eine im Osten, die andere im Westen: Sind die geschlossen, können Übeltäter nicht mehr flüchten, es sei denn über das Meer.

Autorennen, Tennisturniere, Feuerwerk-Festivals und was noch alles dienen dem Wirtschaftszweig Tourismus. Das Autorennen von Monaco ist Werbung und Geschäft zugleich. Da läuft einem Alain Prost über den Weg oder Ayrton Senna, und wenn man die Kamera rechtzeitig zückt, kann man auch Anthony Quinn oder andere Hollywood-Stars, die eben mal von den Filmfestspielen von Cannes herüberschauen, auf Zelluloid bannen. An einem Renntag kostet ein Essen im Hotel dreihundert Mark, und das Fernsehen überträgt um die ganze Erde den Markennamen *Monaco*.

Kaum ist das Rennen am Nachmittag vorüber, wird sofort geputzt; denn Putzen ist hier ein Prinzip. Neben Sicherheit ist Sauberkeit ein weiteres Motto des Fürstentums. Wer eine Kippe wegwirft, kann sicher sein, gleich kommt wer und fegt sie weg. Die Straßen sind geleckt wie der Boden einer deutschen Küche, das gehört mit zu dem

Markenimage des Unternehmens Monaco, das, was unerwartet klingt, auch ein Bein in der Industrie hat. Der ehemalige Wirtschaftsminister Raoul Biancheni meint, wie jedes andere Land müsse auch dieses seine Wirtschaft auf verschiedene Säulen stellen.

»Monaco braucht Industrie, falls aus irgendeinem Grund keine Touristen mehr kämen. Der Tourismus dagegen muß funktionieren«, so Biancheni, »falls wir keine Industrieprodukte mehr verkaufen. So denkt jeder Unternehmer, und der Fürst sagt, Monaco sei ein Wirtschaftsunternehmen, und so leitet er es.«

Platz muß für die Industrie geschaffen werden, und auch da macht Geld erfinderisch. Im Westteil des Fürstentums, hinter dem Felsen, auf dem der Palast steht, spülten die Wogen des Meeres früher bis an den Felsen, doch dort steht inzwischen der neue Ortsteil Fontvieille. Noch einmal zweiundzwanzig Hektar Boden hat man dem Meer durch Aufschütten abgerungen. Insgesamt ein Drittel des Staatsgebietes ist künstlich entstanden, doch weil der Fürst ein Grüner ist, Sinn für Natur hat, machte er zur Bedingung, daß alle Flachdächer wie Gärten zu bepflanzen seien, so daß die neue Stadt von oben aussehe wie eine natürliche Landschaft. Und für jeden Baum, der gefällt wird, möchte Rainier III. einen neuen gepflanzt sehen. Zum Meer hin sind in Fontvieille Hunderte von Wohnungen um einen neuen Jachthafen herum entstanden, zum Fels hin wurden Fabriken, aber auch eine der modernsten Müllverbrennungsanlagen der Welt in Hochhäusern übereinandergestapelt. So produziert im fünften und sechsten Stock die Firma Mecaplast Teile für deutsche und französische Autos. Aus sieben Nationen setzt sich die Mannschaft der Ingenieure und technischen Zeichner zusammen, die der Monegasse Charles Manni angeheuert hat. Manni hat Mecaplast vor über dreißig Jahren in einer kleinen Garage in Monaco gegründet, heute besitzt er Fabriken in ganz Europa. Deren Zentrale befindet sich, alles andere wäre absonderlich, in Monaco – natürlich wegen der angenehmen steuerlichen Anreize für Firma, Unternehmer und Mitarbeiter.

»Ich habe das Unternehmen in Monaco gegründet, weil ich hier geboren bin«, erklärt Monsieur Manni, »aber das Klima und die Sonne von Monaco sind ein zusätzlicher Vorteil, weil nicht nur die Kunden mit Vorliebe anreisen; auch die Mitarbeiter kommen gern. Das liegt nicht nur an der Steuerfreiheit, sondern im allgemeinen besteht ja die Tendenz, in den Süden zu ziehen, wo die Sonne scheint.«

Die Industrieproduktion zieht Arbeitskräfte aus den benachbarten Ländern an, nicht nur aus Frankreich, sondern auch aus Italien. So pendeln täglich noch einmal soviele Arbeiter an, wie es Bewohner gibt: fünfundzwanzigtausend. Allerdings müssen die Franzosen für ihren Lohn an ihr heimisches Finanzamt Steuern zahlen. Wo gearbeitet wird, entstehen Probleme zwischen oben und unten, und so kennt Monaco auch seinen Gewerkschaftsbund, dem zwei Frauen vorsitzen.

»Monegassische Arbeiter haben einen Vorteil, weil sie keine Lohn- oder Einkommensteuer zahlen, keine Autosteuer, keine Rundfunkgebühren«, sagt Angèle Braquetti, Präsidentin des Gewerkschaftsbundes, der sein eigenes Bürohaus besitzt. »Aber es gibt eine Bedingung für diese Vorteile: Die Arbeiter müssen in Monaco wohnen. Sie stehen gegenüber den fremden Arbeitern in ihrem eigenen Land auf jeden Fall besser da.«

Ich frage sie: »Akzeptieren die Arbeiter denn die Monarchie?«

»Ja, sie sind mit der Monarchie einverstanden, solange Monaco seine Staatsbürger befriedigt. Es liegt also am Fürsten, die Arbeiter zufriedenzustellen.«

Offenbar besteht ein Konkurrenzverhältnis zwischen der Präsidentin der Gewerkschaft und ihrer Generalsekretärin, Betty Tambouscio, die ihr ins Wort fällt: »Wir verstehen allerdings nicht«, sagt Betty Tambouscio, »weshalb der Fürst während der vierzig Jahre seiner Regierungszeit nie den Wunsch hatte, die Gewerkschaftsspitze zu empfangen. Er hat es nur einmal auf unsere Bitte hin getan.«

So muß sie weiterhin »Paris-Match« kaufen, will sie ihrem Traum näher sein. Nur einmal wurde in den letzten Jahren gestreikt, da lag der öffentliche Dienst für wenige Tage brach, aber es gibt für die fünftausend Monegassen wirklich nur wenige Gründe, unzufrieden zu sein. Denn wer nicht genügend besitzt, wer arm ist, auch für den wird gesorgt. Zweimal im Jahr findet in der großen, neu gebauten Mehrzweckhalle in Fontvieille ein Wohltätigkeitsbasar statt, wo ein Wochenende lang nicht nur verkauft wird, was andere stiften, sondern auch, was die hohen Damen von Monaco bei ihrem wöchentlichen Montagstreff gehäkelt und gestrickt haben. Immerhin kommen so mehrere hunderttausend Mark zusammen. Der Wohltätigkeitsverein zahlt für alle Bürger des Staates, die weniger als tausend Mark Rente erhalten, die Mietkosten und stellt den Armen Essen zur Verfügung. Die Vorsitzende des Vereins, Madame Gabriele Olivier meint, der Basar bringe jedes Jahr ein bißchen mehr Geld ein. Und der neben ihr stehende Vertreter der katholischen Kirche fügt hinzu: »Als ich vor ein paar Jahren nach Monaco kam, stellte ich mir die Frage, ob es denn Bedürftige gäbe, weil man ja vom Fürstentum eine ganz andere Vorstellung hat. Aber dann habe ich von dem Hilfswerk gehört.«

»Und weshalb gibt es Arme in diesem Staat der Reichen?«

»Das sind Leute, die ihr Leben lang gearbeitet haben,

aber nicht sozialversichert waren und denen niemand half. Nun wird geholfen, schon allein deswegen, weil in die Reinheit kein Bettler paßt. Der Staat hilft ja nicht nur den Armen, auch dem Normalbürger zahlt er, wie gesagt, einen Mietzuschuß, wenn er auf dem Staatsgebiet wohnt, und das will jeder, wegen der verdammten Steuern. Aber nicht jeder kann sich – auch wenn er eine gutbürgerliche Position hat – die horrenden Preise für eine große Wohnung leisten, ganz zu schweigen vom Häuschen im Grünen, die verschwinden eh unter den Baggerschaufeln und weichen Hochhäusern. So mietet sich manch einer eine kleine Wohnung mit staatlicher Unterstützung, besitzt aber oberhalb Monacos ein schönes Haus mit Garten und gefälligem Blick über den herrlichen Ort hinaus auf das Meer – allerdings liegt das Grundstück des »Wochenendhauses« schon in Frankreich. Deshalb Achtung! Damit die wenigen Monegassen oder die vielen Bürger mit Aufenthaltsgenehmigung wegen der Steuerprivilegien nicht nur eine leerstehende Wohnung mieten, sondern dort tatsächlich leben und ihr Geld ausgeben, wird wieder und wieder kontrolliert, ob ihr Wasser- und Elektrizitätsverbrauch, ja auch die Telephongebühren ständiger Anwesenheit entsprechen.

Weil einige Menschen auf der Welt immer mehr Geld haben, von dem sie dem Staat, welchem auch immer, sowenig wie möglich abgeben wollen, suchen sie Zuflucht in Orten wie dieser kleinen, leicht zu übersehenden Mittelmeerbucht. Deshalb will der Fürst noch mehr Platz gewinnen, und da die zweihundert Hektar Gold selbst durch Wunder kaum noch zu vermehren sind, will er im Meer, von dem er reichlich besitzt, ein paar hundert Meter vor der Küste künstliche Inseln verankern, auf denen Häuser stehen sollen. Und die Leute werden sie kaufen, weil die Steuergesetze doch ein solcher Anreiz sind.

Auch verreisen immer mehr Menschen. So muß, was zum Lande gehört, ausgebaut werden; denn wer sich nicht weiterentwickelt, der verliert. Das ist heute die Devise eines jeden Konzernchefs und auch des Unternehmensbosses von Monaco. Weil er keinen Platz für einen Flughafen hat und der Hubschrauberlandeplatz nur wenige Fluggäste abfertigen kann, muß wenigstens ein großer Hafen her, denn immer mehr riesige Vergnügungsdampfer kreuzen im Mittelmeer, und auch sie sollen in Monaco ankern und ihre Fracht ausspucken.

»Monaco will im Mittelmeer die Rolle übernehmen«, so Baudirektor René Bouchet, »die Miami für die Karibik hat. Also müssen wir einen Seehafen anlegen, aber einen mit Büros und Hotels. Die werden auf einem Deich gebaut, der der größte und gewagteste der Welt sein wird. Und er wird durch die Vermietung oder den Verkauf von 30000 bis 40000 Quadratmeter Büro- und Wohnfläche fast völlig finanziert werden.«

Wie ums Große, so kümmert der Fürst sich auch um jede Kleinigkeit – um jeden Dreck. Im Palast erzählte uns ein Hofbeamter, eines Morgens habe Rainier III. aus seinem Schlafzimmerfenster geschaut und unten im Meer Abfälle entdeckt. Da sei er wütend geworden! Sein Leibwächter mußte den Mist photographieren und dann die Stadtreinigung anrufen, damit dieser das ästhetische Ganze beleidigende Skandal sofort beseitigt würde. Um wirklich alles muß der arme sich selber kümmern, der arme grüne Fürst von Monaco.

Er war in seiner Pariser Wohnung früh aufgestanden, da er eine lange Fahrt vor sich hatte. Doch als James Lallier seinen Wagen an der Tür zum Lenkrad aufschloß, fiel sein Blick auf den hinteren Reifen, und er seufzte: »Ach, nicht schon wieder!« Er war platt, jemand hatte hineingestochen. Monsieur Lallier, der stets guten Mutes zu sein scheint, wußte schon, welche Werkstatt ihm schnell helfen könnte, nachdem er nun zum neuntenmal diesen Vandalismus an seinem Wagen erlebte. Aber er war ja selber schuld daran, wenn er seinen großen Mercedes nachts einfach auf der Straße parkte, was in manch einem Pariser Jugendlichen nicht nur deshalb Aggressionen weckt, weil solch ein teures deutsches Auto für ihn unermeßlich viel Geld ausdrückt, was man ja nach französischem Verständnis nicht zeigt, sondern weil James Lallier seinen Mercedes auch noch mit deutschem Nummernschild fährt, was den Wagen für einen Einheimischen irgendwie, na ja, irgendwie vogelfrei macht. Und James Lallier wußte das, weshalb er jetzt eben nur seufzte. Aber das mit dem deutschen Kennzeichen hat schon seine Richtigkeit, obwohl manch ein Franzose sein deutsches Luxusgefährt im Nachbarland kauft und, um die französische Luxussteuer von etwa dreißig Prozent zu umgehen, in der Bundesrepublik anmeldet. Aber da die Zollfahndung selbst in Paris äußerst rabiat hinter Franzosen mit deutschem Nummernschild her ist, trauen sich nur noch wenige, den Zoll zu betrügen. James Lallier fährt seinen Mercedes ganz rechtmäßig mit deutschem Kennzeichen, denn seine Firma, die Sekt-Kellerei Deutz und Geldermann, liegt in Freiburg, wo der Wagen angemeldet ist. Er selber aber wohnt, wann immer es die Zeit ihm erlaubt, in Paris.

Auch die Kinder des Grafen Louis-Marc d'Harcourt gehen in Paris zur Schule, was noch nicht einmal dann verwunderlich wäre, wenn der Vater dort nicht wohnen würde, denn die d'Harcourts sind nicht irgendwer, sondern verwandt mit allem, was im französischen Hochadel kreucht und fleucht, und das tut er weitgehend nur in Paris. Nun gut, Graf Louis-Marc arbeitet nicht in der Hauptstadt, aber wenn er dort nicht wohnte, gäbe das sicher Anlaß zu Spekulationen und Gerüchten, denn sein Wirkungsfeld liegt ja schließlich nebenan, nur zwei Autostunden entfernt, in Reims. Und wen hindert solch eine kleine geographische Lästigkeit schon daran, in der Stadt des Lichtes, wo's schillert und glitzert, zu logieren, doch sicher nicht die Herren, die seit eh und je durch ihren Beruf – oder sollte es nicht eher heißen: durch die den Gaumen so wundersam labenden Gaben ihrer Keller? – mit dem verbunden sind, was Prunk, Protz und Pracht bedeutet. Sie gehören den alten Champagner-Clans.

»Nun schlagt die Brücken übern Rhein. Jch denke, der Champagner-Wein wird, wo er wächst, am besten sein«, reimte der deutsche Volksdichter August Kopisch, aber nicht wegen des prickelnden Gesöffs, sondern zur Ehre von Blüchers Truppen; sehr viel länger diente die Champagne deutschen und französischen Soldaten als Schlachtfeld denn friedlichen Winzern als Sonnenhügel für die Rebenzucht, aus deren Saft ein später schäumender Wein gegoren wurde. Johann Wolfgang von Goethe saß im September 1793 auf einem der sanften Hügel der Champagne und notierte den immer wieder hervorgekramten, häufig mißverstandenen Spruch: »Von hier und heute geht eine neue Epoche der Weltgeschichte aus.« Auf jeden Fall: Goethe sah nicht voraus, daß in der Champagne, wo gerade die Volkstruppen des revolutionären Frankreich die Armeen des restaurativen Herzogs von Braunschweig zur Umkehr gezwungen hatten, daß also in dieser lieblichen Gegend, die damals berühmt war für ihre Textilproduktion, wenige Jahrzehnte später ein ganz neuer Wirtschaftszweig entstehen würde, wobei die Deutschen wieder eine, diesmal aber fruchtbare Rolle übernehmen sollten.

Im Rahmen der Revolutionsfeiern im September 1989 gedachte Frankreich natürlich auch jener Schlacht von Valmy, die Goethe meinte, und man trank dazu viel Champagner. Die Deutschen kamen wieder, immer wieder und wurden stets zurückgeschlagen von den Franzosen und ihren englischen und amerikanischen Alliierten. Doch das Wort Champagne ist in der Geschichte nur selten mit Kriegen verbunden; man spricht höchstens von der Marne-Schlacht, so benannt nach dem kleinen Fluß, der durch die Champagne fließt. Wenn in dieser lieblichen Gegend etwas knallt, dann sollen es Korken sein.

Kolonialmächte hinterlassen nicht immer nur Schrecklichkeiten, Erinnerungen an politische oder kulturelle Greuel; das gilt auch für die Römer, die vor 1900 Jahren die ersten Reben in die Flanken der Champagne-Hügel steckten. Das Klima liegt dort im Durchschnitt nur ein Grad über der Temperatur, in der Trauben so gedeihen, daß man daraus Wein herstellen kann, aber ein Grad reicht eben, denn die Erdschicht ist sehr dünn und deckt eine tiefe Kreideschicht, die ihrerseits einen wesentlichen Einfluß auf die Temperatur und damit auf die Reife der Reben hat, nur knapp ab. Der Kalk saugt die Wärme der Sonne auf, speichert sie und reflektiert sie vom Boden auf die Trauben. Weil aber die Beschaffenheit des Bodens besonders wichtig ist und der Wein nicht überall gleich gut gedeiht, sind die Preise für einen Quadratmeter Land an manchen Ecken unerschwinglich hoch. Nur ein kleiner Teil der Lagen zwischen Reims, Epernay und Ay trägt die Auszeichnung Grand Cru, nämlich dort, wo die Qualität hundertprozentig ist.

Verstreut zwischen den Rebhängen stehen hier und da die Herrensitze der Champagner-Clans, und daß es ihnen im letzten Jahrhundert immer besser ging, daran haben die Deutschen ihren Anteil. Junge Männer aus Württemberg und dem Rheinland zog es hierhin, weil sie Französisch lernen oder Handel treiben wollten. Und die Franzosen nahmen sie willig auf, denn ihnen fehlte es an Sprachkenntnissen, um mit ihren Produkten Handel zu treiben; darin waren sie nie so geschickt und einfallsreich wie in der Herstellung selbst. Offensichtlich herrschte Anfang des 18. Jahrhunderts in dem Landstrich zwischen Reims und Epernay eine Atmosphäre von Toleranz, weswegen tüchtige Ausländer schnell akzeptiert wurden. Heute gehen deshalb die großen Champagner-Namen Krug, Mumm, Heidsieck, Roederer, Bollinger, Schneider, Deutz und Geldermann auf deutsche Firmengründer zurück, und sogar das Haus der ach so berühmten Witwe Clicquot war bald in deutschen Händen.

Von Monsieur Ponsardins Wirken würde selbst die Lokalchronik von Reims nur wenig verzeichnen, obwohl er es während der Revolutionswirren schaffte, durch geschicktes und Hin- und Hertaktieren, stets eine Position nahe der Macht zu behalten, wenn er nicht der Vater von Nicole-Barbe gewesen wäre. Als jene Revolution ausbrach, war er ein bedeutender Bürger der Stadt, aber auch ein Mann, den es in öffentliche Ämter und zu Einfluß drängte. Doch schwankte er so zwischen Bestehendem und neuen Ideen, daß er im Jahr 1774 als Royalist und Mitglied des Stadtrates zwar aktiv an der Krönungszeremonie von Ludwig XVI. beteiligt gewesen war, aber dennoch von einer konstitutionellen Monarchie träumte. Und als 1789 die Stände nach Versailles einberufen wurden, fuhr er, entsandt als Vertreter des Dritten Standes, an den Königssitz, blieb aber stets Herr der Lage und entwickelte sich, den Launen der Revolution folgend, sogar zum Jakobiner. Er arrangierte sich so geschickt – und da war er nicht der einzige, denken wir nur an Talleyrand –, daß er all die Wirren zwar nicht ohne Sorgen, doch gut überlebte. 1810 hatte er es schließlich so weit gebracht, daß es ihm ziemte, sich ein Wappen zuzulegen, und er wählte ein Motiv, das seinem Wesen entsprach: eine Brücke mit einer darunter im Strom schwimmenden Sardine, also immer dem Wasser folgend, nicht gegen die Wellen ankämpfend. Und daß Monsieur Ponsardin sich ein Wappen zulegte, hatte seinen Grund; denn in diesem Jahr 1810 war er per Dekret zum Bürgermeister der Stadt ernannt und von Napoleon mit dem Adelstitel Baron versehen worden, ein Titel, den ihm Ludwig XVIII. später bestätigte. Schließlich hatte der einstige Jakobiner Ponsardin 1816 auf der Place Royale, die noch kurz zuvor den von der Revolution verliehenen Namen Place Nationale trug, ganz im Sinne der neuen – alten – Herrschaft, eine Statue von Ludwig XVIII. enthüllt. Kurz darauf starb Monsieur le Baron de Ponsardin, und er wäre eben in das Grab des allgemeinen Vergessens gesunken, hätte nicht seine Tochter Nicole-Barbe, einem lokalen Brauch entsprechend, ihren Mädchennamen dem ihres Gatten hinzugefügt und sich Madame Clicquot-Ponsardin genannt.

Nicole-Barbe war ein Mädchen von zwölf Jahren gewesen, als das Blutgericht mit den Parolen »Liberté, Egalité, Fraternité« wütete. Selbst wenn es ein paar Monate dauerte, bis der kollektive Wahnsinn im Jahr 1790 von Paris her in die Champagne vordrang und deren wichtigste

Stadt Reims erfaßte, die in der damals schon langen Geschichte der Könige Frankreichs als Ort der Krönungen stets eine besondere Rolle gespielt hatte. Die Kirchen wurden geplündert, die heilige Ampulle mit dem Salböl für die Weihe französischer Könige lag zerschmettert da, vom Dach der Kathedrale riß das Volk die goldenen Lilien ab, die Blume der Bourbonen. Weil er ein vorsichtiger Mann war, nahm Monsieur Ponsardin seine Tochter Nicole-Barbe aus der königlichen Abtei von Saint-Pierreles-Dames, wo sie zur Schule ging, kleidete sie in rohes Leinen und Holzpantinen und versteckte sie bei einer ihm gewogenen Schneiderfamilie, bis die Gefahr vorüber war und sie wieder in das vornehme Hôtel Ponsardin in der Rue Cérès zurückkehren durfte. Weder von den Greueln der Revolution noch später von den bizarren Moden der Damen Tallien oder de Beauharnais wurde Nicole-Barbe berührt, vielleicht drang gerade noch der Ruhm des jungen Bonaparte zu ihresgleichen. Als sie mit einundzwanzig den nur zwei Jahre älteren François Clicquot heiratete, waren die Kirchen für den religiösen Gebrauch noch nicht wieder hergerichtet worden, so daß die Hochzeit heimlich in einem Keller stattfand, und Keller gab es genug in Reims, denn die Römer hatten in den Kalkboden tiefe Stollen geschnitten, um Steine für ihre Bauten zu gewinnen.

François' Vater, Monsieur Clicquot, war ein reicher Bankier und Textilhersteller und nebenbei Besitzer einiger Weinstöcke, der den Saft seiner Reben ausgewählten Kunden und Freunden verkaufte. Nun interessierte sich François mehr für den Champagner-Wein als für die anderen Geschäfte seines Vaters. Begleitet von seiner jungen Frau fuhr er im Einspänner durch Chignyles-Roses und Verzenay, Louvois, Bouzy und Ambonnay und durch den hügeligen Wald der Champagne, der leicht übertrieben

»Berg von Reims« genannt wird. Jede Saison suchten sie zur Erntezeit gemeinsam nach den besten Trauben und übernachteten in Bouzy bei Großmutter Clicquot. Das Geschäft florierte. Nach Schwaben, Bayern, in die Schweiz, ja sogar nach Österreich reiste Clicquot junior, um seinen Champagner zu verkaufen. Auf einer dieser Touren traf er in Basel auf einen gewissen Herrn Bohne, einen kleinen, strammen Rothaarigen, den er als Handelsvertreter engagierte. François schickte Bohne zunächst einmal nach England, dessen Markt für Frankreich lange Zeit verschlossen gewesen war. Es galt, den Geschmack der Angelsachsen herauszufinden: »Lassen Sie uns wissen, wie sie ihn mögen – stark, fein oder süß.« Denn damals schon mischte man den Wein je nach Geschmack des Kunden. Aber die Engländer klagten nur – wie später noch so häufig –, Champagner könnten sie sich gar nicht leisten. Als neue Kunden wurden vielmehr Polen, Preußen, Österreich und Italien aufgetan. Bald gingen die Kisten aus Reims an die Höfe der Herzöge von Sachsen-Coburg, von Württemberg oder des Markgrafen von Ansbach sowie des Prinzen von Hohenlohe.

Da überkam François ein böses Fieber, und plötzlich war er tot. Sein Vater war zutiefst deprimiert, beschloß, sich aus dem Geschäftsleben zurückzuziehen; die Bank und das Textilgeschäft hatte er schon abgestoßen. Doch da fiel ihm die junge Witwe in den Arm und gründete, gerade siebenundzwanzig Jahre alt, mit Herrn Bohne und ihrem Weinexperten, Monsieur Fourneaux, die Firma, deren Erfolg nach ein paar Jahrzehnten dazu führte, daß man in England das Champagnergetränk nur noch »the widow«, die Witwe, nannte.

Ach, und dann kam das Jahr 1821! Da rutschte Herr Bohne in Straßburg auf der Brücke aus, plumpste in den eiskalten Rhein und starb an Unterkühlung. Das Haus

Clicquot litt nicht lange unter dem Verlust, denn zwei junge Deutsche kämpften dort schon um die Macht: Der ehrgeizige und als stur beschriebene Georg Christian Kessler aus Heilbronn und der gerade aus dem hessischen Wetzlar gekommene Matthias-Eduard Werle. Kessler lag im Rennen vorn und verlor es doch. Er sei zwar intelligent, aber ehrgeizig und gerissen gewesen, heißt es heute in einer Schrift, die die Gesellschaft der Freunde des alten Reims ihrem Bürgermeister und Abgeordneten Edouard Werlé widmete. Die Witwe trennte sich von Kessler, als der heiratete, und in Reims blühten die Gerüchte. War da nicht was gewesen? Aber Edouard Werlé, ein wohlhabender junger Mann, dessen Vater in den Turn und Taxis'schen Postdiensten gestanden hatte, war bald ein angesehener Partner der Witwe, und nicht nur das. In den Salons der Stadt begleitete er die Witwe und deren Tochter, machte sich aber nicht nur im Geschäft unentbehrlich, sondern ließ sich als Franzose naturalisieren und paßte den Namen mit einem Accent aigu seiner neuen Heimat an. Werlé wurde bald ehrenamtlicher Handelsrichter der Stadt, gar zum Bürgermeister gewählt und schließlich für Reims und das Departement Marne ins französische Abgeordnetenhaus entsandt. Als die Witwe im hohen Alter von neunundachtzig Jahren starb, hinterließ sie Weinberge und Kellerei nicht ihrer Tochter und dem Schwiegersohn, sondern Edouard Werlé. Der galt inzwischen als reichster Mann von Reims, hatte seinen Sohn ins Geschäft genommen und seine Kinder mit den Sprößlingen des Herzogs von Montebello und des Finanzministers von Kaiser Napoleon III., Monsieur Magne, verheiratet.

Als 1870 der Krieg zwischen Frankreich und Deutschland entflammte, war Werlé nicht mehr Bürgermeister von Reims – auch er war wegen seines bestimmten, herrischen Auftretens unter den Bürgern der Stadt nicht unumstritten –, aber er saß im Parlament in Paris. Als die deutsche Führung ihr Hauptquartier in der Champagnerstadt aufschlug, kehrte Werlé aus der Hauptstadt zurück und ärgerte sich erst einmal über die deutschen Offiziere, die sich in seinem geräumigen Stadtpalais breitgemacht hatten. Es sollte nicht das einzige Mal bleiben. Da Werlé Tabakgeruch haßte, versuchte er den preußischen Generalstäblern das Rauchen zu verbieten! Er erntete nur Hohn und Gelächter.

Bei Bismarck hatte Werlé mehr Glück. Nicht, daß der preußische Kanzler nun seinen Leuten das Qualmen verboten hätte, aber da der Industrie von Reims Geld und Kohle ausgegangen waren, ließ sich Werlé am 9. September bei Bismarck anmelden und wurde schon am nächsten Tag um elf Uhr empfangen. Er bat um die Erlaubnis, aus Belgien Kohle einführen zu dürfen. Bismarck drückte seine Genugtuung darüber aus, mit einem Mitglied des Abgeordnetenhauses zu tun zu haben, da der Kaiser gefangengenommen war und nach Bismarcks Ansicht nur das Parlament für Frankreich verhandeln konnte. Aber was Werlés Bitte anging, so antwortete ihm der preußische Politiker: »Ich würde Ihnen gern helfen, doch – wissen Sie – in Kriegszeiten entscheidet darüber der militärische Befehlshaber. In dieser Sache kann ich also nichts für Sie tun, es sei denn durch Vermittlung des Königs. Sprechen Sie mit von Moltke, der wird Ihnen innerhalb einer Stunde antworten.«* Tatsächlich, eine Stunde später hatte von Moltke zugestimmt. In den folgenden Tagen kam Werlé mit neuen Bitten zu von Moltke; die Trauben seien reif, er bäte um eine vom Militär ungestörte Weinlese. Auch diesem Ansinnen wurde stattgegeben.

Der König Preußens verließ Reims am Mittwoch den

---

* La Revue de Champagne et de Brie, XIII, 1882, S. 331

14. September gegen zehn Uhr früh in Richtung Ferrières. Am Abend vorher war Bismarck bei Werlé erschienen und hatte ihm gesagt: »Wir werden morgen aufbrechen; ich gehe schweren Herzens. – Wir hofften den Frieden in Reims unterzeichnen zu können; der König wollte es, und es war auch mein dringendster Wunsch. Aus dieser Hoffnung haben wir zehn Tage hier verweilt. Doch man zwingt uns, den Krieg fortzuführen... Man wird es noch einmal bedauern.«

»Monsieur le Comte«, unterbrach ihn Werlé, »Frankreich hat kein Interesse, den Krieg zu verlängern, und wenn es den Frieden verweigert, dann, weil Ihre Bedingungen nicht annehmbar sind.«

»Ich werde Ihnen was sagen«, antwortete Bismarck, »wir verlangen zwei Milliarden, Straßburg und einen Gebietsstreifen von vier oder fünf Meilen Breite bis Wissembourg, damit beide Ufer des Rheins in deutschen Landen liegen.«

Dazu bemerkte Werlé, zwar deutsch sprechend, aber ganz als Franzose denkend: »Zwei Milliarden sind schnell dahergesagt, dennoch ist es eine enorme Summe, aber die Geldfrage ist sicher nicht die wichtigste. Ich frage mich, was passieren würde, wenn Sie Straßburg nähmen? Ließe solch eine Amputation des französischen Bodens nicht bittere Erinnerungen zurück und ewigen Anlaß für Rache? Wäre es nicht ein Grund dafür, daß der Friede nicht lange andauere? Und wäre es nicht Gelegenheit oder Vorwand, um die Feindseligkeiten bald wiederaufzunehmen?«

»Wir verlangen Straßburg«, fuhr Bismarck fort, »nicht im Interesse von Preußen, sondern der Staaten Süddeutschlands. Diese Staaten fühlen sich nicht sicher, denn die Garnison aus Straßburg braucht nur die Brücke von Kehl zu überqueren um deutschen Boden zu betreten. Es sind Baden, Württemberg, Bayern, die diese Garan-

tie fordern, und ihre Beteiligung an diesem Krieg ist zu
loyal, als daß wir nicht ihre gerechten Forderungen be-
rücksichtigten. Sicher ist Ihre Beobachtung begründet.
Die Abtrennung von Straßburg wird man uns vorwerfen,
aber täuschen Sie sich nicht! Ob wir Straßburg nehmen
oder nicht, das Nationalgefühl der Franzosen ist gekränkt.
Die Franzosen werden uns Sedan genausowenig verzei-
hen, wie die Österreicher Sadowa* vergessen; der Drang
nach Rache wird bleiben, und sollten wir den Krieg eines Tages schon nicht verhindern können, dann wird es
für uns besser sein, den Schlüssel zu Frankreich in unserer Tasche zu haben, als Ihnen den zu Deutschland zu
überlassen. Wenn wir die Geschichte betrachten, dann ist
Deutschland in zwei Jahrhunderten fünfzehnmal über-
fallen worden. Nur ein fast ohnmächtiges Frankreich ist
harmlos. Übrigens ist die Zeit der lateinischen Rassen vorbei, sie befinden sich im völligen Verfall. Es bleibt ihnen
nur noch eine Kraft, die Religion; und, wenn wir recht sehen, wird auch der Katholizismus bald verschwinden...
Ich verabschiede mich, ohne Ihnen die Hand zu reichen,
Sie würden sie doch nicht annehmen. Ich hoffe jedoch
ernsthaft, daß wir uns unter Umständen wiedersehen, die
es erlauben, uns nicht mehr als Feinde zu betrachten.«**

Eines Morgens, kurz danach, wurden mehrere Nota-
beln von Reims, darunter Edouard Werlé und sein Sohn
Alfred auf eine Lokomotive geladen und als deutsche Gei-
seln nach Châlons verbracht, von wo sie nach wenigen
Tagen wieder unbeschädigt zurückkamen.

Wie das in Frankreich so üblich ist, vererbte sich nicht
nur der Betrieb selbst, sondern auch dessen Leitung vom

---

* Besser bekannt als Schlacht von Königsgrätz.
** La Revue de Champagne... (wie S. 331)

Vater auf den Sohn oder Schwiegersohn, was den Unternehmen nicht immer bekam; denn die Champagner-Clans haben der schnellen wirtschaftlichen Entwicklung kaum standgehalten, die meisten mußten sich Finanzunternehmen anschließen, so auch die Nachfahren des Herrn Werlé. Und deshalb landete der Witwe Kellerei vor einigen Jahren in den Händen eines großen Luxuskonzerns, der jedoch auf die alte Familientradition nicht verzichten möchte: Man hält sich einen der letzten direkten Nachfahren von Edouard Werlé als Frühstücksdirektor – eben jenen Grafen Louis-Marc d' Harcourt. Wenn er, der, wie gesagt, in Paris wohnt, nach Reims kommt, um zu repräsentieren, dann steht ihm noch das alte Herrenhaus, das sein berühmter Vorfahr mitten in Reims bauen ließ, zur Verfügung. Trotz der Wirren der Zeit (unverblümt gesagt: trotz der deutschen Granaten und Soldaten), unter denen Reims und Werlés Haus zu leiden hatten, sind in den großen, prächtigen Salons immer noch die alten Möbel auf Hochglanz gepflegt, und an den Wänden hängen nicht nur Bilder der Witwe, Werlés oder Szenen aus den Boudoirs, in denen Champagner aus Flaschen mit dem orangefarbenen Etikett getrunken wird, sondern an den stoffbekleideten Wänden kann man heute noch Stiche sehen, die an die Krönung Ludwigs XVIII. in Reims erinnern, jene Zeremonie, an der Monsieur Ponsardin, der Witwe Clicquots Vater, als Stadtrat teilgenommen hatte.

Hatte die jung verwitwete Nicole-Barbe, für deren wunderschönen hellen Teint Zeitgenossen schwärmten, sich beruflich von Christian Georg Kessler getrennt, weil – oder zumindest als – er eine andere heiratete, und hatte sie sich dann dem jungen Eduard Werle, wie er sich, gerade aus Deutschland gekommen, noch schrieb, zugewandt, so verstummte das Gerücht nie, die Witwe habe ihre Firma Edouard Werlé vermacht, weil beide ein Liebesverhält-

nis miteinander gehabt hätten. Davon will Louis-Marc d'
Harcourt allerdings nichts wissen:

»Die Beziehung hätte dann lange gehalten! Monsieur
Werlé kam als junger Mann ins Haus, im Laufe des Jahres
1820, und Madame Clicquot überließ ihm die Firma 1866,
das sind über fünfundvierzig Jahre«, meint d' Harcourt,
während wir unter einer großen Rotbuche im sonnen-
durchfluteten Park vor Werlés Herrenhaus sitzen und der
Diener mit weißer Jacke und Handschuhen eine Flasche –
na ja, was wohl? – öffnet: »Nein, ich glaube, beide waren
besonders ernsthaft. Eine Liebesgeschichte zwischen der
Witwe Clicquot und Monsieur Werlé gab's kaum, beide
waren sehr streng, und Monsieur Werlé besaß einen ziemlich deutschen Charakter. Er sprach ja auch bis zu seinem
Lebensende Französisch mit einem teutonischen Akzent.

Er war schon ein ungewöhnlicher Mensch. Denken Sie
nur, 1820 war er gekommen, und innerhalb von fünfzehn
Jahren wurde er bei Clicquot die wichtigste Person. Er
erhielt sehr schnell den Rang des Generalbevollmächtig-
ten, hatte also Unterschriftsvollmacht, und später wurde
er Bürgermeister und Abgeordneter. Deshalb hat er 1840
dieses Anwesen bauen lassen, um Empfänge geben zu
können – weniger für seine Freunde, er hatte kaum welche, sondern für Leute, die ihm nutzen konnten oder
denen er wichtig war. Er galt schon als außergewöhnli-
cher Geschäftsmann, und wenn die Straßen von Reims im
letzten Jahrhundert gepflastert wurden, so lag sogar das
an ihm.«

D'Harcourt schildert seinen Vorfahren so eindringlich,
daß wirklich auch nicht die geringste Versuchung auf-
kommt, ihn mit Lustbarkeiten in Zusammenhang zu bringen, für die doch das Produkt, das er herstellte und so
erfolgreich verkaufte, der höchste Gipfel ist.

Die meisten Champagner-Clans mit deutschem Hinter- grund errichteten ihre Stammhäuser in Reims. Abenteurer waren sie nicht, auch nicht unbedingt Branchenkenner, die es Ende des 18. und Anfang des 19. Jahrhunderts in die Champagne zog. Kaufleute waren unter ihnen, auch erfah- rene Kellermeister, doch zu jener Zeit florierte in und um Reims die Textilproduktion, die der wahre Anziehungs- punkt für die Globetrotter war. Gesunder Geschäftssinn, möglichst gepaart mit einer geschickten Heirat, schien der beste Grundstein für den Erfolg zu sein; Weltoffenheit kam als weitere Voraussetzung hinzu. Und alle Patriar- chen deutscher Abstammung wurden bald zu Franzosen, außer den Mumms, die dies 1914 bitter bereuten, denn als Deutsche mußten sie ihren Betrieb abgeben.

Die Herstellung des Champagners ist äußerst stren- gen Regeln unterworfen, aber das hat mit den Deutschen nichts zu tun. Es sind Regeln, die vom Staat festgelegt wurden und schon bei der Weinernte zu beachten sind; denn staatlich wird der Tag festgelegt, von dem an es er- laubt ist, die Reben zu lesen. Selten schon im September, meist erst Anfang Oktober reisen deshalb die Saisonar- beiter an. Früher kamen hauptsächlich Bergleute, die sich durch die Arbeit an der frischen Luft erholen wollten, spä- ter die Polen. Besonders gern beschäftigen die Winzer jedoch Zigeuner, weil sie die einzigen sind, die für eine dem Stammesoberhaupt gezahlte Pauschale im Akkord arbeiten, und da sind sie angeblich doppelt so schnell wie andere. Wenn der Wein, wie 1989, schon im September reif ist, dann versprechen die Fachleute einen Jahrhun- dertwein, und der – auch wieder staatlich fixierte – Preis für ein Kilo Trauben wird erhöht; 1989 drastisch um zehn Prozent.

Das ist schon ein merkwürdiges Getränk, dieser Cham- pagner; denn er wird aus verschiedenen Rebsorten gemischt – und nicht nur die Traube, auch *l' assemblage*, die Zusammenstellung einer Cuvée, spielt eine erhebliche Rolle für das Gelingen des moussierenden Weines. Zwei rote und eine weiße Rebsorte werden vermengt: – der Pinot noir, »kräftig, ergiebig, gibt Rückgrat und Fülle«*, der Pinot meunier, »robuster, verträgt schlechtes Wetter besser als der Noir«, und die weiße Chardonnay-Traube, die »Feinheit, Leichtigkeit, Eleganz, Frische« bringt.

Diejenigen, die immer noch an das Laisser-faire der angeblich so schlampigen Franzosen glauben, werden kaum wahrhaben wollen, wie streng jeder einzelne Vorgang bei der Herstellung von Champagner vom Staat vorgeschrieben ist. Da wird etwa minutiös geregelt, wie die Rebstöcke zu behandeln sind; ihr Abstand in den Reihen ist sogar reglementiert: »Höchstens 1, 50 Meter zwischen den Reihen, 90 Zentimeter bis 1,50 Meter zwischen den Stöcken einer Reihe; aber die Summe der beiden darf keinen größeren Abstand als 2,49 Meter ergeben. Zweck: den einzelnen Rebstock nicht zu stark und ertragreich werden zu lassen.«**

Bei der Ernte sind Maschinen, die anderswo längst mit viel Erfolg eingesetzt werden, verpönt, denn die Trauben könnten beim maschinellen Pflücken beschädigt werden; dann bliebe aber die Traubenhaut zu lange in Kontakt mit dem ausfließenden Saft: das darf aber nicht geschehen, denn auch das Herstellen des Mostes ist ein besonders penibler Vorgang. Die roten Trauben werden äußerst sorgfältig ausgepreßt, um zu verhindern, daß die rote Haut den Most dunkel färbt, schließlich ist Champagner ein helles Getränk, und die roten Trauben sollen höchstens dafür sorgen, daß das, was später im Glase prickelt, den ed-

---

* Gert v. Paczensky: Champagner, Weil der Stadt 1987, S. 50
** Ebenda, S.51

len Schein des Goldes widerspiegelt. Ganz genau wird abgewogen, wieviel Kilo in die Presse kommen. Der gewonnene Wein darf nur dann Champagner heißen, wenn die Herstellungsbeschränkungen eingehalten werden; da wird nicht nur festgelegt, wieviel Kilo Trauben pro Hektar im besten Fall geerntet werden dürfen, sondern auch wieviel oder wiewenig Most aus den geernteten Trauben gepreßt werden darf. Eine Ladung von viertausend Kilo in der Presse ergibt drei verschiedene Säfte. Aus der ersten Pressung, der Cuvée, dürfen etwa zweitausend Liter fließen, aus der zweiten, der Premiere Taille, vierhundert Liter und aus der dritten, der Deuxieme Taille, noch einmal zweihundert. Die drei verschiedenen Tailles werden getrennt zu Wein vergoren. Der edelste Champagner wird nun jener sein, der nur aus Weinen der Cuvée, der ersten Pressung, entsteht.

Eigentlich erwartet die Menschheit von denen, die Gottes Wort verbreiten, eine Abkehr von Lustbarkeiten, aber beim Champagner war ein Mönch besonders fleißig: Dom Perignon. Der Benediktinermönch war ein halbes Jahrhundert als Kellermeister der Abtei Saint-Pierre von Hautvillers wissenschaftlich hinter der Verbesserung des Champagners her. Dom Perignon untersuchte, welche Trauben sich am besten für den Champagner eigneten und wie man die Gärung beeinflussen könnte; denn Champagner entsteht durch zwei Gärungen. Die erste vollzieht sich im Faß und wurde wahrscheinlich in früheren Jahrhunderten im Winter durch die Kälte gestoppt. Der auf Flaschen abgefüllte Wein begann dann im warmen Frühjahr ein zweites Mal zu gären und entwickelte dabei den prickelnden Schaum. Diese zweite Gärung konnte man jahrhundertelang nicht kontrollieren, und häufig war der Druck in den Flaschen so groß, daß sie explodierten. Wer damals Champagner beim Winzer bestellte und etwa hundert Flaschen kaufte, erhielt vielleicht nur zehn ausgeliefert, mußte aber alle hundert bezahlen: denn in Rechnung gestellt wurde auch, was geplatzt war.

In der alten Abtei, in der Dom Perignon sein Leben mit Hingabe dem Champagner opferte, wurde inzwischen ein kleines Museum eingerichtet, von dessen auf einem Hügel gelegener Terrasse aus man einen wunderschönen Blick auf die Weinberge vor Ay und Epernay hat. In den Kellern der ehrwürdigen Abtei aber sieht man die alten Herstellungsmethoden. Champagner-Flaschen stellte man noch zu Zeiten Dom Perignons mit dem Kopf nach unten in Sandboden, weil sich bei der zweiten Gärung Hefe absetzt, und um das Depot aus der Flasche herauszubefördern, muß sich der Satz unter dem Korken sammeln.

Nicht nur für die Reflexion der Sonne über der Erde ist der Kalkboden in der Champagne wichtig, sondern auch für das, was mit den Reben geschieht, wenn sie einmal gepreßt worden sind; denn unter der Erde ziehen sich in den dicken Kreidefelsen seit der Römerzeit kilometerlange Gänge hin – Gänge, die, wie gesagt, ehedem als Steinbrüche gedient hatten. An manchen Stellen in der Untererde wachsen Wurzeln in die Höhlen hinab, hängen meterlang durch die Luft und saugen daraus die Feuchtigkeit. Das wichtigste Element, das die Kreidestollen anbieten, ist die stets gleichbleibende Temperatur; denn hier unten findet die zweite Gärung statt, und die Flaschen liegen dort für mehrere Jahre, bevor sie verkauft werden. In manchen Kellereien zeugen heute noch die alten Fässer und Kisten mit Aufschriften wie Sankt Petersburg, London, Wien, Konstantinopel davon, daß bald nach der Kommerzialisierung des Champagners Vertreter, wie Herr Bohne von Clicquot, das Edelgesöff kistenweise an die Höfe der Zaren, Lords und Sultane verhökerten. 1836 hatte nämlich ein Apotheker aus Châlons-sur-Marne, Monsieur François, eine wesentliche Entdeckung gemacht, die dazu führte, daß man die zweite Gärung, jene, die in der Flasche stattfindet, unter Kontrolle halten konnte und die Flaschen nicht mehr explodierten. Er hatte ausgerechnet, welche Menge Hefe und Zucker jeder Flasche für die zweite Gärung beigegeben werden darf, um nicht zuviel Druck zu erzeugen: Von da an konnte Champagner in großen Mengen produziert werden.

Die Witwe Clicquot geistert heute noch als Schatten durch die Keller. Sie ist nicht nur wegen ihrer unglaublichen Willens- und Durchsetzungskraft legendär geworden, nein, sie war auch erfinderisch: Von ihr stammt das Rüttelpult. Hatte man früher die Flaschen mit dem Korken in den Sand gesteckt, um die Ablagerungen zu sammeln, was sehr unpraktisch war – wie schnell bekommt man da einen steifen Rücken! –, so ging das fortan alles viel einfacher vonstatten. Der Trick ist folgender: Wenn die Flaschen, die mindestens ein Jahr in den Kellern liegen müssen, noch einmal geöffnet werden, dann muß der Satz wirklich unter dem Korken sitzen, damit nicht zuviel Champagner verlorengeht. Dazu dient das Rüttelpult, ein Gestell, in das man die Flaschen mit dem Kopf nach unten geneigt stellt, so daß der Remueur, der Rüttelmeister, sie täglich ohne Mühe rütteln kann. Und das geht so: »Man fängt unten an zu drehen, wo man mit dem Pinsel eine weiße Markierung auf die Flasche angebracht hat«, sagt der Remueur der Veuve Clicquot. »Dann dreht man die Flasche beim erstenmal um ein Achtel nach rechts, das nächste Mal zweimal je um ein weiteres Achtel. Dann kräftig um ein Viertel wieder runter und zurück zur Ausgangsposition. Dann geht's nach links, ein Achtel, wieder ein Achtel rauf, ein Viertel, rum, das heißt: immer drehen. Der Champagner muß gedreht werden, damit die Ablagerung in der Flasche nach unten sinkt. Zu starkes Rütteln verteilt die Hefe. Wenn der Satz vom Korken bis oben auf den Flaschenhals verteilt ist, dann dauert es anderthalb Monate, bis er runtergerüttelt ist.«

Sind die Flaschen fertig gerüttelt, werden sie geöffnet. Das zeigt, wie umständlich die Arbeitsgänge sind, bevor der Champagner in den Kelch fließt. Nach dem Remueur geht der Dégorgeur ans Werk: Früher prüfte er mit der Kerze bei jeder Flasche, ob der Satz am Korken angekommen war, öffnete mit einer schnellen Handbewegung den Stopfen, der Champagner sprühte den Heferest raus, während der Dégorgeur mit einer flinken Drehung die Flasche nach oben bewegte, damit nicht zuviel Wein verlorenging. Schließlich kostete er den Schaum, um festzustellen, ob der Wein auch nicht nach Korken schmeckte. Nach der Öffnung der Flasche wird dem Champagner ein wenig Likör aus Wein und Kandiszucker zur Geschmacksveredelung beigegeben. Das handbetriebene Verfahren entspricht der alten Tradition, aber nur in wenigen Häusern wird es noch praktiziert, und wenn, dann nur für besondere Jahrgänge und Cuvées – oder für die großen Flaschen, die nur mit der Hand bearbeitet werden können und Namen aus biblischer Zeit tragen: ein Methusalem faßt sechs Liter, ein Salmanassar neun, ein Baithazar zwölf und ein Nebukadnezar sogar fünfzehn Liter!

Die Öffnung *à l'ancienne* dauert lange und ist äußerst arbeitsintensiv. Früher arbeiteten der Dégorgeur und seine Mannschaft im Akkord und schafften etwa sechstausend Flaschen pro Tag, wobei sie morgens besonders schnell machten, und am Nachmittag »hob man den Fuß«, wie es hier heißt, wenn man es langsamer angehen läßt. Zerbrochene Flaschen wurden natürlich ausgetrunken. Monsieur Jacques Tissier, der die Korken noch auf alte Art mit der Schnur festzubinden weiß, steigt nun seit zweiundvierzig Jahren in die Keller der Witwe Clicquot, und das hat Familientradition: Eine Großmutter arbeitete im Champagner, sogar sein Urgroßvater war schon Kellermeister. Da heute manche Champagner-Firmen mehrere Millionen Flaschen pro Jahr verkaufen, mußten neue, automatische Methoden des Rüttelns und Dégorgierens erfunden werden. Solange der Satz, das Depot, nicht entfernt ist, hängen die Flaschen mit dem Kopf nach unten. Aber jetzt taucht eine Maschine die Hälse in eine Gefrierflüssigkeit, die den Champagner kurz über dem Korken zu einem Eispfropfen erstarren läßt und damit auch die Ablagerung bindet. Nun können die Flaschen aufgestellt werden, und das Entfernen ist nur noch ein Kinderspiel: Eine Maschine schlägt den Verschluß ab, der Druck von fünf bis sechs Kilo in der Flasche preßt das Eisstück heraus, und schon wird der neue Champagnerkorken maschinell aufgepfropft.

Wenn die Deutschen auch nicht wegen des Champagners über den Rhein zogen, so ließen die kriegerischen Schlachtenbummler die köstlichen Geschichtchen trotzdem nicht nebenbei liegen. So erinnert sich der Graf d' Harcourt: »1914 war Reims von der deutschen Armee umzingelt. Sie kennen ja die Festungen um Reims; die deutsche und die französische Armee nahmen sie sich gegenseitig immer wieder ab. Im Ersten Weltkrieg hat Reims sehr gelitten. Man sagt, nach dem Krieg standen hier nur noch sechzehn Häuser, davon dieses hier«, und er zeigt auf den Sitz von Édouard Werlé, »an seinen Mauern sieht man ja noch eine große Anzahl von Schrapnell-Einschüssen.«

»Und die Keller blieben heil?«

»Ja, sie blieben heil, aber in den Kellern wurde wenig gearbeitet, schon allein wegen der Verkehrsprobleme. Außerdem dienten die Keller sowohl als Krankenhaus wie auch als Schlafsaal für die wenigen zurückgebliebenen

Bürger von Reims, und auch noch für die Truppen, die durch die Keller zogen. Da kann man ja nicht gut arbeiten. Deshalb haben während des Ersten Weltkriegs viele Champagner-Unternehmen ihre Arbeit in den Häusern bei den Weinbergen verrichtet.

Im Krieg von 1940 wurden wir wieder besetzt, und der Inhalt der Keller wurde nach Deutschland verschickt. Und wissen Sie, die Deutschen haben einen sehr genauen, methodischen Geist.

Sie baten uns um Rechnungen für alle Flaschen, die nach Deutschland geliefert wurden. Die Rechnungen haben sie sogar bezahlt, aber mit einem Geld, das nichts wert war. Wir nennen das ›monnaie de singe‹, Spielgeld.«

Kamen die friedlichen Deutschen in der ersten Hälfte des 19. Jahrhunderts in die Champagne, um Geschäfte mit den freundlichen Franzosen zu machen, so hatten sie unter dem Streit zwischen feindlichen Galliern und kriegerischen Germanen erheblich zu leiden. Unter den friedlichen waren zwei Preußen, die an der Marne eine andere Schlacht gewannen: Wilhelm Deutz brach 1831, im Alter von einundzwanzig Jahren, beladen mit allen guten Wünschen aus dem elterlichen Kramladen in Aachen, auf und zog mit seinem zwanzigjährigen Freund Peter Geldermann in die Champagne. Sie eröffneten ein kleines Handelsbüro, kauften Champagner, versahen ihn mit ihrem Etikett und exportierten ihn nach Deutschland, dann nach Rußland, bald nach England – und verkauften ihn schließlich auch in Frankreich mit Erfolg. Nebenbei lernten sie das Geheimnis der Produktion kennen, kauften Rebhänge in den besten Lagen, die heute noch ihren Erben gehören, und gründeten 1838, nur sieben Jahre nach ihrer Ankunft in der Gegend von Epernay – und beide noch keine dreißig Jahre alt, die Champagner-Kellerei Deutz et Geldermann. Natürlich wurden sie von Louis-Philippe naturalisiert, und nun standen sie als Franzosen plötzlich auf der anderen Seite in der Frage Gallier oder Germane – worunter ihre Erben zu leiden hatten. Die Kellerei Deutz et Geldermann wird heute noch – in der fünften Generation – von den Nachfahren von Guillaume Deutz, wie sich Wilhelm bald nannte, geführt, aber das wäre fast schiefgegangen. Die Enkelin von Guillaume Deutz heiratete einen Monsieur René Lallier, der von seinen deutschen Vertretern gedrängt wurde, auch auf deutschem Boden eine Sektkellerei zu gründen – das habe zahlreiche wirtschaftliche Vorteile, weniger Zoll, bessere Vertriebswege etc... Nach langem Hin und Her wurde der Beschluß gefaßt, im elsässischen Hagenau, seit 1871 deutsches Gebiet, eine Niederlassung zu eröffnen. Bald florierte das Unternehmen, und als der Erste Weltkrieg ausbrach, wurden dort jährlich siebenhunderttausend Flaschen Sekt* hergestellt. Aber nun wurde das französische Unternehmen auf deutschem (elsässischem) Boden verstaatlicht und dem Deutschen Geiling übergeben. Und als der Krieg zu Ende war, wurde das deutsche Unternehmen Geiling auf französischem (elsässischem) Boden wieder enteignet und dem französischen Unternehmen Deutz et Geldermann – völlig verwüstet – zurückgegeben. Aber nun lag die für die Lieferung an deutsche Kunden vorgesehene Filiale in Frankreich. Also wurde ein neuer Standort auf der anderen Seite des Rheins gesucht und in Breisach gefunden. Doch dann verbat Hitler ab 1933 die Herstellung des Sekts mit französischen Weinen, weshalb den Erben der einstigen Preußen Deutz und Geldermann nur die Entscheidung blieb, das deutsche Unternehmen zu verselbständigen: So überlebte es den Zweiten Weltkrieg, und

---

* Der Produktname Champagner darf nur in der Gegend der Champagne benutzt werden.

die Kellerei von Deutz und Geldermann in Breisach, unter Führung und im Besitz von James Lallier, dem bei seinen Besuchen in Paris häufig der Reifen aufgeschlitzt wird, ist wohl die einzige große Sektkellerei Deutschlands, in der Sekt nach den gleichen Rezepten und Methoden wie Champagner hergestellt wird.

Nun gut, das war das deutsche Abenteuer der friedlichen Franzosen, doch es gab noch eine andere Seite, nämlich die gallischen Überlegungen der französischen Nachkommen in der Champagne, jener deutschen Zuwanderer aus dem preußischen Aachen, und das war so: In der Vorkriegszeit nähert sich die Erbfeindschaft zwischen Franzosen und Deutschen einem emotionalen Siedepunkt, so daß René Lallier meint, es sei besser, den deutsch klingenden Namen Deutz et Geldermann durch den französischen Lallier zu ersetzen. Doch kaum wird der Champagner »Gold Lack« unter dem Namen Lallier angeboten, stürzt der Umsatz um fünfzig Prozent! Fix wird wieder das alte Etikett hervorgekramt, doch auf dem Flaschenhals wird zusätzlich kundgetan, der Besitzer sei »französischer Offizier im aktiven Dienst« – damit nur ja kein falscher Eindruck bei den Kunden entstehe, bei den entsprechend denkenden Käufern, denn diese Mitteilung wird auch auf englisch gedruckt und auf die Flaschen für den Export an die Alliierten geklebt. So haben die Deutz-Erben mit List und Tücke erfolgreich die deutsch-französische Geschichte der Champagner-Clans überwunden, die man bald nur noch in der Literatur finden wird.

Es sagte Wilhelm Busch doch so schön: »Wie lieb und luftig perlt die Blase der Witwe Klicko in dem Glase.«

FRANKREICH

Suche nach Identität: Maßnehmen an Deutschland

Paris und die deutsche Einheit

Die handelnden Personen der folgenden Anekdote sitzen hinter der schönen Fassade des Élysée-Palastes, von wo aus Frankreich regiert wird, aber keiner will es hinterher gewesen sein, was mit zu den Spielregeln gehört. Jedenfalls zeigt die kleine Geschichte, wie in Paris mit der Presse Politik gemacht wird.

»Helmut Kohl beunruhigt den Élysée-Palast« wäre eine Meldung, die an normalen Tagen untergehen würde. Was sind schon kleine, selbst kurzfristig aufflammende größere Verstimmungen zwischen zwei Hauptstädten? So etwas kommt immer wieder vor. Aber als in allen Zeitungen Frankreichs eine Meldung mit dem Tenor erschien, Helmut Kohl beunruhige den Élysée-Palast, waren die Zeiten nicht normal, sondern man schrieb den 13. März 1990, knapp fünf Tage vor der ersten freien Wahl in der DDR, die die CDU zu gewinnen hoffte; und ganz Europa schaute wegen der sich abzeichnenden Vereinigung von BRD und DDR mit Spannung, aber auch mit Unbehagen nach Deutschland. Weshalb also der Warnschuß aus Paris und von wem? Von »Gott« persönlich? Zumindest von einem seiner Erzengel. Die Recherche ergab, daß alle französischen Zeitungen sich für den Artikel gegen Helmut Kohl auf die gleiche Quelle stützten, auf einen längeren Bericht von afp, der französischen Nachrichtenagentur, die mit ihren Meldungen – wie alle Agenturen – auch schon einmal kräftig neben den Tatsachen liegt. Aber die Aussage von afp: »Kohl beunruhigt den Élysée«, beruhte nicht auf der mehr oder weniger richtigen Analyse eines Journalisten, sondern auf einer gezielten Information.

Steht der Besucher am Anfang des mit Kies bedeckten Hofes im Élysée, im Rücken das große, schwarze Eisentor, dann geht er am linken Flügel des elegant gerundeten Gebäudes vorbei in eine kleine Durchfahrt, öffnet dort linker Hand eine Glastür, steigt eine Treppe hoch und schreitet, am Sekretariat vorbei, in das Büro jenes Beraters von François Mitterrand, der für die Abteilung Sicherheit, strategische Fragen und Außenpolitik zuständig ist. In jenen Tagen saß Hubert Védrine dort, dessen Vater ein alter Freund Mitterrands war. Hubert Védrine arbeitet schon seit 1981 im Élysée; inzwischen war ihm, nachdem Weggang von Michel Vauzelle, auch noch das Amt des Sprechers des Élysée zugefallen, 1992 wird er sogar zum Generalsekretär des Élysée aufrücken, eine der wichtigsten Positionen in ganz Frankreich. In diesem März 1990, als Kohl vorgeworfen wird, er beunruhige den Élysée, also den französischen Staatspräsidenten, sitzt Védrine noch in dem schon beschriebenen Zimmer – mit eleganten antiken Möbeln, mehreren altmodischen Telephonen auf dem Schreibtisch und mit einem Blick durch das Fenster auf Faubourg-Saint-Honoré. Er ist also der eine Akteur.

Steht der Besucher wieder am Anfang des mit Kies bedeckten Hofes im Élysée, im Rücken das große, schwarze Eisentor, dann geht er diesmal am rechten Flügel des elegant gerundeten Gebäudes vorbei in eine kleine Durchfahrt, dort öffnet er rechter Hand eine Glastür, und er befindet sich in einem Aufenthaltsraum für die Presse, wo Photographen, Kamerateams und Journalisten bei schlechtem oder kaltem Wetter warten können, bis das abläuft, worauf sie harren: die Ankunft eines Staatsmannes vielleicht oder auch nur das Ende der wöchentlichen Sitzung des Ministerrats. Durch die Fenster zum Hof hin können sie sehen, was geschieht, und über Telephon können sie ihre Redaktionen unterrichten. Der Raum ist allerdings geteilt durch eine Wand, deren unteres Drittel aus Holz besteht, der obere Teil aus Glas, so daß man dahinter ein Büro mit zwei Schreibtischen, Telephonen und auch Agentur-Computern sieht. Dort sitzt der im Élysée akkreditierte Vertreter von afp. Im März 1990 war Jean-Pierre Gallois hier ganz frisch im Amt. Er ist der andere Akteur.

Nun wartet Monsieur Gallois nicht tagein, tagaus, bis etwas passiert, nein, er wird schon einmal zu diesem oder jenem Berater des Präsidenten zum Gespräch gebeten. So hatte Monsieur Védrine auf der linken Seite des Hofes Monsieur Gallois von der rechten Seite zu sich gebeten und ihm gesteckt, er möge doch einmal den Unmut des Élysée über Herrn Kohl in die Welt tragen. Und wer den Élysée kennt, der weiß, daß Monsieur Védrine dabei keiner spontanen Eingebung gefolgt ist, sondern einer Anregung aus der Morgenkonferenz beim Präsidenten.

An dem Tag, als die französische Presse nun die afp-Meldung, Kohl beunruhige den Élysée, herausposaunte, besuchte ich Jean-Pierre Gallois in seinem Büro, und er gab wieder, was ihm »die französische Seite« gesagt hatte: »Es wird unterstrichen, daß es keine Probleme zwischen Frankreich und Deutschland gibt, und wenn man in einigen Punkten über das Vorgehen bei der deutschen Vereinigung unterschiedlicher Meinung ist, so betrifft das nicht das deutsch-französische Verhältnis. Aber was die Franzosen (also: Mitterrand) nicht verstehen, ist, daß Kanzler Kohl anscheinend alles allein machen will, ohne sich zu beraten oder wenigstens uns (also: Mitterrand) zu informieren; obwohl es doch hierbei um Entscheidungen geht, die alle betreffen, Entscheidungen, die auf alle Europäer, sogar den Rest der Welt Auswirkungen haben.«

Vollendet wird die Geschichte, indem Védrine als Sprecher des Élysée nach Erscheinen des Artikels offiziell verlauten läßt, von Verstimmung könne überhaupt keine Rede sein. Aber Védrine glaubt, die Botschaft sei in Bonn sicherlich angekommen, denn diese Art der indirekten Kommunikation entspricht französischem Verhalten oder gar französischem Stil; Stil deshalb, weil der deutsche Kanzler zwar gerügt wird, aber so, daß sein Gesicht gewahrt bleibt.

In der Hauptstadt eines Landes, das zentral regiert wird, fällt es den Politikern leicht, die Presse für ihre Zwecke einzusetzen, wenn, wie in Paris, die Redaktionen aller nationalen Presseorgane an einem Ort sitzen, wo sich auch die privaten und öffentlichen Radio- und Fernsehanstalten niedergelassen haben. In Paris wie in Washington, Bonn oder anderswo treffen sich Politiker und deren Berater häufig mit den Journalisten, wodurch in vielen Fällen eine Kumpanei entsteht. Während in Bonn oder Washington Korrespondenten zwar häufig sehr engen Umgang mit Politikern pflegen, befinden sich in Deutschland oder den USA die meisten Hauptredaktionen doch in anderen Städten, so daß eine Korrektur stattfinden kann. Nicht so in Paris, wo die Kumpanei alle umfaßt, so daß große Teile der französischen Medienwelt von den Politikern wirkungsvoller als anderswo eingesetzt werden können. Die Benutzung der Presse erlaubt es den französischen Politikern, öffentlich anders zu sprechen, als es dann aus den Pariser Medien herausschallt. Während der Politiker sich bedächtig gibt, übernimmt die Presse die Rolle des aggressiven Kritikers, denn ihre Informationen erhält sie aus den nicht-öffentlichen Gesprächen mit den Politikern, die aber nicht zitiert werden. So hatte die politische Entwicklung, die zur deutschen Einheit führte, eine unterschiedliche Resonanz in Regierung einerseits und Presse andererseits. Hinzu gesellte sich aber noch ein drittes Echo, eine von Politik und Medien weitgehend nicht berücksichtigte Ebene: das französische Volk.

Der Eiserne Vorhang war zuerst am 2. Mai 1989 zwischen Ungarn und Österreich zerschnitten worden. Als am 11. September Ungarn seine Grenzen nach Österreich für die unzähligen DDR-Flüchtlinge öffnete und die meist jungen Ostdeutschen die Grenze passierten und in die Bundesrepublik fuhren, wo sie begeistert empfangen wurden, sendeten und schrieben die französischen Medien Jubelberichte über den Sieg der Freiheit. Schließlich ist die Freiheit ein Wert, zu dem die Franzosen eine sehr viel stärkere, auch emotionalere Beziehung haben als die Deutschen. Deshalb feierten sie den Sieg der Freiheit, als Ende September und Anfang Oktober die Züge mit den Botschaftsflüchtlingen aus Prag und Warschau in die Bundesrepublik fahren durften, als seien es ihre eigenen Brüder und Schwestern. Uns als Deutschen in Paris gratulierten damals der Metzger, der Bäcker, die Zeitungsfrau, der Käsehändler. Und sie, die Franzosen, sprachen wie schon so häufig von der deutschen »Wiedervereinigung«, was sich Deutsche noch nicht trauten. Eine französische Mitarbeiterin, die sich im Urlaub befand, rief im Studio an und gratulierte, was wiederum die deutschen Mitarbeiter erstaunte, aber auch rührte.

Beim französischen Volk blieb die Zustimmung zur Wiedervereinigung jene zwölf, dreizehn Monate über bestehen, die bis zur tatsächlichen deutschen Einheit noch vergingen. Natürlich erzählte der Metzger nach einem Wochenende auf dem Land bei seiner Mutter, die Leute fragten sich dort schon, ob Deutschland nicht noch stärker würde, zu stark vielleicht, aber die Zweifel wurden von der Zustimmung überdeckt, und er fügte hinzu, schließlich seien die Deutschen fleißige, ordentliche Leute und hätten ihren Erfolg verdient. Nicht nur die immer wieder veröffentlichten Umfragen bestätigten die weitgehend positive Stimmung, sondern auch das Verhalten. Als die Mauer fiel, fuhren Tausende von jungen Franzosen (aber auch Erwachsene, Politiker, Leute aus der Kulturlandschaft) spontan nach Berlin, denn in diesem politischen Ereignis sahen sie ihr Fest der Freiheit, ein Fest, das nicht mit der Frage nach der Nationalität verquickt war, für sie war es wieder kein rein deutsches Ereignis, sondern – wie die Französische Revolution – ein europäisches: also auch ihres.

Und als dann ein Jahr später am 3. Oktober die Einheit vollzogen wurde, schickten Franzosen in das Studio des Deutschen Fernsehens Blumen, französische Freunde in Lyon und anderswo griffen zum Telephon und übermittelten ihre Freude und Glückwünsche. Sicher äußerten sich auch Besorgte, doch sie blieben, wie die Umfragen belegten, in der Minderzahl.

Auf der politischen Ebene ist überall in der Welt zwischen denen zu unterscheiden, die die Macht halten und regieren, die innen- und außenpolitischen Zwängen ausgesetzt sind und deshalb Rücksichten nehmen müssen, und jenen, die, ohne politische Konsequenzen fürchten zu müssen – rational –, nach eigenem Gusto oder – demagogisch – nach dem Maule des extremen Wählers reden können. Mit der Verwirklichung von Außenpolitik befassen sich in der französischen Verfassungsrealität nur zwei Personen: der französische Präsident, der die Richtlinien setzt, und der Außenminister, der die Politik nach den Vorstellungen des Präsidenten ausführt; während der Premierminister, obwohl Regierungschef aus der Außenpolitik weitgehend ausgeschaltet ist, so daß er manchmal selbst von wichtigen Entscheidungen erst erfährt, wenn sie öffentlich bekanntgegeben werden.

Unter dem außenpolitischen Berater von Mitterrand, Hubert Védrine, arbeitete in den achtziger Jahren Jean-Michel Gaillard, der vom Quai d' Orsay in den Élysée geholt worden war, und er erzählte mir aus eigener Ansicht, daß manchmal nur drei Personen an der Spitze des Staates in wichtige außenpolitische Vorgänge, die Frankreich beträfen, eingeweiht seien: der Präsident, sein zuständiger Berater und der Außenminister, aber – zum Leidwesen der Diplomaten – niemand im Quai d' Orsay, dem Außenministerium.

Schon sehr früh hatte sich Frankreichs Staatspräsident Gedanken zum Thema »Wiedervereinigung Deutschlands« gemacht, und er war darauf vorbereitet, bevor deutsche Politiker sich trauten, von der »Wiedervereinigung« als Möglichkeit zu reden, wenn auch Michail Gorbatschow schon am 15. Juni 1989 in Berlin gesagt hatte, die Wiedervereinigung sei denkbar. Zwei Gründe lassen es logisch erscheinen, daß gerade eine Persönlichkeit wie François Mitterrand eine Antwort wußte, wie Frankreich sich verhalten sollte, als die Frage noch rein theoretisch klang: Der eine Grund liegt in Mitterrands ausgeprägtem historischem Bewußtsein und der andere darin, daß er Franzose ist, und für einen Franzosen war die Frage der deutschen Einheit nicht nur *die* zentrale Frage Europas, sondern auch die nach der Rolle Frankreichs in diesem Europa. Es war also ein grundsätzliches Problem, mit dem sich jeder Politiker zu befassen hatte.

Wenn Franzosen in den sechziger, siebziger, achtziger Jahren Deutsche nach der Wiedervereinigung fragten, dann erhielten sie immer wieder die Antwort, dies sei kein Thema, über das man sich in Deutschland Gedanken mache. Dort war das Denken an eine Wiedervereinigung in absehbarer Zeit ein Tabu, zum einen, weil die Trennung Strafe für den Zweiten Weltkrieg war, zum andern weil sich – solange der Kalte Krieg andauerte – eine friedliche Wiedervereinigung, und nur die kam in Frage, nicht vorstellen ließ. Von Wiedervereinigung zu reden hieß für Deutsche, Unruhe zu stiften. Noch im Oktober 1989 erklärte Außenminister Hans-Dietrich Genscher, die Bundesregierung werde die Vorgänge in der DDR nicht zum Anlaß nehmen, um die Frage der Wiedervereinigung aufzuwerten und so zur Destabilisierung der Lage beizutragen; und sein Freund, der französische Außenminister Roland Dumas, bestärkte Genscher am 8. Oktober 1989, indem auch er erklärte, die Wiedervereinigung gehöre in den Bereich der »Politik-Fiktion«, also der Phantasie.

François Mitterrand aber, frei von Träumen, nah der Realität, äußerte sich nur zwei Tage später auf einer Pressekonferenz in Caracas, wo er zum Staatsbesuch weilte, Frankreich unterstütze seit eh und je das Ziel der Wiedervereinigung Deutschlands, und diese Frage werde immer aktueller.[*] Er erinnerte sich, wie alle geschichtsbewußten Franzosen, an die Abtretung von Elsaß-Lothringen an das Deutsche Kaiserreich nach dem Deutsch-Französischen Krieg von 1870, ein Gebietsverlust, den Frankreich nie hingenommen hatte, aber zwischen 1871 bis 1914 galt in Frankreich die Regel: »Pensons-y toujours. N'en parlons jamais. – Immer daran denken, nie davon reden.« Gleiches Verhalten vermuteten sie bei den Deutschen.

Im Juli 1989 wurde François Mitterrand die Frage gestellt, wie er zur deutschen Wiedervereinigung stehe, so

---

[*] Le Monde, 14. 10. 1989. Grundsätzlich zu dem Thema: Frankreich und die deutsche Teilung, siehe: Ernst Weisenfeld: Welches Deutschland soll es sein? Frankreich und die deutsche Einheit seit 1945, München 1986

nannte man das, woraus die »Vereinigung« wurde (weil 1990 nicht alles wiedervereint wurde, was 1945 getrennt worden war).

Er antwortete: »Deutschland wieder zu vereinen ist ein Anliegen aller Deutschen, was recht verständlich ist. Denn dieses seit fünfundvierzig Jahren bestehende Problem wird um so gewichtiger, desto mehr die Bedeutung Deutschlands* wächst: im Wirtschaftsleben ist das schon geschehen, im politischen Leben geschieht es gerade... Mir scheint das Streben der Deutschen nach Einheit legitim, aber sie kann nur auf friedlichem und demokratischem Wege verwirklicht werden.«

Diese beiden Wörter: »friedlich« und »demokratisch« wird François Mitterrand in den nächsten zwölf Monaten immer wiederholen; sie sind seine Schlüsselworte für Frankreichs Stellung zur Vereinigung Deutschlands. »Friedlich« betrifft die außenpolitischen Bedingungen, »demokratisch« die im Inneren. Im Juli 1989 hat er diese beiden Wörter zwar genannt, sie aber noch nicht definiert, das wird erst im Lauf der Monate geschehen, und daraus entwickelt sich seine Haltung gegenüber dem Einheitsprozeß.

»Können Sie sich vorstellen, daß die deutsche Frage ohne Zustimmung aller europäischen Länder geregelt werden kann?«

»Nein. Zumindest nicht ohne die Mächte, die noch die Aufgabe haben, über die Anwendung von Verträgen und über die Sicherheit der Bundesrepublik zu wachen. Zwar ist richtig, daß die Deutschen die Freiheit der Wahl haben, doch die gegenseitige Zustimmung setzt zwischen der Sowjetunion und den Westmächten einen wirklichen Dialog voraus.«

---

* Mitterrand meint die Bundesrepublik.

»Ist das Selbstbestimmungsrecht der Völker der richtige Weg zu einer Lösung?«

»Sicher kann dieses unabdingbare Recht nicht mit Muskelkraft, um einen Ausdruck aus der Medizin zu verwenden, umgesetzt werden. Zuerst einmal müssen sich die beiden deutschen Regierungen einig sein, und keines der beiden deutschen Länder darf seine Sicht dem andern aufzwingen. Dieser deutsch-deutsche Aspekt ist wesentlich. Und keinem der westdeutschen Politiker, die ich getroffen habe, liegt daran, die Wiedervereinigung zu erreichen, indem die Spannungen in Europa verschärft werden.«[*]

Diese Sätze sind im Juli 1989 untergegangen und von kaum jemandem wahrgenommen worden; zwar war Gorbatschow zu neuen Bahnen aufgebrochen, doch niemand konnte sich vorstellen, daß die Entwicklung so schnell zur deutschen Einheit führen würde. Gorbatschow war noch der unumstrittene Herr des Sowjetreiches; und sein neues Denken gipfelte darin, in den Vasallenstaaten andere Chefs an die Spitze kommen zu lassen, ohne den gesamten Ostblock in Frage zu stellen. In der Einschätzung Gorbatschows standen Frankreich und Westdeutschland nicht Seite an Seite.

1988 hatten sich die Stimmen gemehrt, die von dem deutschfranzösischen Paar außer einer gemeinsamen Sicherheitspolitik, wo Bonn und Paris aus grundlegenden Differenzen – hie NATO, dort WEU – nicht weiterkamen und eine gemeinsame Ostpolitik forderten; nicht nur der deutsche Bundespräsident Richard von Weizsäcker, auch Bundeskanzler Kohl und François Mitterrand, Hans-Dietrich Genscher und Roland Dumas suchten nach neuen deutsch-französischen Gemeinsamkeiten. Da bot sich die Verpflichtung aus dem Élysée-Vertrag

---

[*] Nouvel-Observateur, 17.7.1989

von 1963 an, wonach sich die Partner »vor jeder Entscheidung in allen wichtigen Fragen der Außenpolitik und in erster Linie in den Fragen von gemeinsamen Interessen« konsultieren, »um soweit wie möglich zu einer gleichgerichteten Haltung zu gelangen«, und dies gilt besonders für die »Ost-West-Beziehungen sowohl im politischen als auch im wirtschaftlichen Bereich«. Sich darauf beziehend, meinte Bundeskanzler Helmut Kohl im Januar 1988 in Paris, bei der Feier des 25. Jahrestages der Unterzeichnung dieses Freundschaftsvertrages, »daß Frankreich und Deutschland sich entschließen sollten, die jetzt vor uns liegende Phase der Ostpolitik aktiv und – wo immer möglich – in stärkerem Maße gemeinsam mitzugestalten«.[*] Ein Dreivierteljahr später, im November 1988, wurde die Suche nach einer gemeinsamen Ostpolitik zum beherrschenden Thema des 52. Deutsch-Französischen Gipfels in Bonn. Daß die französische Regierung sich 1988 überhaupt darauf einließ, mit den Deutschen über eine gemeinsame Ostpolitik nachzudenken, zeigt, wie sehr sich die Beziehungen zwischen Moskau einerseits und Paris beziehungsweise Bonn andererseits spätestens mit dem Erscheinen Gorbatschows an der Spitze der Sowjetunion verändert hatten; denn die »Russische Karte« galt bisher stets als eine Stärke der »unabhängigen« französischen Außenpolitik. Mit seiner unabhängigen Ostpolitik hatte de Gaulle Frankreichs Handlungsfreiheit als außenpolitisch selbständiger (also von keinem, auch von den USA nicht abhängiger) Staat beweisen wollen. Staatspräsident Valéry Giscard d'Estaing ist diesem gaullistischen Prinzip während seiner Amts-

---

[*] Ingo Kolboom: Ostpolitik als deutsch-französische Herausforderung, in: Europa-Archiv, Heft 4, 44. Jg., 25.2.1989, S. 115 ff.; und ders.: Vorreiter, Mahner, Bremser – und nun?, FAZ, 1.3.1989, S. 11

zeit so bedingungslos gefolgt, daß er auch seine politische Freundschaft zu Helmut Schmidt hintanstellte; dies ging so weit, daß er sich schließlich von François Mitterrand, damals noch Oppositionsführer, als »petit telegraphiste« von Moskau bezeichnen lassen mußte. Mitterrand selbst hatte nach der Bildung seiner ersten Regierung, in der auch vier Kommunisten als Minister saßen, mit der Ausweisung einiger Dutzend sowjetischer Diplomaten wegen Spionagetätigkeit die Beziehung zu Moskau erst einmal vereist. Dennoch sah Moskau in Frankreich weiterhin das einzige westliche Land mit einer von Washington unabhängigen Außenpolitik, weshalb der frischgekürte Generalsekretär der KPdSU Michail Gorbatschow im Herbst 1985 ein klares Zeichen setzte, indem er Paris für seinen ersten Staatsbesuch im Westen auserwählte.

Der von de Gaulle erdachten Politik der Detente folgte die deutsche Ostpolitik. De Gaulles Nachfolger Georges Pompidou sah mit Skepsis deren Erfolge, denn er fürchtete, die Deutschen könnten nun die Wiedervereinigung in Neutralität anstreben. »Er argwöhnte, die amerikanische Politik werde die Deutschen in die Arme der Sowjets treiben, und er mißtraute den Sowjets, die mit Hilfe eines gefügigen neutralisierten Deutschland den Rückzug der Amerikaner aus Westeuropa erreichen könnten.«

So begann damals »das Gespenst einer deutschen Ostpolitik als Hebel zur eigenmächtigen Lösung der ›deutschen Frage‹ die französische ›classe politique‹ zu beschäftigen.«* Mit historischen Schlagworten wie »Tauroggen«, »Rapallo« oder »Finnlandisierung« warnten die französischen Kassandras vor dem deutschen Alleingang, Parolen, die in den achtziger Jahren anläßlich der heftigen deut-

---

* Ders. in FAZ (wie S. 358)

schen Debatte über den NATO-Doppelbeschluß wieder aus der Mottenkiste hervorgeholt wurden.

In den achtziger Jahren wurde die Frage »Auf- oder Abrüsten?« zum beherrschenden Thema zwischen den USA und der Sowjetunion; und die Entscheidungen Washingtons, so sie Europa betrafen, hingen immer mehr von der Zustimmung Bonns ab. Deshalb gewann die Bundesrepublik auch für Moskau eine wachsende Bedeutung, während das sonst so unabhängige Frankreich, das seine eigene kleine Atomstreitmacht wegen der Abrüstung bedroht sah, zum Mahner, ja gar zum Bremser in der Ostpolitik avancierte, wie der deutsche Frankreichspezialist Ingo Kolboom schreibt.*

Die Ursache, weshalb Frankreich und Deutschland die Frage von Rüstung oder Abrüstung anders beurteilen, liegt in den gegensätzlichen geschichtlichen Erfahrungen, die beide Völker in den dreißiger und vierziger Jahren dieses Jahrhunderts gemacht haben. Trotz Mahnungen, wie etwa denen von Charles de Gaulle, verhielt sich Frankreich gegenüber dem Dritten Reich pazifistisch, rüstete nicht auf und gab in München nach, weshalb heute noch vermutete außenpolitische Schwäche – wie etwa beim INF-Abkommen – von französischen Politikern als »zweites München« bezeichnet wird. Die Deutschen aber lernten aus dem Zweiten Weltkrieg, daß militärische Stärke für sich allein kein Wert ist, sondern daß richtige Politik den Grad der Bedrohung einschätzen muß und daraus militärische Folgen zu ziehen sind. Grob gesagt, Frankreich rüstet also aus geschichtlicher Vorsicht lieber auf, Deutschland eher ab.

Die unterschiedliche Einschätzung, wie auf Michail

---

* Ebenda; und ders.: Gorbatschow – ein deutsch-französisches Ärgernis?, in: Dokumente, Heft 3, Juni 1987, S. 173 f.

Gorbatschow zu reagieren sei, begann die deutsche Ost-politik von der – momentan kaum noch spürbaren – Frankreichs abzukoppeln. Im Februar 1987 hielt Bundesaußenminister Hans-Dietrich Genscher vor dem Weltwirtschaftsforum in Davos jene Rede, in der er vorschlug, Gorbatschow »beim Wort« zu nehmen und ihm mit eigenen Vorschlägen entgegenzukommen, in der Hoffnung, daß der Kremlchef darauf so rational antwortete, wie seine »Worte« es versprächen, so daß damit eine Wende in der vom Ost-West-Konflikt beherrschten Weltpolitik entstehen möge. Und als gleichzeitig das Echo auf Michail Gorbatschows Abrüstungsvorschläge in der Bundesrepublik eher Zustimmung verhieß, reagierte Paris äußerst unwirsch. Der damalige Außenminister in der Kohabitations-Regierung* Jean-Bernard Raimond sagte im Gegensatz zu Hans-Dietrich Genscher, Frankreich wolle erst einmal »Taten« Gorbatschows sehen. Mitterrands langjähriger politischer Weggefährte und ehemaliger Verteidigungsminister Charles Hernu sah Bonn plötzlich als Geisel der Sowjetunion, da das im Grundgesetz festgeschriebene Gebot der Wiedervereinigung die Bundesrepublik vom Osten abhängig machte. Hernu scheute sich nicht einmal, demagogisch zu fragen, ob der aus der Teilung herrührende deutsche »Nationalneutralismus« besser sei als der »Nationalsozialismus«! Auch der ehemalige sozialistische Außenminister Claude Cheysson, zu der Zeit EG-Kommissar, fürchtete plötzlich öffentlich deutschen »Neutralismus«, und Pierre Béregovoy beklagte, die Diskussion um Gorbatschows »Null-Lösung« führe dazu, daß die Bundesrepublik als Lohn für eine Wiedervereinigung in die Neutralität und damit in die Fänge

---

* Von 1986 bis 1988 stellten die Konservativen unter Premierminister Jacques Chirac die Regierung.

des Ostens abdrifte. Deshalb gelte es, Deutschland im Westen anzubinden, indem die europäische Gemeinschaft, in die sich die Bundesrepublik nun einmal eingefügt hat, mit einer eigenen Währung und Verteidigung ausgestattet würde.

Die Angst, »die deutsche Frage« könne gelöst und damit das bestehende Gefüge Europas durcheinandergebracht werden, beherrschte schon immer die Hirne besonders der kleindenkenden französischen Hofschranzen. Hatte Jacques Huntzinger, damals in der sozialistischen Partei Frankreichs zuständiger Sekretär für internationale Beziehungen, es nicht begrüßt, daß die modernen amerikanischen Pershing-Raketen in der Bundesrepublik als Antwort auf die sowjetischen SS 20 aufgestellt wurden? Huntzinger meinte, damit sei die Lösung der deutschen Frage für weitere zwanzig Jahre aufgeschoben, und er freute sich darüber, so als sei die deutsche Einheit die wahre Gefahr für Europa. Und Jean-Marie Soutou, ehemaliger Generalsekretär des Quai d'Orsay und damit im Rang höchster französischer Diplomat, drückte 1986 aus, was auch drei Jahre später noch die französische Außenpolitik und einige der daran aktiv beteiligten Diplomaten im Quai d'Orsay bewegte: Der Status quo sollte in Europa erhalten bleiben, die beiden deutschen Staaten in ihren jeweiligen Bündnissen verharren, denn damit würde die französische Führungsrolle im deutsch-französischen Verhältnis – und damit in Europa – bestehen bleiben. Deshalb, so Soutou, habe die französische Diplomatie »alles daranzusetzen, daß Deutschland geteilt bleibt zwischen einer großen Zahl von unabhängigen Mächten«.*

Unter dem Einfluß der deutschen Politik, besonders aber von Außenminister Hans-Dietrich Genscher, der in

---

* Kolboom, Gorbatschow ... (wie S. 298)

seinem Freund Roland Dumas, auch während der Kohabitation, als Dumas nicht Minister war*, ein wichtiges
Sprachrohr zum französischen Staatspräsidenten hatte,
änderte sich die französische Außenpolitik – beginnend
mit dem Empfang von Erich Honecker als Staatsgast im
Januar 1988 in Paris. Dieser Wandel wurde nach der glanz-
vollen Wiederwahl von François Mitterrand zum Staatspräsidenten im Mai 1988 und der erneuten Ernennung
von Roland Dumas zum Außenminister noch sichtba-
rer durch zahlreiche Reisen Mitterrands und Dumas' in
Länder des Ostblocks. Doch nicht der Wunsch, mit der
Bundesrepublik eine gemeinsame Ostpolitik zu führen,
auch nicht die Sorge um einen deutschen Rückzug aus der
Westbindung waren Beweggründe für Frankreich, sondern es war die Erkenntnis, daß man die Ostpolitik den
Deutschen nicht allein überlassen dürfe, schon deshalb
nicht, weil sich mit der Lockerung der Bande zwischen
Moskau und seinen Satelliten neue Wirtschaftsmärkte für
die westeuropäischen Staaten öffneten. Von den französischen Diplomaten, vielen nicht in Regierungsverantwor-
tung amtierenden Politikern und besonders von einem
großen Teil der Presse wurde Mitterrands Kurswechsel in
der Ostpolitik kritisch beurteilt, während die Umfragen
im Volk zeigten, daß die Sympathien für die Sowjetunion
durch den von Gorbatschow eingeleiteten Wandel längst –
ähnlich wie in der Bundesrepublik – angestiegen waren.**
Trotz des rationalen Verständnisses für eine Wendung
in der eigenen Ostpolitik lassen sich Gefühle bei Politikern nicht unterdrücken, und so blickte die französische

---

* Auch während dieser zwei Jahre trafen sich Genscher und Dumas regelmäßig. Jedesmal, wenn Genscher in Paris war, besuchte er Dumas
  privat, der seinerseits häufig zu Absprachen nach Bonn kam.
** Kolboom, Ostpolitik … (wie S. 358)

Politik, ja auch François Mitterrand, mit einer gewissen Eifersucht auf das sich anbahnende freundschaftliche Verhältnis zwischen Bonn und Moskau, zwischen Genscher und Schewardnadse und über ihn zu Gorbatschow. Wurde Genscher in den USA sogar als »Maulwurf« der Sowjetunion diffamiert wegen seiner stets wiederholten Ansicht, der Westen müsse Gorbatschow »beim Wort« nehmen, so blieb auch in Frankreich Kritik nicht aus mit der genauso intensiv wiederholten Betonung, es müsse erst »Taten« geben. In Frankreich sah man gar nicht gerne, daß Michail Gorbatschow im Juni 1989 – inzwischen nicht nur Generalsekretär der KPdSU, sondern auch Staatspräsident der Sowjetunion und auf der Höhe seiner Macht – beim Staatsbesuch in der Bundesrepublik von den deutschen Massen allzu euphorisch mit »Gorbi, Gorbi«-Gebrüll überschüttet wurde. Eifersüchtig war man in Frankreich, weil Gorbatschow zuerst Bonn besuchte und erst danach Paris. Dort hatte François Mitterrand gegenüber seinen Mitarbeitern offenbar so deutlich seine Abneigung gegen die »Gorbi, Gorbi«-Hysterie in Westdeutschland zu erkennen gegeben, daß alles getan wurde, damit das französische Volk, das in Umfragen fast die gleiche Begeisterung für den Sowjetführer äußerte wie das deutsche, nicht mit ihm in Berührung kam.

Das war schwierig, denn schließlich besitzt Frankreich eine – wenn inzwischen auch kleine, so doch aktive – Kommunistische Partei, die für die Sozialisten bei Abstimmungen im Parlament und bei Wahlen immer noch wichtig ist. Nun sollte es zumindest eine Begegnung von Gorbatschow mit der kommunistischen Masse geben, doch wie so üblich, fand das Élysée einen Ausweg, der eine Jubelfeier verhinderte, aber dennoch allen erlaubte, das Gesicht zu wahren. Gorbatschow sollte mit den Kommunisten an der symbolträchtigen Place de la Bastille zusammenkommen, weswegen der große runde Platz gesperrt worden war, nur an einigen Ecken befanden sich hinter Absperrgittern kommunistische Demonstranten. Das Treffen war vor der Presse zuerst geheimgehalten worden, schließlich aber durften viele Photographen und Kamerateams auf dem Platz anwesend sein. Statt nun – wie sonst üblich – mit Absperrungen und Sicherheitsbeamten streng dafür zu sorgen, daß die Presseleute den sowjetischen Staatspräsidenten nicht behinderten, so daß es zu einem geregelten Treffen zwischen Masse und Staatsgast kommen würde, ersann man im Élysée eine List. Gorbatschow fuhr vor, die freigelassenen Journalisten stürzten auf seinen Wagen zu, er stieg aus, konnte sich aber kaum bewegen. Von einigen wahrscheinlich wirklich verzweifelten Sicherheitsbeamten wurde er an die eine Seite des Platzes geführt, doch war der sowjetische Staatsgast so eingekesselt von den häufig sehr rüden, drängelnden und schubsenden Photographen und Kameraleuten, die alle das »besondere« Bild schießen wollten, daß Gorbatschow nicht in die Nähe der Masse kam, die Masse ihn aber auch nicht sehen konnte. Nach einigen gescheiterten Versuchen wurde Gorbatschow wieder zu seiner Karosse geleitet und zurück in das Hôtel Matignon gefahren, wo Staatsgäste beherbergt werden. Das scheinbare »Malheur« mit der Presse hatte die Situation gerettet.

Am 7. Oktober 1989 mahnte Michail Gorbatschow bei den Feierlichkeiten zum 40. Staatsjubiläum der DDR in Ost-Berlin Reformen an und sagte seinen berühmt gewordenen Satz: »Wer zu spät kommt, den bestraft das Leben.« Im französischen Außenamt, dem Quai d' Orsay, begannen die Diplomaten nun, sich Gedanken zu machen. Ihr Planungsstab, das Centre d' analyse et de prévision, wurde mit einer Stellungnahme beauftragt, doch, so ein betroffener Diplomat: »On n'est qu'au début d' une réflexion

nouvelle. – Wir fangen gerade an, neu nachzudenken.«*
Sie fragten in den Kanzleien von Washington, London,
Warschau an, wie die dortigen Regierungen die Lage ein-
schätzten und wie sie zu handeln gedächten. Während
Umfragen zeigten, wie positiv das französische Volk einer
Wiedervereinigung gegenüberstand, suchten Politiker,
Intellektuelle und Medien nach einer praktikablen Hal-
tung.

Claire Tréan, eine der klarsten politischen Kommentato-
rinnen der Tageszeitung »Le Monde«, wirft am 14. Oktober in einer präzisen Analyse der Situation um Deutschland den Regierenden in Frankreich vor, den Kopf wie ein
Vogel Strauß in den Sand zu stecken: »Das Thema ist äußerst heikel«, schreibt Claire Tréan. »Jedes Wort kann in
Frankreich eingeschlafene Ängste wecken, der mehr oder
weniger bewußte Spuk, daß fünfundsiebzig oder achtzig Millionen Deutsche den Regierungsantritt des ›Vierten
Reiches‹ verkünden ... Bei manchen in den intellektuellen
und politischen Kreisen, die sich für Deutschland interessieren, sind die Vorbehalte aus geschichtlich-moralischen
Gründen groß, obwohl sie zugeben, daß der Status quo
nicht anhalten kann.« Und sie zitiert Hubert Védrine Mit
terrands außenpolitischen Berater, der – im Gegensatz zu
seinem Meister – erklärt, dank der Perestroika und der
Bewegungsfreiheit könnten für eine Übergangzeit die
Beziehungen zwischen Bundesrepublik und DDR wie die
zwischen Bundesrepublik und Österreich gestaltet werden. Laut Claire Tréan meinte Védrine, man solle sich
nicht »zum Gefangenen eines einzig möglichen Szenarios
machen: der Wiederherstellung eines einzigen deutschen
Staates«.

Differenzierter äußerte sich demselben Artikel zufolge

---

* ClaireTréan, in: Le Monde, 14. 10.. 1989

ein Berater des Centre d' analyse et de prévision, François Daguet: »Wenn man von vornherein die Möglichkeit der Wiedervereinigung ausschließt, verrechnet man sich. Ob man es will oder nicht, viele Deutsche verdächtigen Frankreich, den Status quo einer Veränderung hin zur Wiedervereinigung vorzuziehen. Sie haben alle den berüchtigten Satz François Mauriacs* im Kopf, weshalb als erstes diese Zweideutigkeit beseitigt werden muß.«

Massendemonstrationen in der gesamten DDR führen dazu, daß am 18. Oktober Erich Honecker zurücktreten muß; der neue SED-Chef Egon Krenz verspricht einen »ernstgemeinten innenpolitischen Dialog«.

Am selben Tag wird François Mitterrand, der den portugiesischen Staatspräsidenten empfängt, auf einer Pressekonferenz zur Entwicklung in der DDR befragt, und er betont, die Wiedervereinigung sei zwar durch die zunehmende Flucht von DDR-Bürgern nach Westdeutschland aktueller geworden, aber die grundsätzlichen Gegebenheiten hätten sich nicht geändert. Und, so der französische Staatspräsident: »Sind die Mächte, die an den Abkommen nach dem Kriegsende teilgenommen haben, bereit zur Wiedervereinigung? Diese Frage stellt sich hauptsächlich für die Sowjetunion.« Der Präsident der Vereinigten Staaten stehe dem Gedanken eher zustimmend gegenüber, England und Frankreich hielten das Selbstbestimmungsrecht der Deutschen für legitim. Aber, so wiederholt Mitterrand, demokratisch und friedlich müsse dies vor sich gehen; demokratisch, das sei ein Problem innerhalb der beiden deutschen Staaten, friedlich aber ein Problem des internationalen Gleichgewichts, das sich innerhalb Europas auspendeln müsse.

---

* »Ich liebe Deutschland so sehr, daß ich vorziehe, wenn es zwei davon gibt.«

Am 24. Oktober wird Krenz auch zum Vorsitzenden des Staatsrats gewählt. Am selben Abend fliegt Helmut Kohl für zwei Stunden nach Paris, um im Élysée mit François Mitterrand zu dinieren und dabei den deutsch-französischen Gipfel im November in Bonn und den EG-Gipfel im Dezember in Straßburg, wo es um die europäische Wirtschafts- und Währungsunion gehen soll, abzusprechen. Die einzigen – nicht neuen – Differenzen gibt es zum Thema Währungsunion. François Mitterrand, in dieser zweiten Hälfte des Jahres 1989 Europäischer Ratspräsident, drängt darauf, noch 1990 die Verhandlungen, die zur Währungs- und Finanzunion führen sollen, einzuleiten; denn Mitterrand verspricht sich als Folge, daß sich daraus eine politische Union Europas ergeben würde, die Westdeutschland an den Westen binde. Helmut Kohl, der im Dezember 1990 Wahlen zu bestehen hat, bremst: Er will seine Klientel nicht verschrecken, weshalb die Konferenz erst nach den Wahlen – also eher 1991 – beginnen solle.

Mitterrand informiert Kohl auch über den Inhalt einer Rede, die er am nächsten Tag, dem 25. Oktober, vor dem Europäischen Parlament in Straßburg halten wird. In Straßburg plädiert Mitterrand für die europäische Währungsunion, läßt aber am Rande das Thema deutsche Einheit einfließen. Er mokiert sich über all diejenigen, die Westdeutschland vorwerfen, es wolle die Allianz wechseln, fügt dann aber hinzu, man müsse aus der Geschichte der Allianzwechsel eine Lehre ziehen: Diese Lehre »besteht darin, die politische Konstruktion Europas zu verstärken und zu beschleunigen, das ist die einzige Antwort auf das Problem, das sich uns stellt«. Wenn der europäische Prozeß schneller vonstatten gehe, meint Mitterrand damit, dann würde Westdeutschland in einen politischen Prozeß eingebunden, der einen Alleingang erschwere, auch einen Alleingang in Fragen Wiedervereinigung.

Am 27. Oktober beschließt der DDR-Staatsrat eine Amnestie für »Republikflüchtlinge« und Demonstranten. Am 30. Oktober finden erneut Massendemonstration in vielen Städten der DDR statt.

Senator Jean François-Poncet, unter Valéry Giscard d' Estaing Außenminister und Freund Deutschlands, schreibt in seiner regelmäßigen Kolumne in der konservativen Tageszeitung »Le Figaro« am 2. November: »Es gibt ein Mißbehagen in Frankreich, das die für unentrinnbar gehaltene Wiedervereinigung weniger fürchtet als das Wiedererstehen bismarckscher Sehnsüchte oder das Streben nach einer Art gemeinsamer deutsch-sowjetischer Herrschaft über Europa, wie sie sich hier oder da in Deutschland bemerkbar machen.«

Am selben Tag beginnt der regelmäßige deutsch-französische Gipfel, der weitgehend harmonisch verläuft. Themen sind die Entwicklung in Mittel- und Osteuropa wie auch die Vorbereitung des EG-Gipfels in Straßburg. Bei der Pressekonferenz im Kanzleramt am 3. November wird François Mitterrand gleich zu Anfang die Frage gestellt: »Haben Sie, Herr Präsident, Angst vor einer möglichen Wiedervereinigung Deutschlands?«

Man sieht Mitterrand an, daß ihn die Formulierung leicht verärgert. Er wiederholt die beiden Bedingungen: »demokratisch« und »friedlich«, und fügt hinzu: »Ich habe keine Angst vor der Wiedervereinigung. Diese Art von Überlegungen stelle ich nicht je nach dem Verlauf der Geschichte an. Die Geschichte ist. Ich nehme sie, wie sie ist ... Frankreich wird seine Politik dem Verlauf der Geschichte anpassen, um im besten Interesse Europas und seiner selbst zu handeln.«

Frankreich wird im Interesse Europas und – logischerweise – seiner selbst handeln, nicht im Interesse der Deutschen und deren Wiedervereinigung. Es kann also gegensätzliche Meinungen geben, die sich auch bald äußern. Und zum erstenmal wird auf dieser Pressekonferenz in Bonn auch die Frage nach der Oder-Neiße-Grenze gestellt, worauf Staatspräsident Mitterrand sagt: »Ich glaube, daß die Grenzen über eine gewisse Unantastbarkeit verfügen müssen.«

Die Auseinandersetzung um dieses Problem wird in den nächsten Monaten zwischen Bonn und Paris, genauer: zwischen François Mitterrand und Helmut Kohl persönlich, arge Verstimmung hervorrufen. In Bonn zeigt sich Kohl von den Bemerkungen Mitterrands zu Deutschland erfreut. Bei dieser Pressekonferenz kündigte Mitterrand nebenbei an, daß er die 1988 von Honecker ausgesprochene Einladung in die DDR angenommen habe und wahrscheinlich in nächster Zeit nach Ostdeutschland fahren werde. Auch diese Entscheidung hat er mit Helmut Kohl abgesprochen, dennoch wird der Termin Ärger auslösen.

Am 4. November demonstrieren mehr als eine Million DDR-Bürger in Ost-Berlin für Reformen. Am 7. November tritt die Regierung Stoph zurück, am nächsten Tag das gesamte Politbüro der SED. Weiterhin verlassen Tag für Tag Tausende die DDR.

In Paris erklärt der Chef der konservativen Neogaullisten Jacques Chirac, Frankreich müsse eine deutsche Wiedervereinigung »eindeutig« befürworten, und bei der Integration Europas dürfe man den anderen Teil des deutschen Volkes niemals ausschließen. Chirac, Bürgermeister von Paris und ehemaliger Premierminister, hatte einige Tage zuvor einen »Freiheits-Gipfel« der drei westlichen Alliierten und der Bundesrepublik vorgeschlagen, um die deutsche Teilung zu beenden, was sofort auf deutschen Widerstand traf, denn solche Diskussionen seien zu voreilig und brächten Helmut Kohl in Schwierigkeiten.* Aber auch Chirac forderte: »Das neue deutsche Gebilde muß sich in die globale Vorstellung einer europäischen Konstruktion eingliedern.«

Am Mittwoch, dem 8. November, hält Bundeskanzler Helmut Kohl vor dem Bundestag eine Rede zur Lage der Nation und merkt an, daß weniger denn je Grund bestehe, sich mit der Teilung abzufinden. Damit hat er ausgesprochen, was lange nur gedacht wurde. Die französische Presse greift Kohls Rede auf, eine Presse, die in diesen Tagen ganze Seiten mit der sich zuspitzenden Lage in Ostdeutschland füllt, die aber auch darauf eingeht, daß Westdeutschlands Städte und Gemeinden unter dem Flüchtlingsstrom leiden. An diesem Mittwoch erscheint in »Le Figaro« ein Kommentar von François Puaux, einem ehemaligen hohen Diplomaten, Träger des Ehrentitels »Ambassadeur de France«. Die Überschrift lautet: »Vers le Ve Reich – Auf zum V. Reich«. Puaux meint, mit der Vereinigung werde sich Deutschland wieder der Geschichte Preußens und Sachsens zuwenden, und Puaux hält ein V. Reich mit Zentrum Berlin für möglich. Als Beleg zitiert er den ehemaligen Außenminister de Gaulles, Maurice Couve de Murville, der 1989 in einem Buch** schrieb, die Deutschen strebten ein Europa an, »dessen Schwerpunkt im geographischen Zentrum des Kontinents liegen würde, das heißt in Berlin«, während für die Franzosen das »unabhängige Europa unbedingt westlich und in die offene See ausgerichtet sein müsse, was vollends rechtfertigte, daß Paris, wenigstens symbolisch, im Zentrum stehe«.

Das Volk der DDR will seinen politisch und wirtschaft-

---

* International Herald Tribune, 10.9.1989, S. 5
** Maurice Couve de Murville: Le Monde en face, Paris 1989

lich bankrotten Staat nicht mehr. Doch wie kann die Lage politisch stabilisiert werden? fragen sich Politiker in Bonn, London, Moskau und natürlich auch in Paris. Welche Entwicklung wird Gorbatschow zulassen? Der britische Vizepräsident der Europäischen Kommission, Sir Leon Brittan, hatte am Dienstag, dem 7. November, in London vorgeschlagen, die EG könne die DDR aufnehmen, indem »sie einfach die Ausdehnung des Gebietes eines Mitgliedstaates anerkenne«, also die Ausweitung der Bundesrepublik Deutschland auf das Gebiet der DDR. Doch schon zwei Tage später, am Donnerstag, dem 9. November, lehnt der französische Premierminister Michel Rocard die schnelle Aufnahme mit der Begründung ab: »Wir sollten im Interesse der DDR jede schnelle Entscheidung ausschließen. Wenn man etwas Wichtiges tut, muß man sich Zeit nehmen.«

Und der französische EG-Kommissions-Präsident Jacques Delors, der sich auch gegen Hast ausspricht, weist auf einen Text des Jean-Monnet-Ausschusses von 1964 hin, in dem der Eintritt der DDR in die EG vorhergesagt wird.[*] In dem Verhalten Rocards zeigt sich ein wichtiger Punkt der französischen Analyse: In Europa stoßen zwei Blöcke aufeinander. Der westliche Block hat sich zur Sicherheitsgemeinschaft NATO und der Wirtschaftsgemeinschaft EG zusammengeschlossen, dem Warschauer Pakt und COMECON gegenüberstehen. Im November 1989 hält niemand – weder im Osten noch im Westen – eine Aufhebung auch nur einer dieser Organisationen für möglich. Ein Mitglied des COMECON und des Warschauer Paktes, wie es die DDR war, konnte nach französischer Ansicht – nicht in ein westliches Bündnis aufgenommen werden, ohne größte Unsicherheiten im politischen Gleichgewicht Eu-

---

* Le Quotidien, 10.11.1989, S. 19

ropas zu schaffen. Im Interesse Europas und Frankreichs lag es aber, Unsicherheiten zu verhindern.

Nun verkündet am Abend desselben Donnerstags, an dem Rocard seine Ablehnung begründet, das DDR-Politbüro-Mitglied Günter Schabowski die Reisefreiheit für DDR-Bürger, und die Mauer öffnet sich. Wie in Deutschland, wie überall in der Welt überschlagen sich auch die französischen Medien an diesem Abend mit Sendungen aus Berlin – und der Jubel ist groß. Alle Zeitungen, außer einer, machen am nächsten Tag mit der Öffnung der Mauer auf. Die Meldungen sind weitgehend positiv. Die Kommentatoren fragen sich nur, wie es nun weitergehen könne. Die Zeitung, in der die Mauer an diesem Tag keine Rolle spielt, ist die »Humanité«, das Blatt der Kommunistischen Partei. So ist auch die einzige negative Äußerung eines französischen Politikers zur Öffnung der Mauer die des Kommunisten Maxime Gremetz: »Die Frage der Wiedervereinigung stellt sich nicht für die Bürger der DDR, die ganz legitim in ihrem Land Reformen und die Freiheit zu reisen fordern. Die Anmaßung von Monsieur Kohl, der die DDR annektieren will, ist eine Gefahr für Frieden und Sicherheit in Europa. Sie widerspricht den Interessen Frankreichs.«

Kaum erfährt Simone Veil, eine der populärsten französischen Politikerinnen, unter Giscard Ministerin, später erste Präsidentin des Europa-Parlaments, von der Öffnung der Mauer, fliegt sie schon wenige Stunden später nach Berlin. Sie ist die erste ausländische Politikerin, die dort eintrifft, und daß gerade sie, Simone Veil, kommt, ist bemerkenswert, denn sie hat als Jüdin Auschwitz überlebt, aber ihre Familie dort verloren.

Nach ihrer Rückkehr aus Berlin wird sie in Paris gefragt: »Alle Welt weiß, was Sie unter den Deutschen erlitten haben. Gehören Sie heute zu denen, die eine instinktive

374

Angst vor der Wiedervereinigung des deutschen Volkes haben?«

»Ich habe in Deutschland gelebt«, antwortet Simone Veil, »mein Mann arbeitete dort zwischen 1950 und 1953 – und ich habe nie geglaubt, daß die Trennung Deutschlands endgültig wäre... Um so mehr, da die wirklich deutschen Quellen der Kultur im Osten liegen, was für die Westdeutschen wichtig ist... Jena, Leipzig, Dresden, Ost-Berlin...«

»Aber da ist auch Bismarck, das Reich...«

»Natürlich, auch das ist Teil ihrer Geschichte, und ich glaube, ein Volk muß sich immer wieder in seiner Geschichte finden. Man hat lange denken können, die Wiedervereinigung fände in einem Katastrophenszenario statt; etwa, daß Westdeutschland für die Wiedervereinigung jede Bedingung annimmt und seine Solidarität mit dem Atlantischen Bündnis oder mit der Gemeinschaft aufgeben würde. Man hätte auch denken können, daß die Deutschen beiderseits der Grenze durch einen Konflikt mit den Nachbarn versuchen würden, sich über Spannungen hinweg zu vereinen. Diese Wiedervereinigung gab es nicht. Jetzt wird sie lange dauern, aber die Länder des Ostens bewegen sich auf den Westen zu und nicht umgekehrt. Die Westdeutschen definieren sich heute so: Es gibt keine Zukunft für Deutschland außerhalb der Europäischen Gemeinschaft... Das sagen alle großen deutschen Politiker, sei es Bundeskanzler Kohl, Hans-Dietrich Genscher, Willy Brandt oder Oskar Lafontaine. Weshalb sollen wir an ihnen zweifeln?«[*]

Am 10. November weilt François Mitterrand zum Staatsbesuch in Dänemark, weshalb er von Kopenhagen aus den Fall der Mauer kommentiert, weder mit Enthusiasmus

---

[*] Profession politique, 20.11.1989, S. 10

noch mit Besorgnis, wie »Le Monde am 12./13. schreibt. Für Mitterrand, der in seiner bisherigen Beurteilung verharrt, geht jetzt eine Ordnung, an die man sich gewöhnt hatte, zu Ende; nun werde man, sagt er, eine neue Phase der Geschichte Europas erfinden müssen. Und Hubert Védrine, Sprecher des Élysée, erklärt, die Entwicklung im Osten mache die Verstärkung des Europa der Zwölf wichtiger denn je; der Staatspräsident plane weiterhin »ohne irgendwelche besonderen Bedingungen« seinen Staatsbesuch in der DDR.

Auch der ehemalige Premierminister und konservativliberale Präsidentschaftskandidat Raymond Barre sieht die Lage nüchtern und klar. »Frankreich muß, in enger Zusammenarbeit mit der Bundesrepublik, die Europäische Gemeinschaft der Zwölf verstärken... mit den Siegermächten des Zweiten Weltkriegs zu einer dauerhaften Friedensregelung in Europa beitragen...«

Und der ehemalige Staatspräsident Valéry Giscard d'Estaing sagt, die Wiedervereinigung sei auf zwei Wegen möglich, einmal, wenn sich die DDR mit der Bundesrepublik vereine, zum zweiten, wenn die DDR sich mit den zwölf EG-Ländern zusammentäte: »Ich wünsche mir«, so Giscard, »daß das föderale Europa Ostdeutschland aufnimmt und nicht die Bundesrepublik.«[*]

Noch gehen alle deutschen Politiker, die in diesen Wochen bei Michail Gorbatschow vorgesprochen haben, davon aus, daß der Kreml grundsätzliche Veränderungen in der DDR zulassen würde, solange die strategischen Interessen der Sowjetunion, die dort 380000 Mann mit Atomraketen und modernen schwersten Waffen stationiert hat, gewahrt bleiben. Wie, so fragen sich denn auch die französischen Politiker und Kommentatoren in dieser Zeit,

---

[*] LeFigaro, 11.11.1989

können DDR und BRD politisch und wirtschaftlich zusammenwachsen, wenn sie in zwei Sicherheitssystemen eingebunden sind, die *qua definitionem* Feinde sind?*

So wird auch die Bemerkung von Premierminister Michel Rocard verständlich, der sich selbst als einen Freund der Deutschen bezeichnet und viele persönliche Kontakte mit ihnen hat, der am Tag nach dem Fall der Mauer die ungelöste deutsche Frage ein Sicherheitsrisiko nennt, nicht aber ihre Regelung in der Freundschaft und mit Vertrauen aller Nachbarn.**

In den Umfragen heißt es jetzt zwar, vierundsiebzig Prozent der Franzosen seien grundsätzlich für die Wiedervereinigung (nur fünfzehn Prozent dagegen),*** doch stellen die französischen Medien die Stimmung anders dar. Für sie heißt das Thema plötzlich »Angst vor Deutschland«. Weshalb sollte es, wenn es um Klischees geht, in Frankreich besser sein als anderswo? Auch dort hat die Geschichte dafür gesorgt, daß die schlechten Erfahrungen, die Kriege, nicht vergessen werden. Und die Kriege zwischen Deutschen und Franzosen in den letzten hundertzwanzig Jahren prägen im Unterbewußtsein immer noch eine »Angst vor den Deutschen«. So wurde einundsiebzig Jahre nach Ende des Ersten Weltkrieges auch am 11. November 1989, wie jedes Jahr, der Waffenstillstandstag mit Kranzniederlegungen und einem arbeitsfreien Tag gefeiert. Zwar hatte François Mitterrand in Bonn Anfang

---

* z.B. Daniel Vernet, in: Le Monde, 11.11.1989, S. 5
** Robert Picht, in: Integration, 13.Jg, 2/90, S. 52
*** Le Figaro, 29. 11. 1989, S.10. Frage: Halten Sie die Wiedervereinigung von West- und Ost-Deutschland für:

– Wünschenswert, so schnell wie möglich	25%
– Wünschenswert, in einigen Jahren	49%
– Nicht wünschenswert	15%
– Keine Meinung	11%

des Monats erklärt, er habe keine Angst vor der Wiedervereinigung, auch Jacques Chirac, Führer der konservativen Neo-Gaullisten, verkündete jetzt: »Ich habe weder Furcht noch Angst vor einem vereinten Deutschland in der Mitte Europas.« Doch in den französischen Abendnachrichten um 20 Uhr erklärte Moderator Bruno Masure: »Viele fürchten die wirtschaftliche Einigung, die Deutschland zur dritten Wirtschaftsmacht erhebt, nach den USA und Japan.« Dabei vergaß der Moderator, daß dies längst schon so ist, aber er beklagte, daß die industrielle Schlagkraft Deutschlands dann doppelt so groß sei wie die von Frankreich.

»Man muß Angst vor den Deutschen haben« titelte die Wirtschaftszeitschrift »Challenges«. Der mehrseitige Artikel unter dem Schlagwort »Angst vor den Deutschen« wurde geschmückt mit Karikaturen, in denen der deutsche Adler den gallischen Hahn kräftig rupft. Aber die Angst vor den Deutschen wurde in dem Text benutzt als Kritik an den verschlafenen Franzosen.

Auch das liberale Wochenmagazin »Le Point« stellte auf dem Titelblatt die Frage: »Braucht man ein geeintes Deutschland?«, was Chefredakteur Michel Colomès so begründete: »Mit diesem Titel wollten wir die Leser aufmerksam machen, daß inmitten von Europa ein neues Problem entsteht. Es geht nicht um alte Klischees oder Ängste, die in manchen Hirnen noch rumgeistern, von der brutalen Macht eines Bismarck. Eher könnte die Macht der Mark in Europa beunruhigen.«

Ein Bericht im Privatfernsehen klagte, eine mögliche Wiedervereinigung mache Deutschland zur ersten Sportnation der Welt. Und diese sportliche Weltmacht wolle im Jahr 2000 die Olympischen Spiele nach Berlin holen, vierundsechzig Jahre nach 1936 könnten die Deutschen dann vielleicht die dunkle Erinnerung auslöschen.

Fragte ich junge Leute, weshalb man in Frankreich von der Angst vor Deutschland spräche, sagten sie nonchalant: »Ach, die Franzosen haben immer Angst, wenn sich irgend etwas bewegt!« Die Ängste (wie gesagt: nur fünfzehn Prozent wollten die Einigung nicht) fand man hauptsächlich dort, wo der Vergangenheit, der deutsch-französischen Kriege, gedacht wurde, bei denen, die in alten Uniformen zur Feier des 11. November anhumpelten. »Solange ich lebe«, sagte ein über neunzigjähriger Veteran des Ersten Weltkriegs, »will ich Deutschland geteilt sehen. Wenn es vereint wird, ist es noch stärker als Frankreich.«

Am 13. November wurde Hans Modrow zum neuen Regierungschef der DDR gewählt, und in seiner Regierungserklärung bekräftigte er seine Bereitschaft zu einer »Vertragsgemeinschaft beider deutscher Staaten«.*

Nicht nur in Frankreich, sondern auch in den anderen Staaten der EG wuchs die Unruhe, denn keiner konnte sich vorstellen, wie es mit den beiden Deutschlands weitergehen würde. Kurzfristig lud François Mitterrand deshalb zu einem europäischen Sondergipfeltreffen zum Samstag, dem 18. November, ein – für die Dauer eines Abendessens im Élysée. Zwei Tage zuvor hatten der französische Parlamentspräsident Laurent Fabius und die deutsche Bundestagspräsidentin Rita Süssmuth symbolisch einen gemeinsamen Besuch in Moskau absolviert.

Zwischen Mitterrand und Kohl, zwischen Dumas und Genscher hatte es mehrfach telephonischen Kontakt gegeben, und die Frage: Wie steht die Bundesrepublik zur Oder-Neiße-Grenze?, war von den Franzosen aufgeworfen worden. Mitterrand hatte von Kohl keine befriedi-

---

* Siehe Chronologie, in: Spiegel-Spezial, 162 Tage Deutsche Geschichte, Hamburg 1990

gende Antwort erhalten, Dumas wohl aber von Genscher, der schon im September vor der UNO die Grenze als historisch gegeben und unantastbar erklärt hatte Die Frage der Oder-Neiße-Grenze war für Mitterrand deshalb so wichtig, weil Frankreich wegen der Garantie von Polens Westgrenze in den Zweiten Weltkrieg geschlittert war, ohne aber wirklich Krieg zu führen. Es war der Zustand, den die Franzosen als »la drôle de guerre« bezeichneten, bis die Deutschen im Mai 1940 einmarschiert sind. Die Polen aber haben es den Franzosen stets übel genommen, daß sie nicht vom ersten Tag an gekämpft haben. Diesmal nun wollte Mitterrand gegenüber den Deutschen hart bleiben: Bedingung für eine deutsche Wiedervereinigung mußte die endgültige Anerkennung dieser Grenze sein.

Das Gipfeltreffen im Élysée verlief in zwei getrennten Sälen; im einen speisten die Staats- und Regierungschefs, im anderen deren Außenminister. Nach etwas mehr als drei Stunden trat Helmut Kohl als erster aus dem Élysée und war sichtlich gut gelaunt. Er sagte, die Ängste, die in einigen europäischen Hauptstädten entstanden seien, wären beseitigt worden. Nein, man habe am Tisch der Chefs nicht von der Oder-Neiße-Grenze gesprochen. Das hatte man aber am Tisch der Außenminister.

Als das Diner zu Ende war, fiel wieder das damals überstrapazierte Wort »historisch«. »Historisch« sei dieser Gipfel gewesen, weil die Staats- und Regierungschefs der zwölf EG-Länder in äußerster Harmonie übereinkamen, Staaten des Warschauer Paktes wirtschaftlich zu helfen. »Hilfe gibt es jedoch nur unter der Bedingung«, so Staatspräsident François Mitterrand, »daß diese Länder wirklich zur Demokratie zurückkehren, die Menschenrechte respektieren und freie, geheime Wahlen abhalten.« Beim Essen hatte man festgestellt, daß Polen und Ungarn diese Bedingungen schon erfüllt hätten und beiden

Ländern über den kommenden Winter 1989 geholfen werden müsse. Die DDR habe ihren Willen zur Demokratie noch zu beweisen. Indem die DDR so mit Polen und Ungarn gleichgestellt wurde, verlor sie ihre Besonderheit als ein Teil Deutschlands, der mit dem anderen Teil vereint werden könnte.

Bundeskanzler Helmut Kohl und Außenminister Hans-Dietrich Genscher mußten an ihren Tischen Rede und Antwort stehen, ob sie Europa oder der Wiedervereinigung den Vorrang gäben. Beide konnten für den Augenblick überzeugen, daß es für sie keine Alternative zur Europäischen Einigung und zur Westbindung gäbe. Besonders trug zur Beruhigung bei, daß die beiden deutschen Politiker sich der gemeinsamen Feststellung anschlossen, eine Vereinigung von Ost- und Westdeutschland komme jetzt nicht in Frage. Die Zwölf rangen Bundeskanzler Kohl auch die Zustimmung zu dem Beschluß ab, daß nicht nur die Grenzen in Europa unverändert bleiben sollten, sondern auch, daß am Bestehen der Militärblöcke – dem Warschauer Pakt und der NATO – nicht gerüttelt werden dürfe. Denn, so sagte die britische Regierungschefin Margaret Thatcher, damit sei man bisher gut gefahren, darum solle alles bleiben wie bisher, und damit sprach sie François Mitterrand aus der Seele. Bleiben die Blöcke, bleiben Ost und West in ihren Grenzen, also auch Deutschland getrennt.

Die eingetretene Beruhigung weicht nur zehn Tage später großer Irritation, die den Keim für eine Verärgerung Mitterrands sprießen läßt. Sie wird in den folgenden Monaten zu einer bleibenden Entfremdung zwischen ihm und Helmut Kohl führen. Als der deutsche Bundeskanzler am Dienstag, dem 28. November, vor dem Bundestag – zu aller Überraschung – seinen Zehn-Punkte-Plan zur Überwindung der Teilung Deutschlands und Europas vorträgt, ohne zuvor Paris informiert, geschweige denn konsultiert zu haben, wächst wieder die Sorge vor einem möglichen Alleingang Bonns. Das, was das Ausland immer wieder als »incertitudes allemandes«, als »deutsche Unwägbarkeiten«, beunruhigt hat (und sowohl während des Golf- als auch anläßlich des Jugoslawien-Konflikts beunruhigen wird), taucht wieder auf. Zwar widersprechen die zehn Punkte im wesentlichen nicht den Beschlüssen des Élysée-Sondergipfels vom 28. November, doch fehlt der »elfte Punkt«, die ausdrückliche Anerkennung der polnischen Westgrenze.

Am Tag darauf, am Mittwoch, dem 29. November, ergibt sich während seines Besuches in Athen eine Gelegenheit, Staatspräsident Mitterrand zu Kohls Bundestagsauftritt zu befragen, und Mitterrand wiederholt stets die gleichen Bedingungen, fügt aber expressis verbis hinzu: »Friedlich bedeutet ..., daß wir nicht das Risiko eingehen dürfen, wieder zu einem Klima von der Art des Kalten Krieges zurückzukehren. Deshalb wurde anläßlich des Treffens vom 18. November in Paris vereinbart daß die zwölf Partner die Frage der Grenzen nicht anrühren würden.«

Noch ist eine Position Mitterrands nicht ausgereift, nämlich ob die DDR, würde sie in einem Staatenbund mit der Bundesrepublik zusammengeschlossen, assoziiertes Mitglied der EG werden könne. In Athen sagt er, auf eine gewisse indirekte Weise sei die DDR ja schon assoziiert: »Nein, diese Sicht der Dinge schockiert mich überhaupt nicht.«

Am 30. November fliegt Bundesaußenminister Hans-Dietrich Genscher nach Paris, um dem französischen Staatspräsidenten und seinem Amtskollegen Roland Dumas das von Kohl vorgelegte »Zehn-Punkte-Programm zur Überwindung der Teilung Deutschlands und Europas« zu erläutern. Genscher gegenüber erklären die beiden französischen Politiker, sie hätten keinerlei Vorbehalte gegen die deutsche Wiedervereinigung.

»Aber sie stellten Bedingungen für die deutsche Einheit«, sagte ich zu Genscher, als er mir von Mitterrands Zustimmung erzählte.

»Ja, das taten sie«, erwiderte Genscher schmunzelnd. »Aber mit den Bedingungen war ich vollends einverstanden.«[*]

Und so wird man in den folgenden Monaten sehen, daß Hans-Dietrich Genscher in der Wiedervereinigungspolitik manchmal den beiden Franzosen nähersteht als dem deutschen Bundeskanzler, ja, daß die drei, die sich da in Paris getroffen hatten, gegen Kohl Billard über die Bande spielten.

Später wird Mitterrand, gefragt, weshalb er vom Zehn-Punkte-Plan nichts gewußt habe, sagen: »Der Kanzler war nicht gehalten, mich zu informieren; es war eine spezifisch deutsche Sache, die Frankreich aber dennoch angeht. Ich habe mich, ohne gefragt zu werden, damit beschäftigt.[**]

In der DDR rast der Zerfallsprozeß weiter: Am 3. Dezember treten Egon Krenz, das gesamte Politbüro und das Zentralkomitee zurück.

In Paris suchen die Politiker aller Parteien nach ihrer Position. Wie vor wichtigen politischen Entscheidungen üblich, lädt der Staatspräsident die Präsidenten der Kammern und die Chefs der in der Nationalversammlung vertretenen Parteien in der ersten Dezemberwoche zu Einzelgesprächen ein, denn nach dem NATO-Gipfel in Brüssel – am 4. Dezember – wird, sehr viel wichtiger, am 8. Dezember der reguläre EG-Gipfel in Straßburg stattfinden und sich mit der Weiterentwicklung der EG, aber

---

[*] Gespräch des Autors mit Hans-Dietrich Genscher am 17.9.1992
[**] Interview mit Antenne 2, 10. 12. 1989

auch der Lage in Osteuropa, also der möglichen Wiedervereinigung Deutschlands, befassen.

François Mitterrand fliegt am 6. Dezember, zwei Tage vor dem EG-Gipfel, zu einem Kurzbesuch nach Kiew, wo er sich mit Michail Gorbatschow trifft. Die Begründung für die Reise ist einfach: Als EG-Ratspräsident will er die Meinung des obersten Sowjetführers vor dem Gipfel einholen, um besser gerüstet zu sein für die Argumentation im Kreise der Zwölf. Er erklärt Gorbatschow seine Vorstellung, wonach zwei deutsche Staaten existierten und daß ein jeder seine eigene Bedeutung für das europäische Gleichgewicht habe, die Bundesrepublik wirtschaftlich in der EG, militärisch in der NATO (als stärkste konventionelle Armee und als »Frontstaat«) und die DDR wirtschaftlich im COMECON und militärisch im Warschauer Pakt (eben auch hochgerüstet und »Frontstaat«). Wenn auch die demokratische Selbstbestimmung des Volkes in der DDR dessen eigene Sache sei, so wäre eine Lösung aus den Blöcken nicht wünschenswert.

In diesem Augenblick geht Mitterrand noch von der Prämisse aus, daß eine Lösung der DDR aus dem Ostblock nur zu erreichen sei, wenn die Bundesrepublik ihrerseits sich vom Westblock – in welcher Weise auch immer – entferne. In Kiew sagt Mitterrand: »Wenn die Blöcke auch nicht unbedingt wünschenswert sind, so scheinen die Allianzen doch notwendig... Diese Probleme müssen wir klar und vertrauensvoll mit unseren deutschen Freunden angehen. Man muß schließlich die Reihenfolge der Tatsachen respektieren. Denn diese Fragen und ihre Antworten müssen präzis geklärt werden. Viele dieser Fragen drehen sich um den von Bundeskanzler Kohl vorgeschlagenen Plan, aber darin ist nicht alles gesagt. Doch der Bundeskanzler legte Wert darauf, festzustellen, ich wiederhole es, wie er es anderen mitgeteilt hat, daß diese

Vorschläge nicht mit einem Zeitplan versehen seien, da es ihm nicht zustünde, den Ablauf festzulegen. Er hat nicht, wie man es hätte glauben können, die Lage ins Wanken gebracht.« Und Mitterrand fügt wieder an, was ihm bei Kohl fehlt: »Die KSZE ruht auf den Prinzipien von Helsinki, woran Präsident Gorbatschow erinnert hat, nämlich: die Unantastbarkeit der Grenzen, was heißt, daß man nicht einfach so die Grenzen anrühren kann.« Beide kommen darin überein, daß – was auch immer aus den beiden Deutschland werde – den Deutschen der Besitz von eigenen Atomwaffen weiterhin verboten bleiben müsse.

Michail Gorbatschow hatte für 1990 eine KSZE-Konferenz der Staats- und Regierungschefs vorgeschlagen, *für* die besonders die USA keine große Begeisterung zeigten, da Washington Probleme am liebsten bilateral anging. François Mitterrand stellt sich in Kiew jedoch an die Seite Gorbatschows, unterstützt die Idee der Konferenz und schlägt Paris als Tagungsort vor. Noch ist niemandem klar, wie und in welchem Rahmen eine Lösung (und wenn, welche?) der Entwicklung in der DDR herbeigeführt werden kann, doch Mitterrand zieht eine Regelung im Rahmen einer internationalen Konferenz bilateralen Abmachungen, auf die Frankreich weniger Einfluß haben könnte, vor.

François Mitterrand fliegt ein wenig enttäuscht aus Kiew zurück, denn er hat sich von Michail Gorbatschow eine noch größere Unterstützung erhofft, um die Blöcke und damit die alte Ordnung in Europa zu erhalten. Auf der Rückreise erzählt er den mitreisenden Journalisten im Flugzeug, Gorbatschow habe ihm gesagt, käme es zur deutschen Wiedervereinigung, dann säße zwei Stunden später ein sowjetischer Marschall auf seinem Stuhl. Wer aber im Westen wollte schon zum Sturz von Gorbatschow beitragen?

In gespannter Atmosphäre kommen die zwölf Delegationen der EG in Straßburg am Freitag, dem 8. Dezember, zum Europäischen Rat zusammen. François Mitterrand ist im Vorfeld durch einen Brief Helmut Kohls verärgert worden, in dem der deutsche Bundeskanzler aus innenpolitischen Gründen vorschlug, die Frage der Regierungskonferenz über eine europäische Währungs- und Finanzunion hinauszuschieben und zu überlegen, wie die Währungsunion mit stärkeren Kontrollmöglichkeiten des Europäischen Parlaments verknüpft werden könnte. Mitterrand, beeinflußt durch die französische Verfassungswirklichkeit, hält ein starkes Parlament nicht für sinnvoll, weil es die Exekutive schwächt. Er wollte aber gerade die Frage der Regierungskonferenz über die Währungsunion während seines EG-Vorsitzes lösen und damit Frankreichs EG-Präsidentschaft krönen. Den Brief des deutschen Bundeskanzlers legt er deshalb als einen Versuch der Verzögerung der europäischen Einheit aus. Kohl dagegen fährt nach Straßburg mit dem Ziel, von den EG-Partnern eine Erklärung zur Selbstbestimmung der Deutschen zu erhalten, die François Mitterrand – und damit steht er nicht allein – nicht zu geben bereit ist.

Bei Gipfeltreffen sind die informellen Gespräche während der Essen manchmal wichtiger als Plenarsitzungen, denn dort wird offen gesprochen. Die Frage der Regierungskonferenz war kein Streitpunkt mehr, da die Deutschen im Vorfeld noch auf die französische Linie eingeschwenkt waren, allerdings mit dem Trick, die Konferenz zwar 1990 beginnen zu lassen, aber erst in der zweiten Hälfte Dezember nach den deutschen Bundestagswahlen. So blieben als Themen für das Mittagessen und das Diner am Abend des Freitags: die deutschen Vorstellungen über Europa und die Wiedervereinigung. Helmut Kohl zeigte sich in der geschlossenen Gesellschaft europäischer und klarer, als er es vor der Öffentlichkeit in den letzten Wochen gewesen war, insbesondere was die Frage der Oder-Neiße-Grenze betraf; denn es reichte den Regierungschefs nicht, daß der deutsche Außenminister Hans-Dietrich Genscher auf seine Rede vor der UNO hinwies, wo er die Oder-Neiße-Grenze für unantastbar erklärt hatte. Sie wollten die Garantie vom Bundeskanzler hören. Nicht so sehr Mitterrand, aber die britische Premierministerin Margaret Thatcher, der Holländer Lubbers und der Italiener Andreotti machten ihm Feuer.

Helmut Kohl erinnert sich später an den »stürmischen Sondergipfel in Straßburg«: »Da herrschte ein eisiges Klima, weil viele dachten, wir seien bereit, um der staatlichen Einheit willen unsere Zugehörigkeit zur NATO zur Disposition zu stellen. Ich werde nicht vergessen, daß mir damals Spaniens Regierungschef Felipe Gonzales sehr hilfreich zur Seite stand.«[*]

Im Kreis der Staats- und Regierungschefs ließ Helmut Kohl keinen Zweifel daran, daß auch für ihn die Oder-Neiße-Grenze unantastbar sei, wozu er sich bisher öffentlich nicht hatte erklären wollen, was er aber auch in den folgenden Monaten nicht öffentlich tat, weshalb der gute Eindruck von Straßburg bald wieder schwand.

Unter den Diplomaten, die am Freitag nachmittag an der politischen Abschlußerklärung arbeiteten, in der auch zur deutschen Wiedervereinigung Stellung bezogen werden sollte, ging es hoch her. Die Deutschen hatten um die Formulierung gebeten: die Zwölf strebten einen Zustand des Friedens in Europa an, in dem das deutsche Volk seine Einheit durch Selbstbestimmung wiederfinden würde. Die Italiener wehrten sich aus Rücksicht auf Gor-

---

[*] Helmut Kohl, in: Welt am Sonntag, 27.9.1992, S. 27

batschow, mit stillem Einverständnis der Franzosen, gegen das Wort »Selbstbestimmung«. Erst als die Deutschen anboten, das Selbstbestimmungsrecht zu relativieren, indem ein Satz hinzugefügt würde, wonach diese Selbstbestimmung sich einfügen müsse sowohl in den Rahmen der Zusammenarbeit im Ost-West-Dialog als auch in die europäische Integration, stimmten alle zu. Und natürlich durfte auch in Straßburg der Satz nicht fehlen, wonach die Grenzen unantastbar blieben.

François Mitterrand begründete dies anschließend so: »Wir weisen in diesem Zusammenhang auf die Schlußakte von Helsinki hin, auf die Zusammenarbeit im Ost-West-Dialog und stellen die europäische Einigung zur Bedingung. Ich hebe diesen Satz hervor, weil er sehr umstritten war, aber ein wichtiges Element ist, um den Ablauf der Dinge in Ost-Deutschland zu beurteilen.«

Und Margaret Thatcher war noch klarer: »Der Warschauer Pakt und die NATO müssen von beiden deutschen Staaten bei ihrer Selbstbestimmung respektiert werden... Dieser Absatz wurde sehr sorgfältig ausgearbeitet. Wir haben uns dafür sehr viel Zeit genommen.«

Mit diesen Zusätzen wurde den Deutschen ein Korsett angelegt: Zwar durften sie über ihre Einheit selbst befinden, doch wurde die Selbstbestimmung eingeschränkt durch die Vormundschaft von NATO, Warschauer Pakt und EG. Beide deutsche Staaten mußten also in ihren Militärbündnissen und Wirtschaftsgemeinschaften bleiben. Allerdings sollte so bald wie möglich ein Handelsabkommen zwischen EG und DDR abgeschlossen werden, um das Land wirtschaftlich zu stabilisieren. Damit hatte Mitterrand seine Vorstellungen von den übrigen EG-Partnern, auch den Westdeutschen, absegnen lassen. Von jetzt ab würde die französische Position an Klarheit gewinnen.

Zur Frage der Grenzen in Europa wurde Mitterrand am

10. Dezember, am Tag nach dem EG-Gipfel in Straßburg, befragt, und er differenzierte seine bisherigen Aussagen und Forderungen.* In der Schlußakte von Helsinki seien Grenzen garantiert, sie könnten aber im gegenseitigen Einverständnis auf demokratischem und friedlichem Wege verändert werden. Praktisch gäbe es jedoch zwei Arten von Grenzen: jene, bei denen er es für legitim hält, sie zu ändern, und solche, bei denen eine Umgestaltung aus verschiedenen Gründen illegitim wäre. Die Elbe-Grenze zwischen den beiden deutschen Staaten hält er für eine Trennung besonderer Art, und er wird von jetzt an immer wieder den Gedanken wiederholen: »Diese Grenze wurde durch ein Volk gezogen; niemand bestreitet, daß es sich um ein Volk handelt... Niemand durfte glauben, daß die Teilung Deutschlands ewig sei.«

Zur zweiten Kategorie gehört jedoch die Grenze zwischen der DDR und Polen. Sie in Frage zu stellen ist nicht legitim. Sie ist der Preis, den die Deutschen für den Krieg zahlen müssen. Mitterrand: »Unsere deutschen Freunde müssen sich daran erinnern, daß es einen Weltkrieg gab, daß dieser Weltkrieg eine bestimmte Konfiguration in Europa hervorgebracht hat, daß man Demokratie und Frieden verlangt, aber auch, daß die zu jener Epoche gezogenen Grenzen in Europa nicht umgestoßen werden, denn wenn man diese Debatte beginnt, dann werden viele folgen.« Und in weiser Voraussicht zählt Mitterrand die Konfliktherde im Ostblock auf, von Moldawien und Rumänien, Ungarn, Transsylvanien und den Baltischen Republiken bis wo immer es Probleme geben könnte, wenn Grenzen erst einmal in Frage gestellt werden dürften. Die Zukunft wird ihm schon wenige Jahre später recht geben – von Moldawien bis Jugoslawien.

---

* Interview mit Antenne 2, 10.12.1989

Wieder zwei Tage später, am 12. Dezember 1989, wird in der französischen Nationalversammlung über die Wiedervereinigung debattiert, und der französische Außenminister Roland Dumas erklärt, die »dauerhafte Lösung der deutschen Frage« hänge von zwei Grundsätzen ab, die nicht voneinander getrennt werden dürften: Da sei einmal das Recht der Deutschen in beiden deutschen Staaten, frei über ihre Zukunft zu bestimmen. »Das ist das Selbstbestimmungsrecht. Das ist der demokratische Weg.« Und der zweite Grundsatz laute: »Diese Entscheidung muß von den anderen europäischen Ländern, besonders von den Nachbarländern, angenommen werden.« So unantastbar die freie Entscheidung auch sei, so dürfe sie »in ihrer Anwendung nicht als absoluter Grundsatz angesehen werden«, den man den anderen im Namen einer wiedergefundenen Stärke aufdränge, auf die Gefahr hin, bei manchen die Angst vor der Wiederkehr vergangener Gefahren zu erwecken. Das ist der friedliche Weg. »Zum ersten Mal seit Ende des Krieges hört dieses Selbstbestimmungsrecht des deutschen Volkes auf, theoretisch zu sein, und wird Wirklichkeit, vorausgesetzt, der Weg zu Freiheit, zu Frieden und zu Solidarität wird nicht behindert.« Und als sei es nicht häufig genug gesagt worden, so fehlt auch hier der Hinweis auf die Oder-Neiße-Grenze nicht. »Deutsche Wiedervereinigung: Frankreich bremst«, so lautet am nächsten Tag die Schlagzeile in »Le Quotidien de Paris«.

Während Kohls öffentliches Schweigen zur Oder-Neiße-Grenze seine Beziehung zu François Mitterrand weiter verschlechterte, führte der Termin des französischen Staatsbesuchs in der DDR zu Mißfallen bei Kohl. Der Bundeskanzler war zu Hause unter Druck geraten, da ihm immer lauter vorgeworfen wurde, er verzögere eine Entwicklung im deutsch-deutschen Verhältnis, weil er sich nicht zu einem Besuch in der DDR bereit finde. Kohl aber, durch die Vielzahl von internationalen Treffen im November und Dezember und durch andere Termine ausgelastet, kam in Zeitschwierigkeiten, denn von ihm wurde erwartet, daß er sich mit der neuen Führung in Ost-Berlin vor dem französischen Staatspräsidenten traf. Mitterrand bestand aber auf seinem Termin vom 20. bis zum 22. Dezember, weil er mit Ablauf des Jahres die EG-Präsidentschaft weitergeben mußte. So reiste Helmut Kohl am 19. Dezember nach Dresden, wo er mit Hans Modrow Verhandlungen über eine deutsch-deutsche Vertragsgemeinschaft verabredete. Mit seinem Besuch in der DDR wollte François Mitterrand dem angeschlagenen Staat eine demonstrative internationale Anerkennung zollen, die vielleicht zur Stabilisierung beitragen würde. Bei den Gesprächen mit Modrow und anderen betonte er sein inzwischen ausgereiftes Konzept, wonach ein demokratischer und friedlicher Weg zur deutschen Einheit bedeute: freie, geheime Wahlen im Inneren, Anerkennung der internationalen Verträge und Blockzugehörigkeit im Äußeren, Bestätigung der Oder-Neiße-Grenze, Verzicht auf ABC-Waffen.

Der kurze Besuch reicht gerade für Gespräche mit Regierung und Opposition in Berlin und für einen kurzen Abstecher nach Leipzig, seit 1981 Partnerstadt von Lyon. In Leipzig diskutiert Mitterrand an der Universität mit Studenten und erklärt ihnen seine Sicht der Dinge. Er besucht auch – auf eigenen Wunsch – Kurt Masur, geht zu Fuß durch Leipzig zu Nikolai- und Thomaskirche, Zentren der Opposition gegen das alte DDR-Regime, und wird vom Publikum mit Applaus gefeiert. Während seines Besuches wird beschlossen, die Mauer am Brandenburger Tor am Freitag, 22. Dezember, mit einer Zeremonie zwischen Helmut Kohl und Hans Modrow zu öffnen. In der Nacht vom Donnerstag auf den Freitag wird unter dem Schutz von Vopos im Osten und Westberliner Polizei im Westen die

Mauer am Brandenburger Tor abgerissen, und die meisten Mitglieder der französischen Delegation machen sich nach dem von François Mitterrand für die Ostberliner Staatsführung gegebenen Empfang zum Brandenburger Tor auf. Erst weit nach Mitternacht ist die erste Bresche geschlagen. Auf Ostberliner Seite öffnet Pierre Thivolet, Korrespondent des französischen Fernsehens, eine riesige Flasche Champagner, und der erste, der seinen Kopf durch die Mauer nach Osten hindurchsteckt, ist der französische Kulturminister Jack Lang.

Am Freitag vormittag gibt der französische Staatspräsident vor seinem Rückflug nach Paris eine Pressekonferenz, auf der er gefragt wird, weshalb er nicht an der Öffnung des Brandenburger Tors teilnehme. Offensichtlich mißfällt Mitterrand nicht nur, daß dieser symbolische Akt in zeitlicher Nähe zu seinem Besuch liegt, sondern auch, daß hier ein weiteres Zeichen der deutschen Einheit gesetzt wird. Ruppig antwortet er, er sei zu der Zeremonie nicht eingeladen worden; außerdem sei es eine deutsche Angelegenheit. Vielmehr weist er auf den Viermächte-Status der Stadt hin: »Im Augenblick haben wir Rechte und Pflichten, denen wir uns nicht entziehen dürfen. Kein Vertrag ist unveränderlich, weshalb die vier Mächte sich schon versammelt haben und es, wenn notwendig, nochmals tun werden. Ich wünsche, daß dies dann gemeinsam mit den beiden deutschen Staaten getan werden kann.« Und dann reist François Mitterrand wenige Minuten vor der Öffnung der Mauer am Brandenburger Tor ab, weshalb ihm französische Kritiker die Frage vorhalten, ob Charles de Gaulles sich dieses Ereignis hätte entgehen lassen?

Große internationale Beachtung findet vierzehn Tage später ein Satz des französischen Staatspräsidenten, mit dem er in seiner Neujahrsansprache eine neue politische

Idee entwickelt. Europa könne in zwei Schritten aufgebaut werden, meint Mitterrand, zum einen müsse die EG ihre Strukturen, wie in Straßburg beschlossen, verstärken. »Der zweite Schritt muß noch erfunden werden: Von den Beschlüssen von Helsinki ausgehend, rechne ich damit, daß in den neunziger Jahren eine europäische Konföderation im wahren Sinn des Wortes geboren wird, die alle Staaten unseres Kontinents in einer gemeinsamen und ständigen Organisation für Austausch, Frieden und Sicherheit vereint.«

Was es mit dieser »Europäischen Konföderation« auf sich hat, bleibt lange unklar, weshalb die Reaktionen des Auslandes auch vorsichtig sind. Gemeint war: »Die Konföderation versteht sich nicht ohne die Gemeinschaft. Weder Wettbewerb noch Verdoppelung: Die Konföderation beginnt, wo die Gemeinschaft endet... Die Konföderation wird der Ort sein, wo das europäische Projekt sich in den globalen Zusammenhang stellt. Es handelt sich wohlverstanden darum, durch sie die verschiedenen Europas zu verbinden und nicht in getrennte Entwicklungsbereiche einzuteilen.«*

Mit dieser Idee wollte François Mitterrand den Druck ableiten, der von Polen, Ungarn und auch der DDR auf die EG entstanden war. Für Mitterrand galt stets: Die Zwölf müssen ihre Beziehungen erst einmal vertiefen, bevor andere aufgenommen werden können; ein Grund für diese Haltung war auch, Westdeutschland fest an die EG zu binden, so fest, daß Bonn keine Bewegungsmöglichkeit mehr gegeben sein würde, sich aus der Westbindung zu lösen.

---

* Hubert Védrine und Jean Musitelli: Les changements des années 1989 – 1990 et L' Europe de la prochaine décennie, in: Politique Étrangère 1/91, S. 176; und Ernst Weisenfeld: Mitterrands Europäische Konföderation, in: Europa-Archiv 17/91, S. 513 ff.

Um die nicht mehr zu verleugnende Mißstimmung zwischen dem Bundeskanzler und dem Präsidenten der französischen Republik zu beheben, verabreden beide ein privates Treffen am 4. Januar. Zum ersten Mal empfängt Mitterrand den Gast in seinem Landhaus in Latche, das im Südwesten Frankreichs in der Nähe der Atlantikküste liegt. Über eine Stunde lang hält der geschichtsbewußte Mitterrand dem deutschen Kanzler einen Vortrag über die Geschichte der Grenzen in Europa, insbesondere über die Bedeutung der Westgrenze Polens. Wieder erhält er unter vier Augen von Kohl die Zustimmung, doch der Franzose verlangt von dem Deutschen eine öffentlich erklärte Verpflichtung, die zu geben dieser nicht bereit ist. Der zweite Punkt, den Mitterrand Kohl abhandeln will, ist eine schnellere Gangart in der europäischen Einigung. Entgegen den Straßburger Beschlüssen solle die Regierungskonferenz zur Währungs- und Finanzunion spätestens Mitte 1990, nicht erst nach den Bundestagswahlen im Dezember einberufen werden. Auch da willigt Kohl nicht ein. Zum Abschluß des Tages gehen beide am Strand spazieren, die Mißstimmung ist nicht behoben, aber Kohl zeigt sich wenigstens ein wenig entgegenkommend, indem er Mitterrands neues Projekt der »europäischen Konföderation« mit Interesse »zur Kenntnis« nimmt.

In diesen Monaten reist Helmut Kohl viel, häufig auch nach Frankreich. Am 17. Januar erklärt er vor dem Institut Français des Relations Internationales: »Wir Deutschen wollen diesen Weg vor allem auch zusammen mit Frankreich gehen.« Er bekräftigt seine Haltung zu Europa und umgeht auch nicht den »elften Punkt«, die Grenzfrage: »Die Deutschen wollen eine dauerhafte Aussöhnung mit ihren polnischen Nachbarn, und dazu gehört auch, daß die Polen die Gewißheit haben müssen, in sicheren Grenzen zu leben... Niemand will daher die Frage der Einheit der Nation verbinden mit der Verschiebung bestehender Grenzen – Grenzen, die in einem künftigen Europa der Freiheit an Bedeutung verlieren werden. Und Kohl unterstützt jetzt auch Mitterrands »europäische Konföderation«.

Aber auch diese Äußerung zur polnischen Westgrenze ist den Franzosen zu unpräzise. Am 20. Januar findet in Paris der regelmäßige franko-britische Gipfel statt, und Franzosen und Briten tasten sich gegenseitig ab, ob der andere Gesprächspartner jetzt, da der deutsche Bundeskanzler Schwierigkeiten durch seine Alleingänge bereitet, zu einer engeren Zusammenarbeit zu haben wäre. François Mitterrand stellt schnell fest, daß Margaret Thatcher in Fragen Westgrenze Polens und NATO-Anbindung Deutschlands die gleichen Ansichten hat. Später werden Franzosen und Briten sich im Zwei-plus-Vier-Prozeß genau absprechen, und hohe sowjetische Diplomaten lassen verlauten*, sowohl der französische Staatspräsident als auch die britische Premierministerin hätten seit Jahresbeginn wiederholt versucht, die Sowjetunion dazu zu bringen, sich offen gegen die deutsche Vereinigung auszusprechen. Der Kreml hatte aber die Einheit Deutschlands im Prinzip anerkannt und wollte nicht als Bremser erscheinen. Trotz Gorbatschows Haltung, so die Sowjetdiplomaten, bedrängten die Franzosen und Briten die Sowjets bei jeder Gelegenheit.

»Wir sind ein Volk«, wird zum Schlagwort in der DDR. Das Volk überholt immer wieder die Vorstellungen der Politiker nicht nur im eigenen Lande. Am 22. Januar demonstrieren über zweihunderttausend Menschen in Leipzig

---

* »U.S. News & World Report«, 30.4.1990, S. 21

und anderen Städten der DDR für eine »Wiedervereinigung beider deutscher Staaten«. Am 28. Januar einigt sich Hans Modrow mit dem Runden Tisch, die DDR-Volkskammerwahlen auf den 18. März vorzuziehen, und am 30. Januar gibt Michail Gorbatschow dem ihn besuchenden Hans Modrow die grundsätzliche Zustimmung zu einer Vereinigung der beiden deutschen Staaten.

Der Besuch Kohls am 10. Februar in Moskau läßt in Frankreich erneut das Gefühl aufkommen, als spiele Bonn auf der sowjetisch-amerikanisch-deutschen Achse und vernachlässige die europäische, sprich französische Komponente. Und wieder kommt es zu einem deutsch-deutschen Alleingang, der in Paris das Gefühl zusätzlich verstärkt, Bonn wolle im Einheitsprozeß nicht informieren oder gar konsultieren. Am 13. Februar vereinbaren Modrow und Kohl in Bonn die Bildung einer Expertenkommission zur Vorbereitung der Währungsunion.

Ein genialer Einfall des deutschen Außenministers Hans-Dietrich Genscher führt dazu, daß sich in den folgenden Wochen die außenpolitischen Aufgeregtheiten legen. Genscher war in den letzten Monaten häufig mit Roland Dumas, aber auch mit François Mitterrand zusammengetroffen und hatte dort immer ein offenes Ohr gefunden. Er vertrat gegenüber der Oder-Neiße-Grenze in Deutschland öffentlich eine andere Meinung als Kohl; ihm vertraute Paris.

Roland Dumas war in einem Interview mit »Le Figaro« am 9. Februar von seiner Position, die Selbstbestimmung sei kein absolutes, sondern ein mit Bedingungen versehenes Recht der Deutschen (eine Meinung, die er am 13. Dezember in der Nationalversammlung vertreten hatte), abgerückt: »Die Dinge entwickeln sich so schnell, daß die Wiedervereinigung heute vor der Tür steht. Frankreich hat daran erinnert, daß die Wiedervereinigung des deutschen

Volkes ein Recht ist... ein unantastbares Recht. Ich stelle keine Vorbedingungen. Ich sage: die Wiedervereinigung wird kommen.«

Genschers genialer Einfall führte zur Lösung der internationalen Probleme, die mit dem Streben nach Einheit entstanden. Über Weihnachten war ihm die Idee gekommen, die DDR könne sich der Bundesrepublik anschließen, werde damit Teil der NATO, doch die sowjetischen Truppen dürften dort noch einige Jahre stationiert bleiben, und den NATO-Truppen (außer der Bundeswehr) wäre es solange untersagt, dort Platz zu nehmen. Für den 13. Februar hatten die Außenminister der NATO die Kollegen des Warschauer Paktes nach Ottawa eingeladen* Genscher gelang es, dort seinen Vorschlag absegnen zu lassen, wonach die vier Alliierten – also USA, Sowjetunion, Frankreich, Großbritannien – mit den beiden deutschen Staaten die äußeren (»friedlichen«) Bedingungen der deutschen Vereinigung aushandelten: Die »Zwei-plus-Vier-Gespräche« sollten erst nach der DDR-Volkskammerwahl vom 18. März beginnen, damit Ostdeutschland dann mit einem Außenminister aus einer frei gewählten Regierung vertreten sein würde.

Noch ist zu dieser Zeit nicht klar, welches die Position der DDR in einem Vereinten Deutschland sein könnte, denn noch geht niemand davon aus, daß Gorbatschow dieses Gebiet aus dem Warschauer Pakt entlassen würde. Um zu verhindern, daß in der Bundesrepublik der Gedanke Fuß faßt, man könne Moskau entgegenkommen, spricht sich François Mitterrand in einem Interview für französische Regionalzeitungen am 14. Februar 1990 noch einmal gegen eine Neutralisierung Deutschlands aus, aber

---

* Siehe: Elisabeth Pond: Die Entstehung von »Zwei-plus-vier«, in: Europa-Archiv 2/92, S. 619 ff.

auch gegen eine Ausdehnung des NATO-Gebietes auf das Gebiet der DDR.

Wieder fliegt Helmut Kohl zu einem kurzen Arbeitsessen im Élysée nach Paris. Doch auch an diesem 15. Februar kommen sich Kohl und Mitterrand nicht näher. Als sie sich im Anschluß an ihre Aussprache kurz der Presse stellen, sieht man beiden in Körperhaltung und Gesichtsausdruck die Verärgerung an. Sie nehmen so vor den Mikrophonen Aufstellung, daß jeder dem anderen fast den Rücken zudreht. Kohls joviale Art ist einem verkniffenen Gesichtsausdruck gewichen, Mitterrand wirkt noch blasser und spröder als gewöhnlich. Wieder hatte Mitterrand die Vorverlegung der EG-Regierungskonferenz gefordert, wieder hatte Kohl sie abgelehnt; wieder hatte Mitterrand die rechtlich bindende Bestätigung der Oder-Neiße-Grenze vor der Vereinigung verlangt, wieder sagte Kohl, dies sei Sache eines gesamtdeutschen Parlaments und einer gesamtdeutschen Regierung nach der Vereinigung.

In den nächsten Tagen wird es in den Stuben der Berater von François Mitterrand im Élysée summen, und allen, die es hören wollen, wird mitgeteilt, daß die einst so gute persönliche Beziehung zwischen dem französischen Staatspräsidenten und dem deutschen Bundeskanzler endgültig zerbrochen sei. Helmut Kohl konsultiere nicht, informiere noch nicht einmal rechtzeitig, er versuche höchstens, hinterher zu ›erläutern‹; das aber reiche nicht aus.

In der französischen Presse spricht man im Februar 1990 von dem monetären »Anschluß« der DDR* an die Bundesrepublik und benutzt dabei bewußt dasselbe Wort wie für den Anschluß Österreichs an das Dritte Reich, der von Hitler 1938 unter Androhung von Waffengewalt erzwun-

---

* Le Point, 19. 2. 1990, S. 65

gen worden war. Selbst der ehemalige Premierminister de Gaulles, Michel Debré, scheut nicht vor dem Satz zurück: »Es ist ein halbes Jahrhundert her, da annektierte Hitler im Namen der deutschen Nation Österreich. Die Republik Frankreich war abwesend wegen des Versäumnisses der Regierung. Seit drei Monaten beobachten wir die schnelle Vereinigung der beiden deutschen Staaten; die Antwort Frankreichs ist nicht Abwesenheit, sondern Schweigen... Ich sage, die Zukunft Frankreichs hängt von Frankreich allein ab, und gegenüber dem Entstehen eines neuen Deutschland, dessen Macht nur hegemonial sein kann, gibt es keine andere Lösung als ein sehr starkes Frankreich.«*

Kohl, so las man, führe die Wiedervereinigung wie einen »Blitzkrieg« – auch dieses Wort in Deutsch als Erinnerung an den »Blitzkrieg« Hitlers; darüber die Überschrift, die ironisch ausnutzt, daß das französische Wort *grosse,* das dick bedeutet, gleich klingt wie das deutsche *groß:* »La grosse Allemagne« kann man als das dicke Deutschland verstehen oder als Groß-Deutschland. All das steht über einem ganzseitigen Photo eines bestgelaunten, dicken Helmut Kohl, der sich genüßlich den Mund mit einem Taschentuch abwischt. Oder aber es wird auf einer Schautafel gegenübergestellt, wie sehr eine Armee des vereinten Deutschland Frankreichs Wehr überragen würde, indem Volksarmee und Bundeswehr einfach zusammengezählt werden: über achttausend deutsche Panzer gegen nur eintausenddreihundert französische, etc...

Dennoch hat sich die Meinung des Volkes laut Umfragen nur wenig verändert. Für eine Wiedervereinigung sprechen sich 58 Prozent der befragten Franzosen aus, 28 Prozent ziehen den Erhalt beider deutscher Staaten vor,

* Michel Debré, in: Le Figaro, 19.2.1990

14 Prozent haben keine Meinung. 58 Prozent glauben, das wiedervereinte Deutschland werde sich leicht in die Europäische Gemeinschaft eingliedern, 30 Prozent fürchten allerdings, Deutschland werde »wie in der Vergangenheit« versuchen, Europa zu beherrschen.

Um internationalen Druck auf den Bundeskanzler zu machen, lud der französische Staatspräsident den polnischen Präsidenten Jaruzelski und Ministerpräsident Mazowiecki für den 9. März nach Paris ein und sicherte ihnen öffentlich zu, Polens Grenzen müßten vor der deutschen Einigung international garantiert werden, und Polen habe ein Recht darauf, an den Zwei-plus-Vier-Gesprächen teilzunehmen, wenn das Thema der Grenzen behandelt werde, obwohl in Ottawa beschlossen worden war, keine weiteren Länder zu den Zwei-plus-Vier-Treffen zuzulassen. (Italien hatte sich gemeldet; als es abgewiesen wurde, schlug Außenminister Gianni de Michelis vor, die EG und der NATO-Rat sollten konsultiert werden.) Und dieses sagte François Mitterrand, obwohl der Bundestag am 8. März, nur einen Tag vor dem polnischen Besuch – aber eben doch noch rechtzeitig vor der Ankunft von Jaruzelski und Mazowiecki in Paris –, die Unantastbarkeit der deutsch-polnischen Grenze für heute und in Zukunft mit fast all seinen Stimmen beschlossen hatte, weswegen die Grenzfrage etwa für die USA kein Thema mehr war.

François Mitterrand schreckte nicht einmal zurück, Kohl in Gegenwart von Jaruzelski und Mazowiecki öffentlich bloßzustellen. Er erklärte: »Ich habe Kohl dauernd freundschaftlich gesagt, ich hielte es für eine unabdingbare Voraussetzung, daß er die Oder-Neiße-Linie klar und offen als unantastbar bezeichnet. Die Erklärung des Bundestages ist deshalb unzulänglich.«

Und Mitterrand verkündete schließlich, er habe mit Kohl verabredet, über das Treffen mit den Polen am folgenden Samstag, spätestens aber am Montag zu telephonieren. Zwar griffen beide zu dieser Zeit fast wöchentlich zum Hörer, um miteinander zu konferieren, doch weder am Samstag noch am Montag klingelte es bei Mitterrand. Und wie eine enttäuschte Geliebte handelnd, ließ er die Presse wieder über einen seiner Berater informieren. Diesmal erfuhr die Zeitung »Le Monde« am Dienstag direkt aus dem Élysée, Kohl habe bisher nicht angerufen. Irgend jemand in Bonn muß das Blatt dann gelesen haben, denn am Mittwoch vormittag läutete der Bundeskanzler durch.

Am Abend zuvor hatte Hans-Dietrich Genscher nach einem halbstündigen Telephonat mit Roland Dumas beschlossen, kurz nach Paris zu fliegen und dort das Gespräch, das beide Ämter geheimhielten, fortzusetzen. Genscher teilte Dumas mit, er habe Kohl davon überzeugen können, daß Bonn eine Teilnahme des polnischen Außenministers an der Sitzung der Zwei-plus-Vier-Gespräche akzeptieren müsse, bei der die Frage der Oder-Neiße-Grenze behandelt würde; Genscher mußte sich aber von Dumas sagen lassen, daß Mitterrand der Begriff Zwei-plus-Vier nicht behage, es müsse Vier-plus-Zwei heißen, um nicht den Eindruck zu erwecken, die Deutschen beanspruchten einen gewissen Vorrang. Wer in diesen Monaten mit dem Quai d'Orsay telephonierte und von Zwei-plus-Vier sprach, der wurde selbst von Sekretärinnen auf die »richtige« Reihenfolge hingewiesen.

Drei politische Vorgänge führten im Laufe des März und April dazu, daß im deutsch-französischen Verhältnis eine Beruhigung eintrat. Und wenn sich das persönliche Verhältnis zwischen François Mitterrand und Helmut Kohl auch nicht verbesserte, so entkrampfte es sich doch. Diese drei Vorgänge waren: die Festlegung der Inhalte, die im Rahmen der Zwei-plus-Vier-Gespräche

behandelt werden sollten, das Ergebnis der Volkskam-
merwahlen in der DDR am 18. März und schließlich
eine gemeinsame europäische Initiative von Helmut
Kohl und François Mitterrand, die am 18. April in einem gleichzeitig in Paris und Bonn veröffentlichten Brief
an den irischen Ratspräsidenten vorschlugen, bei dem
EG-Sondergipfel zur Deutschen Einheit, der für den 28.
April in Dublin geplant war, die politische Union Europas gleichzeitig mit der Währungs- und Finanzunion
zu verhandeln und zum 1. Januar in Kraft treten zu lassen.

In den Zwei-plus-Vier-Gesprächen hatte Frankreich das
seinem Rang zustehende Mitspracherecht über die deutsche Einheit erhalten. Der Ausgang der Volkskammerwah-
len machte François Mitterrand, der sofort nach Bonn gratulierte[*], klar, daß die Politik von Helmut Kohl ihre Weihe
durch das Volk der DDR erhalten hatte. Der Ausgang der
DDR-Wahl machte Mitterrand aber auch bewußt, daß nun
die deutsche Einheit nach Artikel 23 GG vollzogen werden
würde, die wiederauflebenden Länder der DDR sich also
der Bundesrepublik anschlössen, so daß es keine Beitrags-
verhandlungen zwischen EG und DDR geben müßte, die
automatisch Ansprüche Polens und Ungarns nach sich gezogen hätten.

»Die Deutschen müssen eine symbolische Geste machen, ein faßbares Zeichen ihres Willens, Europa wieder
anzukurbeln.« So lauteten Forderungen aus der Ebene
der hohen Beamten, die damit der Presse in Paris Zitate
lieferten, so daß in den Gazetten das schlechte deutsch-
französische Verhältnis belegt werden konnte.

---

[*] »Die deutsche Einheit in der Einheit der Gemeinschaft, sie selbst Vorspiel zur europäischen Einheit, diesen Weg haben wir gemeinsam
   vorgezeichnet, und dem gilt es von nun an zu folgen.«

Diese Kritik ließ sich nach der gemeinsamen Europa-Initiative von Kohl und Mitterrand nicht mehr aufrechterhalten, zumal eher Bundeskanzler Kohl für die politische Union Europas Druck machte als der französische Staatspräsident, der weiterhin etwa einer Verstärkung der Rechte des Straßburger Parlaments kritisch gegenüberstand. Im Élysée freute man sich aber besonders, daß Bonn, ohne lange zu zögern, auch das französische Streben nach einer europäischen Sicherheitspolitik in den Brief nach Dublin aufgenommen hatte. Damit war allerdings immer noch nicht der französische Wunsch angenommen, den Termin der Regierungskonferenz vorzuziehen. Allerdings war Bonn jetzt wenigstens bereit, ein Abschlußdatum für die Verhandlungen über die europäische Währungs- und Finanzunion festzusetzen.

Auch Mitterrand reiste in Sachen Neuordnung Europas: Am 19. April traf er sich mit US-Präsident George Bush auf Key Largo in Florida, am 25. Mai mit Michail Gorbatschow in Moskau. Doch die großen Linien des Weges zur Einheit sind abgesteckt, es geht jetzt um die Feinarbeit, und da kämpfen die Franzosen weiterhin um jedes Karo auf dem Millimeterpapier – allerdings doch nicht so verbissen wie die Briten. In der EG, so fordert Europa-Ministerin Edith Cresson, müsse klar sein, daß dem zukünftigen Deutschland keine »besondere, zusätzliche Hilfe« gewährt werden dürfe, um den wirtschaftlichen Rückstand der ehemaligen Gebiete der DDR aufzuholen. Frankreich werde auf die von den Deutschen eingereichten Anträge »sehr genau hinschauen, mit Sympathie, aber Wachsamkeit«. Im Zwei-plus-Vier-Prozeß verweigern die Franzosen – allerdings nicht als einzige – den Deutschen die volle Souveränität, selbst die Sowjets sind offener. So wollen die Franzosen verhindern, daß die Westberliner bei der für Dezember 1990 angesetzten Bundestagswahl abstimmen dürfen, was die Amerikaner nutzen, um zu versuchen, einen Spalt zwischen Deutsche und Franzosen zu treiben.

Die Regel sah vor, daß die Zwei-plus-Vier-Gespräche jeweils in einem anderen der sechs beteiligten Länder stattfinden sollten. Frankreich legte großen Wert darauf, die Sitzung, zu der der polnische Außenminister eingeladen wurde, um an der Regelung der Grenzfrage teilzunehmen, in Paris anzusiedeln. Als Datum wurde dafür der 17. Juli 1990 angesetzt. Der Durchbruch der deutsch-sowjetischen Verhandlungen in Moskau mit anschließendem Ausflug in den Kaukasus, vorbereitet durch Genschers Treffen mit Schewardnadse in Brest-Litowsk und in Münster, war am Tag zuvor dank der politischen Größe Michail Gorbatschows gelungen, so daß die Position der Bundesrepublik gestärkt worden war.

Hans-Dietrich Genscher war, aus der Sowjetunion kommend, direkt nach Paris weitergeflogen. Nach der ersten Runde mit den Ministern der Zwei-plus-Vier fuhr Genscher in das schöne Stadtpalais, in dem die polnische Botschaft untergebracht ist, wurde von Außenminister Skubiszewski herzlich auf deutsch begrüßt, doch dann war für die Polen alles ein Mißverständnis, was in den letzten Wochen in Warschau erklärt worden war. Dort hatte die Regierung gefordert, Deutschland dürfe erst dann die volle Souveränität erhalten, wenn der Grenzvertrag mit Polen geschlossen sei. Und zwar sollten noch die beiden bestehenden deutschen Staaten einen Grenzvertrag mit Polen aushandeln und ihn bei der Vereinigung gleichzeitig ratifizieren. Polen wollte nun nicht nur einen Grenzvertrag, sondern bestand darauf, daß in dem Grundgesetz des vereinten Deutschland alle Bezüge auf die Grenzen von 1937 getilgt würden. Diese Forderungen unterstützten die DDR und Frankreich. Doch nach fünfzig Minuten hatte Hans-Dietrich Genscher das Problem mit der Zusicherung weitestgehender Wirtschaftshilfe geregelt, und die Zwei-plus-Vier-plus-Eins setzten sich im Quai d' Orsay zum Mittagessen zusammen.

Als die Runde der Außenminister – der zwei deutschen, vier alliierten und des einen polnischen – sich nach dem Déjeuner zur Arbeitssitzung zurückzog, war bald ausgemacht: Polen würde nach Einigung und voller Souveränität Deutschlands einen Grenzvertrag mit Bonn abschließen. Dem sollte ein grundsätzlicher Vertrag über die deutsch-polnischen Beziehungen folgen, und die Garantie der Grenze würde in das Schlußdokument der Zwei-plus-Vier-Gespräche aufgenommen werden. Am Abend nach der Sitzung erklärte der französische Außenminister Roland Dumas: »Nichts steht dem mehr im Wege, daß Deutschland mit all seinen Rechten und voller Souveränität vor Ende des Jahres vereint wird.«

Ende September findet der letzte deutsch-französische Gipfel vor der Vereinigung statt. Er läuft fast routinemäßig ab. François Mitterrand handelt mit Helmut Kohl aus, daß der deutsche Bundeskanzler keinen Druck auf Paris in Fragen GATT ausüben wird, und begründet noch einmal den schon am 14. Juli verkündeten Beschluß, die französischen Truppen aus Deutschland innerhalb von zwei Jahren abzuziehen, da die Gründe für die Stationierung weggefallen seien: denn, so hatte es Verteidigungsminister Jean-Pierre Chevènement ausgedrückt, es sei höflicher, sich bei einem Abendessen rechtzeitig zu verabschieden, bevor man gebeten wird, zu gehen.

François Mitterrand zeigt sich mit der Regelung der deutschen Einheit zufrieden und rechtfertigt die von ihm eingeschlagene Politik am 25. September 1990 in einer Rede vor dem Forum Européen 90 de la Presse: »Diese Vereinigung war selbstverständlich: Sie lief in einer natürlichen Bewegung der Geschichte ab; sie konnte nicht verhindert, höchstens verzögert, erschwert, belastet werden. Und ich glaube, wenn die Sache so schnell und gut geregelt worden ist, dann, weil die Verantwortlichen, alle Verantwortlichen – es wurden immer mehr – die Weisheit hatten, von Anfang an alle Probleme zu nennen... Ich zähle sie auf: die Regelung, wie Deutschland seine volle Souveränität wiederfinden würde; die Bedingungen, unter denen die Vier Mächte auf ihre besonderen Rechte verzichten würden; die Anerkennung der Oder-Neiße-Grenze; die Bestätigung des deutschen Verzichts auf ABC-Waffen; die Regelung, wie die Lage der DDR gegenüber der Europäischen Gemeinschaft auszusehen hätte, nachdem dieses Gebiet integrierter Bestandteil Deutschlands geworden sein würde; eine ähnliche Regelung die NATO betreffend und schließlich die Bekräftigung der Verpflichtung Deutschlands beim Aufbau Europas. Über manche Punkte mußten wir hart verhandeln«, und bei der Frage der Oder-Neiße-Grenze »mußte man es eher zweimal sagen als nur einmal...«

Mit dem Ergebnis erklärte sich François Mitterrand auch in einem Gespräch zufrieden, zu dem er zwei Tage vor dem Inkrafttreten der deutschen Einheit Eberhard Piltz, Frankreich-Korrespondent des ZDF und mich empfing. All seine Bedingungen sah Mitterrand als erfüllt an.

»Die Teilung Deutschlands war ein Unfall der Geschichte«, so Mitterrand. »Sie entsprach nicht der Wirklichkeit der Geschichte selbst und dem Leben eines Volkes. Deshalb betrachte ich die Einigung als normal. Sie folgt der Entwicklung der Zeit. Und ich ziehe daraus den Schluß, daß sie nur möglich war, weil demokratisch, friedlich und die Interessen der Nachbarn berücksichtigend. Diese Bedingungen sind vollkommen erfüllt, und zwar in einer Rekordzeit – und das ist gut so.«

»Vor einem Jahr haben viele Politiker die Befürchtung geäußert, die deutsche Vereinigung würde die europäische Einigung verzögern. Ist diese Sorge heute noch berechtigt?«

»Das ist schwer zu sagen. Ich selbst habe diese Befürchtung nie gehabt. Denn ich habe den Ablauf der Ereignisse von nahem begleitet. Ich habe häufig den Bundespräsidenten von Weizsäcker, Kanzler Kohl und Herrn Genscher getroffen und hörte immer wieder dasselbe Motto: Die deutsche Einheit und die Einheit Europas gehen Hand in Hand. Und die europäische Dynamik ist ja zum Teil der Bundesrepublik zu verdanken wie auch Frankreich.«

»Mit dem Wandel der Weltpolitik entsteht auch die Notwendigkeit eines neuen Sicherheitsgefüges in Europa.«

»Ja, wenn die Europäische Gemeinschaft sich politisch zusammenschließt, dann muß sie sich auch sofort auf eine gemeinsame Sicherheitspolitik einigen. Zuerst aber brauchen wir die gemeinsame politische Union, um zu wissen, was man verteidigungspolitisch macht.«

»Deutschland erhält nun seine volle Souveränität, und die Truppen der Siegermächte des Zweiten Weltkrieges werden Deutschland verlassen. Frankreichs Situation ist besonders, da es die deutsch-französische Brigade gibt. Nun hat die deutsche Regierung Sie persönlich gebeten, die französischen Truppen nicht so schnell abzuziehen. Sie wollen das jedoch nicht. Weshalb halten Sie einen Verbleib französischer Truppen nicht für sinnvoll?«

»Das ist meines Erachtens nicht angebracht. Aber ich bin bereit, den Abzug in angemessenem Zeitrahmen zu vollziehen. Die Hälfte wird in den nächsten zwei Jahren gehen. Wir können über die Fristen diskutieren. Das muß in bestem Einverständnis vollzogen werden. Ich werde da den Deutschen keine Entscheidung aufzwingen. Ich will nur verständlich machen, daß es weise wäre, keine fremden Truppen in einem großen Land wie dem Ihren zu stationieren, selbst wenn es die Truppen von Freunden sind. Wenn Deutschland dies im Rahmen der europäischen Verteidigung als notwendig empfindet, dann ist es etwas ganz anderes, und wir brauchen ein neues Abkommen. Darüber müssen wir dann offen reden. Wissen Sie, Frankreich will vermeiden, einen psychologischen Fehler zu begehen. Es möchte nicht dem Ablauf der Geschichte widersprechen. Wenn wir gemeinsam ein europäisches System aufbauen wollen, dürfen wir nicht auf den alten Machtverhältnissen der Nachkriegszeit beharren – von Sieger zu Besiegtem. Wir müssen ein neues Verhältnis aufbauen: von gleichgestellten Ländern, die befreundet und verbündet sind. Als Präsident der französischen Republik drücke ich die Gefühle Frankreichs und der Franzosen aus, wenn ich sage: Die Geschichte hat gesprochen, und sie hat gerecht gesprochen. Was ich vorhin einen Unfall der Geschichte nannte, die Teilung Deutschlands in zwei Staaten, das gehört nun der Vergangenheit an. Dem vereinten Deutschland wird jetzt die volle Verantwortung aufgebürdet, seinen Weg weiterzugeben, einen Weg, auf dem wir seit langem mitgehen, schon seit den fünfziger Jahren, um Europa ein neues Gesicht zu geben, um unserem Kontinent eine Gegenwart, eine Stärke, eine Präsenz in der Welt zu verleihen. Und man wird plötzlich feststellen, daß die Freundschaft und die Partnerschaft zwischen Deutschland und Frankreich und den anderen vielleicht das wichtigste geschichtliche Ereignis des modernen Zeitalters sein werden.«

Und schon wendet sich der Blick der Weltöffentlichkeit fort von den Deutschen und deren am 3. Oktober 1990 vollzogener Wiedervereinigung, hin zum Aufmarsch der Truppen am Golf.

Am 3. Oktober schickten Franzosen in Paris lebenden Deutschen Blumen und Glückwünsche. Die gesamte politische Klasse Frankreichs begrüßte, trotz einiger Bedenken, wie sich der neue politische Riese wohl in Zukunft in der Weltpolitik verhalten werde, die wiedergefundene deutsche Einheit. Nur die Kommunisten klagten, das große Deutschland bedeute ein erdrücktes Frankreich. Die am 3. Oktober stattfindende routinemäßige Sitzung des Ministerrats eröffnete der französische Staatspräsident mit einem Gruß an diese neue große demokratische Nation, das sei heute zu feiern.

Tageszeitungen, die Sonderbeilagen über ihren nun größeren Nachbarn druckten, schlugen einen kritischeren Ton an. Die Geburt eines Riesen wurde vermeldet, der stärker sei als Bismarck. Manche Intellektuelle, Publizisten und Schriftsteller verfielen auf die alten Klischees, vielleicht weil sie meinten, die kämen bei ihrem Publikum besser an.

»Rückkehr von Bismarck« war der Titel eines gerade erschienenen, für Deutschland übrigens sehr positiven Buches. Doch der Titel war es, der, an das Alte erinnernd, Kunden locken sollte. Dasselbe galt für einen in jenen Wochen erschienenen Roman, »Rückkehr von Siegfried«, dessen Handlung im Zweiten Weltkrieg beginnt.

Zu ihrer Angst vor Deutschland bekannte sich selbst die große alte Dame der französischen Literatur, Marguerite Duras: »Die ganze Welt hat Angst vor Deutschland«, sagte sie zum 3. Oktober. »Ich will das nicht aus Höflichkeit oder Freundlichkeit verschweigen. Ich sage es aus voller Überzeugung. Würde ich Ihnen nur sagen, ich liebe das gegenwärtige Deutschland nicht, dann wäre es zuwenig. Denn auch ich habe Angst, immer noch Angst vor dem Deutschland von früher. Heute immer noch. Zwar ist der Krieg seit fünfundvierzig Jahren zu Ende, aber trotzdem habe ich noch Angst.«

Und Pierre Bergé, gleichzeitig Chef der Pariser Opern und Leiter des Modeunternehmens Yves Saint Laurent, meinte zum gleichen Tag: »Der Krieg wird nicht mehr mit Waffen, sondern mit Geld geführt. Die Verlierer des letzten Krieges, Deutschland und Japan, führen einen neuen Krieg um eine neue Vorherrschaft, gegen die man nicht ankommt. Wir müssen das hinnehmen, aber es ist ein Krieg. Die Westdeutschen haben die Ostdeutschen gekauft und werden die anderen Länder des Ostens auch noch kaufen. In einigen Jahren werden wir in einem nach Osten verlagerten, von Deutschland beherrschten Europa leben. Das ist beunruhigend.«

Nachtrag – zwei Monate später: »Das neue ›Reich der Mitte‹«, ein Kommentar von Franz-Olivier Giesbert, Chefredakteur von »Le Figaro«: »Ist Osteuropa auf dem Weg, ein wirtschaftliches Protektorat Deutschlands zu werden? Diese Frage stellt sich, nachdem die tschechische Regierung beschlossen hat, den Automobilhersteller Skoda nicht mit Renault, sondern mit Volkswagen zu vereinen. Eine Wahl, die viel über die Partie aussagt, die sich im Osten abspielt. Alles ist an seinem Platz, damit unter der Führung Deutschlands das Mitteleuropa von einst wiederersteht. Im Namen des Prinzips der preußischen Politik des 19. Jahrhunderts: ›Drang nach Osten‹.«[*]

---

[*] Le Figaro, 12.12.1990

Im Keller des Hauses, in dem er aufwuchs, lagen einige verstaubte Pickelhauben, die der Vater im Ersten Weltkrieg dem Feind abgenommen und als Souvenir mitgebracht hatte. »Für Gott und Vaterland« habe darauf gestanden, erinnert sich Roland Dumas heute noch. Als französischer Reserveoffizier war der Vater gleich 1914 eingezogen worden und hatte den ganzen Krieg gegen die *boches* mitgemacht, einen Krieg, der ihn für den Rest seines Lebens zur Wachsamkeit gegenüber dem deutschen Feind erzog. Seine Einstellung gegenüber Deutschland vermittelte er, sobald der alt genug war, seinem 1922 geborenen Sohn Roland. Gemeinsam saßen Vater und Sohn vor dem Radio, als sie zum erstenmal eine Rede von Adolf Hitler im Rundfunk empfangen konnten, und wieder stieg im Vater die Angst hoch, die Deutschen könnten erneut die Waffen gegen Frankreich erheben. Als es soweit war, verstand es sich von selbst, daß Vater und Sohn bei der Resistance, dem Widerstand gegen die Deutschen, zu finden waren. Roland wurde 1942 in Lyon verhaftet, weil er gegen ein Konzert der Berliner Philharmoniker demonstriert hatte. Da die Obrigkeit ihm jedoch weiter nichts vorwerfen konnte, wurde er wieder freigelassen, und geschwind tauchte er in Paris unter. Seinen Vater erwischten die Deutschen im Pengord. Er hatte weniger Glück: Am 26. März 1944 wurde er als Geisel mit anderen Zivilisten von deutschen Soldaten erschossen. Von nun an hatte Roland einen persönlichen Grund, die Deutschen zu hassen.

Dagegen liebt der Deutsche Hans-Dietrich die Franzosen, soweit er sich zurückerinnern kann. Sein Vater war früh gestorben, so daß der 1927 in Reideburg bei Halle geborene Knabe unter dem Einfluß seines Großvaters mütterlicherseits, des Bauern Otto Kreime, aufwuchs. Der hatte nämlich 1890 seinen Militärdienst in Luneville abgeleistet, im damals zum Kaiserreich gehörenden Lothringen, und war mit großer Begeisterung für die Franzosen zurückgekommen. Nach Sachsen-Anhalt ließ er sich von nun an die französische Zeitung aus Luneville nachsenden und kaufte einen großen Radioapparat, Marke Saba, um französische Sendungen von Radio Straßburg empfangen zu können. Hans-Dietrich liebte also die Franzosen, doch in der Schule lernte er Englisch, während Roland die Deutschen haßte und trotzdem Deutsch so gut erlernte, daß er es heute noch fließend spricht.

Hans-Dietrich Genscher war schon einige Jahre deutscher Außenminister, als François Mitterrand im Dezember 1983 seinen langjährigen Vertrauten, den Rechtsanwalt Roland Dumas, zum Europa-Minister im Außenministerium, dem Claude Cheysson vorstand, ernannte, und dies mit gutem Grund: Im ersten Halbjahr 1984 sollte Frankreich die Präsidentschaft im Europäischen Rat übernehmen, aber wegen der kämpferischen Margaret Thatcher, die damals nur von dem Wunsch »I want my money back« beseelt war, drohten diese sechs Monate zur Katastrophe zu werden. Das zu verhindern sollte Dumas helfen.

Die deutsche Botschaft in Paris scheint Genscher in dieser Zeit einen guten Rat gegeben zu haben, denn als er wieder einmal zu Routinegesprächen bei Claude Cheysson im Quai d' Orsay weilte, bat er um ein Treffen mit dem Cheysson unterstellten Europa-Minister, Roland Dumas, den er bislang nicht kennengelernt hatte. Aber, so Genscher, »man hatte mir gesagt, das sei ein ganz wichtiger

Mann, der Mitterrand sehr nahe stehe, und man raunte auch, daß er Außenminister werden würde.«*

Es muß Anfang des Jahres 1984 gewesen sein, als Genscher durch den Hof des Quai d' Orsay in eine dahinterliegende Villa geführt wurde, wo sich die wenigen Amtsräume des vom politischen und protokollarischen Rang her unbedeutenden Europa-Ministeriums befanden. Doch der Rangunterschied störte den Außenminister und Vizekanzler aus Bonn nicht. »Das war nur insofern außergewöhnlich«, so Genscher, »als Dumas der einzige beigeordnete Minister war, mit dem ich je ein selbständiges Treffen vereinbart habe.« Begleitet von seiner Dolmetscherin stieg der Deutsche die elegant geschwungene Treppe in den ersten Stock empor, wo des französischen Europa-Ministers Arbeitszimmer lag, und wurde dort freundlich, aber reserviert empfangen. Um das Eis zu brechen, zeigte Genscher auf eine Büste von Robert Schuman und sagte, es sei ja ein gutes Zeichen, wenn der Geist jenes Europäers in diesem Raum gewürdigt werde. Doch da Roland Dumas ein Mann ist, der seine Eitelkeit eher intellektuell befriedigt denn äußerlich, und schon gar nicht, indem er sich mit fremden Federn schmückt, wehrte er in der ihm eigenen leisen Art ab. Daß die Büste hier stehe, sei nicht sein Verdienst: »Ich kam bei Amtsantritt in das leere Büro und habe den Diener in den Keller geschickt, irgend etwas zur Dekoration zu holen. Er kam mit dieser Büste zurück.«

Genscher, der ein begnadetes Gespür hat, sich Menschen zu erschließen, erzählte Dumas von seiner Herkunft aus dem anderen Teil Deutschlands und was die Teilung für ihn bedeute, sprach von seinem Großvater, dem Wehrpflichtigen in Luneville, der immer gesagt habe, mit den Franzosen müßten die Deutschen zusammengehen. Gen-

---

* Gespräch des Autors mit H.-D. Genscher am 15.11.1992

scher: »Es hat sich sehr schnell gezeigt, daß eine menschliche Sympathie da war. Sehr viel Wärme, zu der Dumas ja sehr stark fähig ist.«

»Hat er von sich und seinem Vater erzählt?«

»Er hat seinen Weg geschildert, aber das Schicksal des Vaters kaum. Er hat das nie nach vorn geschoben. Im Kern fanden wir uns, weil wir uns die Zeit genommen haben, abseits vom politischen Tagesgeschäft über die Rolle unserer Völker und das Verhältnis zueinander zu reden, über die Geschichte und wie wir die zukünftige Stellung unserer Völker sehen. Das war für ihn sehr wichtig. Ich habe ihm viel über die deutsche Frage erzählt und die Möglichkeit, die Probleme zu überwinden. Ich meine, er hat natürlich bei dieser Freundschaft, die sich dann entwickelte, und bei dem Engagement für die deutsch-französischen Beziehungen den weiteren Weg zurücklegen müssen als ich, der ich durch den Großvater frankophil erzogen worden war.«

»Ich war getränkt von Germanophobie«, gibt Dumas ohne falsche Scheu zu*, »aber zu einem gegebenen Zeitpunkt hat dann die Vernunft bei mir überhandgenommen. Es war gut, unsere Beziehung, die zwischen Hans-Dietrich und mir, in aller Offenheit zu beginnen. Das hat uns beiden erlaubt, ein totales Vertrauen zueinander zu entwickeln. Wenn er später etwas sagte, vertraute ich ihm. Wenn er sagte, das kann ich nicht machen, denn da gibt's ein innenpolitisches Problem oder eines in der Koalition, dann wußte ich, es ist so. Und auch ich konnte voller Offenheit mit ihm über das reden, was in Frankreich passierte. Ich habe ihn nie überlistet, was ja in der Politik selten ist.« Roland Dumas lacht, als er das sagt.

Schon wenige Monate später, im Juni1984, hatten Du-

---

* Gespräch des Autors mit Roland Dumas am 26.1.1993

mas und Genscher zum erstenmal gemeinsam ein Problem anzugehen – und zu lösen: Die Europäische Gemeinschaft machte wegen Margaret Thatchers harter Position besonders in Fragen der EG-Finanzen eine schwere Krise durch, doch François Mitterrand hatte sich vorgenommen, bei dem EG-Gipfel am 25. und 26. Juni 1984 in Fontainebleau den Gordischen Knoten zu durchschlagen, was ihm nur mit Hilfe Bonns gelingen konnte. So wurde der deutsche Außenminister gebeten, zusammen mit dem von Mitterrand beauftragten Europa-Minister Dumas einen Kompromißvorschlag auszuarbeiten. (Während ein deutscher Außenminister seine Politik weitgehend selbständig bestimmt, hängt der Chef des französischen Außenamtes – und noch mehr der ihm untergeordnete Europa-Minister – eng von den Vorstellungen des Staatspräsidenten ab*) Als dann im Juni 1984 die Staats- und Regierungschefs im Schloßhof von Fontainebleau vorfuhren, lag das Kompromißpapier vor, aber ob es die von Großbritannien vorgebrachten Probleme lösen würde, war fraglich. Ganz Eiserne Lady, gab die britische Premierministerin Thatcher dem französischen Europa-Minister Dumas die Hand zur Begrüßung und sagte: »I am in a fighting mood. – Ich bin in kämpferischer Stimmung.« Doch als sie tags darauf nach hartem Ringen dem Kompromiß zustimmte, tat sie es mit den Worten: »Ich weiche dem französischen Charme.«

Der Erfolg von Fontainebleau krönte die EG-Präsidentschaft von Staatspräsident François Mitterrand und war die Voraussetzung für das, was später im Vertragswerk von Maastricht zusammengefaßt werden sollte. Roland Dumas wurde für seinen Anteil am Erfolg belohnt und Anfang Dezember 1984 als Nachfolger von Claude Cheys-

---

* Siehe Kapitel: Paris und die deutsche Einheit, S. 289 ff.

son zum Außenminister ernannt. Durch die Vorbereitung von Fontainebleau war in der Beziehung zwischen Roland Dumas und Hans-Dietrich Genscher ein Funke übergesprungen, denn beide hatten festgestellt, daß sie die gleiche Art hatten, an ungelöste Aufgaben heranzugehen und sie zu erledigen. Beide sind eben von Herkunft und Beruf gewiefte Rechtsanwälte. Und mit der zwischen ihnen wachsenden Vertrautheit löste Dumas auch ein wichtiges Problem der gegenseitigen Kommunikation: Er begann, mit Genscher deutsch zu sprechen. Später ärgerte es französische Diplomaten, wenn Dumas während einer heftigen Diskussion zwischen französischer und deutscher Delegation in die deutsche Sprache verfiel und Genscher antwortete, was sie nicht verstanden. Scherzhaft nannten ihn manche deshalb – hinter seinem Rücken – Hans-Dietrich Dumas. Doch auf deutsch konnten die beiden Minister sich sehr viel schneller verständigen und, wenn ein Problem auftauchte, einfach zum Hörer greifen und den anderen anrufen.

Bald sprachen sie jeden zweiten oder dritten Tag miteinander. Und es bürgerte sich ein, daß sie jeden Sonntag am späteren Nachmittag beim anderen eben mal durchläuteten. Ganz wie zwei alte Kumpel redeten sie vom Wetter oder wie es so gehe, gesundheitlich, wie der Seelenzustand sei. Und wenn keine aktuelle politische Frage anstand, dann machten sie eine Tour d' horizon durch die Weltpolitik. Wie schätzt ihr in Deutschland dies ein und das ein? Und ihr in Frankreich?

»So kam es«, sagt Genscher, »daß die Ostpolitik von einer unglaublichen Harmonie zwischen Frankreich und Deutschland getragen wurde. Was ja nicht in allen Phasen so war. Keineswegs!«

Nur ein Jahr nachdem Genscher und Dumas sich kennengelernt hatten, war das jeweilige Vertrauen in den anderen so groß, daß sie Politik gemeinsam »über die Bande spielen« konnten. In mindestens zwei bedeutenden Fällen nutzte Genscher seine French Connection, um seine Vorstellungen gegen die von seiner Linie abweichende Meinung in den Reihen des Koalitionspartners, ja in einem der beiden Fälle sogar bewußt gegen Bundeskanzler Helmut Kohl, voranzutreiben. Umgekehrt konnte Dumas, und durch ihn auch François Mitterrand, auf Genscher setzen, wenn es innenpolitischen Zwecken in Frankreich dienlich war.

So suchten Hans-Dietrich Genscher und Roland Dumas einen gemeinsamen Weg, wie sie eine europäische Beteiligung an dem amerikanischen Abwehrprogramm SDI verhindern könnten. Im März 1985 hatte der amerikanische Präsident Ronald Reagan vorgeschlagen, ein Abwehrsystem gegen Interkontinentalraketen zu erfinden, das die USA gegen einen sowjetischen Atomschlag unverwundbar machen würde. Eine europäische Beteiligung erschien wegen des technologischen und finanziellen Aufwands als dringend notwendig. Frankreich wehrte sich vehement gegen diese Vorstellung, da es um die Bedeutung seiner eigenen kleinen Atomstreitmacht fürchtete – für den Fall, daß die UdSSR mit einem ähnlichen Abwehrsystem nachziehen würde. Und im übrigen ging Frankreich davon aus, daß die USA die wichtigsten technologischen Ergebnisse für sich behalten und sie nicht mit den europäischen Partnern teilen würden.

Ende März besuchte Roland Dumas Bonn und machte bei Genscher Stimmung gegen SDI. Wenn die Deutschen in Sachen SDI mit den USA gingen, würde es das deutsch-französische Verhältnis extrem belasten. Er rannte bei Genscher offene Türen ein, der nämlich fürchtete, das SDI-Programm werde die Rüstungskontroll- und Abrüstungsverhandlungen bei der KVAE* im Rahmen der KSZE belasten, so daß er Dumas beruhigen konnte – was seine eigene Haltung betraf; anders jedoch sahen es Bundeskanzler Helmut Kohl und CDU/CSU. So bat Genscher, damit er mit der Ablehnung von SDI nicht allein dastehe, Dumas um eine öffentliche Erklärung gegen die amerikanische Idee – und Dumas tat nichts lieber als das. Kurz darauf trafen sich Genscher und Dumas wieder bei einer OECD-Tagung in Paris und unterhielten sich darüber, wie sie SDI kontern könnten. Dumas erzählte, daß ein Berater von François Mitterrand, Jacques Attahi, schon 1982 vorgeschlagen habe, Europa müsse sich gegen Japans innovative Technologie mit einem gemeinsamen Forschungsprogramm wappnen.

»In den langen Stunden, die Roland Dumas und ich zusammengesessen haben«, erzählt Genscher, »sind wir dann auf die Idee gekommen, eine Art europäische Technologiegemeinschaft zu bilden – auch mit der Offnung für die östlichen Staaten. Das war hier in Deutschland nicht einfach einzufädeln. Ich habe dann aber einen Durchbruch nach vorn gemacht.«

Am Samstag, dem 13. April 1985, hielt Hans-Dietrich Genscher wie jedes Jahr bei der Eröffnung der Saar-Messe in Saarbrücken die Festrede. Die Messe hat einen besonderen Charakter, da sie das Dreiländereck Saar, Lothringen und Luxemburg abdeckt, womit sie einen sehr europäischen Auftrag hat. Am Freitag, einen Tag vor seiner Rede bei der Saar-Messe, rief Genscher in Paris an und bat Roland Dumas, den zuständigen französischen Generalkonsul bei der Saar-Messe auf seine Rede aufmerksam zu machen, denn er werde öffentlich einen Vorschlag zum

---

* Konferenz über vertrauensbildende Maßnahmen und Abrüstung in Europa

Thema »Technologiegemeinschaft Europa« unterbreiten. Der Generalkonsul schickte weisungsgemäß Genschers Rede nach Paris.

»Es war sonntags«, so erinnert sich Genscher, »da rief Dumas mich am Nachmittag zu Hause an und sagte, ich hab' übrigens die Rede, die von gestern – für französische Verhältnisse war das also schnell(!) –, und ich habe mit Mitterrand darüber gesprochen, und jetzt machen wir es.«

»Das Verhältnis Dumas – Mitterrand war also auch sehr wichtig?«

»Nicht die Freundschaft und die Zusammenarbeit wurden dadurch bestimmt, aber die Effektivität derselben.«

Noch am Sonntag kam es zu einem telephonischen Kontakt zwischen Mitterrand und Genscher, wobei der deutsche Außenminister die Urheberschaft der Idee mit dem Argument zurückstellte, es wirke sonst wieder nach deutscher Vorherrschaft. Kurz darauf trat François Mitterrand mit dem Vorschlag an die Öffentlichkeit, ein gemeinsames europäisches Forschungsprogramm einzurichten, das sich – anders als SDI – nicht auf militärische, sondern auf zivile Technologie konzentrieren solle. Da die Franzosen Projekte gern mit prägnanten Abkürzungen versehen, hatte sich ein findiger Kopf in Paris an den Spruch des alten griechischen Physikers Archimedes erinnert, der »Heureka! Heureka! – Ich habe es gefunden! Ich habe es gefunden!« rufend nackt auf die Straße gerannt war, als er das Archimedische Prinzip dadurch entdeckt hatte, daß sich der Wasserstand in der Badewanne veränderte, wenn sich Archimedes aus dem Zuber erhob. Daraus zog Archimedes die Folgerung, daß ein in eine Flüssigkeit eingetauchter Körper offenbar so viel von seiner Gewichtskraft verliert, wie das von ihm verdrängte Flüssigkeitsvolumen wiegt. »Heureka« sprechen die Griechen das Wort aus, auch die Deutschen, doch da die Franzosen den Buchstaben »H« als Laut nicht kennen, klingt »heureka« dort »eureka«. Eu ist aber der Beginn von Europa. Also bekam das Forschungsprojekt den Namen: Eureka – European Research Cooperation Agency. Das Wort Agency war nur wegen seines Anfangsbuchstabens A in den Namen aufgenommen worden, um das Wort *eureka* bilden zu können; es erschreckte aber sofort viele Politiker in Europa, die fürchteten, da solle eine neue Agency, also Behörde, eingerichtet werden. Darum ging es jedoch weder Mitterrand noch Dumas oder gar Genscher, und das Mißverständnis war bald behoben.

Am 18. April 1988 kündigte Bundeskanzler Helmut Kohl in einer Regierungserklärung vor dem Bundestag trotzdem das deutsche Interesse an einer Zusammenarbeit am SDI-Forschungsprogramm an, während Roland Dumas und Hans-Dietrich Genscher nur fünf Tage später, am 23. April, in einer gemeinsamen Pressekonferenz das amerikanische Militärprogramm SDI als eine vorübergehende Episode bezeichneten, die zivile europäische Idee Eureka aber als ein Zukunftsprojekt. Und so kam es.

Die Beziehung der beiden Außenminister bekam sogar eine »Struktur«, wenn auch nur eine kleine, indem beide jeweils einen Vertrauten bestimmten, um Routineaufgaben zu übernehmen und den regelmäßigen Kontakt zu halten. Bei Roland Dumas war das von 1984 an der ehemalige politische Journalist Robert Boulay, ein Duzfreund des Ministers, der als einziger Nicht-Diplomat im Ministerbüro eine Sonderrolle spielte.

Boulay ist überzeugt von der Notwendigkeit der deutsch-französischen Freundschaft. Sein Vater hatte in Verdun gekämpft und war von den Greueln dieser Grabenschlacht so geprägt, daß er jeden Sonntag beim Familienessen davon erzählte, bis eines schönen Mittags sein Enkel, der siebenjährige Sohn von Robert Boulay, der ewigen Kriegserinnerungen überdrüssig, sagte: »Pourquoi t'es pas mort à Verdun? – Warum bist du denn in Verdun nicht gefallen?« Kurzum, für Robert Boulay war die deutsch-französische Aussöhnung ein absolutes Muß. Dies galt sogar bis hin zu kleinen Symbolen: Boulay sorgte dafür, daß deutsche Diplomaten, wenn sie zum Abschied mit einem franzosischen Orden ausstaffiert wurden, einen Rang höher geehrt wurden als die Diplomaten anderer Länder.

Auch Genscher bestimmte seine Kontaktperson und entsandte an die Botschaft in Paris Diplomaten, von deren Fähigkeiten er in besonderem Maße überzeugt war, da sie früher in seinem Ministerbüro gearbeitet hatten. Es waren nacheinander Hans-Henning Horstmann (inzwischen Sprecher des Bundespräsidenten), Friedjof von Nordenskjoeld (anschließend Gesandter in Washington) und schließlich Wolfgang Ischinger (inzwischen Planungschef des Auswärtigen Amtes). Ihnen oblag der direkte Kontakt zu Robert Boulay.

Genscher und Dumas beschränkten ihre Kontakte aber nicht auf die regelmäßig vorgesehenen internationalen oder bilateralen Begegnungen oder die häufigen Anrufe, bis hin zu den sonntäglichen Telephonaten, sondern sie verabredeten sich auch zu längerem Gedankenaustausch, um grundlegende Fragen zu besprechen. Eingeladen von Konsul Schubert, trafen sie sich im Juli 1985 auf dessen ausgedehntem Besitz in Berchtesgaden, um eine gemeinsame Strategie zu entwickeln, wie sie die festgefahrenen KSZE-Verhandlungen wieder in Gang bringen könnten. Um sich die Arbeit ein wenig mit Lebensart zu versüßen, unterbrachen sie den Aufenthalt in Berchtesgaden und fuhren zur Eröffnung der Festspiele nach Bayreuth, die Dumas schon seit 1955 regelmäßig besucht hatte, denn er ist nicht nur ein Musikfreund, sondern hat als junger Mann sogar damit geliebäugelt, Opern-Sänger zu werden. Aus dem gemeinsamen Besuch von Bayreuth wurde eine jährlich wiederkehrende Tradition, die auch dann nicht abriß, als Dumas in der Saison 1986/87 – während der Kohabitation in Frankreich – nicht im Amt war. Allerdings wollte es das strenge Bayreuther Protokoll, daß Dumas als nicht-amtierender Minister nur hinter Genscher in der zweiten Reihe Platz nehmen durfte. In Berchtesgaden verabredeten sie auf Vorschlag von Genscher, zur nächsten KSZE-Sitzung in Stockholm gemeinsam zu reisen.

So landeten die Flugzeuge des französischen und des deutschen Außenministers am 29. November 1985 hintereinander auf dem Flughafen von Stockholm. Gemeinsam gingen beide in den Konferenzsaal, sie hielten Reden, die sie vorher abgestimmt hatten (Genscher: »Wir hatten die beiden Reden vorbereitet, dann haben wir sie ausgetauscht und akkordiert«), gaben gemeinsam eine Pressekonferenz und gemeinsam einen Empfang für die dort anwesenden Delegationsleiter.

»Da gab es einen Raum«, so erzählt Genscher, »wo man stand, und dann war daneben ein Raum mit mehreren Sesselgruppen, wo Gespräche mit den wichtigsten Delegationsleitern stattfanden. Die wurden reingeführt. Und der Punkt war, daß wir da gemeinsam saßen. Wir spürten förmlich, besonders bei den Delegationschefs aus Osteuropa, daß die gar nicht fassen konnten, daß wir beide sie zusammen empfingen. Daß wir also nicht Geheimnisse voreinander hatten, sondern daß Dumas und ich mit ihnen gemeinsam sprachen. Das hatte hohen Symbolwert. Wir haben dasselbe dann noch einmal 1988 in Wien gemacht.«

Doch nicht alles, was die beiden Politiker sich ausgedacht hatten, ließ sich in die Tat umsetzen, und merkwürdigerweise lag das dann nicht an fremden Hindernissen, sondern es klemmte im eigenen Apparat. So trafen sich Roland Dumas und Hans-Dietrich Genscher in Brüssel zum Frühstück, als sie im Laufe des Jahres 1985 anläßlich der Verhandlungen über die Süd-Erweiterung der EG um Spanien und Portugal im selben Hotel, im Hilton, wohnten. Bei den Überlegungen, was denn im deutsch-französischen Verhältnis noch zu tun sei, schlug Genscher vor, eine gemeinsame deutsch-französische Botschaft zu errichten. Als Land, wo dies angebracht sei, bot sich die Mongolei an, wo weder Deutschland noch Frankreich permanent vertreten waren. Roland Dumas sagte sofort begeistert zu. Drei Jahre lang, so wurde ausgemacht, sollte ein französischer Botschafter die Mission leiten, vertreten durch einen deutschen Diplomaten, und die nächsten drei Jahre würde ein Deutscher der Behördenchef und Botschafter sein, vertreten durch einen Franzosen. Der Gedanke gefiel ihnen so gut, daß sie das gleiche Modell auch noch auf drei afrikanische Staaten übertragen wollten.

Doch da hatten sie die Rechnung ohne die französischen Diplomaten gemacht: Im Quai d'Orsay wurde der vom Außenminister selbst unterstützte Vorschlag von Beamten, die vom deutsch-französischen Verhältnis längst nicht so beseelt sind wie ihr Minister, zu Fall gebracht. Sie holten sich ein Gefälligkeitsgutachten beim Staatsrat ein, der mit dem Argument, die französische Vorstellung von Souveränität lasse das nicht zu, die gemeinsamen Botschaften ablehnte. Die Souveränität verbiete nämlich, daß ein deutscher Diplomat einem ihm untergeordneten Franzosen Weisungen erteile. Und da die Beziehungen der leitenden Diplomaten zu den Mitgliedern des Staatsrats auf Grund des gemeinsamen Besuchs der Verwaltungshochschule

ENA sehr eng sind, war es für sie keine Schwierigkeit, den Tenor dieses Gutachtens so zu beeinflussen, wie es ihnen zupaß kam.

Genscher: »Verfassungsrechtlich absurd!«

Trotzdem konnte sich Roland Dumas nicht durchsetzen, was für Hans-Dietrich Genscher eine neue Erfahrung war: Der politische Wille wurde von Beamten untergraben. Das hätte Genscher mit sich nicht machen lassen, doch der Chef des Quai d' Orsay war dem französischen System, dessen heimliche Machtstrukturen ein Außenstehender kaum versteht, hilflos ausgeliefert. Während der Zwei-plus-Vier-Verhandlungen würde es den deutschen Diplomaten dann wieder aufstoßen, wie renitent sich die französischen Beamten gegenüber dem deutschen Willen zur Einheit verhielten – ganz anders als der eigene Außenminister.

Dumas heute zu der gescheiterten Idee der gemeinsamen Botschaften: »Da habe ich keinen Erfolg gehabt, aber das wird kommen...«

Immerhin wurde im Mai 1991 in Weimar eine Konferenz abgehalten, wo die französischen und deutschen Botschafter aus Moskau und den übrigen osteuropäischen Ländern unter Vorsitz ihrer Minister für zwei Tage zusammenkamen. In einem Telegramm des Quai d' Orsay an die Botschafter hieß es: »Es ist unser Interesse..., daß der Prozeß der Demokratisierung und der Reformen in all diesen Ländern anhält und Erfolg hat. Deshalb ist es wesentlich, daß die französischen und deutschen Analysen eng abgestimmt werden.« Für Frühjahr 1992 war eine entsprechende Konferenz in Frankreich vorgesehen, doch durch den Rücktritt Genschers fiel sie aus.

Durchgesetzt hat Dumas in seinem Amt immerhin den regelmäßigen Austausch von Diplomaten: Jeweils für ein Jahr wird ein deutscher Diplomat an den Quai d' Orsay versetzt und umgekehrt ein Franzose ins Auswärtige Amt. Auch da dauerte es lange, bis der Widerstand der französischen Beamten gebrochen war, denn sie wollten den jeweiligen deutschen Austauschdiplomaten nicht an politisch wichtige Posten setzen. Der Austausch der Diplomaten führte dazu, daß bei den KSZE-Verhandlungen in Wien ein französischer Diplomat für Deutschland das Wort ergriff – und umgekehrt. Und als eines Tages in Bonn ein sowjetischer Diplomat im Auswärtigen Amt vorsprach, um gegen eine vermeintliche Verletzung des Viermächte-Statuts zu protestieren, traf er, ohne es zu wissen, auf den vorübergehend in deutschen Diensten stehenden französischen Diplomaten Christian Connan, der 1992 französischer Gesandter in Berlin werden sollte. Als der Sowjetdiplomat drohte, sein Land werde auch in Paris vorsprechen, antwortete der Diplomat im AA: »Sie haben keine Chance, dort gehört zu werden.«

Der Russe: »Wie kommen Sie dazu, so etwas zu sagen?«

Connan: »Weil ich Beamter des Quai d' Orsay bin.«

Das Verhältnis zwischen den beiden Politikern veränderte sich auch nicht, nachdem die Sozialisten bei den Parlamentswahlen im März 1986 die Mehrheit verloren hatten und die Regierungsmacht abgeben mußten. Staatspräsident François Mitterrand ernannte, ganz legalistisch denkend, Jacques Chirac als Chef der größten konservativen Fraktion, der RPR, zum Premierminister, wehrte sich jedoch mit Erfolg gegen die Berufung eines konservativen Politikers wie François Léotard zum Verteidigungsminister oder Jean Lecanuet zum Außenminister. So wurde der Posten mit dem Karriere-Diplomaten Jean-Bernard Raimond besetzt, der später wieder als Botschafter eingesetzt und im März 1993 für die Gaullisten in die Nationalversammlung gewählt wurde. Nach der Verfassungswirklichkeit der Fünften Republik gehören die Außen- wie auch die Verteidigungspolitik in den Bereich des Präsidenten, die entsprechenden Ministerien sind jedoch dem Premierminister unterstellt, so daß es Reibungsmöglichkeiten gibt. Vor allem können die Ämter den Präsidenten von Informationen abschneiden, so daß es für ihn wichtig ist, parallele Kommunikationsstränge aufzubauen. Roland Dumas, von 1986 bis 1988 Vorsitzender des Auswärtigen Ausschusses in der Nationalversammlung, blieb deshalb auch weiterhin außenpolitischer Berater des Staatspräsidenten. Und er nutzte die Beziehung zu Hans-Dietrich Genscher.

Dumas flog häufig nach Bonn, wo er sich mit Genscher in dessen Privathaus zum Abendessen traf. Wenn Genscher jedoch nach Paris kam, verabredete er sich zum Frühstück oder Abendessen mit Dumas im Palais Beauharnais, der Residenz des deutschen Botschafters. »Das war sehr nützlich«, erzählt Dumas, »da Genscher nicht sicher sein konnte, ob seine Botschaften bis zu Mitterrand gelangten. Durch mich war er sicher. Wichtig war das in der Frage der ›Doppelten Null-Lösung‹, aber auch in der Ostpolitik allgemein, denn wir beide waren der Meinung, man müsse die Abrüstung in Europa vorantreiben.« In diesen beiden Jahren war der Kontakt über »die kleine Struktur« – hier der deutsche Diplomat, dort Robert Boulay – sehr wichtig.

Allerdings war Genscher gewitzt genug, um wachsam zu sein, wenn er Gefahr für die Freunde witterte. Etwa als Premierminister Jacques Chirac im Frühjahr 1986 zum Antrittsbesuch bei der deutschen Regierung nach Bonn kam. Nachdem Chirac mit dem Bundeskanzler gesprochen hatte, folgte ein Termin mit dem Außenminister. Nun steht ein Premierminister protokollarisch über einem Außenminister, auch wenn der zusätzlich noch Vizekanzler sein sollte, weshalb Chirac nicht ins Auswärtige Amt fuhr, sondern Genscher zu ihm ins Palais Schaumburg. Chirac bot seinen ganzen Charme auf, für den er bekannt ist, um Genscher einzuwickeln, und schlug ihm vor, gemeinsam mit dem Kanzler auf seine Einladung hin ein Wochenende in einem schönen Schloß an der Loire zu verbringen. Er werde seinen Außenminister mitbringen, und dann könnten sie zu viert die Weltlage besprechen und sich persönlich näherkommen. Als das Gespräch beendet war, stellte der seinen Dienstherrn begleitende persönliche Referent Wolfgang Ischinger, begeistert von der Aussicht auf die Loire-Reise, Genscher die Frage: »Wann fahren wir denn?« Genscher aber wiegelte ab: »Wissen Sie, darüber muß ich erst einmal mit Dumas telephonieren.« Man fuhr nie. Denn Dumas hatte sofort den Pferdefuß dieser Einladung entdeckt: Wenn Premierminister Chirac einlud, war Staatspräsident Mitterrand von diesem Wochenende ausgeschlossen...

In zwei wesentlichen Bereichen haben die Grundsatzgespräche zwischen Dumas und Genscher zu Veränderungen in der französischen Haltung geführt: zum ersten in der Ostpolitik.

»Schon 1985/86 hat Hans-Dietrich Genscher mich auf das andere Europa aufmerksam gemacht; man müsse dem Osten helfen, sich zu emanzipieren«, erzählt Dumas. »Er war da viel mehr unterwegs als ich. Was mich erstaunt hatte, waren seine häufigen Reisen nach Prag, nach Ungarn usw. Eines Tages habe ich ihn darauf angesprochen, und da hat er mir gesagt, du mußt auch nach Prag fahren und dort den und jenen treffen, besonders aber den alten Kardinal František Tomášek! Er hat mich auf das östliche Europa hingewiesen und mich ständig auf dem laufenden gehalten, was in den Ländern des Ostblocks vor sich ging. Und besonders kümmerte er sich natürlich um

Ostdeutschland. Lange vor 1989 hat er mir gesagt: ›Weißt du, in Ostdeutschland hält das nicht mehr lange ...!‹«

François Mitterrand und, nachdem er 1988 wieder Außenminister geworden war, auch Roland Dumas haben dann den Aufbruch zu einer neuen französischen Ostpolitik verkündet, sie aber nicht lange durchgehalten. Indessen gab es während der Zeit der Kohabitation zwischen Genscher und dem französischen Außenminister Raimond unterschiedliche Einschätzungen, wie die Entwicklung in Moskau und den Satellitenstaaten zu sehen sei. Genschers häufig zitierter Spruch vom Frühjahr 1987, man solle Gorbatschow beim Wort nehmen, wurde von Raimond bei einer gemeinsamen Pressekonferenz mit Hans-Dietrich Genscher umgemünzt in: »Wir werden ihn bei seinen Taten nehmen.« Dumas dagegen über Genschers Satz: »Ein hervorragender Spruch. Wär' der mir bloß eingefallen!« Wenn Raimond auch anderer Meinung war als Genscher, über Dumas gelangten die Vorstellungen des deutschen Außenministers stets zu Staatspräsident Mitterrand.

Zum zweiten gelang es Genscher in einem ganz konkreten Punkt, einen Wandel in der französischen Haltung zu chemischen Waffen herbeizuführen. Ende August 1988 hatte Roland Dumas den deutschen Freund in sein Landhaus in der Gironde eingeladen. Unter anderem kamen sie auf die blockierten Abrüstungsverhandlungen über Chemiewaffen in Genf zu sprechen. Genscher sagte zu Dumas: »Ich verstehe die französische Haltung nicht. Sie sind für Abrüstung und ein Verbot der Herstellung chemischer Waffen, wollen aber gleichzeitig das Recht haben, welche zu besitzen.« Roland Dumas erklärte, daß dies eine Formulierung sei, die wieder einmal auf das Konto der Beamten im Quai d'Orsay gehe; und diese Diplomaten seien überzeugte kalte Krieger, sie hinkten in ihren Denkstrukturen der politischen Entwicklung hinterher. Überzeugt von Genscher, sprach Dumas mit François Mitterrand, der einen Monat später, am 29. September 1988, vor der UNO die neue französische Haltung verkündete: völliger Verzicht auf Produktion und Besitz von Chemiewaffen.

Es gibt eine unzählige Reihe von kleinen und auch größeren Gefälligkeiten, die Dumas (und Mitterrand) und Genscher einander gegenseitig erwiesen haben, etwa wenn man selbst von einer Sache nicht betroffen war, aber ohne Mühe dem andern mit einer Stellungnahme helfen konnte. So hatte Hans-Dietrich Genscher in der Frage der Modernisierung der Kurzstreckenraketen Lance klar eine ablehnende Haltung bezogen, da er befürchtete, die Modernisierung werde den Abrüstungsprozeß behindern. Aus den Reihen des Koalitionspartners tönten Volker Rühe und Alfred Dregger jedoch ganz anders, und der Kanzler schien eher zu deren Position zu neigen. Obwohl Frankreich von der NATO-Entscheidung nicht direkt betroffen war, da es militärisch nicht zum Bündnis gehört, hätten die USA und Großbritannien gern eine positive Erklärung aus Paris gesehen, zumal bekannt war, daß Frankreichs Verteidigungsminister Giraud und die französische Generalität um eine entsprechende Einstellung der Modernisierung ihrer eigenen Kurzstreckenwaffen fürchteten. Mitterrand bekannte sich jedoch zu der Haltung Genschers. Der Verteidigungsminister der konservativen Kohabitationsregierung hatte sich schon öffentlich für die Modernisierung ausgesprochen, doch als bei einer Pressekonferenz im Anschluß an einen deutsch-französischen Gipfel Mitterrand, neben Kohl sitzend, nach seiner Meinung gefragt wurde, lehnte er die Position des Verteidigungsministers ab und erläuterte mit einem lakonischen Satz, weshalb nur seine Meinung maßgebend sei: »Frankreich spricht durch meinen Mund.« Genscher, der im Saal anwesend gewesen war, sagt heute noch schmunzelnd: »Das werde ich nie vergessen!« Schließlich war auch die Bonner Koalition in dieser Frage gespalten.

Vor dem NATO-Gipfel im Mai 1989 stattete der französische Präsident, begleitet von Roland Dumas, US-Präsident George Bush in dessen Ferienhaus in Kennenbunkport in Maine eine Stippvisite ab. Dabei sagte Bush: »In Europa müssen wir jetzt nur noch Hans-Dietrich überzeugen.« Als in dieser Nacht Hans-Dietrich Genscher gegen halb eins mit seiner Frau in sein Haus in Wachtberg bei Bonn kam, klingelte das Telephon in der Diele. Er hob ab, und am anderen Ende war Roland Dumas, der über den Großen Teich hinweg anrief und vom eben beendeten Gespräch mit Bush berichtete. Bush, so Dumas, habe gefragt, weshalb Genscher innenpolitisch so mächtig sei, daß es ihm gelinge, die deutsche Haltung in der Koalition zu blockieren. Da habe Mitterrand ihm erklärt, wie die Koalition funktioniere und welche Macht Genscher besitze... So wurde auf westdeutsches Drängen hin beim Gipfel der sechzehn Staats- und Regierungschefs der NATO im Mai 1989 keine Entscheidung über die Modernisierung der nuklearen Kurzstreckensysteme gefällt. Die Geschichte hat Genscher in dieser Frage recht gegeben, denn es wäre ein falsches politisches Signal an die Reformer im Osten gewesen.

Ganz wichtig wird das persönliche Verhältnis Dumas / Genscher in der Zeit, in der sich die Wiedervereinigung Deutschlands abzeichnet. Genscher kann ein weiteres Mal auf seinen französischen Freund zählen, um seine Position gegenüber Helmut Kohl in der Frage der Oder-Neiße-Grenze zu stärken. Am 27. September 1989 erklärt Genscher vor der Generalversammlung der Vereinten Nationen zu Anfang seiner Rede: »Das polnische Volk ist vor fünfzig Jahren das erste Opfer des von Hitler-Deutschland vom Zaune gebrochenen Krieges geworden. Ich wende mich an Sie, Herr Außenminister Skubiszewski, als den Außenminister des neuen Polen. Ihr Volk soll wissen, daß sein Recht, in sicheren Grenzen zu leben, von uns Deutschen weder jetzt noch in Zukunft durch Gebietsansprüche in Frage gestellt wird... Die Unverletzlichkeit der Grenzen ist Grundlage des friedlichen Zusammenlebens in Europa.«

Wie wichtig dieser Satz war, sollte sich in den kommenden Monaten herausstellen. Während der wachsenden Turbulenzen, die mit der Flucht der Bürger aus der DDR über Ungarn, spät er nach Prag und Warschau in die westdeutschen Botschaften beginnen, stimmen sich Dumas und Genscher äußerst genau ab. Um keine Pferde scheu zu machen, erklärt Genscher Anfang Oktober, von Wiedervereinigung sei nicht zu sprechen, und dies übernimmt Roland Dumas in einer Rede vor der Nationalversammlung, wobei er Genscher zitiert. Einen Monat später – am 7. November – spricht Dumas vor dem Parlament wieder über die Deutsche Frage, wobei er Reden und Erklärungen von Hans Dietrich Genscher benutzt hat.

»Wir haben telephoniert«, erzählt Genscher: »Und ich habe gesagt, das ist ein sensibles Thema, und es wäre nicht gut, wenn etwas zitiert werden könnte, was den Eindruck erweckt, daß Frankreich darin nicht unserer Meinung ist. Ich habe mich in der letzten Zeit häufig dazu geäußert, und vielleicht ist das für Sie von Wert, wenn ich das gleich mal hinfaxe. Und da habe ich das vorsorglich noch ins Französische übersetzen lassen. Davon hat er in seiner Rede auch Gebrauch gemacht.«

So fällt es Genscher am Tag darauf bei der Aussprache über den von Kohl am 8. November 1989 vor dem Bundestag abgegebenen Bericht zur Lage der Nation nicht schwer, zu sagen: »Wir danken ... für die herzlichen Worte zur deutschen Einheit, die mein französischer Kollege und Freund Dumas gestern im französischen Parlament gesprochen hat.«

Am 28. November trägt Kohl seinen geheimgehaltenen Zehn-Punkte-Plan zur Überwindung der Teilung Deutschlands vor dem Bundestag vor, ohne Genscher, ohne François Mitterrand vorher unterrichtet zu haben. Am 30. November fliegt Genscher nach Paris, um Dumas und anschließend Mitterrand diese Punkte zu erläutern. Daß die Einheit nun kommen würde, ist Dumas wie Mitterrand klar. Mitterrand möchte jedoch wissen, ob Deutschland weiterhin auf die europäische Integration hinarbeiten werde, was Genscher bejaht, und Mitterrand legt besonderen Wert darauf, zu erfahren, wie sich das deutsch-polnische Verhältnis, insbesondere die Grenzfrage, gestalten werde. (Genscher: »Das war für die Franzosen eine Schlüsselfrage.«) Genscher verweist auf seine Rede vor der UNO, und Mitterrand bestätigt, daß dann der deutschen Einheit nichts im Wege stünde.

»Ich habe geradezu euphorisch den Élysée verlassen«, so erinnert sich Genscher, »weil mir klar war, wenn Frankreich in dieser Weise prozediert, würde im Westen dem niemand widersprechen können. Denn was Mitterrand als Erwartung äußerte, war ja für mich nicht eine Bedingung, die zu erfüllen ich Schwierigkeiten hatte, sondern das war für mich etwas, was ich wollte. Und der Zustimmung der USA war ich mir schon sicher.«

Doch was Genscher offen aussprach, die Anerkennung der Oder-Neiße-Grenze, verweigerte der Bundeskanzler. Und so standen Mitterrand und Dumas in diesen Monaten Genscher näher als Kohl. Genscher wird die Oder-Neiße-Grenze zur Koalitionsfrage machen, und so ist er für jede Schützenhilfe aus Frankreich dankbar.

Anfang März 1990 hält Dumas in Berlin eine Rede, in der er den Bundeskanzler wegen seiner abwartenden Haltung zur polnischen Westgrenze hart kritisiert: »Es gibt Augenblicke, wo das Schweigen voller Zweideutigkeiten ist.« Heute gibt Dumas zu: »Als ich nach Berlin gefahren bin, um Kanzler Kohl zu kritisieren, hatte Genscher das vorher abgesegnet. Wir haben ja immer alles abgesprochen. Er schickte mir seine Texte und sagte: ›Morgen werde ich folgende Erklärung abgeben.‹ Und ich teilte ihm mit: ›Morgen gibt es folgende Anfrage – etwa in der Nationalversammlung –, und ich werde folgendes sagen...‹ Das erlaubte Genscher wiederaufzunehmen, was ich gesagt hatte.«

Am 12. und 13. Februar 1990 trafen sich Dumas und Genscher beim NATO-Gipfel in Ottawa, und es gab ein kleines Geplänkel über die Frage, wie die Zwei-plus-Vier-Verhandlungen nun heißen sollten.

Dumas: »Ich will von den Zwei-plus-Vier- beziehungsweise den Vier-plus-Zwei-Gesprächen reden.«

Genscher: »Zwei-plus-Vier.«

Dumas: »Ich schlage einen Kompromiß vor. Vier-plus-Zwei, wenn es um die internen Aspekte der Vereinigung geht, und Zwei-plus-Vier bei den äußeren.«

Genscher: »Aber nein. Die internen Aspekte gehen nur die beiden Deutschland an, und Vier-plus-Zwei bedeutet, daß Deutschland nicht völlig anerkannt wird.«

Die Zwei-plus-Vier-Verhandlungen liefen dann zügiger, wenn die Minister anwesend waren, aber weniger einfach, wenn sich nur die Diplomaten zu Vorbereitungen trafen, da die französischen, aber auch die britischen Beamten bremsten, wo sie nur konnten. Doch schließlich war alles früher als erwartet, schon am 11. September, geregelt. Die sechs Außenminister befanden sich in Moskau, um am nächsten Morgen den Zwei-plus-Vier-Vertrag zu unterschreiben. Doch beim Abendessen in der Residenz des westdeutschen Botschafters erklärte der britische Außenminister Hurd gegenüber Genscher, er könne den Vertrag nicht unterschreiben. Seine Regierung wolle ein Detail verändert sehen, nämlich daß NATO-Manöver auf dem ehemaligen DDR-Gebiet nach Abzug der Sowjets erlaubt seien. Das war den Sowjets aber nicht zuzumuten. Genscher entgegnete zornig, er werde zur Unterzeichnung gehen: »Wir werden dann sehen, wer nicht kommt.« Anschließend weckte Genscher den amerikanischen Außenminister James Baker, der sich sofort auf Genschers Seite schlug. Und schließlich bat Genscher beim Frühstück seinen Freund Roland Dumas: »Roland, ich habe dich nie um einen Gefallen gebeten, aber jetzt mußt du mir helfen: Mach Hurd die Situation klar.« Dumas tat, wie gebeten, und wie geplant wurde unterschrieben – auch von Hurd.

Kurz darauf zeigt Hans-Dietrich Genscher dem französischen Freund seine Geburtsstadt Halle, und vor der applaudierenden Bevölkerung hält er beim Besuch in der Kirche den Zwei-plus-Vier-Vertrag hoch und verweist auf die Hilfe Roland Dumas'.

Bevor Genscher im Mai 1992 zurücktrat, wurde die Beziehung zwischen deutschem und französischem Außenminister durch die Jugoslawienkrise auf eine schwere Probe gestellt. Bis zum Ende seiner eigenen Amtszeit im März 1993 sagte Dumas: »Ich habe nie verstanden, weshalb Genscher sich so verhalten hat.«

Während Genscher Kroatien und Slowenien schon im Juli 1991 anerkennen wollte, setzte Frankreich auf den Erhalt des Gesamtstaates, und das aus zwei Gründen. Zum ersten war Frankreich, insbesondere dessen Intelligenzija, proserbisch eingestellt, zum zweiten fürchteten Dumas und Mitterrand, das Zerbrechen Jugoslawiens könne nur der Anfang einer Auflösung ganz Osteuropas in kleine Nationalitäten bedeuten und damit Dutzende von Bürgerkriegen heraufbeschwören.

Dumas über Genscher: »Er versteifte sich gegen Serbien. Ich habe ihm gesagt: ›Werden wir die Geschichte von 1914 wiederholen? Die Deutschen beziehen ihre Position mit ihren Freunden, die Franzosen treten für die Serben ein, und dann werden wir uns auch noch schlagen?‹ Es war eine harte Prüfung für uns, aber wir blieben sehr nah beieinander. Ich habe dann im August den Vorschlag mit dem internationalen Schiedsgericht unter Badinter gemacht. Genscher meinte, das reiche für ihn zu Hause nicht, es müsse noch eine politische Komponente dazu, die EG-Friedenskonferenz. Das haben wir dann auch erreicht. Diesmal hatte ich die Idee, und es war für Genscher sehr viel schwieriger als für mich.«

Genscher: »Es war für mich der komplizierteste Kasus überhaupt. Wir haben uns tief in die Augen gesehen, und jeder wußte, was der andere denkt. Daraus hat sich aber keine deutsch-französische Entfremdung ergeben.«

Das gegenseitige Vertrauen hat eine wirkliche Krise zwischen ihren Ländern verhindert.

Beide sind nun nicht mehr im Amt. Doch es wäre ein Glücksfall für Deutschland und Frankreich, wenn sich noch einmal eine ähnliche Freundschaft bildete, aber das ist wohl Illusion. Es wird dagegen noch lange dauern, bis der Diplomatenaustausch, den Genscher und Dumas eingeführt haben, die Abneigung eines großen Teiles der französischen Beamten im Quai d' Orsay gegen die Deutschen abgebaut haben wird. Allerdings bestehen die gleichen Vorbehalte in entgegengesetzter Richtung auch im Auswärtigen Amt: In Sachen Arroganz steht keiner dem anderen nach. Was aber die beiden »Alten« betrifft, so hofft Dumas: »Ich wünsche mir, daß wir die persönliche Beziehung behalten werden.« Und so sitzen sie von nun an in Bayreuth wieder nebeneinander – in der zweiten Reihe.

Aber in Frankreich denkt man weiterhin: »Am Kreuzweg Europas trifft man auf ein großes Fragezeichen: Welches ist die Rolle, und wo ist der Platz Deutschlands?« Dieser Satz stammt von keinem Geringeren als Valéry Giscard d' Estaing, Frankreichs ehemaligem Staatspräsidenten.

»Seit den fünfziger Jahren wurde der Prozeß der europäischen Einigung von zwei Haltungen gegenüber Deutschland geprägt: dem Willen der Versöhnung, aber auch des hartnäckigen Mißtrauens.

Der Wunsch nach Versöhnung hat sein Ziel erreicht: In allen Meinungsumfragen ist Deutschland das Land, dem sich die Franzosen am nächsten fühlen. Und das gleiche gilt umgekehrt für die Deutschen. Aber das Mißtrauen ist in bestimmten diplomatischen und politischen Kreisen lebendig geblieben und drückt sich häufig verletzend für die Deutschen aus. Man kann es auf eine Feststellung und auf eine Frage reduzieren: ›Man kann den Deutschen nicht trauen.‹ – ›Wie kann man es an Europa ketten, um seine Handlungsfreiheit so stark wie nur möglich einzuschränken?‹«[*]

Das schrieb Giscard, während in Frankreich der Kampf um die Anerkennung des Vertragswerks von Maastricht tobte – und Deutschland bei Befürwortern und Gegnern gleichermaßen Argument war.

---

[*] Paris-Match, 3. 9. 1992, S. 60

Hilfe, Europa wird deutsch!

Die zwölf Sterne im Kreis, die Europas Länder auf blauem Grund darstellen, hat sich der kräftige deutsche Adler um den Hals geschlungen, und mit aggressiv offenem Schnabel und drohendem Auge blickt er den Leser an: Eine ganze Seite füllt das deutsche Wappentier im politischen Wochenmagazin »Le Point«*, die Krallen greifen nach dem Wort »Europa«, und die Bildunterschrift lautet: »Wird Europa deutsch?« Noch vor dem Referendum in Dänemark, also Monate bevor François Mitterrand verkünden wird, er werde das Vertragswerk von Maastricht dem Volk zur Abstimmung vorlegen, fragt die französische Presse besorgt, ob Deutschland sich anschicke, Europa zu beherrschen. Und der Chefredakteur von »Le Point«, Michel Colomés, ein besonnener Journalist, der keineswegs ein gespaltenes Verhältnis zu den Deutschen hat, geht in seinem Leitartikel davon aus, daß das deutsch-französische Verhältnis seit der Wiedervereinigung im Oktober 1990 erlahmt sei und die Unterschiede an Menge und Gewicht zunähmen. Wenn die Partner auch eine Scheidung bisher vermieden hätten, so stelle sich für Frankreich doch die beunruhigende Frage: »Wird fast fünfzig Jahre nach dem Zusammenbruch des Dritten Reiches der Traum Hitlers in anderer Form auferstehen und Deutschland Europa beherrschen?« Zwar sei eine Wiedergeburt Preußens nicht zu befürchten, da Deutschland friedlich und demokratisch

---

* Le Point, 22. 2. 1992, S. 36

geworden sei, aber Frankreich werde doch inzwischen gewaltig an den Rand gedrückt. Und dann führt Michel Colomés die Gründe auf, die ihn zu seiner Überlegung verleiten.

Zum ersten könne Frankreich nicht die Position einer Nation von erstem Rang beanspruchen, ohne über die demographischen Mittel zu verfügen, die diesem Anspruch gerecht werden. Vorherrschende Macht war Frankreich in Europa zu den Zeiten, als es unter Ludwig XIV. von den Zahlen her das größte Volk in Europa war. Noch bis zur Regierungszeit Kaiser Napoleons übertraf Frankreich seinen östlichen Nachbarn bei weitem: mit neunundzwanzig Millionen Einwohnern gegenüber achtzehn Millionen in Deutschland. Selbst nach dem Zweiten Weltkrieg gab es in der Bundesrepublik nur unwesentlich mehr Menschen als links des Rheins, aber seit der Einheit zählt Deutschland achtundsiebzig Millionen, etwa zwanzig Millionen Menschen mehr als in Frankreich. So ist Deutschland »allein durch das Gewicht seiner Bevölkerung der ›Super-Große‹ von Europa«. Zum zweiten führt Colomés die geopolitische Lage Deutschlands auf, spricht dann aber ganz ehrlich erst einmal von anderen Dingen als den geographischen Vorteilen. Offenbar seien die Zeiten vorbei, in denen sich das wirtschaftlich starke Deutschland auf der internationalen Bühne bescheiden zurückgehalten habe – »die gesegnete Zeit des Ausgleichs zwischen Bombe* und Mark«. Inzwischen hatte der amerikanische Präsident George Bush die Bundesrepublik zum einzigen europäischen »Partner in leadership« erkoren und, noch schlimmer für den französischen Journalisten: »Die Generation, die in Bonn an der Macht ist, hat nicht mehr die Komplexe durch die Nazi-Vergangenheit.«

---

* Gemeint ist die französische Atomstreitmacht.

Während Deutschland nun aus Osteuropa ein »privilegiertes germanisches Einflußgebiet« macht, häuft die französische Politik einen Fehler auf den andern, so daß »l'hégémonisme allemand – die deutsche Vorherrschaft«, wieder ihr drohendes Haupt erhebt: Einseitig habe Deutschland Kroatien anerkannt, zur Unzeit habe die Bundesbank die Leitzinsen erhöht, neuerlich werde gefordert, die deutsche Sprache nicht nur in der EG, sondern gleichberechtigt neben dem Englischen auch bei diplomatischen Treffen in den Vereinigten Staaten zu benutzen; und ganz sanft bemüht man sich um einen ständigen Sitz im Sicherheitsrat und droht schließlich, den Vertrag von Maastricht nicht zu ratifizieren, der ja doch kein anderes Ziel habe, als »Mitterrand zu erlauben, die europäische Währung zu kontrollieren, die der Mark wie eine Schwester gleicht«. Und Michel Colomés schließt seinen Artikel mit dem Seufzer: »Man kann das Schlimmste fürchten.«

Immer noch bevor François Mitterrand das Referendum verkündet, mehren sich in der französischen Presse Artikel, deren Autoren sich im Zusammenhang mit Maastricht über Deutschland Gedanken machen. So veröffentlicht »Le Monde« am Tag des deutsch-französischen Gipfeltreffens von La Rochelle im Mai 1992 auf der ersten Seite einen Artikel des ehemaligen Chefredakteurs und Deutschlandkorrespondenten Daniel Vernet unter der ziemlich eindeutigen Überschrift »L' Allemagne pardessus tout – Deutschland über alles«[*]. Vernets Artikel zeigt, wie sehr Europa für die Franzosen mit Deutschland behaftet ist, indem er mit einem Zitat von Charles de Gaulle beginnt: »Die deutsche Frage ist eine europäische Frage par excellence.« Heute – so Vernet – könne man

---

[*] Le Monde, 23.5.1992

diese Formulierung umdrehen: »Die europäische Frage ist eine deutsche Frage par excellence.«

Schon kurz nach Kriegsende, beim Gründungskongreß der Europäischen Bewegung in Den Haag, an dem François Mitterrand als junger französischer Politiker teilgenommen hatte, wurde festgehalten: »Die einzige Lösung der deutschen Probleme, sowohl auf industriellem wie auf politischem Gebiet, wird durch das europäische Bündnis geliefert.« Und daran hat sich seitdem nichts geändert, weshalb Deutschland in Frankreich zu einem wesentlichen Argument sowohl für als auch gegen den Vertrag von Maastricht wurde. Vernet: »Die Gegner von Maastricht zeichnen die Bedrohung eines von Deutschland beherrschten Europa, besessen in seiner Wirtschafts- und Geldpolitik, wobei der Ecu nur ein anderer Name für die deutsche Mark wäre; die Gemeinschaft dient als Sprungbrett für einen neuen ›Drang nach Osten‹.* … Ausgehend von denselben Feststellungen über die germanische Macht, ziehen die Befürworter der europäischen Integration die genau umgekehrten Schlußfolgerungen. Gerade weil Deutschland stark – zu stark? – ist und weil diese Stärke ihnen angst macht, wollen sie es in Institutionen eingliedern, die seinen Handlungsspielraum einschränken, die es daran hindern würden, sich ganz allein in einen Berg von Gefahren zu werfen, der den ganzen Kontinent beträfe …«

Daniel Vernet ist ein guter und sachlicher Kenner Deutschlands**, weshalb er seinen Lesern erklärt, diese Furcht sei nicht gerechtfertigt, denn die große Mehrheit der Deutschen selbst habe Angst vor der wiederauferstehenden Stärke ihres Landes, »und sie haben nicht verges-

---

* Auf deutsch im Originaltext.
** Siehe auch Daniel Vernet: La renaissance allemande, Paris 1992

sen, was man in ihrem Land zur Zeit von Bismarck sagte: Deutschland ist zu schwach, um seine Vorherrschaft auf dem Kontinent zu sichern, aber zu stark, um sich in eine europäische Ordnung zu fügen.« Deutschland, so Vernet, werde je nach Bedarf falsch gesehen – es fehle den Franzosen am rechten Maß, das Nachbarland und dessen Stärke einzuschätzen: »Dieses Fehlen an Maß in unserer Beziehung zu Deutschland – mal bezaubert, mal feindlich – beruht auf einem Mangel an Selbstbewußtsein, den die patriotischen und republikanischen Reden nicht mehr vollends übertünchen können. Mehr denn je bewahrheitet sich der Satz des Historikers Pierre Viénot, der 1931 schrieb: ›Unser Verhalten zu Deutschland zu bestimmen heißt, in erster Linie das Bild zu bestimmen, das wir uns von Frankreich machen.‹«

Da sich Frankreich zum Ende dieses Jahrhunderts – nachdem die alte Ordnung zusammengebrochen ist – ebenfalls in einer Umbruchphase befindet, haben die Franzosen Schwierigkeiten, jenes Bild wiederzuerkennen, das ihnen über lange Zeit hinweg vertraut war. Sie leben in einer Gesellschaft, die sich – weitgehend unberechtigt – mit Ängsten herumschlägt, die stets von der gleichen Frage ausgehen: Wo ist die *identité nationale*, die französische Identität, geblieben?* Nachdem die Dänen ihr Nein zum Vertragswerk von Maastricht abgegeben hatten, wollte Staatspräsident François Mitterrand sein Land in die Bresche werfen und Europa retten: mit einem massiven »Oui«, welches die Umfragen im Juni auch vorhersagten. Doch wegen der anstehenden Ferienzeit wurde die Volksbefragung auf den 20. September gelegt. Im August überkam die Mehrheit der Franzosen die Angst vor dem Schwinden der nationalen Identität, und Umfragen

---

* Siehe Alain Duhamel: Les peurs françaises, Paris 1993

sagten plötzlich eine erhebliche Mehrheit für ein »Non« voraus. So wurden die letzten zwanzig Tage vor dem Referendum zu einem heftigen Austausch darüber genutzt, welche Idee sich heute hinter dem Begriff Frankreich verberge – und weil sie ihren Rang an den Deutschen messen, überprüften die Franzosen ihr Bild von Deutschland, wobei ein ziemliches Pandämonium sowohl von den Anhängern des Oui wie auch denen des Non entworfen wurde.

1. September 1992: Die linksliberale »Libération« titelt: »Le choix franco-allemand – Das deutsch-französische Bekenntnis«: ein drei Seiten langes Interview mit dem ehemaligen Premierminister und Präsidentschaftskandidaten Raymond Barre. Ganze zwei Drittel des Gesprächs, dessen Untertitel lautet: »Europa, von de Gaulle bis Maastricht«, sind dem deutsch-französischen Verhältnis gewidmet, dem Barre ein langes Zitat von dc Gaulle aus dem Jahr 1966 voranstellt: »Frankreich hat nicht die Mittel, um die Führung in Europa auszuüben. Europa ist eine *gemeinsame* Sache der Franzosen und der Deutschen.«

Gleich im Anschluß an dieses Gespräch mit Raymond Barre schreibt der französische Schriftsteller Alain Finkielkraut in derselben Nummer: »Alle Welt in Frankreich hat Angst vor Deutschland. Die einen behaupten, das Europa von Maastricht sei das germanische Europa; die anderen, wenn man die deutsche Macht wirklich kontrollieren, festzurren und verwestlichen wolle, müsse man dem Vertrag der Europäischen Union zustimmen. Und niemand kommt auf die Idee, daß es gute Gründe gibt, heutzutage vor Frankreich auf der Hut zu sein. Nur Deutschland ist in den Augen der Franzosen beunruhigend, nur Deutschland verfügt über böse Dämonen.« Und dann rechnet Finkielkraut mit Frankreich ab, das seit fünfzig Jahren eine doppelzüngige Politik betreibe, die sehr viel gefährlicher sei als die »deutsche Gefahr.«

Am selben Tag erscheint in »Le Figaro« auf der ersten Seite ein Kommentar von Senator Jean-François Poncet, Außenminister unter Valéry Giscard d' Estaing, der eine schreckliche Entwicklung vorhersagt, falls das Non überwiege. »Weist Frankreich die von Deutschland nach seiner Wiedervereinigung ausgestreckte Hand zurück, dann gibt es dem wiedererwachenden deutschen Nationalismus den Grund, der ihm fehlt.«

Und schließlich tritt am 1. September Jacques Chirac, der Chef der neo-gaullistischen RPR (Rassembiement pour la République), einer Partei, die im Wahlkampf zu einem Teil für, zum anderen Teil gegen den Vertrag spricht, in der Hauptnachrichtensendung des Fernsehsenders TF 1 um 20 Uhr auf. Chirac bekennt sich zögerlich zum Oui, denn das sei notwendig, »um die Deutschen in der Gemeinschaft zu halten. Frankreich kann der Führer in Europa sein, das ist seine Bestimmung. Wenn es aber morgen mit Nein antwortet, dann kann es das nicht mehr.«

2. September: »Libération« zitiert den ehemaligen sozialistischen Premierminister Michel Rocard, der für das Oui kämpft: »Falls die Ratifizierung scheitert, wird die Explosion der sich im Flug befindenden Rakete Europa unberechenbare und vielleicht schreckliche Folgen haben... Überall würden die nationalistischen Kräfte gefestigt... Man hat der Generation von München*, die blind gewesen ist, dies häufig genug vorgeworfen, damit wir uns nicht genauso verhalten... Gewiß hat Frankreich am 30.

---

* München spielt in der politischen Debatte Frankreichs immer wieder eine große Rolle, weil damals die Demokratien Großbritanniens und Frankreichs dem faschistisehen Diktator Hitler nachgegeben haben. Diese Nachgiebigkeit wird heute als historischer Fehler angesehen.

September 1938 nicht aufgehört zu leben, aber man kennt die Folge. Machen wir aus dem 20. September 1992 kein weiteres politisches München.«

3. September: Im linksliberalen Wochenmagazin »L' Evenement du Jeudi« wird die Furcht geäußert: »Wer könnte den Deutschen, wenn die Franzosen den Vertrag zurückweisen, verbieten, die Mark aufzuwerten?...«

Im konservativen Magazin »L' Express« schreibt der Politologe Olivier Duhamel, die Befürworter des Oui malten Schreckensvisionen für den Fall des Non an die Wand: »Die Horrorfilme lösen sich ab: das Ende Europas, Isolierung und Rückzug Frankreichs, Vorherrschaft Deutschlands...«

Und der damalige Minister Jean-Louis Bianco, der lange Jahre als Generalsekretär des Élysée-Palastes der engste Mitarbeiter von François Mitterrand war, sagt in derselben Ausgabe von »L' Express«, was er, der fließend Deutsch spricht, sicher nicht glaubt, aber wahrscheinlich als demagogisches Motiv nützlich wähnt: »Da Deutschland nun nicht mehr durch sein Statut als besiegte Macht gefesselt ist, findet es seine alten Dämonen wieder. Wenn diese nicht kanalisiert, nicht eingerahmt werden durch den Willen innerhalb Europas, stärker zu sein, dann werden die Deutschen den Weg wählen, ganz allein stärker zu sein. Es gibt Dinge, die auszusprechen man auf der anderen Seite des Rheins zögert, die in der Minderheit bleiben, solange das Land von den europäischen Partnern beobachtet wird.« Und was werden die wilden deutschen Dämonen, einmal losgelassen, tun? Da sind doch die deutschen Minderheiten im Osten: »Bei dem kleinsten Zwischenfall kann die Versuchung entstehen, ihnen zu Hilfe zu eilen, wenn es keinen europäischen Rahmen gibt.«

Und zu guter Letzt räumt am 3. September der liberale »Nouvel Observateur« Françoise Giroud, einer großen

Dame der französischen Publizistik, Platz ein, um zu erläutern, weshalb man mit Oui stimmen solle. Für sie gibt es nur einen Grund: »Moi aussi, j' ai peur. Peur de l' Allemagne... Auch ich habe Angst. Angst vor Deutschland.« Angst vor dem, was aus Deutschland in einem aufgelösten Europa werden würde, wenn es sich, befreit von den Zwängen der Gemeinschaft, ausweiten könnte. »Man darf Deutschland nicht als großen dressierten Hund ansehen, der sich fünfundvierzig Jahre lang als fehlerfrei demokratisch erwiesen hat. Dann, ja dann spürte man nur die Macht der Mark und nichts als die der Mark. Die eines erdrückenden Deutschland mit seinen achtzig Millionen Einwohnern, über das ganze Herz des Kontinents ausstrahlend, imperial...« Und dem folgt eine weitere, zweiseitige Abhandlung mit der Überschrift »Maastricht, Deutschland und wir – wenn Deutschland sich allein wiederfindet«, die in dem Satz gipfelt: »Ein französisches Nein zu Maastricht würde Deutschland, das gerade dabei ist, die Bühne der Weltpolitik zu betreten, von seinen letzten Pflichten der Selbstbeschränkung befreien und eine dreißigjährige deutsch-französische Ehe beenden.«

An diesem Donnerstag, dem 3. September, wirft sich der Präsident der Republik, François Mitterrand, persönlich in die Schlacht um Maastricht – so militärisch darf man das nennen –, und er macht es mit seinen Mitteln, die, vielerprobt und im rechten Zeitpunkt eingesetzt, immer wieder gewirkt haben, so auch diesmal. Er spricht zu seinem Volk über das elektronische Medium Fernsehen. Mitterrand läßt sich in einer mehrstündigen Sendung auf Fragen von einfachen Bürgern, von qualifizierten Journalisten und auf Gespräche mit Politikern ein. Da kommen viele Gegner des Vertrags von Maastricht zu Wort, aber eine besondere Zuschaltung wird am nächsten Tag die Gazetten füllen, denn sie wird von den Vertretern des Non als fremde Einmischung in die französische Innenpolitik gewertet: Helmut Kohl, im Kanzleramt in Bonn sitzend, wird live befragt, und er macht seine Sache gut. Voller Selbstvertrauen erklärt er sich – auch aus Gründen seiner eigenen Biographie – zur deutsch-französischen Freundschaft und sagt den Franzosen ganz offen, es gäbe keinen Grund, weshalb sie jetzt unter Minderwertigkeitskomplexen gegenüber Deutschland leiden sollten. Kohl wirbt offen für das Oui, da der 20. September eine Schicksalsstunde sei. Und François Mitterand versucht in die gleiche Kerbe zu hauen, indem er erklärt, unbestreitbar hätten die Deutschen im Maastrichter Vertrag ein großes Opfer gebracht, »und sie wissen es. Wenn sie per Volksentscheid zu entscheiden hätten, würde das schwer auf ihre Entscheidung drücken. Denn ihr ganzer Stolz, das ist die Mark... und ihr wirtschaftlicher Wiederaufbau. Und in gewisser Weise sind sie bereit, die Verantwortung zu teilen. Das ist ein großer Sieg für den Geist der Gemeinschaft.« Philippe Séguin, einer der beiden führenden Neo-Gaullisten im Kampf für das Non, der in dieser Sendung ebenfalls auftritt, erklärt Kohls Zuschaltung zum Skandal. Und das, obwohl derselbe Séguin Mitterrands Rede vor dem Bundestag 1983 zugestimmt hatte, in der der französische Präsident sich für die Aufstellung der Pershing-Raketen in Deutschland ausgesprochen – und damit in eine vehement geführte innerdeutsche Auseinandersetzung eingegriffen hatte.

Schließlich nimmt die Sendung eine heikle Wendung für François Mitterrand, denn es wird die Frage gestellt, wie unabhängig eine zukünftige Europäische Zentralbank wäre. Heikel ist die Frage deshalb, weil zwischen Paris und Bonn lange darüber gestritten wurde, welches Zentralbank-Modell, das deutsche oder das französische, für Europa besser sei. Französisch heißt: abhängig von den politischen Weisungen der Regierung; deutsch bedeutet: unabhängig und nur der Geldwertstabilität verpflichtet. Dem politischen Denken Frankreichs entspricht die Abhängigkeit von der Zentralmacht, letztlich von den finanzpolitischen Entscheidungen der Regierung. Dem deutschen System der sich ausgleichenden Mächte entspricht die Unabhängigkeit, für die auch der Erfolg der Mark als europäische Leitwährung spricht. Seriös war der Vorwurf von Séguin gewiß nicht, sondern rein demagogisch, hatten er und seine politischen Freunde sich doch schon drei Jahre zuvor vehement für eine unabhängige französische Zentralbank ausgesprochen: Während der Debatte um die Währungs- und Finanzunion hatten die Konservativen in Frankreichs Nationalversammlung am 16. Mai 1989 sogar ein Mißtrauensvotum gegen die sozialistische Regierung von Michel Rocard mit der Begründung eingereicht, sie habe versäumt, für die Banque de France, für die französische Zentralbank, ein unabhängiges Statut zu verabschieden. Unterschrieben hatte dieses – gescheiterte – Mißtrauensvotum auch Philippe Séguin, der Mitterrand jetzt in der Fernsehsendung vorwirft, er habe Frankreich an die Deutschen verraten, weil die Europäische Zentralbank unabhängig sein werde. Unabhängig interpretiert Séguin als unter dem Einfluß der deutschen Mark stehend.

Mitterrand mogelt sich heraus, indem er in der Sendung behauptet, die Europäische Zentralbank müsse die währungs- und finanzpolitischen Entscheidungen des Europäischen Rates umsetzen: gemeint ist damit also nicht die deutsche Währung, sondern die zwölf Staats-und Regierungschefs bestimmen; dem widerspricht zwar Artikel 107 des Maastrichter Vertrags, aber im Wahlkampf greift Mitterrand zur Notlüge, um die Angst vor dem Einfluß der deutschen Mark zu mildern.

Dieses ständige Anspielen auf die Angst vor Deutschland verärgert Alfred Grosser dermaßen, daß er erzürnt zur Feder greift. Er kritisiert in einem Kommentar in »Le Monde« am 4. September nicht nur die Politiker, die es sich mit der Ablehnung Deutschlands zu leicht machten: Eine Schande sei es vor allem, daß die französischen Journalisten sich so wenig mit dem wirklichen Deutschland befaßten, daß die Fernsehanstalten nicht aufhörten, Spielfilme zu zeigen, in denen die deutschen Besatzer die Franzosen unterdrückten, und nur das sendeten, was beunruhigt oder entsetzt, womit sie ein Klima schafften, das über die Fehler der Franzosen hinwegsehen ließe.

Am 8. September druckt »Libération« ein Gespräch mit Jean-Pierre Chevènement, einem gaullistischen Links-Sozialisten, der mehrfach Minister war und eher zu denen gehört, die das Gespenst Deutschland an die Wand malen. Als Verteidigungsminister war Chevènement während des Golfkriegs zurückgetreten, weil er nicht dulden wollte, daß die französische Politik sich der amerikanischen anschloß und damit ihre Eigenständigkeit aufgab; und aus gleichen Gründen plädierte er für das Non, denn Frankreich müsse Herr über sein Schicksal bleiben. Chevènement hält jedoch die Argumente für Unsinn, Maastricht habe das Ziel, Deutschland zu bändigen: »Das zeugt von großer Naivität, denn er (der Vertrag von Maastricht, Anm. d. A.) wird Frankreich sicherlich mehr lähmen als Deutschland. Außerdem muß man sich vor Verteufelungen hüten. Da wird man wieder zum Krieg, zu eindeutigen deutsch-französischen Gegensätzen erpreßt: entweder Maastricht oder die Wiederkehr von Auschwitz... all das ist nicht seriös.« Und so zu argumentieren wirft er besonders Michel Rocard vor.

Doch was will Chevènement? Falls das Non am 20. September siege, so sein Argument, dann werde Deutschland sich dem Osten Europas zuwenden, und Frankreich könne sein Schicksal im Süden suchen – im Mittelmeerraum. Die Sozialistische Partei schreckt sogar vor einer groben Geschmacklosigkeit nicht zurück. Sie läßt große Plakate kleben, auf denen ein Uniformierter im Stechschritt mit angedeutetem Schnauzbärtchen zu sehen ist. Jeder denkt sofort an Adolf Hitler, und fordert auf, mit Oui zu stimmen, damit nicht mehr geschehe, wofür diese Figur steht.

Der Chef der Neo-Gaullisten, Jacques Chirac, Premierminister in den siebziger Jahren unter Valéry Giscard d'Estaing und von 1986 bis 1988 unter François Mitterrand, hatte ein gutes Jahrzehnt vor Maastricht in seinem dramatischen »Appell de Cochin« der liberalen UDF, der Partei von Giscard, vorgeworfen, die Partei des Auslands zu sein, weil sie sich seiner Ansicht nach zu pro-europäisch zeigte. Jetzt, während des Wahlkampfs um das Referendum, hatte sich seine RPR gespalten. Während der Parteivorsitzende Jacques Chirac zaghaft für ein Oui eintrat, warben Philippe Séguin und Charles Pasqua für ein Non.

Am 11. September veröffentlicht »Libération« ein Interview mit Chirac, in dem er bekennt, seine Gedanken zu Europa seien weiter gereift, denn schließlich sei der Gaullismus pragmatisch und nicht ideologisch. Gaullismus sei »ein Verhalten, das nach vorn schaut und nicht zurück. Die Maginot-Linie*, die haben wir schon gehabt! Die Welt hat sich fortentwickelt! Ein Beispiel: Vor drei oder vier Jahren hat sich niemand Gedanken darüber gemacht, was Deutschland damit bezweckt, Mitglied der Gemeinschaft zu sein. Damals war Deutschland geteilt, und vor

---

* Die Maginot-Linie, benannt nach dem französischen Verteidigungsminister André Maginot, umfaßte Festungen, Panzerhindernisse und betonierte Stellungen im Nordosten Frankreichs, um einen deutschen Angriff aufzuhalten. Sie wurde in den Jahren 1929 bis 1932 gebaut.

seiner Tür drohte das kommunistische Reich. Kaum ist die Mauer von Berlin gefallen und der Sowjetblock verschwunden, da hat sich die Lage völlig verändert. Der Wille Deutschlands, in ein europäisches System integriert zu sein, mit den Vorteilen aber auch den Zwängen, die so etwas mit sich bringt, wird heute nicht mehr von einem äußeren Druck bestimmt, der dies bedingte. Was gestern Notwendigkeit war, hängt heute nur noch vom politischen Willen Deutschlands ab. Tun wir nichts, was es schwächen könnte! Deutschland könnte sonst versucht sein, sich seine Freiheit wieder zu nehmen. Das wäre weder im Interesse Frankreichs noch Europas... Es gibt keine andere Wahl als Europa.«

In den letzten Tagen vor dem Referendum überschlagen sich die Warnungen: In »Le Figaro« vom 14. September klagt Chefredakteur Franz-Olivier Giesbert, das Nein werde all die bekannten Zentrifugalkräfte des alten Kontinents beschleunigen. Und er widmet den größten Teil seines Kommentars der europäischen Finanz-und Währungsunion, der jeder der Zwölf seine Geld-Souveränität abtreten müsse: »Ist das so schlimm? Tatsächlich ist Deutschland das einzige Land, das wirklich über eine monetäre Souveränität verfügt. Die Nachbarn auf der anderen Seite des Rheins thronen auf einer Mark, die vor dem Dollar und dem Yen das schönste Geld der Welt ist. Bis jetzt, in dem bestehenden System, können die Deutschen ihr wirtschaftliches Gesetz diktieren, wie man es an der Affäre der Zinssätze auf dem ganzen alten Kontinent sieht. Die andern hatten nur zu folgen. Statt seine Steuern zu erhöhen, hat Deutschland beschlossen, sich die Wiedervereinigung durch das Ausland bezahlen zu lassen, indem es Schulden macht... So ist es seltsam, wenn diejenigen, die die deutsche Zinspolitik beklagen, die gleichen sind, die den Maastrichter Vertrag bekämpfen ... Es wäre doch endlich Schluß mit der allmächtigen Mark, wenn Deutschland sie in den gemeinsamen Topf des einheitlichen Geldes und der europäischen Zentralbank einbrächte ... Diese Auseinandersetzung ist der Beweis dafür, daß wir ins Irrationale eingetreten sind. Es ist übrigens nicht das einzige Paradoxon in der europäischen Debatte, wo dieselben Leute ganz locker alles und auch das Gegenteil davon sagen.«

Giesberts Ausführungen werden noch am Tag ihres Erscheinens von der Bundesbank bestätigt, denn sie senkt am 14. September, sechs Tage vor der Volksabstimmung, die Leitzinsen und den Lombardsatz, so daß »Le Monde« am 15. September auf der ersten Seite titelt: »La Bundesbank vote Maastricht – die Bundesbank stimmt für Maastricht.« Und darunter heißt es dann: »Das Monster von Frankfurt ist weniger kalt, als man sagt ... Die Bundesbank beweist, daß das monetäre Europa nicht die Diktatur der Mark bedeutet. Sie ›stimmt für Maastricht‹.«

»Le syndrome de Bismarck – Das Bismarck-Syndrom« ist an diesem 15. September in »Le Figaro« die Überschrift einer Analyse von F.-O. Giesbert, der die antideutsche Kampagne zwar als »absurd und unangemessen« bezeichnet, den Franzosen aber droht: »Am 20. September bekommt Frankreich das Deutschland, das es verdient.« Ein Photo von Bismarck in Uniform ziert den Artikel, dessen Quintessenz lautet: »Wenn wir zu dem Vertrag ›nein‹ sagen, dann schaden wir Herrn Kohl so, daß er es kaum politisch überleben dürfte. Otto von Bismarck ist tot. Wenn wir uns am 20. September weigern, den Vertrag von Maastricht zu ratifizieren, können wir ihn wiedererwecken – zu unserem größten Unwohlsein.«

Die Auseinandersetzung um den Vertrag von Maastricht, »c'est aussi une affaire d'identité – das ist auch eine Sache der Identität«, erklärt ebenfalls Jacques Chirac*: »Wenn wir unsere Werte bewahren wollen, unsere Lebensart... unser Vermögen, in der Welt etwas darzustellen, unsere Interessen zu verteidigen und Träger einer humanistischen Botschaft zu bleiben, dann müssen wir einen einheitlichen und festen Block bilden.« Was der Gaullistenführer damit meint, wird in den letzten Tagen vor dem Referendum von einigen der nachdenklichen Kommentatoren in Frage gestellt: »l' exception française – die französische Außergewöhnlichkeit«.

Wenn sich für die Franzosen mit der Europäischen Union die Frage nach ihrer Identität stellt, so gehen die Suchenden nach dem besagten Motto von Pierre Viénot vor: »Unser Verhalten zu Deutschland zu bestimmen heißt in erster Linie, das Bild zu bestimmen, das wir uns von Frankreich machen.«

Und da wird mehr mit dem Säbel des Vorurteils dreingeschlagen denn mit dem Florett des Feingeists gefochten. »Discours pour la France – Gedanken für Frankreich« nennt der Neo-Gaullist Philippe Séguin seine Philippika gegen Maastricht, ein Buch, das in den Tagen vor dem Referendum zum reinsten Bestseller wird. Mit einem Federstrich nimmt Séguin all seinen Gegnern das Recht, von der französischen Außergewöhnlichkeit, von der *einen*, besonderen Nation zu sprechen, indem er ihnen vorwirft: »Was verstehen denn schon diejenigen von der Nation, die sich vor fünfzig Jahren der Kollaboration mit den Nazis hingaben, um – schon damals – ›die neue europäische Ordnung‹ aufzubauen...«**

Voller Wut schreibt der französische Publizist Jacques Juillard, es wundere ihn, daß sich kein französischer Abgeordneter gefunden habe, um Séguin diesen Satz in sei-

---

* Libération, 11.9.1992, S. 6 f.
** Philippe Séguin: Discours pour la France, Paris 1992, S. 39

452

nen Hals zurückzuwürgen, denn er bedeute nichts anderes, als daß die Anhänger von Maastricht würdige Nachfolger von Adolf Hitler seien.*

Und er fügt hinzu, die Warnung vor der deutschen
Gefahr sei eine Beleidigung »für Deutschland, unseren
Freund, unseren Bündnispartner«. Doch indem die Deutschen als böse herabgewürdigt werden, erhebt sich Frankreich wieder als Sonne über die anderen.

Aber die antideutschen Argumente bleiben nicht unwi-
dersprochen: Zwei Tage vor dem Urnengang erklärt Serge
July**, viele hätten bereits abgestimmt: »Tatsächlich haben schon viele Deutsche an der Wahl vom 20. September
teilgenommen. Als allererste diejenigen, die von einigen
Vertretern des Oui, besonders von mehreren sozialistischen Führern – und nicht den geringsten – ›die Dämonen
Deutschlands« genannt worden sind. Diese Dämonen haben per Briefwahl abgestimmt: Bismarck und Hitler, die
Pickelhauben, die *boches* und die rasierten Glatzköpfe
wurden herbeigerufen, um auf dem Feld der Erinnerung
zu kämpfen. Ungeschminkt gesagt, die Deutschen sind
Kranke, die außerhalb der Gemeinschaft und besonders
der deutsch-französischen Vertrautheit verurteilt sind,
ihre Macht grausam zu mißbrauchen... Diese Überlegungen von Gefängniswärtern könnten den Deutschen
schon angst machen, was natürlich nicht die Wirkung
verfehlt hat, den urwüchsigsten der französischen Natio-
nalismen zu erwecken, der davon ausgeht, daß die *identité
française* – die französische Identität – sich immer an einer
ordentlichen Prise Anti-Germanismus labt.«

Die Suche nach der Identität ist eine Überprüfung des
Koordinatensystems, die Frage nach den Referenzen, die

---

* Jacques Juillard, in: Le Nouvel Observateur, 10. – 16.9.1992, S. 11
** Libération, 18.9.1992, S. 3

453

in Zukunft für Frankreich gelten werden. Da gibt es seit der Revolution in der französischen Denkkultur eine organische Bindung zwischen Nation und Souveränität, und beide Begriffe stehen mit der Auseinandersetzung über den Vertrag von Maastricht in Frage. Aber gibt Deutschland mit der Auflösung der Mark in der europäischen Währung nicht mehr an Souveränität auf als die Franzosen? argumentieren die Bedächtigen. Die Nation wird weitgehend »nationalistisch« verteidigt. Es geht um den Rang, den Frankreich nach dem Fall des Kommunismus in der Welt einnehmen wird, und da bereitet Deutschland Sorgen.

Frankreich habe vierzig Jahre von den »Dividenden von Jalta« gelebt, meint Daniel Vernet*; Vorrang vor einem international unter Vormundschaft gestellten Deutschland, ständiger Sitz im Sicherheitsrat, Mitgliedschaft im Club der Atommächte – diese drei Säulen, auf denen der »Rang Frankreichs in der Welt« beruhte, haben heute nicht mehr die Bedeutung wie in der Vergangenheit. Seit der Wiedervereinigung ist Deutschland souverän und politisch frei; über die Sitze im Sicherheitsrat wird diskutiert; die Atomwaffen haben nicht mehr die politisch-militärische Bedeutung wie während des Kalten Krieges... Lauter Fragen zur »identité nationale«. Aber am 20. September erhielt niemand eine Antwort, und die Suche geht weiter. Denn ein Land, das sich in einer Identitätskrise befindet, wird immer von Ängsten gebeutelt.

Für die Franzosen bedeutet es, daß ihre Nation die Illusion der eigenen Größe verloren hat. »Frankreich ist die Witwe seiner Vergangenheit und seiner Macht«, stellt der Publizist Alain Duhamel 1993 in seinem Buch »Die fran-

---

* Le Monde, 17.9.l992, S. 1

454

zösischen Ängste«* fest. Am Anfang dieses Jahrhunderts sei Frankreich als Sieger des Ersten Weltkriegs und Herrscher über das zweitgrößte Kolonialreich die erste Macht des alten Kontinents gewesen, und dieser Kontinent war Zentrum der Welt. Jetzt, am Ende des Jahrhunderts, sei Frankreich nicht mehr die erste Kraft in Europa und Europa nicht mehr die erste Kraft der Welt. »Trotz seiner beiden militärischen Niederlagen, trotz der schrecklichen Makel, die seine Vergangenheit beflecken, hat sich Deutschland in Europa durchgesetzt.«** Immer noch auf der Suche nach dem eigenen Rang, kommt Duhamel eine geniale Idee: Mit der Macht Deutschlands werde auch die Macht Frankreichs wachsen, denn keiner wolle Deutschland in Europa ohne Gegenmacht bestehen lassen, also werde Frankreichs Rolle sein, Deutschland Paroli zu bieten. Da stürzt er sich in eine andere Illusion, die – er merkt es vielleicht gar nicht – immer noch genährt wird von der Idee des Ausgleichs der Mächte auf dem alten Kontinent, obwohl doch die Europäische Gemeinschaft dem ein Ende setzen sollte. La France ist nicht Witwe, sondern Gefangene ihrer Vergangenheit und ihrer einstigen Macht.

* Duhamel, Les peurs françaises (wie S. 440)
** Ebenda, S. 265

Wie Gott in Frankreich

In der Politik ist manches wie beim Weinbau. Jeden Herbst kommt neuer Saft in die alten Schläuche, und so behält ein guter Haut Brion Jahr für Jahr den ihm eigenen Geschmack. Nach der Parlamentswahl im März 1993 ernannte Staatspräsident François Mitterrand den Neo-Gaullisten Edouard Balladur zum Premierminister und den Generalsekretär der neo-gaullistischen RPR, Alain Juppé, zum Außenminister. Schon vor seiner Ernennung hatte Juppé als erste außenpolitische Maßnahme angekündigt, die neue Regierung werde die deutsch-französische Zusammenarbeit mit mehr Vertrauen ausstatten, ein Vertrauen, das in der Zeit von 1989/90 abhanden gekommen sei.* Außerdem habe Frankreich bisher den deutschen Wunsch nach einem ständigen Sitz im UNO-Sicherheitsrat blockiert, damit müsse nun Schluß sein. Doch dann schränkte Juppé seine Äußerung ein wenig ein: Man müsse allerdings darüber nachdenken, ob Deutschland dann wie die übrigen Siegermächte des Zweiten Weltkriegs auch ein Vetorecht erhalte. Darüber sei zu verhandeln, und Deutschland müsse Frankreich auf wirtschaftlichem Gebiet entgegenkommen.

Im Wahlkampf hatte auch RPR-Chef Jacques Chirac gefordert, den Élysée-Vertrag zu erneuern, doch selbst er, der 1995 im dritten Anlauf versuchen will, Staatspräsident zu werden, »hat sich wenig Mühe mit Argumenten gemacht«.

---

* Le Monde, 6.3.1993

Natürlich fragt Ernst Weisenfeld, einer der präzisesten Kenner der deutsch-französischen Politik, was solch eine Vertragserneuerung bewirken könne. »Der Vorteil wäre, daß ein Vertrag in beiden Ländern und vorab in den Außenämtern einen Prozeß des Nachdenkens über Grundfragen auslöst, der viele Ebenen erfaßt. Er würde dem eigenen Rollenverständnis wie dem Sinn für gemeinsames Handeln dienen.«[*] Das allein wäre tatsächlich schon ein Gewinn, wenn es dazu führte, daß die Deutschen die Andersartigkeit der Franzosen hinzunehmen lernten; denn wie verschieden vom anderen die Definition der Rolle des eigenen Landes ist, bewies zuletzt noch Edouard Balladur in seiner ersten Regierungserklärung vor der französischen Nationalversammlung am 8. April 1993. Von Deutsch-Französischem ist darin wenig die Rede. Zum außenpolitischen Ziel seiner Politik erklärt der konservative Premierminister vielmehr – und das sicher im Einverständnis mit dem sozialistischen Staatspräsidenten Mitterrand –, »den Platz Frankreichs in Europa und der Welt besser zu sichern«. Frankreichs Politik müsse von einer »weltweiten Vision« getragen werden und die Stellung des Landes stärken.

Der historischen Rolle Frankreichs entspricht, was ein deutscher Regierungschef in seiner Antrittsrede vor dem Bundestag sich wohl kaum zu proklamieren traute: »Frankreich war mehrmals in seiner Geschichte ein Beispiel für die Welt. Zur Zeit des christlichen Mittelalters, dann zur Zeit der administrativen Monarchie, schließlich während der Revolution, als es als erster Staat eine Gesellschaft der Freiheit schuf und die Republik mit ihren heute noch lebenden Prinzipien gründete.« Und historisch völlig falsch behauptet Balladur auch noch, Frankreich habe

---

[*] Ernst Weisenfeld, in: Der Tagesipiegel, 21.1.1993

457

im 20. Jahrhundert das Modell der sozialen Absicherung erfunden.

Passons! Schwamm drüber! Der französische Premierminister hat allerdings den Mut und die Selbstsicherheit, die einem deutschen Politiker abgehen; ohne Umschweife erklärte er, er werde in den nächsten fünf Jahren die französische Gesellschaft so verändern, daß sie der Welt wieder ein Modell sei. Mit dem Staatspräsidenten abgesprochen hat Balladur auch den Vorschlag, ähnlich wie beim Wiener Kongreß nach den napoleonischen Kriegen, ähnlich wie in den Beratungen für die Verträge von Versailles, Trianon und Sèvres nach dem Ersten Weltkrieg und Jalta nach dem Zweiten gelte es jetzt, eine internationale Konferenz einzuberufen, um Europa neu zu ordnen. Ob es zu dieser Konferenz kommen wird, steht in den Sternen. Wichtig ist lediglich, daß man es sagt. Man darf es sagen. Es muß gesagt werden! Jedem steht eben seine geschichtliche Rolle zu.

Die beiden Völker haben sich unterdessen jeweils mit dem einstigen Erbfeind abgefunden, wenn auch heute noch 16 Prozent der Franzosen meinen, die Deutschen seien Feinde Frankreichs, während nur ein Prozent der Deutschen so denkt.* Umfragen bestätigen, wie nahe die Menschen beider Länder einander gekommen sind. So bekräftigen 89 Prozent der Franzosen und 88 Prozent der Deutschen, die Wirtschaftsbeziehungen zwischen ihren Staaten müßten noch enger werden. Beide sehen in dem Partner den sichersten Verbündeten. Allerdings haben nur 44 Prozent der Franzosen eine gute Meinung von Deutschland (11 Prozent eine schlechte, 44 Prozent keine Ansicht) gegenüber 65 Prozent Zustimmung bei den Deutschen (nur 4 Prozent eine schlechte, 30 Prozent keine Meinung).

---

* Umfrage in: Le Monde, 23. 2. 1993

Zum Schwur kommt es erst beim ganz Menschlichen, dort, wo man sich wirklich mit dem anderen, dessen Kultur und Lebensweise einlassen müßte. Auf die Frage: »Würden Sie persönlich eine Weile im Land des anderen wohnen wollen?«, antworten 63 Prozent der Deutschen, daß sie gern in Frankreich leben würden, aber entsetzt lehnen 59 Prozent der Franzosen den Gedanken ab, nach Deutschland zu ziehen. Womit endlich statistisch der Beweis erbracht wäre: Man kann in Deutschland nicht leben wie Gott in Frankreich.

HEYNE BÜCHER

Der Kampf um das Überleben

Sally Perel
Ich war Hitlerjunge Salomon
19/2022

Eleonore Hertzberger
Durch die Maschen des Netzes
Ein jüdisches Ehepaar im Kampf gegen die Nazis
19/2054

Jacqueline van Maarsen
Meine Freundin Anne Frank
19/2060

19/2060

19/2054

Heyne-Taschenbücher

HEYNE BÜCHER

Ulrich Kaiser
Handbuch Internet und Onlinedienste
Der kompetente Reiseführer für das digitale Netz (inkl. CD-ROM)
22/1019

Stichwort
Neue Medien
19/4075

Stichwort
Information-Highway
19/4078

Stichwort
Internet
19/4083

Leitfäden durch die Neuen Medien

22/1019

19/4075

Heyne-Taschenbücher

HEYNE BÜCHER

Stichwort

»Die Taschenbuch-Reihe gibt knappe, übersichtliche und aktuelle Auskünfte zu den jeweiligen Themen.«

Westfälische Rundschau

Eine Auswahl:

Heyne-Taschenbücher